Markus Bauder, Volker Holzer, Thomas Paaß, Christian Seifritz

Holzer Stofftelegramme Wirtschaftsgymnasium

Volks- und Betriebswirtschaftslehre
mit wirtschaftlichem Rechnungswesen

Baden-Württemberg

5. Auflage

Bestellnummer 00641

Bildungsverlag EINS

service@bv-1.de
www.bildungsverlag1.de

Bildungsverlag EINS GmbH
Ettore-Bugatti-Straße 6-14, 51149 Köln

ISBN 978-3-427-00641-1

Vorwort

Liebe Schüler/-innen und Lehrer/-innen,

das vorliegende Buch gewährleistet ein **systematisches Fitnesstraining** für Unterricht + Klassenarbeit + **Abitur**.

Ein großer Vorteil: Nach Behandlung eines Themenkomplexes entfällt das aufwendige Heraussuchen der zugehörigen Abituraufgaben. Die Stoffinhalte und i.d.R. deren Reihenfolge entsprechen dem **neuen Lehrplan für BADEN-WÜRTTEMBERG**. Alle Kapitel sind einheitlich aufgebaut und bestehen überwiegend aus den folgenden Modulen:

Stofftelegramm	Aufgaben	Abituraufgaben
Abiturwissen in Kurzform	Typische Fragen zum Abiturstoff (Grundwissen)	Sämtliche kapitelzugehörige Abituraufgaben (themensortiert), mindestens der letzten zehn Jahre, sofern noch lehrplankonform. Die letzten vier Abiturprüfungen befinden sich komplett am Ende des Buches.

Verfasser und Verlag wünschen Ihnen viel Erfolg beim Lernen, in der Klassenarbeit und vor allem beim Abitur. Wir freuen uns, wenn das vorliegende Buch für Sie eine entscheidende Hilfe darstellt.

Viel Spaß und Glück beim Abi!

Hinweise für den Ernstfall:		
BWL: **Aufgaben:** **Punkte:**	Sie wählen aus drei vorgelegten Aufgaben zwei aus. Je Aufgabe 30 Punkte = insgesamt **60 Punkte**	**Gesamtpunktzahl: 90 Punkte**
VWL: **Aufgaben:** **Punkte:**	Sie wählen aus zwei vorgelegten Aufgaben eine aus. **30 Punkte**	**Gesamtarbeitszeit: 270 Minuten**

Inhaltsverzeichnis

Volkswirtschaftslehre

1 Kosten- und Leistungsrechnung I: Grundlagen – Abgrenzungsrechnung

1.1 Grundbegriffe und Aufgaben

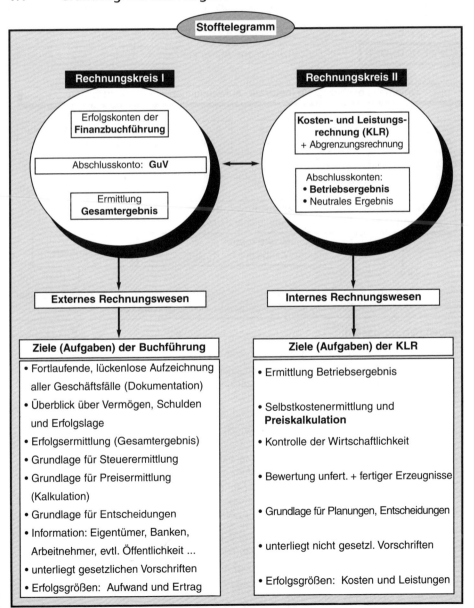

Stofftelegramm

Rechnungskreis I

Erfolgskonten der **Finanzbuchführung**

Abschlusskonto: **GuV**

Ermittlung **Gesamtergebnis**

Rechnungskreis II

Kosten- und Leistungs-rechnung (KLR)
+ Abgrenzungsrechnung

Abschlusskonten:
• **Betriebsergebnis**
• Neutrales Ergebnis

Externes Rechnungswesen

Internes Rechnungswesen

Ziele (Aufgaben) der Buchführung

- Fortlaufende, lückenlose Aufzeichnung aller Geschäftsfälle (Dokumentation)
- Überblick über Vermögen, Schulden und Erfolgslage
- Erfolgsermittlung (Gesamtergebnis)
- Grundlage für Steuerermittlung
- Grundlage für Preisermittlung (Kalkulation)
- Grundlage für Entscheidungen
- Information: Eigentümer, Banken, Arbeitnehmer, evtl. Öffentlichkeit ...
- unterliegt gesetzlichen Vorschriften
- Erfolgsgrößen: Aufwand und Ertrag

Ziele (Aufgaben) der KLR

- Ermittlung Betriebsergebnis
- Selbstkostenermittlung und **Preiskalkulation**
- Kontrolle der Wirtschaftlichkeit
- Bewertung unfert. + fertiger Erzeugnisse
- Grundlage für Planungen, Entscheidungen
- unterliegt nicht gesetzl. Vorschriften
- Erfolgsgrößen: Kosten und Leistungen

Ausgabe:	Geldabfluss **Einnahme:** Geldzufluss
Aufwand:	Begriff der GuV-Rechnung. <u>Gesamter</u> Werteverzehr in einer Periode
Ertrag:	Begriff der GuV-Rechnung. <u>Gesamter</u> erfolgswirksamer Wertezufluss einer Periode
Kosten:	Begriff der KLR. <u>Betrieblich bedingter</u> Werteverzehr in einer Periode. Kurz: Betriebliche Aufwendungen
Leistungen:	Begriff der KLR. <u>Betrieblich bedingter</u> Wertezufluss in einer Periode. Kurz: Betriebliche Erträge

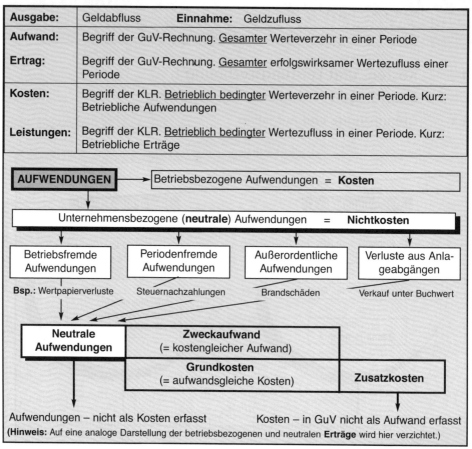

Aufgaben (Grundwissen)

1. Definieren Sie kurz: Ausgabe – Aufwand – Kosten.

2. Entscheiden Sie, ob Ausgaben oder Aufwendungen vorliegen:
   a) Abschreibungen　　　　　　b) Zinszahlung bar　　　　　c) Kredittilgung
   d) Kauf Maschine auf Ziel　　　e) Verbrauch Rohstoffe

3. Nennen Sie die vier Gruppen neutraler Aufwendungen.

4. Definieren Sie kurz:　a) Neutrale Aufwendungen　b) Zweckaufwand　c) Grundkosten
   　　　　　　　　　　　d) Zusatzkosten　　　　　e) Anderskosten

5. Zeigen Sie mithilfe einer Skizze den Zusammenhang zwischen neutralen Aufwendungen, Zweckaufwand, Grundkosten und Zusatzkosten.

6. Ordnen Sie die Begriffe „neutrale Aufwendungen" (betriebsfremd, außerordentlich, perioden-fremd, Verluste aus Anlageabgängen) bzw. „Kosten" zu.
   a) Gehälter　　　　　　　　　　　　　e) Abschreibung auf nicht betriebsnotw. Gebäude
   b) Nachzahlung betriebl. Steuern für Vorjahr　f) Sozialaufwendungen
   c) Verlust aus Lkw-Verkauf　　　　　　g) Verlust aus Wertpapierverkauf
   d) Fertigungslöhne　　　　　　　　　　h) Rohstoffaufwand

7. Welche Aufgabe hat die Abgrenzungsrechnung?

8. Nennen Sie fünf Aufgaben der Kostenrechnung.

1.2   Kalkulatorische Kosten

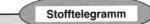

Merke:

Kalkulatorische Kosten = Kosten, die in der GuV überhaupt nicht (z. B. kalkulatorischer Unternehmerlohn = Zusatzkosten) oder in anderer Höhe als Aufwendungen berücksichtigt werden (= Anderskosten).

Kalkulatorische Abschreibungen	
Gründe für das Auseinanderfallen von bilanziellen und kalkulatorischen Abschreibungen	
Bilanzielle Abschreibungen (GuV)	**Kalkulatorische Abschreibungen (KLR)**
• Erfassung des gesamten Vermögens	• Erfassung nur des betriebsnotwendigen Vermögens
• lineare Abschreibung (degressiv nur möglich, wenn belegbar, dass der tatsächliche Werteverzehr entsprechend erfolgt)	• lineare Abschreibung
• Nutzungsdauer laut AfA-Tabelle	• betriebsindividuelle Nutzungsdauer
• Grundl.: Anschaff.- oder Herstellungskosten	• Grundlage: Wiederbeschaffungskosten

Kalkulatorischer Unternehmerlohn
Ansatz nur bei **Einzelunternehmen und Personengesellschaften**, weil bei Kapitalgesellschaften der Unternehmerlohn bereits aufwands- und kostenmäßig erfasst ist (Geschäftsführergehalt bzw. Vorstandsgehalt). Folge: kostenmäßige Gleichstellung von Personen- und Kapitalgesellschaften.
Höhe: Vergleichbares Gehalt eines vergleichbaren Geschäftsführers bzw. Vorstands in einer vergleichbaren Unternehmung derselben Branche und Größe.

Aufgaben (Grundwissen)

1. a) Was versteht man unter kalkulatorischen Kosten?

   b) Nennen Sie zwei typische kalkulatorische Kostenarten.

2. Nennen und begründen Sie die Unterscheidungsmerkmale zwischen kalkulatorischen und bilanziellen Abschreibungen.

3. a) Begründen Sie die Notwendigkeit des Ansatzes eines kalkulatorischen Unternehmerlohnes in der Kostenrechnung.

   b) Wie wird der kalkulatorische Unternehmerlohn ermittelt?

4. Ermitteln Sie in folgenden Fällen jeweils den Zweckaufwand, neutralen Aufwand, die Grundkosten und Zusatzkosten.

   a) Kalkulatorische Abschreibungen: 100.000,00 EUR
      Bilanzielle Abschreibungen: 120.000,00 EUR

   b) Kalkulatorische Abschreibungen: 90.000,00 EUR
      Bilanzielle Abschreibungen: 70.000,00 EUR

5. Kalkulatorische Abschreibung (Maschine A):   15.000,00 EUR
   Bilanzielle Abschreibung (Maschine A):   20.000,00 EUR

   Worauf könnte der Unterschied beruhen, wenn

   • keine Sonderabschreibungsmöglichkeiten vorliegen,
   • die Bewertungsfreiheit für geringwertige Wirtschaftsgüter nicht in Anspruch genommen wurde und
   • das betriebsnotwendige Vermögen dem bilanziellen Vermögen entspricht?

   (Zwei Beispiele mit Begründung)

6. Gegeben sind folgende Größen:

   Aufwendungen laut GuV: 110.000,00 EUR
   Erträge laut GuV: 70.000,00 EUR
   Neutrale Aufwendungen: 60.000,00 EUR
   Leistungen: 60.000,00 EUR

   Ermitteln Sie folgende Größen:

   a) Gesamtergebnis

   b) Betriebsergebnis

   c) Neutrales Ergebnis

   d) Kosten

1.3 Ergebnistabelle

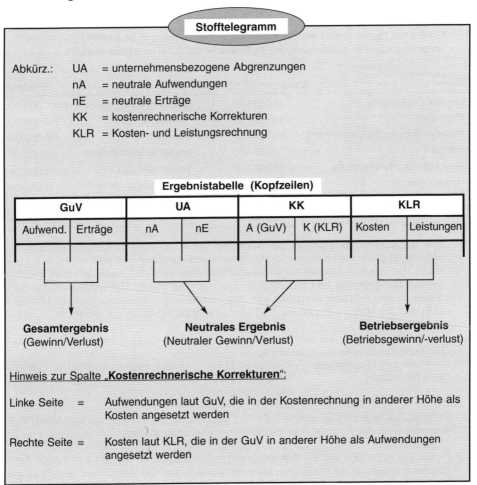

Stofftelegramm

Abkürz.: UA = unternehmensbezogene Abgrenzungen
nA = neutrale Aufwendungen
nE = neutrale Erträge
KK = kostenrechnerische Korrekturen
KLR = Kosten- und Leistungsrechnung

Ergebnistabelle (Kopfzeilen)

GuV		UA		KK		KLR	
Aufwend.	Erträge	nA	nE	A (GuV)	K (KLR)	Kosten	Leistungen

Gesamtergebnis
(Gewinn/Verlust)

Neutrales Ergebnis
(Neutraler Gewinn/Verlust)

Betriebsergebnis
(Betriebsgewinn/-verlust)

Hinweis zur Spalte „**Kostenrechnerische Korrekturen**":

Linke Seite = Aufwendungen laut GuV, die in der Kostenrechnung in anderer Höhe als Kosten angesetzt werden

Rechte Seite = Kosten laut KLR, die in der GuV in anderer Höhe als Aufwendungen angesetzt werden

Aufgaben (Grundwissen)

1. Unternehmensergebnis: Gewinn 750.000,00 EUR, Betriebsergebnis nur 300.000,00 EUR. Nennen Sie mögliche Ursachen.

2. Unternehmensergebnis: Verlust 20.000,00 EUR, Betriebsergebnis: Gewinn 40.000,00 EUR. Nennen Sie mögliche Ursachen.

1.4   Abituraufgaben

Abituraufgabe 2006 (Aufgabe 1, teilweise)

1. Die Bianca Sauter GmbH, Herstellerin von Drehteilen, hat zum 01.01.2003 ihre Tätigkeit aufgenommen. Die zusammengefasste Bilanz für 2005 hat folgendes Aussehen:

Aktiva	Bilanz zum 31.12.2005 (in EUR)		Passiva
bebaute Grundstücke	746.000,00	gezeichnetes Kapital	1.000.000,00
Maschinen	409.600,00	Rücklagen	152.000,00
Betriebs- und Geschäftsausstattung	102.400,00	Darlehen	458.000,00
Fuhrpark	20.000,00	erhaltene Anzahlungen	85.000,00
Roh-, Hilfs- und Betriebsstoffe	150.000,00	Verbindlichk. a. LL.	115.000,00
Forderungen	220.000,00	sonst. Verbindlichkeiten	18.000,00
Bank	180.000,00		
	1.828.000,00		1.828.000,00

Zum Jahresende 2005 beträgt der Gebäudeanteil in der Position bebaute Grundstücke 546.000,00 EUR. Die bebauten Grundstücke wurden bilanziell und kalkulatorisch mit 3 % linear, Maschinen und Betriebs- und Geschäftsausstattung (BuG) jeweils bilanziell mit 20 % geometrisch-degressiv und kalkulatorisch linear abgeschrieben. Der kalkulatorische Wertansatz für den Fuhrpark übersteigt zum Jahresende 2005 den Bilanzansatz um 10.000,00 EUR. Für die Maschinen und die BuG wird eine Nutzungsdauer von jeweils zehn Jahren angenommen.

Die Wiederbeschaffungskosten betragen:
*   bebaute Grundstücke   974.000,00 EUR   (Gebäudeanteil 650.000,00 EUR)
*   Maschinen   960.000,00 EUR
*   BuG   240.000,00 EUR

1.1 Erklären Sie allgemein, in welchem Fall bei der Position „Abschreibungen auf Maschinen" entweder neutraler Aufwand oder Zusatzkosten entstehen können.

1.2 In welcher Höhe sind seit der Aufnahme der Geschäftstätigkeit bis zum 31.12.2005 durch Abschreibungen auf die Positionen „bebaute Grundstücke" und „Maschinen" jeweils Grundkosten, Zusatzkosten und neutrale Aufwendungen angefallen?

1.3 Angenommen, der Höchstsatz der geometrisch-degressiven Abschreibung wäre in der Ausgangssituation niedriger als 20 % gewesen. Begründen Sie ohne rechnerischen Nachweis, ob und gegebenenfalls wie sich dies in den ersten Nutzungsjahren auf das Unternehmensergebnis und das Betriebsergebnis ausgewirkt hätte.

1.6 Weshalb wird im vorliegenden Fall kein kalkulatorischer Unternehmerlohn in der KLR angesetzt?

2 Kosten- und Leistungsrechnung II: Kostenstellenrechnung – Kostenträgerstückrechnung

2.1 Die Kostenstellenrechnung (BAB)

Stofftelegramm

Einzelkosten

Kosten, die einem Produkt (Kostenträger) unmittelbar (direkt) zugerechnet werden können

Beispiele: Fertigungslöhne (= Fertigungseinzelkosten = FEK) und Fertigungsmaterial (= Materialeinzelkosten = MEK = Rohstoffaufw.). Beispiele für Sondereinzelkosten: Spezialwerkzeuge, Modellkosten (= SEKF) und Spezialverpackung (= SEKV)

Gemeinkosten

Kosten, die für mehrere Kostenträger gemeinsam anfallen und nicht unmittelbar dem Produkt zugerechnet werden können. Sie werden mithilfe von im Betriebsabrechnungsbogen (BAB) ermittelten Zuschlagsätzen auf die Kostenträger verrechnet.

Hauptkostenstellen Die Gemeinkosten werden auf die vier Hauptkostenstellen (z. B. nach Schlüsseln) verteilt und dann mithilfe von Kalkulationszuschlägen auf die Kostenträger verrechnet. Bsp.: Material, Fertigung, Verwaltung, Vertrieb

Einstufiger BAB (Aufbau)

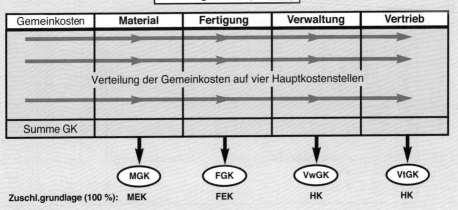

Gemeinkosten	Material	Fertigung	Verwaltung	Vertrieb
Verteilung der Gemeinkosten auf vier Hauptkostenstellen				
Summe GK				

	MGK	FGK	VwGK	VtGK
Zuschl.grundlage (100 %):	MEK	FEK	HK	HK

Formeln Berechnung Gemeinkostenzuschlagsätze
MGK = Materialgemeinkosten : MEK · 100
FGK = Fertigungsgemeinkosten : FEK · 100
VwGK = Verwaltungsgemeinkosten : HK · 100
VtGK = Vertriebsgemeinkosten : HK · 100

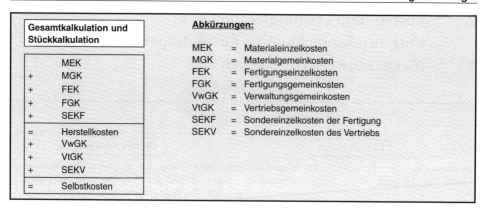

2.2   Normalkosten und Ist-Kosten

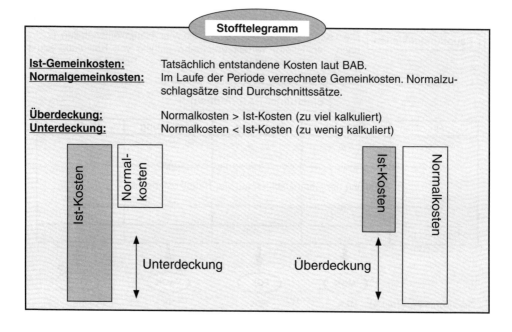

Ermittlung der Über- und Unterdeckungen

Alternative 1: Unterhalb des BAB

Normalzuschlagsätze: MGK = 10 %   VwGK = 12 %   MEK = 100.000,00 EUR
                       FGK = 120 %   VtGK = 4 %   FEK = 80.000,00 EUR

BAB mit Normalgemeinkosten:

Gemeinkosten		Material	Fertigung	Verwaltung	Vertrieb
Ist-Gemeinkosten (Summen)		9.500,00	88.000,00	39.690,00	19.050,00
Verrechnete Normalgemeinkosten		10.000,00	96.000,00	34.320,00	11.440,00
Überdeckung	(+)	+ 500,00	+ 8.000,00		
Unterdeckung	(–)			– 5.370,00	– 7.610,00

Alternative 2: Kostenträgerzeitblatt

KOSTENTRÄGERZEITBLATT

	Ist-Kosten		Normalkosten		Unterdeckung (–) Überdeckung (+)
MEK		100.000,00		100.000,00	
MGK	9,5 %	9.500,00	10 %	10.000,00	+ 500,00
FEK		80.000,00		80.000,00	
FGK	110 %	88.000,00	120 %	96.000,00	+ 8.000,00
HK		277.500,00		286.000,00	
VwGK	14,3 %	39.690,00	12 %	34.320,00	– 5.370,00
VtGK	6,7 %	19.050,00	4 %	11.440,00	– 7.610,00
Selbstkosten		336.240,00		331.760,00	– 4.480,00
Umsatzerlöse		500.000,00		500.000,00	
Umsatzergebnis		*************		168.240,00	
– Unterdeckung		*************		4.480,00	◄
Betriebsergebnis		163.760,00		163.760,00	

2.3   Kostenträgerstückrechnung

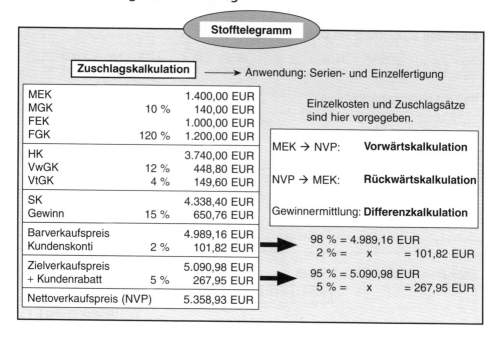

2.4 Aufgaben zu den Kapiteln 2.1 bis 2.3

Aufgaben (Grundwissen)

1. Welche **Aufgaben** hat die Kostenstellenrechnung?

2. Definieren Sie die Begriffe „Einzelkosten" und „Gemeinkosten".

3. Definieren Sie kurz den Begriff „Kostenstelle".

4. Nach welchem Kriterium werden die Gemeinkosten im BAB auf die Kostenstellen **verteilt**?

5. Verteilen Sie die Gemeinkosten gemäß der Verteilungsschlüssel auf die Kostenstellen.
   Verteilungsschlüssel:
   Sozialkosten: 1 : 3 : 7 : 2
   Instandhaltung lt. Arbeitsstunden: 25 : 79 : 2 : 9
   Kalk. Abschreibung lt. gebundenem Kapital: 1 : 5 : 2 : 2
   Energiekosten lt. kW/h: 1.000 : 36.000 : 9.000 : 4.000
   Sonstige Kosten lt. Belegen: 1 : 5 : 3 : 1

Gemeinkosten (in EUR)	Gesamt	Material	Fertigung	Verwaltung	Vertrieb
Hilfs- und Betriebsstoffe	12.000,00	2.700,00	7.300,00	300,00	1.700,00
Gehälter	19.000,00	2.400,00	5.000,00	9.400,00	2.200,00

Gemeinkosten (in EUR)	Gesamt	Material	Fertigung	Verwaltung	Vertrieb
Sozialkosten	2.600,00				
Instandhaltung	23.000,00				
Kalkulatorische Abschr.	24.000,00				
Energiekosten	6.000,00				
Sonstige Kosten	9.600,00				
Summe Gemeinkosten					

6. a) Ermitteln Sie die üblichen **Zuschlagsätze**:

Fertigungsmaterial   100.000,00 EUR
Materialgemeinkosten   65.000,00 EUR
Fertigungslöhne   70.000,00 EUR   Verwalt.gemeinkosten   49.500,00 EUR
Fertigungsgemeinkosten   105.000,00 EUR   Vertriebsgemeinkosten   16.500,00 EUR

b) Zur Herstellung des Produkts A werden für 200,00 EUR Fertigungsmaterial benötigt. Außerdem sind zwei Arbeiter mit je 1,5 Std. am Produkt tätig. Verrechnete Lohnkosten je Arbeitsstunde: 14,00 EUR.

Ermitteln Sie die **Selbstkosten** unter Verwendung obiger Zuschlagsätze.

7. **Sachverhalt**

Von einer Metallfabrik liegt Ihnen der Quartals-BAB (s. u.) als Auszug vor. Außerdem stehen folgende Angaben zur Verfügung:

Fertigungsmaterial: 160.000,00 EUR; Fertigungslöhne: 50.000,00 EUR

a) Nach welchen Gesichtspunkten würden Sie im BAB die Gemeinkosten „Aufwendungen für Hilfs- und Betriebsstoffe", „freiwilliger sozialer Aufwand" und „Fuhrpark" auf die Kostenstellen verteilen?

b) Ermitteln Sie die fehlenden Werte:

Gemeinkosten	Zahlen Buchh.	Material	Fertigung	Verwaltung	Vertrieb
....	....	....	....	....	....
Summen	244.000,00	8.000,00	70.000,00	63.000,00	23.000,00
Zuschlags-grundlage		MEK 160.000,00	FEK 50.000,00	?	?
Ist-Zuschläge		5 %	140 %	21,88 %	?
Normalzuschläge		6 %	136 %	13 %	8 %
Normalgemeinkosten		?	68.000,00	?	23.008,00
Überdeckung Unterdeckung		+ 1.600,00	?	?	+ 8,00

8. Ermitteln Sie den Nettoverkaufspreis anhand folgender Daten:

   Fertigungsmaterial 2.650,00 EUR, Fertigungslöhne 3.400,00 EUR, besonderer Konstruktionsaufwand 352,00 EUR

   Normalzuschläge: MGKZ 12 %, FGKZ 120 %, VwtGKZ 15 %, Gewinnzuschlag 10 %, Kundenskonto 2 %

9. Eine Unternehmung muss den Nettoverkaufspreis für ein Produkt mit 556,70 EUR festsetzen.

   Folgende Daten liegen vor:

   Fertigungszeit Fertigungsstelle: 2 Std. zu je 20,00 EUR
   Modellkosten: 4,00 EUR je Stück

   Zuschlagsätze: MGK 10 %, FGK 120 %, Verwaltungsgemeinkosten 10 %, Vertriebsgemeinkosten 15 %, Gewinnzuschlag 8 %, Kundenskonto 3 %, Kundenrabatt 20 %

   Wie viel Euro können für das Fertigungsmaterial des Produkts maximal ausgegeben werden?

10. Ermitteln Sie die Selbstkosten durch eine Ist-Kosten- und Normalkostenkalkulation und vervollständigen Sie den BAB.
    Angaben: Materialeinzelkosten   100.000,00 EUR
                  Fertigungseinzelkosten   200.000,00 EUR

	Material	Fertigung	Verwaltung	Vertrieb
Ist-Gemeinkosten	50.000,00	300.000,00	66.000,00	33.000,00
Zuschlagsgrundlage (Ist)	100.000,00	200.000,00		
Sondereinzelkosten		10.000,00		
Ist-Zuschlagssatz				
Normalzuschlagssatz	60 %	140 %	8 %	2 %
Normalgemeinkosten				
Kostenüberdeckung				
Kostenunterdeckung				

	Ist-Kosten-Kalkulation		Normalkostenkalkulation	

2.5   Abituraufgaben

Abituraufgabe 2010 (Aufgabe 1, teilweise, abgeändert)

Die MUNK Bürsten GmbH ist Weltmarktführer im Bereich der Fertigung von Bürsten für den industriellen Bereich. Einen großen Teil ihres Umsatzes erzielt sie mit Bürsten aus Straußenfedern, die es ermöglichen, Rohkarosserien vor der Lackierung staubfrei und antistatisch zu reinigen.

2.   Für eine neue Lackieranlage benötigt ein Kunde 15 Bürsten aus Straußenfedern.

2.1   Ermitteln Sie im Rahmen einer Vorkalkulation den Angebotspreis je Stück. Verwenden Sie dazu die folgenden Gemeinkostenzuschlagsätze:

Material 14 %, Fertigung 101,74 %, Verwaltung 2,5 %, Vertrieb 6 %.

Zusätzliche Angaben:

• Fertigungsmaterial	50,00 EUR pro Stück
Fertigungslöhne	115,00 EUR pro Stück
Gewinnzuschlag	5 %
Kundenskonto	3 %
Kundenrabatt	20 %

• Da die Bürsten einer besonders hohen Rotationsgeschwindigkeit standhalten müssen, entstehen für den gesamten Auftrag Sondereinzelkosten der Fertigung in Höhe von 2.370,00 EUR.

2.2   Da der Kunde den unter 2.1 berechneten Angebotspreis nicht akzeptiert, überlegt die Geschäftsleitung, die Bürsten in einer Zweigniederlassung in Ungarn produzieren zu lassen. Die ungarische Niederlassung kalkuliert mit einem gemeinsamen Verwaltungs- und Vertriebsgemeinkostensatz von 5 %. Die Materialkosten insgesamt betragen 68,00 EUR pro Stück. Es werden acht Stunden Arbeitszeit benötigt. Der Fertigungsge- meinkostenzuschlagsatz beträgt 90 %. Die Sondereinzelkosten der Fertigung betragen pro Stück 180,00 EUR.

Berechnen Sie, wie hoch der Stundenlohn der ungarischen Arbeiter maximal sein darf, um die Bürsten zu Selbstkosten von 420,00 EUR je Stück herstellen zu können.

Abituraufgabe 2011 (Aufgabe 3, teilweise, abgeändert)

1.   Die Apparatebau German GmbH stellt elektronische Messgeräte her. Im unteren Preis- segment ist der Wettbewerbsdruck durch die fernöstliche Konkurrenz sehr hoch. Die Kostenrechnungsabteilung arbeitet an einem Konzept, das gewährleisten soll, dass trotz reduzierter Angebotspreise die gewünschte Kapitalrendite erzielt werden kann. Aus Konkurrenzgründen soll im 2. Quartal das Produkt D 101 zum Listenverkaufspreis von 1.350,00 EUR angeboten werden. Aus diesem Grund sollen die gesamten Ferti- gungskosten höchstens 587,00 EUR betragen. Die Kosten für das Fertigungsmaterial belaufen sich derzeit auf 220,00 EUR.

Aus der Kostenrechnung sind des Weiteren folgende Angaben bekannt:

Verwaltungsgemeinkostenzuschlagsatz	5 %
Vertriebsgemeinkostenzuschlagsatz	2 %
Materialgemeinkostenzuschlagsatz	15 %
Sondereinzelkosten des Vertriebs	16,81 EUR
Gewinnzuschlagsatz	20 %
Kundenskonto	3 %
Kundenrabatt	247,73 EUR

Die angegebenen Gemeinkostenzuschlagsätze sind Durchschnittswerte aus den vergangenen Abrechnungsperioden.

1.1 Berechnen Sie, um wie viel Prozent das Fertigungsmaterial günstiger bezogen werden muss, um unter den angegebenen Bedingungen den angestrebten Gewinn zu erreichen (Rundung auf eine Nachkommastelle).

1.3 Die Auswertung der vergangenen Quartalszahlen ergibt, dass abgesehen von den Vertriebsgemeinkosten die Ist-Gemeinkosten in allen anderen Kostenstellen höher sind als die Normalgemeinkosten.

1.3.1 Begründen Sie, ob diese höheren Ist-Gemeinkosten zu einer Kostenüber- oder Kostenunterdeckung in den betreffenden Kostenstellen führen.

1.3.2 Nennen Sie zwei Ursachen, die diese Entwicklung ausgelöst haben könnten.

1.3.3 Beschreiben Sie die Auswirkung der festgestellten Kostenabweichung auf das Betriebsergebnis des 1. Quartals.

1.4 Beurteilen Sie das Ergebnis aus Aufgabe 1.1 (Preisreduktion bezüglich des Fertigungsmaterials zur Erzielung des gewünschten Gewinns) unter Beachtung der beschriebenen Kostenentwicklung (Aufgabe 1.3).

Abituraufgabe 2012 (Aufgabe 2, teilweise)

6. Im Jahr 2012 soll der neue Bootslack SHELTER in Zehn-Liter-Kanistern auf den Markt kommen. Aus der Kostenrechnung liegen für einen Kanister folgende Angaben vor:

Fertigungsmaterial	140,00 EUR
Fertigungslöhne	80,00 EUR
Materialgemeinkostenzuschlagsatz	10 %
Fertigungsgemeinkostenzuschlagsatz	110 %
Verwaltungsgemeinkostenzuschlagsatz	12 %
Vertriebsgemeinkostenzuschlagsatz	5 %
Kundenskonto	3 %
Kundenrabatt	15 %
Sondereinzelkosten des Vertriebs	1,26 EUR

6.1 Bestimmen Sie den Listenverkaufspreis für einen Kanister, wenn ALCON mit einem Gewinnzuschlag von 8 % kalkuliert.

(Rundung auf zwei Nachkommastellen)

6.2 Berechnen Sie für die ALCON GmbH den Gewinn je Stück in Euro und in Prozent, wenn die Bootswerft SEASIDE bei einem Großauftrag lediglich einen Listenverkaufspreis von 460,00 EUR pro Kanister unter sonst gleichen Bedingungen akzeptiert.

(Rundung auf zwei Nachkommastellen)

6.3 Koch hat in der letzten Zeit gelegentlich Aufträge zu nicht kostendeckenden Preisen angenommen. Arnold hätte dagegen solche Aufträge abgelehnt. Beurteilen Sie die unterschiedlichen Auffassungen aus kostenrechnerischer Sicht.

3   Kosten- und Leistungsrechnung III: Kostenanalyse

3.1   Stofftelegramme und Aufgaben

Stofftelegramm

Abhängigkeit der Kosten von der Ausbringungsmenge (vom Beschäftigungsgrad)

Beschäftigungsgrad:
Kapazität   = 100 %
tatsächl. Produktion =   x %

$$\text{Beschäftigungsgrad (x \%)} = \frac{\text{tatsächl. Produktion} \cdot 100}{\text{Kapazität}}$$

Fixe Kosten	**Variable Kosten**
• beschäftigungsunabhängige Kosten	• beschäftigungsabhängige Kosten
• Beispiele: Mieten, Gehälter, Zinsen	• Bsp.: Fertigungsmaterial, Fertig.löhne
• fixe Stückkosten: sinken bei steigender Beschäftigung (verteilen sich auf immer mehr Stück) = Fixkostendegression = Gesetz der Massenproduktion	• variable Stückkosten: konstant bei linearem Gesamtkostenverlauf (proportionale Kosten)

Sprungfixe Kosten	**Mischkosten**
Bei fortschreitender Erhöhung des Beschäftigungsgrades steigen Fixkosten von einer best. Menge an sprunghaft an und bleiben dann in dieser Höhe wieder fix.	Kosten, die sowohl fixe als auch variable Kostenbestandteile enthalten. Bsp.: Stromkosten, Fuhrparkkosten, Heizungskosten, Reisekosten

Umsatzformel (Erlösformel)	**Gesamtkostenformel**
Umsatz = Preis · Produktionsmenge	Kosten = variable Kosten + Fixkosten
$U = p \cdot x$	$K = K_v + K_f$ $K = k_v \cdot x + K_f$

Gewinnformel	**Nutzenschwelle (Gewinnschwelle)**
Gewinn = Umsatz − Kosten	Umsatz = Kosten
Gewinn $= p \cdot x - (k_v \cdot x + K_f)$	$p \cdot x = k_v \cdot x + K_f$

Gewinnmaximum ⟶ an der **Kapazitätsgrenze**

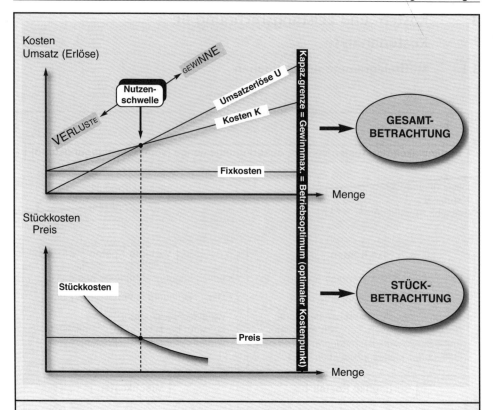

Kritische Menge

Kritische Menge: Produktionsmenge, ab der ein Produktionsverfahren (z. B. lohnintensiv) kostengünstiger wird als ein anderes Produktionsverfahren (z. B. kapitalintensiv).

Hier gilt: Kosten (Verfahren I)   =   Kosten (Verfahren II)

$$k_v \cdot x + K_f \quad = \quad k_v \cdot x + K_f \qquad x = \ldots$$

Rationalisierung und Kostenstruktur

Rationalisierung und Kostenstruktur: Mehr Maschinen – weniger menschliche Arbeit (= Substitution arbeitsintensiver Verfahren durch anlageintensive Verfahren)

Folge: Fixkosten steigen – variable Stückkosten sinken. Ab bestimmter Produktions- menge **(kritische Menge)** wird das anlageintensive Verfahren kostengünstiger.

Wichtig somit bei anlageintensiven Verfahren: **Hohe Stückzahlen!!!**

Beschäftigungsgrad und BAB – Zuschläge bei Vollkostenrechnung

Steigende Beschäftigung ——► sinkende Zuschlagsätze (niedrigere Preiskalkulation!)

Sinkende Beschäftigung ——► steigende Zuschlagsätze (höhere Preiskalkulation!)

Begründung: Fixkostenbestandteile bei Gemeinkosten

Problem: Preisgestaltung widerspricht der Absatzsituation! (vgl. auch Kapitel DB-Rechnung)

Rechnerische Kostenauflösung (fixe – variable Kosten)

Ausbringung bei 100-prozentiger Kapazitätsausnutzung: 2.000 Stück

Gesamtkosten bei 70 % Kapazitätsauslastung	300.000,00 EUR
Gesamtkosten bei 90 % Kapazitätsauslastung	380.000,00 EUR

Ermittlung der variablen Stückkosten und Fixkosten:

Gesamtkosten bei 1.400 Stück (= 70 %)	300.000,00 EUR
Gesamtkosten bei 1.800 Stück (= 90 %)	380.000,00 EUR

Variable Kosten	400 Stück	80.000,00 EUR
Variable Kosten	**1 Stück**	**200,00 EUR**

Gesamtkosten bei 1.400 Stück:	300.000,00 EUR
Variable Kosten bei 1.400 Stück: 1.400 · 200,00 =	280.000,00 EUR

Fixkosten	**20.000,00 EUR**

Aufgaben (Grundwissen)

1. Die Kapazität eines Betriebes beträgt 60.000 Stück, die tatsächliche Produktion 50.000 Stück. Ermitteln Sie den Beschäftigungsgrad.

2. Erklären Sie die Begriffe „fixe und variable Kosten" und nennen Sie je zwei Beispiele.

3. Erklären und begründen Sie das Gesetz der Massenproduktion.

4. Die Firma AUMO-GmbH in Stuttgart produziert Motorroller. Kosten- und Erlössituation:

   Fixkosten 20.000,00 EUR
   variable Kosten je Stück 1.000,00 EUR
   Preis 2.000,00 EUR

   a) Ergänzen Sie die Tabelle.

Prod.- menge Stück	Fixkosten EUR	Variable Kosten EUR	Gesamt- kosten EUR	Stück- kosten EUR	Umsatz- erlöse EUR	Gewinn (Verlust) EUR
5	20.000,00					
10						
15						
20						
25						
30						
35						
40						
45						
50						

b) Berechnen Sie die Nutzenschwelle (Gewinnschwelle) mit Formeln und überprüfen Sie Ihr Ergebnis anhand der Tabelle.

c) Bei welcher Menge liegt das Gewinnmaximum?

d) Welche Spalte zeigt das Gesetz der Massenproduktion?

e) Zeichnen Sie ins obere Koordinatensystem die Kosten- und Umsatzfunktion, ins untere Koordinatensystem den Preis und die Stückkosten. Bezeichnen Sie die Nutzenschwelle und das Gewinnmaximum.

5. Ein Betrieb erzeugt bei voller Kapazitätsausnutzung monatlich 12.000 Stück bei 60.000,00 EUR Gesamtkosten, wovon ein Fünftel fixe Kosten sind. Verkaufspreis: 6,20 EUR.

a) Welcher Beschäftigungsgrad entspricht einer monatlichen Ausbringung von 7.200 Stück?

b) Wie viel Euro betragen Gewinn, fixe und variable Kosten insgesamt und je Stück bei Vollbeschäftigung?

c) Wie viel Euro betragen Gesamtgewinn und Stückgewinn bei einer Fertigung von 9.000 Stück?

d) Bei welcher Fertigungsmenge liegt die Nutzenschwelle?

e) Wie verschiebt sich die Nutzenschwelle, wenn Gesamtkosten und Verkaufspreis gleichbleiben, aber die fixen Kosten zwei Fünftel der Gesamtkosten bei normaler Kapazitätsausnutzung betragen?

6. Ausbringung eines Betriebes bei 100-prozentiger Kapazitätsauslastung: 800 Stück.

Gesamtkosten bei 80 % Kapazitätsauslastung: 88.000,00 EUR
Gesamtkosten bei 90 % Kapazitätsauslastung: 96.000,00 EUR

Ermitteln Sie die variablen Stückkosten und die Fixkosten.

7. Ein Industriebetrieb produziert Zubehörteile für die Automobilindustrie. Je nach Bedarf werden unterschiedliche Mengen hergestellt und verkauft. Der Verkaufspreis für ein Zubehörteil beträgt 30,00 EUR. Bei voller Kapazitätsausnutzung können pro Tag insgesamt 800 Zubehörteile hergestellt werden. Aufgrund der Nachkalkulation ergaben sich die folgenden Gesamtkosten (fixe und proportionale Kosten):

Menge	Gesamtkosten in EUR
100	6.000,00
200	8.000,00
300	10.000,00
400	12.000,00
500	14.000,00
600	16.000,00
700	18.000,00
800	20.000,00

7.1 Bei welcher Ausbringungsmenge liegt die Nutzenschwelle?

7.2 Ermitteln Sie die Ausbringungsmenge, bei der ein Gesamtgewinn von 2.500,00 EUR erzielt wird.

7.3 Wie hoch ist der Stückgewinn beim Beschäftigungsgrad 60 %?

7.4 Bei welcher Produktionsmenge erreicht der Betrieb das Gewinnmaximum? Begründung.

7.5 Begründen Sie, ob es sinnvoll ist, durch eine Preissenkung (für den Zusatzauftrag) von $33\frac{1}{3}$ % einen Zusatzauftrag hereinzunehmen, wodurch der Beschäftigungsgrad von zur Zeit 60 % um $12\frac{1}{2}$ % erhöht wird?

7.6 Auf welche möglichen Ursachen könnte ein überdurchschnittlicher Kostenanstieg kurz vor der Kapazitätsgrenze zurückzuführen sein?

8. Eine Maschinenfabrik hat zwei Werke. Im Werk I wurde ein neues Verwaltungsgebäude errichtet. Von den hierdurch entstandenen Fixkosten von 4.000.000,00 EUR/Jahr werden 25 % anteilmäßig dem Werk I belastet.

Von Werk I sind außerdem folgende Zahlen bekannt:

a) Bisherige Gesamtkosten bei maximaler Kapazitätsausnutzung von 1.000 Stück pro Jahr   15.000.000,00 EUR

b) Konstante Grenzkosten   10.000,00 EUR

c) Stückerlös   25.000,00 EUR

8.1 Berechnen Sie die der Nutzenschwelle zugeordnete Produktionsmenge für Werk I **vor** der Belastung mit zusätzlichen Fixkosten (NS_{vor}) und **nach** der entsprechenden Belastung (NS_{nach}).

8.2 Berechnen Sie die Produktions- und Absatzmenge, bei der **nach** Belastung mit zusätzlichen Fixkosten ein Gewinn von 2.000.000,00 EUR erwirtschaftet wird.

8.3 Nennen und begründen Sie, bei welchem Beschäftigungsgrad bei linearem Kostenverlauf allgemein das Gewinnmaximum praktisch und theoretisch erreicht wird.

9.   Eine Nähmaschinenfabrik stellt elektrische Nähmaschinen verschiedener Typen her:

Typ A: einfache Ausführung mit Nutzstichen

Typ B: gehobene Ausführung mit Nutz- und Zierstichen

Typ C: Luxusausführung

Für Maschine Typ A, von der maximal 5.000 Stück pro Periode produziert werden können, fallen für 1.000 Stück folgende Kosten (linearer Kostenverlauf) in den einzelnen Kostenstellen an:

Kostenstellen \ Kosten	Einzelkosten EUR	Gemeinkosten EUR fix	Gemeinkosten EUR proportional variabel
Material	180.000,00		22.000,00
Fertigung	70.000,00	55.800,00	20.000,00
Verwaltung und Vertrieb			

Die Nähmaschinenfabrik, die keine marktbeherrschende Stellung genießt, verkauft die Maschine Typ A für 340,00 EUR je Stück.

9.1   Wie hoch ist für Maschine A die gewinnmaximale Angebotsmenge und der dazugehörige Gewinn?

9.2   Bei welcher Angebotsmenge liegt die Nutzenschwelle?

9.3   Wegen Importen aus Ostasien ist mit einem Preisrückgang für Typ A zu rechnen.

9.3.1   Wo liegt die kurzfristige Preisuntergrenze je Stück?

9.3.2   Zu welchem Preis kann bei voller Kapazitätsausnutzung langfristig gerade noch angeboten werden?

9.4   Eine geplante Ersatzinvestition zur Herstellung von Typ A erhöht die Kapazität um 20 %, verdoppelt aber die fixen Kosten und vermindert die variablen Kosten um 25 %.

9.4.1   Wie verändern sich dadurch bei Ausnutzung der neuen Kapazität die Stückkosten?

9.4.2   Wie viel Gewinn je Stück ergibt sich dann?

9.4.3   Warum kann eine Ersatzinvestition zu einer Erhöhung der Kapazität führen? Geben Sie ein Beispiel an.

9.4.4   Bei welcher Ausbringungsmenge erzielt das Unternehmen keinen Gewinn, wenn es die neue Maschine voll ausnutzt und der Preis auf dem Maschinenmarkt aufgrund der Ostasienimporte um 30 % sinkt?

3.2 Abituraufgaben

Abituraufgabe 2006 (Aufgabe 1, Teil 2)

2. Aufgrund des Konkurrenzdrucks plant die Unternehmensleitung eine Erhöhung der Arbeitszeit von 35 auf 40 Stunden pro Woche ohne Lohnausgleich. Für die zurückliegenden Monate stehen folgende Daten zur Verfügung:

Monat	Stückzahl	Gesamtkosten	Umsatz
Mai 2005	52.000	804.000,00 EUR	790.400,00 EUR
Juni 2005	66.000	972.000,00 EUR	1.003.200,00 EUR

2.1 Bei der bisherigen Arbeitszeit von 35 Stunden pro Woche hätten monatlich maximal 70.000 Drehteile produziert werden können.

2.1.1 Berechnen Sie die bisherigen Fixkosten und die variablen Stückkosten.

2.1.2 Wie hoch wäre die maximal produzierbare Menge nach der geplanten Erhöhung der wöchentlichen Arbeitszeit, wenn keine sonstigen Engpässe zu erwarten sind?

2.1.3 Ermitteln Sie die variablen Stückkosten nach der geplanten Arbeitszeitverlängerung, wenn davon auszugehen ist, dass bisher 30 % der variablen Kosten Fertigungslöhne waren.

2.1.4 Um welche Stückzahl würde sich nach Einführung der Arbeitszeitverlängerung die Gewinnschwelle bei unverändertem Verkaufspreis ändern?

2.2 Das Auftragsvolumen von 66.000 Stück (Juni 2005) könnte auch für die folgenden Monate bei unverändertem Absatzpreis beibehalten werden. Es besteht die Aussicht, zusätzlich 14.000 Stück zu verkaufen.

2.2.1 Wie hoch wären die Gesamtkosten für die zusätzliche Produktionsmenge, wenn die Arbeitszeitverlängerung nicht eingeführt würde und bei einer Überschreitung der Normalarbeitszeit ein Überstundenzuschlag von 25 % auf den Lohnanteil zu verrechnen wäre?

2.2.2 Angenommen, die Arbeitszeitverlängerung würde durchgeführt. Die Unternehmensleitung möchte zur Gewinnung eines neuen Kunden die Konkurrenz mit einem niedrigen Verkaufspreis unterbieten und sich in den Folgemonaten mit demselben Ergebnis wie im Juni 2005 begnügen.

Zu welchem Stückpreis könnten unter diesen Bedingungen die 14.000 Teile verkauft werden? (Falls Sie die Teilaufgabe 2.1.3 nicht rechnen konnten, gehen Sie davon aus, dass die Lohnstückkosten nach der Arbeitszeitverlängerung 3,15 EUR betragen.)

4 Kosten- und Leistungsrechnung IV: Deckungsbeitragsrechnung (Teilkostenrechnung)

4.1 Stofftelegramm und Aufgaben

Stofftelegramm

Abkürzungen: VK = variable Kosten; FK = Fixkosten; P = Preis; vk = variable Stückkosten

Vollkostenrechnung	**Teilkostenrechnung**

Vollkostenrechnung

- Rechnung mit Vollkosten (VK und FK)

- Preisermittlung auf Basis der Vollkosten (Abwälzung aller Kosten auf die Preise)

- Annahme: **P < Vollkosten**

  Entscheidung evtl.: Ausscheiden des Produkts! Dies ist evtl. Fehlentscheidung!

- **Preisuntergrenze** = Vollkosten

Teilkostenrechnung

- Rechnung mit Teilkosten (VK)

P < vk	Entscheidung: Ausscheiden des Produkts
P = vk	**Preisuntergrenze**
P > vk	Verbesserung des Betriebserfolgs. Produkt leistet Beitrag zur Fixkostendeckung.

P – vk = Deckungsbeitrag

Problembereiche der Vollkostenrechnung (Fehlentscheidungen!)

Problembereich 1 ➤ Hereinnahme, Streichung, Rangfolge der Produkte:

Nur die **Deckungsbeitragsrechnung** kann diese Probleme lösen:

- **Hereinnahme** eines Produkts, wenn es einen positiven Deckungsbeitrag (Beitrag zur Fixkostendeckung) leistet

- **Streichung** eines Produkts nur, wenn sein Deckungsbeitrag negativ ist

- **Rangfolge** der Produkte („Hitparade") nach Deckungsbeiträgen

Problembereich 2 ➤ Entscheidungsfrage: Eigenfertigung oder Fremdbezug?

Der Bezugspreis ist mit den eigenen variablen Kosten zu vergleichen. Auch dies ist nur mithilfe der Deckungsbeitragsrechnung möglich:

Ist keine Kapazitätserweiterung für die Eigenfertigung notwendig, gilt grundsätzlich: Eigenfertigung, sofern VK < Bezugspreis.

Problembereich 3 ──▶ Beschäftigungsschwankungen:

Sinkende Beschäftigung (sinkende Nachfrage) führt zu steigenden Stückkosten (Fixkosten verteilen sich auf weniger Stück).

Nach der Vollkostenrechnung würde dies zu Preiserhöhungen führen, obwohl eigentlich zur Nachfrageankurbelung Preissenkung nötig wäre. Der Betrieb sollte somit vorübergehend auf Vollkostendeckung verzichten: Deckungsbeitragsrechnung notwendig.

Einfluss des Beschäftigungsgrades auf BAB – Zuschlagsätze bei Vollkostenrechnung:

- Sinkende Beschäftigung: Gemeinkosten sinken nicht im gleichen Umfang wie Einzelkosten (Begründung: Gemeinkosten enthalten i. Gs. zu den Einzelkosten Fixkosten). Folge: Steigende Zuschlagsätze, steigende Preise (Probleme: s. o.)

- Steigende Beschäftigung: sinkende Zuschlagsätze

Vermeidung dieser Zuschlagsatzschwankungen durch die Deckungsbeitragsrechnung.

Vorteile der Deckungsbeitragsrechnung (Zusammenfassung)

- Ermittlung der absoluten Preisuntergrenze (= variable Kosten) möglich

- verbesserte Entscheidungen bezüglich:
  - Hereinnahme
  - Streichung
  - Rangfolge der Produkte

- verbesserte Wahlentscheidungen:
  - Produkt A oder B produzieren?
  - Eigenfertigung oder Fremdbezug?

- Entscheidung über Zusatzauftrag nur mit Deckungsbeitragsrechnung lösbar

- verbesserte Kostenkontrolle (i. d. R. nur variable Kosten vom Kostenstellenleiter beeinflussbar)

- verbesserte Gewinnplanung   • marktorientierte Preispolitik

- Kostenverursachungsprinzip verbessert

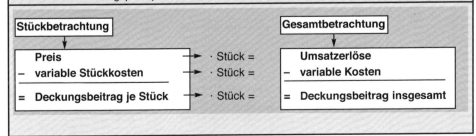

Stückbetrachtung		Gesamtbetrachtung
Preis	──▶ · Stück =	**Umsatzerlöse**
− variable Stückkosten	──▶ · Stück =	**− variable Kosten**
= Deckungsbeitrag je Stück	──▶ · Stück =	**= Deckungsbeitrag insgesamt**

Schema der Deckungsbeitragsrechnung:

	Produkt A	Produkt B	Produkt C	insgesamt
Umsatzerlöse	72.000,00	20.000,00	5.000,00	97.000,00
– variable Kosten	56.000,00	21.000,00	4.000,00	81.000,00
= Deckungsbeitrag	16.000,00	– 1.000,00	1.000,00	16.000,00
– Fixkosten	– – – –	– – – –	– – – –	5.000,00
= Betriebsergebnis	– – – –	– – – –	– – – –	11.000,00

Produkt B hat **negativen Deckungsbeitrag:** Aus Produktionsprogramm herausnehmen!

Aus folgenden Gründen wird B **trotz negativem Deckungsbeitrag evtl. weiterproduziert:**

- Arbeitsplatzsicherung
- Sortimentsvielfalt
- „Vorzeigeartikel"
- Ergänzung anderer Produkte
- Deckungsbeitrag evtl. nur vorübergehend negativ
- Produkteinführung

Grafische Darstellung der Deckungsbeitragsrechnung

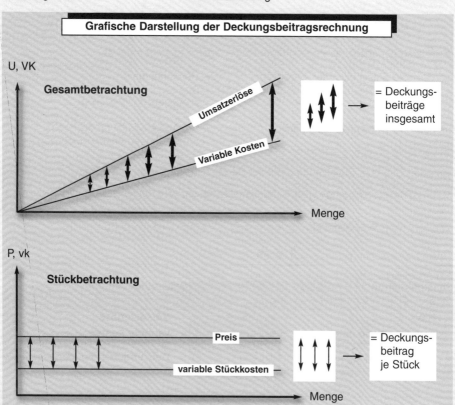

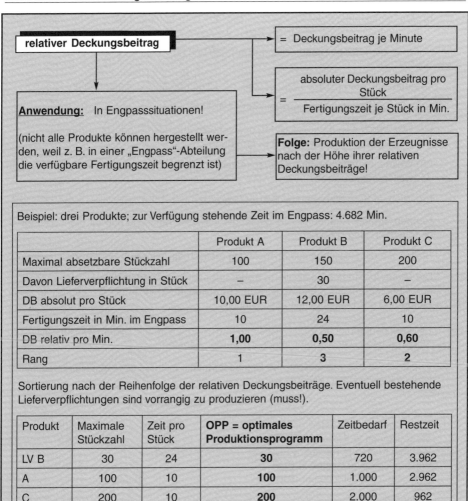

Beispiel: drei Produkte; zur Verfügung stehende Zeit im Engpass: 4.682 Min.

	Produkt A	Produkt B	Produkt C
Maximal absetzbare Stückzahl	100	150	200
Davon Lieferverpflichtung in Stück	–	30	–
DB absolut pro Stück	10,00 EUR	12,00 EUR	6,00 EUR
Fertigungszeit in Min. im Engpass	10	24	10
DB relativ pro Min.	**1,00**	**0,50**	**0,60**
Rang	1	3	2

Sortierung nach der Reihenfolge der relativen Deckungsbeiträge. Eventuell bestehende Lieferverpflichtungen sind vorrangig zu produzieren (muss!).

Produkt	Maximale Stückzahl	Zeit pro Stück	OPP = optimales Produktionsprogramm	Zeitbedarf	Restzeit
LV B	30	24	**30**	720	3.962
A	100	10	**100**	1.000	2.962
C	200	10	**200**	2.000	962
B	120	24	**40**	960	2

Aufgaben

1. a) Eine Unternehmung hat im abgelaufenen Geschäftsjahr drei neue Artikel in ihr Sortiment aufgenommen. Nach der ersten Periode liegen dazu aus der Buchhaltung laut Vollkostenrechnung folgende Zahlen vor:

	A	**B**	**C**
Erlöse (EUR)	900.000,00	1.700.000,00	1.250.000,00
Gesamtkosten (EUR)	850.000,00	1.350.000,00	1.360.000,00
Absatzmenge (Stück)	30.000,00	30.000,00	35.000,00

Wie hoch ist das Betriebsergebnis je Produkt und insgesamt?

b) Das „verlustbringende" Produkt soll evtl. aus dem Sortiment genommen werden. Die Kostenanalyse liefert folgendes Bild:

fixe Kosten (für A, B und C insgesamt) 850.000,00

	A	**B**	**C**
variable Kosten (EUR)	650.000,00	1.200.000,00	860.000,00

b1) Wie hoch ist der Deckungsbeitrag je Artikel sowie das Gesamtergebnis?

b2) Wie würde sich eine Streichung des verlustbringenden Produkts (a) auf das Betriebsergebnis auswirken? Begründung.

b3) Welche Gründe könnten dafür sprechen, Produkte mit negativen Deckungsbeiträgen weiterzuproduzieren?

b4) Wie viel Euro betragen die Preisuntergrenzen der Artikel?

2. Nennen Sie fünf Argumente, die gegen die Vollkostenrechnung und für die Deckungs-beitragsrechnung sprechen.

3. Stellen Sie die Deckungsbeitragsrechnung grafisch dar (Gesamt- und Stückbetrachtung).

4. Die Mineralbrunnen AG kalkulierte bisher nur nach dem System der Vollkostenrech-nung. Konkurrenzdruck und Konjunkturschwankungen zwingen die Geschäftsleitung zur Einführung der Deckungsbeitragsrechnung.

4.1 Eine Kundenbefragung ergab, dass neben dem Eigenprodukt Mineralwasser auch 15.000 Kästen Bier pro Jahr abgesetzt werden könnten.

Ermitteln Sie das voraussichtliche Betriebsergebnis mittels Deckungsbeitragsrechnung, wenn folgende Daten erwartet werden:

	Mineralwasser	**Bier**
Absatzmengen in Kasten	120.000	15.000
Verkaufspreis je Kasten in EUR	3,50	12,00
Variable Kosten je Kasten in EUR	1,81	
Einstandspreis je Kasten in EUR		6,00
Fixkosten des Betriebes in EUR	185.000,00	

4.2 Preiserhöhungen verteuern den Einstandspreis bei Bier je Kasten um 1,50 EUR. Gleichzeitig wäre ein Großabnehmer bereit, pro Jahr 30.000 Kästen Bier zu einem Preis von 8,00 EUR je Kasten abzunehmen.

4.2.1 Soll die Mineralbrunnen AG diese Lieferverpflichtung eingehen? Begründen Sie rechnerisch Ihre Entscheidung.

4.2.2 Erläutern Sie, wie sich das Betriebsergebnis verändert.

4.2.3 Warum wird in der Praxis dieses theoretische Ergebnis nicht zutreffen?

5. Eine Getränke-AG vertreibt die Fremdprodukte A, B, C und D. Folgende Zahlen liegen vor:

Produkte:	**A**	**B**	**C**	**D**
Variable Kosten EUR/100 Liter	100,00	100,00	100,00	100,00
Erlöse EUR/100 Liter	200,00	170,00	270,00	285,00

5.1   Nennen Sie die Rangfolge der Produktförderung

5.1.1 unter Vernachlässigung der Absatzmengen,

5.1.2 wenn folgende Absatzmengen zugrunde gelegt werden:

Produkte:	A	B	C	D
Verk.menge (in 100 Liter/Periode)	2.000	500	2.200	1.000

5.2   Der Kostenrechner schlägt vor, Produkte, die nur mit Verlust zu verkaufen sind, aus dem Sortiment zu nehmen. Nennen Sie drei Gründe, die dagegen angeführt werden könnten.

5.3   Erläutern Sie den Zusammenhang zwischen Teilkostenrechnung und Gewinnmaximierung.

6.   Eine Nähmaschinenfabrik fertigt Maschinen der Typen A, B und C. Die Verkaufspreise ab Werk liegen im Augenblick bei 340,00 EUR, 395,00 EUR und 445,00 EUR je Stück.

      In der abgelaufenen Periode wurden hergestellt und verkauft:

      Typ A: 5.000 Stück zu 1.515.800,00 EUR Selbstkosten
      Typ B: 7.000 Stück zu 2.658.000,00 EUR Selbstkosten
      Typ C: 4.000 Stück zu 1.773.000,00 EUR Selbstkosten

      Die Selbstkosten wurden aufgrund der Vollkostenrechnung ermittelt. Bei jedem Typ ist der Gesamtkostenverlauf linear.

6.1   Wie hoch waren für die abgelaufene Periode das Ergebnis je Typ und das Betriebsergebnis?

6.2   Für die kommende Periode rechnet man – bei noch unveränderten Absatzpreisen – wegen der rückläufigen Konjunktur im Inland mit einem Absatzrückgang von 10 % bei jedem Typ. Die Gesamtkosten je Typ werden sich dann auf 1.369.800,00 EUR, 2.399.000,00 EUR und 1.621.000,00 EUR belaufen.

6.2.1 Wie verändern sich dadurch die Ergebnisse von Aufgabe 6.1?

6.2.2 Worauf führen Sie den überproportionalen Rückgang des Betriebsgewinnes zurück?

6.3   Die Geschäftsleitung überlegt, ob sie das Produkt C aus dem Produktionsprogramm nehmen soll, um dadurch ein besseres Betriebsergebnis zu erreichen. Die für Produkt C anfallenden Fixkosten sind kurzfristig nicht abzubauen.

6.3.1 Wie würden Sie entscheiden, wenn die Fixkostenverteilung je Produktart aufgrund der Werte der Vollkostenrechnung vorgenommen würde? Rechnerischer Nachweis.

6.3.2 Ermitteln Sie für die Produkte A, B und C die Deckungsbeiträge je Stück und insgesamt für die unter 6.2 angegebenen Produktionsmengen.

6.3.3 Welche Empfehlung geben Sie der Geschäftsleitung für Produkt C, wenn Sie die Deckungsbeitragsrechnung verwenden?

6.4   Die Geschäftsleitung zieht auch in Erwägung, das Produkt C weiterhin im Verkaufsprogramm zu lassen, aber von außen zu beziehen. Die Fixkosten für C können kurzfristig nicht abgebaut werden. Der Bezugspreis von C beträgt 443,00 EUR/Stück (bei 3.600 Stück je Periode).

      Wie verändert sich das Gesamtergebnis, und wozu raten Sie der Geschäftsführung?

4.2   Abituraufgaben

Abituraufgabe 2007 (Aufgabe 3, Teil 3)

3.   Die GmbH produziert in einer separaten Fertigungsabteilung das aus Glas und Marmor bestehende Modell „Monte Carlo".

Im Jahr 2006 wurden bei Vollauslastung der Produktionskapazität 150 Tische zu je 2.480,00 EUR netto verkauft. Dabei fielen bei linearem Gesamtkostenverlauf variable Stückkosten von 1.800,00 EUR an, in denen 750,00 EUR Lohnkosten enthalten waren. Die anteiligen Fixkosten betrugen 87.000,00 EUR.

Für 2007 wird ein Absatz von 200 Stück bei einem Gesamtgewinn von 41.500,00 EUR erwartet. Die Mehrproduktion soll durch Überstunden ermöglicht werden, wofür ein Überstundenzuschlag bezahlt wird.

3.1   Ermitteln Sie unter sonst gleichen Bedingungen den Überstundenzuschlag in Prozent.

3.2   Überraschend taucht ein Konkurrenzmodell auf, wodurch der Marktpreis soweit sinkt, dass statt des erwarteten Gewinns ein Verlust je Tisch erwirtschaftet wird. Die Unternehmensleitung beschließt, das Modell „Monte Carlo" wenigstens kurzfristig weiter zu produzieren. Rationalisierungsmöglichkeiten bestehen nicht.

Erläutern Sie drei Gesichtspunkte, die unter diesen Umständen für die Beibehaltung des Tisches im Sortiment sprechen könnten.

Abituraufgabe 2008 (Aufgabe 3, teilweise)

3.   Die Walter GmbH eröffnet ein Zweigwerk, in dem drei verschiedenartige Typen von Terrassentüren hergestellt werden. Aus der Kosten- und Leistungsrechnung dieses Werks sind folgende Angaben für das laufende Jahr bekannt (Annahme: linearer Gesamtkostenverlauf):

	Typ 1	Typ 2	Typ 3
maximale Absatzmenge	500 Stück	650 Stück	280 Stück
erzeugte und abgesetzte Menge	400 Stück	500 Stück	200 Stück
Nettoverkaufserlöse insgesamt	22.000,00 EUR	75.000,00 EUR	22.000,00 EUR
Fertigungsmaterial	2.800,00 EUR	6.400,00 EUR	1.800,00 EUR
Fertigungslöhne	3.660,00 EUR	4.500,00 EUR	2.350,00 EUR
sonstige variable Kosten	6.740,00 EUR	6.600,00 EUR	4.650,00 EUR
Selbstkosten insgesamt	111.400,00 EUR		
Produktionszeit je Stück	2 Stunden	4 Stunden	2 Stunden

3.1 Ausländische Anbieter üben insbesondere beim Typ 1 ständig Druck auf die Verkaufspreise aus, sodass die GmbH gezwungen ist, ihre Preise nach unten anzupassen.

- Um wie viel Prozent könnte bei gegebenen Kostenverhältnissen und der derzeitigen Nachfragemenge der Preis dieses Typs kurzfristig reduziert werden?

- Erläutern Sie, wie sich Angebotspreise, die unterhalb der variablen Stückkosten liegen, langfristig auf die Passivseite der Bilanz des Unternehmens auswirken würden.

3.2 Für das kommende Jahr ist aufgrund von Kapazitätsengpässen davon auszugehen, dass die maximale Fertigungszeit auf 2.560 Stunden begrenzt ist.

Ermitteln Sie unter sonst gleichen Umständen das optimale Produktionsprogramm und den sich daraus ergebenden Betriebsgewinn mithilfe der Deckungsbeitragsrechnung.

Abituraufgabe 2009 (Aufgabe 2, Teil 1 und 2)

Der Saunahersteller Wellworld GmbH, Spezialist für Standard- und Deluxe-Produkte, hat durch die boomenden Do-it-yourself-Bausätze der Baumärkte immer größere Absatzschwierigkeiten. Vor allem in den unteren Preissegmenten fallen immer mehr Marktanteile an andere Anbieter. Zufriedenstellend ist derzeit noch der Absatz des Modells „Home", das als einziges Produkt im Stammwerk hergestellt wird. Der Listenverkaufspreis für diesen Typ beträgt 4.800,00 EUR. Aufgrund des wachsenden Konkurrenzdrucks müssen auf diesen Preis jeweils Rabatt und Skonto gewährt werden.

1. Im vergangenen Monat wurden 272 Stück des Modells „Home" mit Gesamtkosten von 1.088.000,00 EUR produziert. Dabei fielen 549.440,00 EUR Fixkosten an.

1.1 Berechnen Sie den Gewinn pro Sauna für den vergangenen Monat in Euro und in Prozent, wenn 3 % Kundenskonto und 5 % Kundenrabatt in Anspruch genommen werden.

1.2 Die Unternehmung befürchtet, bei rückläufigem Absatz des Modells „Home" dessen Kosten nicht mehr decken zu können. Berechnen Sie unter Berücksichtigung der Lösung aus 1.1 die Menge von Modell „Home", die mindestens produziert und abgesetzt werden müsste, um Verluste zu vermeiden.

1.3 Laut Beschluss der Geschäftsleitung bleiben im Gesamtunternehmen lediglich solche Erzeugnisse im Produktions- und Absatzprogramm, die eine Mindestumsatzrentabilität von 5 % liefern. Ein Mitarbeiter aus dem Bereich Controlling äußert Zweifel, ob es sinnvoll ist, für einzelne Produkte eine solche Umsatzrentabilität zu bestimmen, um daraus Sortimentsentscheidungen abzuleiten.

Nehmen Sie zu der Ansicht des Mitarbeiters mit zwei Argumenten Stellung.

2. Das Zweigwerk I fertigt ausschließlich das Einsteigermodell „Classic". Es wird bisher mit einem Barverkaufspreis von 3.000,00 EUR angeboten. Vom Vormonat liegen folgende Zahlen vor: Absatzmenge 600 Stück, variable Stückkosten 1.800,00 EUR, Fixkostenanteil je Stück 1.180,00 EUR. Die Geschäftsleitung beschließt, durch preispolitische Maßnahmen den Absatz zu beleben.

Für den laufenden Monat soll der Preis den Selbstkosten des Vormonats entsprechen. Die Marketingabteilung erwartet dadurch eine Produktions- und Absatzsteigerung auf 680 Stück je Monat.

2.1 Vergleichen Sie mithilfe einer Deckungsbeitragsrechnung das Betriebsergebnis des Vormonats mit dem zu erwartenden Ergebnis des laufenden Monats und erläutern Sie, wie die Differenz zustande kommt.

2.2   Die Marketingabteilung befürchtet, dass der Marktzutritt osteuropäischer Wettbewerber das Unternehmen zu weiteren Preissenkungen zwingen könnte.

Deshalb soll der Stückpreis für das Modell „Classic" langfristig so weit gesenkt werden, dass bei einer Menge von 800 Stück und unveränderten Fixkosten gerade noch eine volle Kostendeckung erreicht wird.

Ermitteln Sie den Preissenkungsspielraum in Euro im Vergleich zum Preis des laufenden Monats.

2.3   Die Unternehmensleitung erwägt, das Modell „Classic" nicht mehr selbst herzustellen, um die frei gewordenen Kapazitäten verstärkt im wachsenden Premiumbereich zu nutzen. Um den bisherigen Kundenkreis weiterhin beliefern zu können, wird die Alternative Fremdbezug erwogen. Ein anderer Hersteller bietet uns das Modell „Classic" zu einem Bezugspreis von 2.550,00 EUR an.

2.3.1 Weisen Sie nach, ob und gegebenenfalls bis zu welcher Produktionsmenge der Fremdbezug kostengünstiger ist bei

• langfristiger Betrachtungsweise,
• kurzfristiger Betrachtungsweise.

2.3.2 Erläutern Sie zwei Probleme, die bei Fremdbezug der Saunen auftreten können.

Abituraufgabe 2011 (Aufgabe 3, teilweise, abgeändert)

2.   Eine Planungsrechnung der Apparatebau German GmbH für das Zweigwerk III, in dem ausschließlich das Produkt F 302 hergestellt wird, geht davon aus, dass man bei einer Kapazitätsauslastung von zwei Dritteln einen Umsatz von 1.000.000,00 EUR pro Quartal und einen Deckungsbeitrag von 480.000,00 EUR pro Quartal erzielen kann. Die Fixkosten pro Quartal betragen 600.000,00 EUR.

Es ist von einem linearen Gesamterlös- und Gesamtkostenverlauf auszugehen.

2.1   Ermitteln Sie das Betriebsergebnis für die oben beschriebene Situation, und berechnen Sie den erforderlichen Gesamterlös, um die Gewinnschwelle zu erreichen.

2.2   Berechnen Sie das maximal erreichbare Betriebsergebnis.

Abituraufgabe 2012 (Aufgabe 2, teilweise)

7.   ALCON bietet u. a. drei Unterwasserlacke an. Diese werden in Zehn-Liter-Kanistern abgefüllt. Für das laufende Quartal liegen folgende Zahlen vor:

	AXXON	DELTA	XYLON
Erlös/Kanister	236,00 EUR	148,00 EUR	132,00 EUR
Fertigungszeit/Kanister	4 Stunden	4 Stunden	2 Stunden
sonstige variable Kosten pro Kanister	72,00 EUR	16,00 EUR	34,00 EUR
geplante Menge	240 Kanister	300 Kanister	400 Kanister

Fertigungslohn pro Stunde: 20,00 EUR

7.1   Berechnen Sie den Gesamtdeckungsbeitrag für diese Produkte, wenn die geplanten Mengen auch tatsächlich abgesetzt werden können.

7.2   Ein Großauftrag für das Produkt SHELTER führt dazu, dass für die Produkte AXXON, DELTA und XYLON insgesamt im laufenden Quartal nur noch 2.560 Stunden Fertigungszeit zur Verfügung stehen.

Bestimmen Sie das optimale Produktionsprogramm.

5 Kosten- und Leistungsrechnung V: Prozesskostenrechnung

5.1 Probleme der traditionellen Kostenrechnung

Stofftelegramm

Die Gemeinkostenproblematik I

__Herkömmliche Unterstellung:__ Die Gemeinkosten stehen in einem proportionalen Verhältnis zu den Einzelkosten. Sie werden daher mit einem **Zuschlagsatz** auf die Einzelkosten kalkulatorisch umgelegt.

__Kritik hieran:__ Diese Art der Verrechnung entspricht nicht der tatsächlichen Kostenverursachung und führt zu falschen Kalkulationsergebnissen → = **Verletzung des Kostenverursachungsprinzips**

Einzelkosten = 100 %

Gemeinkosten = x %

$$\text{Zuschlagsatz } x = \left(\frac{\text{Gemeinkosten}}{\text{Einzelkosten}} \cdot 100 \right)$$

Proportionalisierung der Gemeinkosten

Beispiel A:
- 1 Stück Fertigungsmaterial (MEK) kostet 1.000,00 EUR
- Materialgemeinkostenzuschlagsatz = 20 %

Annahme 1: Beschaffung von **1 Stück** Fertigungsmaterial; Kalkulation:

MEK	1.000,00 EUR
+ 20 % MGK	**200,00 EUR**
kalkulierte Materialkosten	1.200,00 EUR

Annahme 2: Beschaffung von **100 Stück** Fertigungsmaterial; Kalkulation:

MEK (100 · 1.000 =)	100.000,00 EUR
+ 20 % MGK	**20.000,00 EUR**
kalkulierte Materialkosten	120.000,00 EUR

Unrealistisch!
Die einmalige Beschaffung von 100 Stück kann nicht das 100-Fache an Beschaffungskosten verursachen als die einmalige Bestellung von einem Stück.

↓

neue Bezugsgrößen notwendig, z. B. **auftragsbezogene Tätigkeiten**

Beispiel B: • 1 Stück Fertigungsmaterial X kostet 100,00 EUR
• 1 Stück Fertigungsmaterial Y kostet 10.000,00 EUR
• Materialgemeinkostenzuschlagsatz = 20 %

Annahme 1: Beschaffung von **1 Stück** Fertigungsmaterial X;
Kalkulation:

MEK	100,00 EUR
+ 20 % MGK	**20,00 EUR**
kalkulierte Materialkosten	120,00 EUR

Annahme 2: Beschaffung von **1 Stück** Fertigungsmaterial Y;
Kalkulation:

MEK	10.000,00 EUR
+ 20 % MGK	**2.000,00 EUR**
kalkulierte Materialkosten	12.000,00 EUR

Unrealistisch!
Die Beschaffung des wertvolleren Produkts kann nicht das 100-Fache an Beschaffungskosten verursachen als die Bestellung des weniger wertvollen Produkts.

↓

neue Bezugsgrößen notwendig, z. B.
auftragsbezogene Tätigkeiten

Die Gemeinkostenproblematik II

Die Gemeinkosten werden im Verhältnis zu den Einzelkosten immer höher (veränderte Kostenstrukturen).

Entwicklung der Struktur der Fertigungskosten: stark steigende Zuschlagsätze

Gründe für die stark steigenden FGK-Zuschlagsätze (häufig auf über 1.000 %):

Mechanisierung und Automatisierung führen zu sinkenden Anteilen der Lohneinzelkosten (FEK) und steigenden Fertigungsgemeinkosten (FGK), z. B. Abschreibungen, Energiekosten, kalkulatorische Zinsen.

→ **FEK sinken; FGK steigen → steigende FGK-Zuschläge → ungenaue Kalkulation!**

Entwicklung der Struktur der Materialkosten: ebenfalls steigende Zuschlagsätze

Gründe für die steigenden MGK-Zuschlagsätze:

Rohstoffkosten (MEK) wurden im Laufe der Zeit eher geringer, die Materialgemeinkosten (MGK) für die Beschaffung und Lagerung sind durch höhere Personalkosten gestiegen.

→ **MEK sinken; MGK steigen → steigende MGK-Zuschläge → ungenaue Kalkulation!**

↓   ↓   ↓

Konsequenz:

• Aufgabe der Dominanz der Einzelkosten als oft ungeeignete Zuschlagsbasis
• Feststellung und Berücksichtigung der „wirklichen" Kostenverursachung

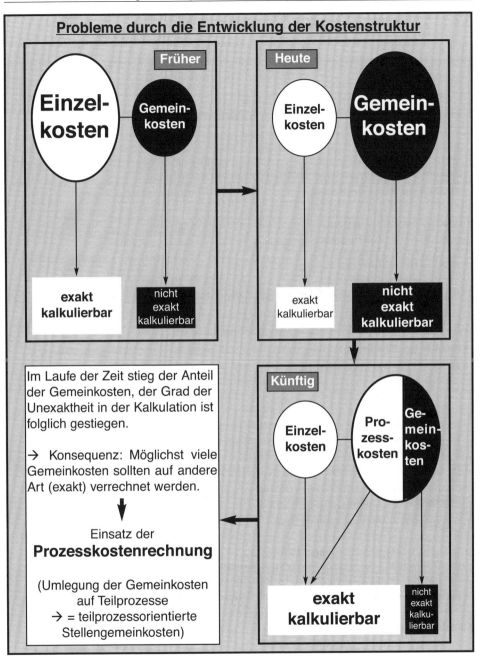

Probleme durch die Entwicklung der Kostenstruktur

Früher

Einzel-kosten

Gemein-kosten

Heute

Einzel-kosten

Gemein-kosten

exakt kalkulierbar

nicht exakt kalkulierbar

exakt kalkulierbar

nicht exakt kalkulierbar

Im Laufe der Zeit stieg der Anteil der Gemeinkosten, der Grad der Unexaktheit in der Kalkulation ist folglich gestiegen.

→ Konsequenz: Möglichst viele Gemeinkosten sollten auf andere Art (exakt) verrechnet werden.

Einsatz der
Prozesskostenrechnung

(Umlegung der Gemeinkosten auf Teilprozesse
→ = teilprozessorientierte Stellengemeinkosten)

Künftig

Einzel-kosten

Pro-zess-kosten

Ge-mein-kos-ten

exakt kalkulierbar

nicht exakt kalku-lierbar

Aufgabe (Grundwissen)

Erklären Sie kurz die Gemeinkostenproblematik bei der traditionellen Kostenrechnung.

5.2   Allgemeines zur Prozesskostenrechnung (PKR)

> ### Stofftelegramm

- PKR = **neues Instrument** der Kostenrechnung
- Die PKR soll die Problematik der Verrechnung **wachsender Gemeinkostenanteile** beseitigen.
- In der PKR werden – sofern möglich – die Gemeinkosten mithilfe mengenbezogener Prozesskostensätze verrechnet. Die in der traditionellen Vollkostenrechnung übliche Gemeinkostenumlage mithilfe von Schlüsseln und die Verrechnung auf die Kostenträger mithilfe von prozentualen Zuschlagsätzen sollen so weit wie möglich vermieden werden.

Traditionelle Kostenrechnung: **Prozesskostenrechnung:**

$$MGK = MEK \cdot Zuschlagsatz$$
$$FGK = FEK \cdot Zuschlagsatz$$
$$VwGK = HKP \cdot Zuschlagsatz$$
$$VtGK = HKU \cdot Zuschlagsatz$$

Umstellung ⟹

Prozessbezogene Gemeinkosten
=
Leistungsmenge · Prozesskostensatz

- **Hauptziel** der PKR: **verursachungsgerechte, genauere** Kostenverrechnung
- In der PKR werden die in einem Unternehmen erbrachten **Leistungen** als Prozesse definiert.
- Die PKR ist grundsätzlich als **Vollkostenrechnung** konzipiert.
- **Problem der Einführung** und Nutzung der PLK: Aufwendig! → Kosten und Nutzen abwägen
- **Aktuelle Situation in Deutschland:**   Die PKR als eigenständiges Kostenrechnungssystem hat sich noch nicht in größerem Umfang durchgesetzt. Meist erfolgt ihre Anwendung als Ergänzung, nicht als Ersatz der traditionellen Vollkostenrechnung.
- Auch die PKR durchläuft – wie die traditionelle Kostenrechnung – die Teilgebiete der **Kostenarten-, Kostenstellen- und Kostenträgerrechnung.** Vor allem in der Kostenstellen- und Kostenträgerrechnung geht die PKR andere Wege.
- Bei der PKR sind die Gemeinkosten aktivitätsbezogen (nicht stellenbezogen).
- Bezugsgrößen in den Kostenstellen sind nicht die Einzelkosten, sondern die **Anzahl der bearbeiteten Vorgänge.**
- Die PKR gibt Antwort auf folgende Fragen: – Wo sind die Kosten angefallen?
                                                 – Für welche Tätigkeiten sind Kosten angefallen?
- Auch bei der **Maschinenstundensatzrechnung** (= Vorläufer der PKR) wurde eine prozessbezogene Betrachtung der Kosten realisiert. Die Maschinenstundensatzrechnung ist jedoch nur auf den **Fertigungsbereich** begrenzt und ersetzt hier die PKR.
- PKR: Gemeinkostenverrechnung v. a. in den Bereichen **Beschaffung, Verwaltung + Vertrieb**

Aufgaben (Grundwissen)

1. Welches Hauptziel verfolgt die Prozesskostenrechnung?

2. Welche Problematik der traditionellen Kostenrechnung soll die Prozesskostenrechnung beseitigen?

3. Erklären Sie kurz die aktuelle Situation hinsichtlich Anwendung der Prozesskostenrechnung in Deutschland.

5.3   Aufbau einer Prozesskostenrechnung (PKR) im Materialbereich

5.3.1   Vorgehensweise

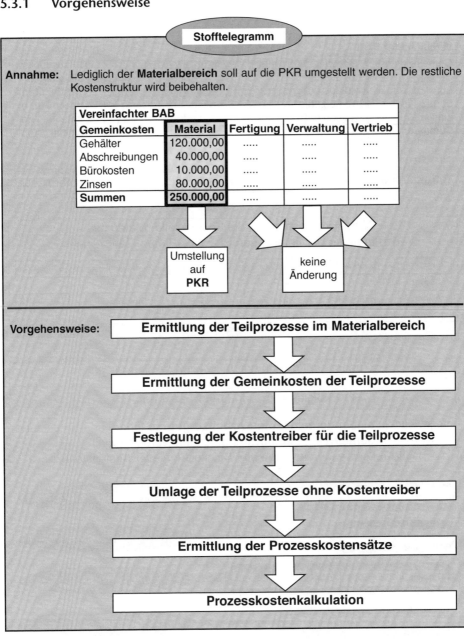

5.3.2   Ermittlung der Teilprozesse im Materialbereich

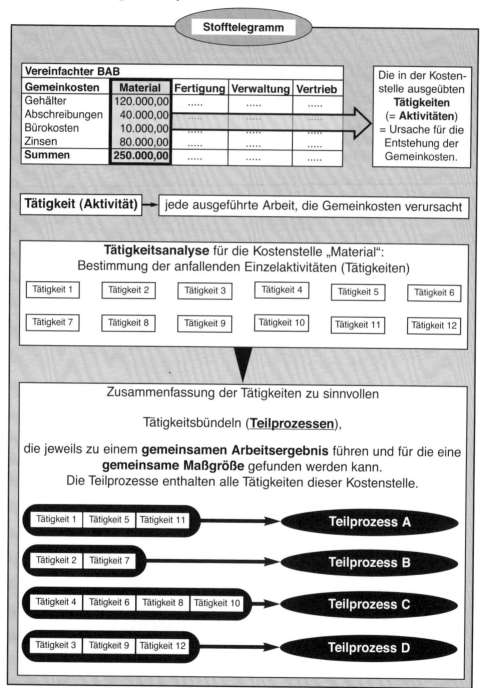

Stofftelegramm

Vereinfachter BAB				
Gemeinkosten	**Material**	**Fertigung**	**Verwaltung**	**Vertrieb**
Gehälter	120.000,00	.....	.....	.....
Abschreibungen	40.000,00	.....	.....	.....
Bürokosten	10.000,00	.....	.....	.....
Zinsen	80.000,00	.....	.....	.....
Summen	**250.000,00**	.....	.....	.....

Die in der Kostenstelle ausgeübten **Tätigkeiten** (= **Aktivitäten**) = Ursache für die Entstehung der Gemeinkosten.

Tätigkeit (Aktivität) → jede ausgeführte Arbeit, die Gemeinkosten verursacht

Tätigkeitsanalyse für die Kostenstelle „Material":
Bestimmung der anfallenden Einzelaktivitäten (Tätigkeiten)

| Tätigkeit 1 | Tätigkeit 2 | Tätigkeit 3 | Tätigkeit 4 | Tätigkeit 5 | Tätigkeit 6 |

| Tätigkeit 7 | Tätigkeit 8 | Tätigkeit 9 | Tätigkeit 10 | Tätigkeit 11 | Tätigkeit 12 |

Zusammenfassung der Tätigkeiten zu sinnvollen

Tätigkeitsbündeln (**Teilprozessen**),

die jeweils zu einem **gemeinsamen Arbeitsergebnis** führen und für die eine **gemeinsame Maßgröße** gefunden werden kann.
Die Teilprozesse enthalten alle Tätigkeiten dieser Kostenstelle.

| Tätigkeit 1 | Tätigkeit 5 | Tätigkeit 11 | → **Teilprozess A**

| Tätigkeit 2 | Tätigkeit 7 | → **Teilprozess B**

| Tätigkeit 4 | Tätigkeit 6 | Tätigkeit 8 | Tätigkeit 10 | → **Teilprozess C**

| Tätigkeit 3 | Tätigkeit 9 | Tätigkeit 12 | → **Teilprozess D**

Kostenstelle Material	
Tätigkeiten	**Teilprozesse**
• Material in Empfang nehmen • Material prüfen • Materialbeschädigungen reklamieren • Einkaufsmeldungen an Einkaufsabteilung weiterleiten • Belege und Unterlagen verwalten	**Material annehmen**
• Materialeingang erfassen • Material einsortieren • Material pflegen • Bestände kontrollieren	**Material einlagern**
• Materialentnahmescheine erstellen bei Materialausgabe • Materialentnahmen bestätigen lassen • Materialentnahmescheine ablegen • Meldebestände beachten und Einkaufsabteilung benachrichtigen	**Material ausgeben**
• organisieren • Problembereiche suchen und beheben • Wirtschaftlichkeit der Lagerhaltung beachten • Zusammenarbeit mit anderen, beteiligten Abteilungen	**Materialstelle leiten**

5.3.3 Ermittlung der Gemeinkosten der Teilprozesse

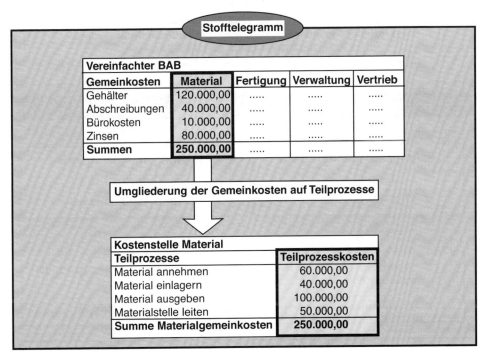

Stofftelegramm

Vereinfachter BAB

Gemeinkosten	Material	Fertigung	Verwaltung	Vertrieb
Gehälter	120.000,00	.....	.....	.....
Abschreibungen	40.000,00	.....	.....	.....
Bürokosten	10.000,00	.....	.....	.....
Zinsen	80.000,00	.....	.....	.....
Summen	**250.000,00**	.....	.....	.....

Umgliederung der Gemeinkosten auf Teilprozesse

Kostenstelle Material

Teilprozesse	Teilprozesskosten
Material annehmen	60.000,00
Material einlagern	40.000,00
Material ausgeben	100.000,00
Materialstelle leiten	50.000,00
Summe Materialgemeinkosten	**250.000,00**

5.3.4   Festlegung der Kostentreiber für Teilprozesse

Stofftelegramm

Frage: Wodurch werden die Kosten eines Teilprozesses verursacht?
Antwort: Durch **Kostentreiber** (= Maßgrößen = Kosteneinflussfaktoren), z. B. Anzahl der
Anlieferungen

Die 60.000,00 EUR Kosten für den Teilprozess „Material annehmen" hängen von der Anzahl
der Anlieferungen (= Anzahl der **Aktivitäten** = Teilprozessmenge = **Kostentreiber**) ab. Es
handelt sich um Kosten, die **proportional** zu der Anzahl der Kostentreiber verlaufen,
vergleichbar mit den variablen Kosten. Fachausdruck für diese Kosten:

| leistungsmengeninduzierte Prozesskosten → Abkürzung: **lmi-Kosten** |

Für alle Teilprozesse müssen Kostentreiber bestimmt werden.

Kostenstelle Material

Teilprozesse	Teilprozess-kosten	Kostentreiber (Maßgrößen)	lmi/ lmn	
Material annehmen	60.000,00	Anzahl der Anlieferungen	lmi	⎱ Maßgröße zuordenbar
Material einlagern	40.000,00	Anzahl der Einlagerungen	lmi	⎰ → **lmi-Prozesse**
Material ausgeben	100.000,00	Anzahl der Ausgaben	lmi	
Materialstelle leiten	50.000,00	████████████	lmn	
Summe MGK	**250.000,00**			

Für alle Teilprozesse müssen Kostentreiber bestimmt werden.
keine Maßgröße fixierbar = **leistungsmengenneutrale Prozesskosten**
→ Abkürzung: **lmn-Kosten bzw. lmn-Prozesse**
→ lmn-Kosten (hier: 50.000,00 EUR) müssen auf die lmi-Teilprozesse **umgelegt** werden.
– Umlage: vgl. Kapitel 5.3.5 –

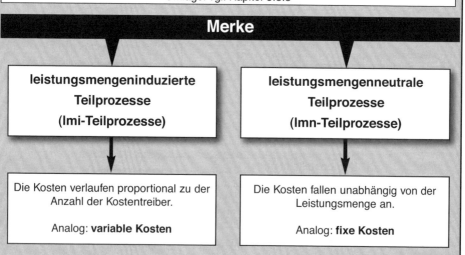

Merke

leistungsmengeninduzierte Teilprozesse (lmi-Teilprozesse)	**leistungsmengenneutrale Teilprozesse (lmn-Teilprozesse)**
Die Kosten verlaufen proportional zu der Anzahl der Kostentreiber.	Die Kosten fallen unabhängig von der Leistungsmenge an.
Analog: **variable Kosten**	Analog: **fixe Kosten**

5.3.5   Umlage der lmn-Prozesse

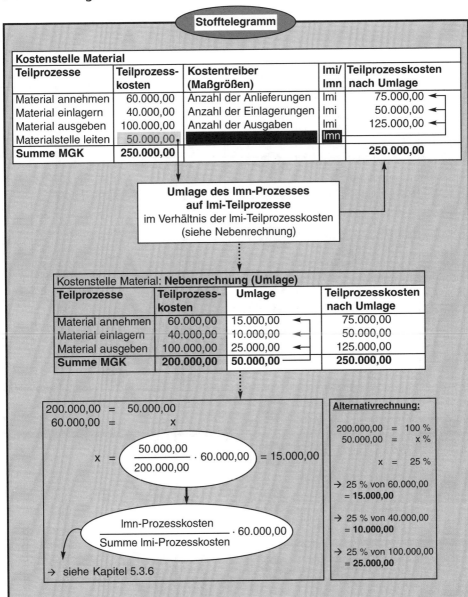

Stofftelegramm

Kostenstelle Material

Teilprozesse	Teilprozess-kosten	Kostentreiber (Maßgrößen)	lmi/lmn	Teilprozesskosten nach Umlage
Material annehmen	60.000,00	Anzahl der Anlieferungen	lmi	75.000,00
Material einlagern	40.000,00	Anzahl der Einlagerungen	lmi	50.000,00
Material ausgeben	100.000,00	Anzahl der Ausgaben	lmi	125.000,00
Materialstelle leiten	50.000,00	██████████████	lmn	
Summe MGK	**250.000,00**			**250.000,00**

**Umlage des lmn-Prozesses
auf lmi-Teilprozesse**
im Verhältnis der lmi-Teilprozesskosten
(siehe Nebenrechnung)

Kostenstelle Material: Nebenrechnung (Umlage)

Teilprozesse	Teilprozess-kosten	Umlage	Teilprozesskosten nach Umlage
Material annehmen	60.000,00	15.000,00	75.000,00
Material einlagern	40.000,00	10.000,00	50.000,00
Material ausgeben	100.000,00	25.000,00	125.000,00
Summe MGK	**200.000,00**	**50.000,00**	**250.000,00**

$$200.000,00 = 50.000,00$$
$$60.000,00 = x$$

$$x = \left(\frac{50.000,00}{200.000,00} \cdot 60.000,00 \right) = 15.000,00$$

$$\frac{\text{lmn-Prozesskosten}}{\text{Summe lmi-Prozesskosten}} \cdot 60.000,00$$

→ siehe Kapitel 5.3.6

Alternativrechnung:

$$200.000,00 = 100\,\%$$
$$50.000,00 = x\,\%$$

$$x = 25\,\%$$

→ 25 % von 60.000,00
= **15.000,00**

→ 25 % von 40.000,00
= **10.000,00**

→ 25 % von 100.000,00
= **25.000,00**

Die Umlage der lmn-Prozesskosten entspricht dem Wesen nach einer **Zuschlagskalkulation.** Diese **Schlüsselung** täuscht eine in Wirklichkeit nicht existierende Leistungsmengenabhängigkeit vor = **verbleibender (kleiner) Kritikpunkt an der Prozesskostenrechnung.**

5.3.6   Ermittlung der Prozesskostensätze

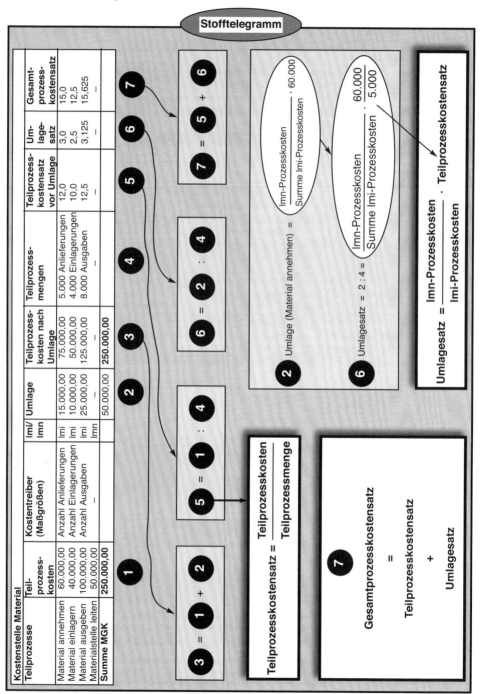

Ermittlung der Prozesskostensätze: gekürztes Schema (Übersicht)

Kostenstelle Material

Teilprozesse	Teil-prozess-kosten	Kostentreiber (Maßgrößen)	lmi/lmn	Teil-prozess-mengen	Teilprozess-kostensatz vor Umlage	Um-lage-satz	Gesamt-prozess-kostensatz
Material annehmen	60.000,00	Anzahl Anlieferungen	lmi	5.000	12,0	3,0	15,0
Material einlagern	40.000,00	Anzahl Einlagerungen	lmi	4.000	10,0	2,5	12,5
Material ausgeben	100.000,00	Anzahl Ausgaben	lmi	8.000	12,5	3,125	15,625
Materialstelle leiten	50.000,00	–	lmn	–	–	–	–
Summe MGK	**250.000,00**						

$$\text{Teilprozesskostensatz} = \frac{\text{Teilprozesskosten}}{\text{Teilprozessmenge}}$$

$$\text{Umlagesatz} = \frac{\text{lmn-Prozesskosten}}{\text{Summe lmi-Prozesskosten}} \cdot \text{Teilprozesskostensatz}$$

$$\text{Gesamtprozesskosten-} \atop \text{satz}$$
=
Teilprozesskostensatz
+
Umlagesatz

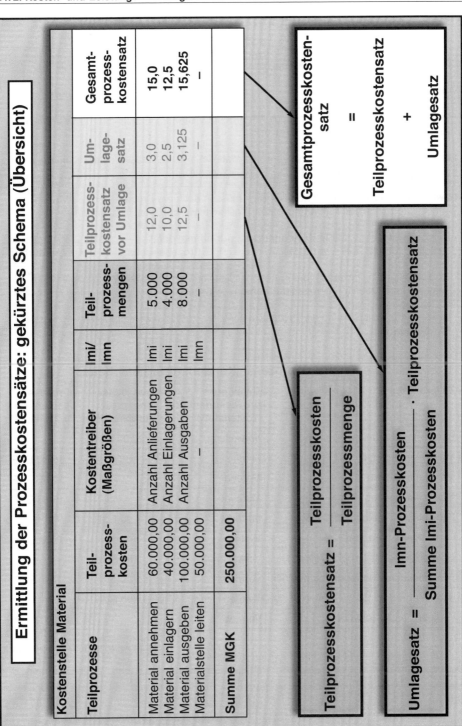

5.3.7   Ermittlung des Hauptprozesskostensatzes

Stofftelegramm

Vorbemerkungen:

• Die Prozesskostensätze werden lediglich für die Leistungen eingerechnet (kalkuliert), die ein Kunde tatsächlich in Anspruch nimmt.

• Im obigen Beispiel wurde die Kostenstelle **Material** in eine Prozesskostenrechnung „umgewandelt" und entsprechende Prozesskostensätze ermittelt.

• Zwecks Kalkulation eines Kundenauftrags müssen auch die Prozesskosten der anderen, am Hauptprozess beteiligten (indirekten) Kostenstellen berücksichtigt werden.

• Es gibt Teilprozesse, die **je Kundenauftrag nur einmal** anfallen – unabhängig von der bestellten Menge (z. B. „Fertigstellung melden") → **Prozesskostensatz je Kundenauftrag**

• Es gibt andere Teilprozesse, die in Abhängigkeit von der bestellten Menge anfallen (z. B. „Material annehmen") → **Prozesskostensatz je Stück**

• Im folgenden Beispiel sind die Prozesskostensätze für die „materialfremden" Prozesse vorgegeben.

Beispiel: Hauptprozess „Kundenauftrag bearbeiten"

Teilprozesse	Beteiligte prozessorientierte Kostenstelle	Prozesskostensatz je Kundenauftrag	Prozesskostensatz je Stück
Bestellung bearbeiten	Verwaltung	12,00 EUR	
Material annehmen	Material		15,00 EUR
Material einlagern	Material		12,56 EUR
Material ausgeben	Material		15,63 EUR
Fertigstellung melden	Vertrieb	8,00 EUR	
Fertigerzeugnis lagern	Vertrieb		3,00 EUR
Lieferschein erstellen	Verwaltung	1,50 EUR	
Fertigerzeugnis versandfertig machen	Vertrieb		7,81 EUR
Spediteur regeln	Vertrieb	2,50 EUR	
Fertigerzeugnis verladen	Vertrieb		9,00 EUR
		24,00 EUR	**63,00 EUR**

5.3.8 Prozesskostenkalkulation

Stofftelegramm

Der Kundenauftrag soll für 1 Stück und 100 Stück kalkuliert werden. Es wird unterstellt, dass alle o. g. Teilprozesse des Hauptprozesses in Anspruch genommen werden.

Weitere gegebene Größen:

Materialeinzelkosten (MEK) je Stück	7,00 EUR
Fertigungseinzelkosten (FEK) je Stück	4,00 EUR
Fertigungsgemeinkosten (FGK)	150 %

Kalkulationsschema	1 Stück		100 Stück	
Materialeinzelkosten MEK (kein MGK-Zuschlag)		7,00 EUR		700,00 EUR
Fertigungseinzelkosten FEK	4,00 EUR		400,00 EUR	
Fertigungsgemeinkosten FGK 150 %	6,00 EUR		600,00 EUR	
Fertigungskosten	———	10,00 EUR	———	1.000,00 EUR
Hauptprozesskostensatz je Kundenauftrag		24,00 EUR		24,00 EUR
Hauptprozesskostensatz je Stück		63,00 EUR		6.300,00 EUR
Selbstkosten		**104,00 EUR**		**8.024,00 EUR**
Selbstkosten je Stück bei 100-Stück-Auftrag				**80,24 EUR**

Vorteil der Kalkulation mit Prozesskostensätzen:

Lediglich die Fertigungsgemeinkosten werden proportionalisiert (Zuschlagssystem). Die restlichen Gemeinkosten werden mithilfe von Prozesskostensätzen auftragsgemäß – und damit **verursachungsgerechter** – kalkuliert.

Beim 100-Stück-Auftrag sinken die Stückkosten auf 80,24 EUR. Dies ist darauf zurückzuführen, dass die pro Auftrag nur **einmalig** anfallenden Gemeinkosten korrekterweise auch nur einmalig (also unabhängig von der Bestellmenge) verrechnet werden.

Letzteres wird aufgrund der Proportionalisierung der Gemeinkosten bei der traditionellen Kalkulation i. d. R. nicht berücksichtigt (abgesehen von eventuellen Mengenrabatten), die traditionelle Kostenrechnung ist somit häufig **falsch (nicht auftragsbezogen)**.

Vorgehensweise bei nur teilweiser prozessorientierter Verrechnung der Gemeinkosten einer Kostenstelle:

Von den vorhergehenden Angaben unabhängige Aufgabe. Der BAB liefert folgende Daten:

	Material	Fertigung	Verwaltung	Vertrieb
Gemeinkosten	100.000,00 EUR	300.000,00 EUR	175.000,00 EUR	87.500,00 EUR
Zuschlagsgrundlage	100.000,00 EUR	200.000,00 EUR	700.000,00 EUR	700.000,00 EUR
Zuschlagssatz (alt)	100 %	150 %	25 %	12,5 %

In der Kostenstelle Material wurde ein Prozess 100.000-mal durchgeführt. Je Ausführung werden 0,70 EUR verrechnet. Stückzahl: 50.000, je Stück zwei Prozessausführungen.

1. Schritt 1: Berechnung der über die Prozesskosten verrechneten Gemeinkosten: 70.000,00 EUR

2. Schritt 2: Berechnung der Restgemeinkosten (werden wie vorher über Zuschlagssatz verrechnet): 100.000,00 – 70.000,00 = 30.000,00 EUR Restgemeinkosten

3. Schritt 3: Ermittlung neuer Gemeinkostenzuschlagssätze: RGK Material 30.000,00 EUR → 30 % RMGKZ

4. Neue Stückkalkulation mit Prozesskosten und Restgemeinkosten:

	Gesamtkalk. vorher (EUR)	Stückkalk. vorher (EUR)		Gesamtkalk. neu (EUR)	Stückkalk. neu (EUR)
MEK	100.000,00	2,00	MEK	100.000,00	2,00
MGK 100 %	100.000,00	2,00	**RMGK 30 %**	30.000,00	0,60
FEK	200.000,00	4,00	**Prozesskosten**	70.000,00	1,40
FGK 150 %	300.000,00	6,00	FEK	200.000,00	4,00
HK	700.000,00	14,00	FGK 150 %	300.000,00	6,00
VwGK 25 %	175.000,00	3,50	HK	700.000,00	14,00
VtGK 12,5 %	87.500,00	1,75	VwGK 25 %	175.000,00	3,50
SK	962.500,00	19,25	VtGK 12,5 %	87.500,00	1,75
			SK	962.500,00	19,25

5. Hinweis: Wird (z. B. im Rahmen einer Vorkalkulation) am einmal ermittelten Restgemeinkostensatz trotz steigender Beschäftigung festgehalten, ergeben sich zu viel verrechnete Restmaterialgemeinkosten (RMGK steigen wegen ihrer fixen Anteile nicht proportional zur Beschäftigung).

Aufgaben (Grundwissen)

1. a) Ergänzen Sie die Tabelle für die Kostenstelle **Material**.

Kostenstelle Material

Teilprozesse	Teilprozess-kosten	Kostentreiber (Maßgrößen)	lmi/ lmn	Teil-prozess-mengen	Teilprozess-kostensatz vor Umlage	Umla-gesatz	Gesamtpro-zesskosten-satz
Material annehmen	50.000,00	Anzahl Anlieferungen		4.000			
Material einlagern	70.000,00	Anzahl Einlagerungen		3.000			
Material ausgeben	120.000,00	Anzahl Ausgaben		6.000			
Materialstelle leiten	40.000,00	–		–			
Summe MGK	**280.000,00**						

b) Für den Hauptprozess „Kundenauftrag bearbeiten" liegen folgende weitere Prozesskostensätze vor. Ergänzen Sie die Tabelle.

Beispiel: Hauptprozess „Kundenauftrag bearbeiten"			
Teilprozesse	**Beteiligte prozessorientierte Kostenstelle**	**Prozess-kostensatz je Kundenauftrag**	**Prozess-kostensatz je Stück**
Bestellung bearbeiten	Verwaltung	10,00 EUR	
Material annehmen	Material		(s. o.)
Material einlagern	Material		(s. o.)
Material ausgeben	Material		(s. o.)
Fertigstellung melden	Vertrieb	9,00 EUR	
Fertigerzeugnis lagern	Vertrieb		4,00 EUR
Lieferschein erstellen	Verwaltung	1,00 EUR	
Fertigerzeugnis versandfertig machen	Vertrieb		8,00 EUR
Spediteur regeln	Vertrieb	2,00 EUR	
Fertigerzeugnis verladen	Vertrieb		7,87 EUR
		$\bigcirc$	$\bigcirc$

c) Der Kundenauftrag soll für 1 Stück und 1.000 Stück kalkuliert werden. Es wird unterstellt, dass alle o. g. Teilprozesse des Hauptprozesses in Anspruch genommen werden.

Weitere Daten:
- Materialeinzelkosten je Stück 20,00 EUR
- Fertigungseinzelkosten je Stück 8,00 EUR
- Fertigungsgemeinkostenzuschlagsatz 200 %

Ermitteln Sie die Selbstkosten für 1 Stück und 1.000 Stück.

2. a) Ergänzen Sie die Tabelle für die Kostenstelle **Vertrieb**.

Kostenstelle Vertrieb (FE = Fertigerzeugnisse; LS = Lieferscheine)

Teilprozesse	Teilprozess-kosten	Kostentreiber (Maßgrößen)	lmi/lmn	Teilprozess-mengen	Teilprozess-kostensatz vor Umlage	Umlage-satz	Gesamt-prozess-kostensatz
FE lagern	120.000,00	Anz. Anlieferungen		750			
LS erstellen	30.000,00	Anz. Aktivitäten		400			
FE versandfertig machen	90.000,00	Anz. Paletten		3.000			
Spediteur regeln	20.000,00	Anz. Aktivitäten		300			
Abteilung leiten	60.000,00	–					
Summe MGK	**320.000,00**						

b) Für den Hauptprozess „Kundenauftrag bearbeiten" liegen folgende weitere Prozess-kostensätze vor. Ergänzen Sie die Tabelle.

Beispiel: Hauptprozess „Kundenauftrag bearbeiten"			
Teilprozesse	**Beteiligte prozessorientierte Kostenstelle**	**Prozesskos-tensatz je Kundenauftrag**	**Prozess-kostensatz je Stück**
Bestellung bearbeiten	Verwaltung	189,00 EUR	
Material annehmen	Material		74,50 EUR
Material einlagern	Material		61,00 EUR
Material ausgeben	Material		48,50 EUR
Fertigerzeugnis lagern	Vertrieb		(s. o.)
Lieferschein erstellen	Vertrieb	(s. o.)	
Fertigerzeugnis versandfertig machen	Vertrieb		(s. o.)
Spediteur regeln	Vertrieb	(s. o.)	

c) Der Kundenauftrag soll für 1 Stück und 100 Stück kalkuliert werden. Es werden alle o. g. Teilprozesse des Hauptprozesses in Anspruch genommen. Weitere Daten:

- Materialeinzelkosten je Stück 300,00 EUR
- Fertigungseinzelkosten je Stück 120,00 EUR
- Fertigungsgemeinkostenzuschlagsatz 120 %
- Verwaltungsgemeinkostenzuschlagsatz (sonstige Verwaltungsgemeinkosten, bezogen auf die „Selbstkosten" vor Verrechnung dieser sonstigen VwGk) 15 %

Ermitteln Sie die Selbstkosten für 1 Stück und 100 Stück.

5.4 Bedeutung der Prozesskostenrechnung (PKR) (Allokations-, Komplexitäts- und Degressionseffekt)

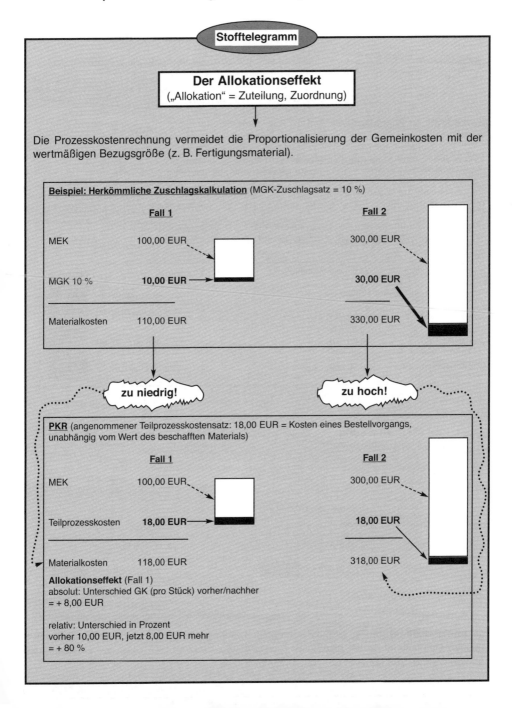

Stofftelegramm

Der Allokationseffekt
(„Allokation" = Zuteilung, Zuordnung)

Die Prozesskostenrechnung vermeidet die Proportionalisierung der Gemeinkosten mit der wertmäßigen Bezugsgröße (z. B. Fertigungsmaterial).

Beispiel: Herkömmliche Zuschlagskalkulation (MGK-Zuschlagsatz = 10 %)

	Fall 1		Fall 2
MEK	100,00 EUR		300,00 EUR
MGK 10 %	**10,00 EUR**		**30,00 EUR**
Materialkosten	110,00 EUR		330,00 EUR

zu niedrig! **zu hoch!**

PKR (angenommener Teilprozesskostensatz: 18,00 EUR = Kosten eines Bestellvorgangs, unabhängig vom Wert des beschafften Materials)

	Fall 1		Fall 2
MEK	100,00 EUR		300,00 EUR
Teilprozesskosten	**18,00 EUR**		**18,00 EUR**
Materialkosten	118,00 EUR		318,00 EUR

Allokationseffekt (Fall 1)
absolut: Unterschied GK (pro Stück) vorher/nachher
= + 8,00 EUR

relativ: Unterschied in Prozent
vorher 10,00 EUR, jetzt 8,00 EUR mehr
= + 80 %

Der Komplexitätseffekt

Herkömmliche Zuschlagskalkulation: Zuschlagsätze aus Jahr 1 gelten für die Kostenplanung in den Jahren 2/3 ... Dies ist problematisch, wenn sich in den Jahren 2/3 ... der Komplexitätsgrad erhöht (Entstehung zusätzlicher Kostenarten, die in Periode 1 nicht vorhanden waren).

Prozesskostenrechnung: Die PKR bezieht sich auf einzelne Verrichtungen → bei höherer (niedrigerer) Komplexität werden höhere (niedrigere) Kosten verrechnet.

Der Degressionseffekt

Herkömmliche Zuschlagskalkulation: Die Gemeinkosten werden proportional auf den Auftrag berechnet.

Folge: große Auftragsmengen: zu hohe Gemeinkostenbelastung
   kleine Auftragsmengen: zu geringe Gemeinkostenbelastung

Prozesskostenrechnung: Die PKR differenziert in lmi und lmn. Somit bleiben bei konstanten Abwicklungskosten eines Kundenauftrags auch die verrechneten Kosten konstant.

Folge: große Auftragsmengen: Degressionseffekt der Selbstkosten
   kleine Auftragsmengen: Progressionseffekt der Selbstkosten

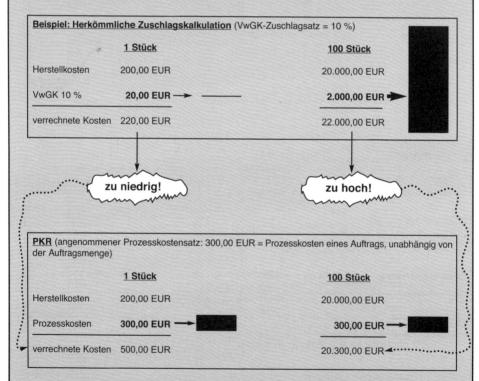

Beispiel: Herkömmliche Zuschlagskalkulation (VwGK-Zuschlagsatz = 10 %)

	1 Stück	100 Stück
Herstellkosten	200,00 EUR	20.000,00 EUR
VwGK 10 %	**20,00 EUR** →	**2.000,00 EUR** →
verrechnete Kosten	220,00 EUR	22.000,00 EUR

zu niedrig!   **zu hoch!**

PKR (angenommener Prozesskostensatz: 300,00 EUR = Prozesskosten eines Auftrags, unabhängig von der Auftragsmenge)

	1 Stück	100 Stück
Herstellkosten	200,00 EUR	20.000,00 EUR
Prozesskosten	**300,00 EUR** →	**300,00 EUR** →
verrechnete Kosten	500,00 EUR	20.300,00 EUR

Degressionseffekt (pro Stück bei diesen beiden Auftragsmengen)
absolut: Unterschied Kosten pro Stück
500,00 EUR zu 203,00 EUR (20.300,00 EUR : 100) = –297,00 EUR

relativ: –59,5 %

5.5 Abituraufgaben

Abituraufgabe 2009 (Aufgabe 2, Teil 3, abgeändert)

Die Gemeinkosten der Kostenstelle Fertigung betragen insgesamt 48.000,00 EUR, diese sollen prozessorientiert verrechnet werden. Die für die Prozesskostenrechnung relevanten Daten sind der **Anlage** zu entnehmen. Alle Personen verursachen gleich hohe Kosten je Monat.

3.1 Ermitteln Sie für die Teilprozesse die jeweiligen Prozesskostensätze in Euro. Verwenden Sie dazu die **Anlage**.

3.2 Ermitteln Sie die **Herstellkosten** je Stück bei prozessorientierter Verrechnung der Gemeinkosten der Kostenstelle Fertigung. Für die Fertigung ist jeder Teilprozess ein Mal pro Stück durchzuführen. Die Fertigungslöhne betragen 1.500,00 EUR/Stück, Materialeinzelkosten 1.200,00 EUR/Stück, Materialgemeinkostenzuschlag 30 %.

Teilprozess	Typ*	Kostentreiber	Arbeitszeit-beanspruchung (In Mannmonaten)	Prozess-menge	Gesamt-kosten je Teilpro-zess (EUR)	Teil-prozess-kosten Imi (EUR)	Teil-prozess-kosten Imn (EUR)	Prozess-kosten-satz (EUR)
Neukonstruktion	Imi	Anzahl Neu-konstruktionen	4	40	19.200,00			
Arbeitsplanänderg.	Imi	Anzahl Arbeits-planänderungen	2	40	9.600,00			
Materialdisposition	Imi	Anzahl Aufträge	1	100	4.800,00			
Terminplanung	Imi	Anzahl Saunen	1	200	4.800,00			
(Summe Imi)	–				38.400,00			
Abteilung leiten	Imn		2		9.600,00			
(Summe Imi + Imn)	–				48.000,00			

* Imi = leistungsmengeninduziert
* Imn = leistungsmengenneutral

6 Rechtsformen I: Grundlagen – Personengesellschaften

6.1 Kaufmann – Handelsregister – Firma

Stofftelegramm

Kaufmann im Sinne des HGB

• Für wen gilt das **HGB**? → Für **Kaufleute**

• **Wer** ist **Kaufmann nach HGB?**

→ jeder Gewerbetreibende mit kaufmänn. Organisation (mit kaufmännischem Geschäftsbetrieb)

→ jeder Gewerbetreibende ohne kfm. Organisation, sofern freiwillig im Handelsregister eingetragen

= **Kannkaufmann** (er **kann**, muss sich jedoch nicht im Handelsregister eintragen lassen)

→ jede Kapitalgesellschaft (GmbH, AG) = **Formkaufmann**

→ jeder Land- und Forstwirt, sofern freiwillig im Handelsregister eingetragen = **Kannkaufmann**

• Wer im Handelsregister steht, ist **Kaufmann nach HGB**

(bei deklaratorischer Wirkung besteht die Kaufmannseigenschaft evtl. schon vorher).

• Alle **Kleingewerbetreibende**

= Gewerbetreibende, deren Unternehmen einen in kaufmännischer Weise eingerichteten Geschäftsbetrieb nicht erfordert;

kurz: Gewerbetreibende ohne kaufmännische Organisation

können freiwillig die **Kaufmannseigenschaft** erwerben, indem sie sich ins Handelsregister eintragen lassen („**Kannkaufleute**").

• Auch **Kleingewerbetreibende** können eine **OHG bzw. KG** gründen, sofern sie im Handelsregister eingetragen sind.

Vgl. Übersicht nächste Seite!

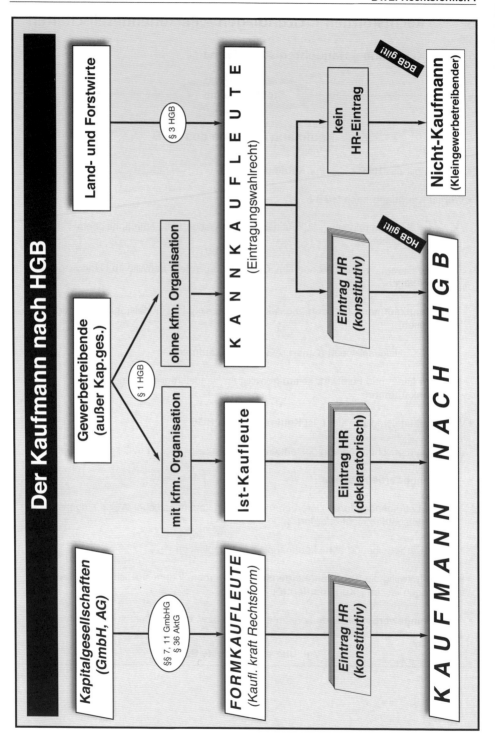

Aufgaben (Grundwissen)

1. Für wen gilt das HGB?

2. Unterscheiden Sie hinsichtlich Handelsregistereintrag:

   Gewerbetreibende mit bzw. ohne kaufmännischen Geschäftsbetrieb.

3. Welche Besonderheiten gelten für gewerbetreibende Nichtkaufleute?

4. Welche Kaufleute sind immer Kaufleute nach HGB?

5. Inwiefern unterscheidet sich die rechtliche Wirkung der Handelsregistereintragung bei Formkaufleuten von den sonstigen Gewerbetreibenden mit kaufmännischem Geschäftsbetrieb?

6. Nennen Sie vier Kriterien für die Beurteilung, ob ein Gewerbetreibender einen in kaufmännischer Weise eingerichteten Geschäftsbetrieb unterhält.

7. Unterscheiden Sie die Begriffe „Kann- und Formkaufmann". Nennen Sie je zwei Beispiele.

8. Ingo Schopf ist alleiniger Gesellschafter und Geschäftsführer der Schopf GmbH. Ist er Kaufmann i. S. des HGB?

9. Welche Gewerbetreibenden können nicht Prokura erteilen?

10. Welche Nachteile haben eingetragene Kaufleute im Vergleich zu Nichtkaufleuten?

11. Welche Kaufmannsart(en) liegt (liegen) jeweils vor?

    a) Firma Opf & Co. KG, Kunststoffverarbeitung, 70 Beschäftigte

    b) Großkino in Hamburg, 15 Beschäftigte, 2 Mio. EUR Jahresumsatz

    c) Rechtsanwaltspraxis Dr. Para

    d) Würstchenbude in der Innenstadt

    e) Handels-GmbH, ein Gesellschafter, keine Mitarbeiter

    f) Landwirtschaftlicher Großbetrieb des Bauern Gerster

    g) EDV-Beratungsbetrieb „Daty e. K." ohne Mitarbeiter; Jahresumsatz 70.000,00 EUR

    h) Firma Poppe e. K.; Zwei-Mann-Betrieb; Jahresumsatz 30.000,00 EUR

    i) Ravensburger Spiele AG

    j) Industriekaufmann Sebastian Schaufel

| **Handelsregister** |→ Öfftl. Verzeichnis aller Kaufleute nach HGB des Amtsgerichtsbezirks

Inhalt: • Firma   • Kapital   • Geschäftssitz   • Geschäftsführer bzw.
              • Inhaber   • Prokura   • Gegenstand d. U.   Vorstandsmitglieder

Öffentlichkeit des Handelsregisters:

• § 9 HGB: Einsicht für jeden

• § 10 HGB: Veröffentlichung aller Eintragungen und Löschungen (letztere erfolgen
             durch rotes Unterstreichen) im Bundesanzeiger und örtl. Tageszeitung

• § 15 Abs. 2 HGB: Öffentlicher Glaube (eingetragene und bekannt gemachte
                     Tatsachen muss jeder gegen sich gelten lassen)

Abt. A: Einzelunternehmen und Personengesellschaften

Abt. B: Kapitalgesellschaften

Beginn der rechtlichen Wirkung der Eintragung:

1. **Deklaratorisch** (rechtsbezeugend):   Die Rechtswirkung besteht schon vor Eintrag
                                           im Handelsregister.

                                           Bsp.: Einzeluntern., Personengesellschaften
                                                 jeweils mit kaufmänn. Organisation

2. **Konstitutiv** (rechtserzeugend):   Die Rechtswirkung besteht erst durch die
                                           Eintragung.

                                           Bsp.: Kapitalgesellschaft, Kannkaufmann

Firma →	Name, unter dem der Kaufmann nach HGB seine Geschäfte betreibt und unterschreibt. Er kann unter seiner Firma klagen und verklagt werden (§ 17 HGB).

Kurz: Handelsname

Arten: • Personenfirma (Alf Moll)

• Sachfirma (Software Daten GmbH)

• Mischfirma (Bau Moll GmbH)

• Fantasiefirma (Softy OHG)

Firmengrundsätze:

• **Firmenöffentlichkeit:** Handelsregistereintrag → jeder kann einsehen

• **Firmenbeständigkeit:** Firmenbeibehaltungswahlrecht bei Inhaberwechsel, wenn bisheriger Inhaber einwilligt. Veräußerung der Firma ohne zugehörigen Geschäftsbetrieb nicht möglich.

• **Unterscheidbarkeit:** (= Firmenausschließlichkeit) Unterscheidbarkeit von anderen Firmen muss bei Neugründungen beachtet werden.

• **Offenlegung der Haftungsverhältnisse:** durch Rechtsformzusätze (z. B. e. K., OHG ...)

• **Offenlegung der Gesellschaftsverhältnisse:** durch Rechtsformzusätze

• **Irreführungsverbot:** Der Firmenname darf nicht über geschäftliche Verhältnisse, die für die Geschäftspartner maßgeblich sind, täuschen.

Aufgaben (Grundwissen)

1. Erklären Sie den Begriff „Handelsregister".

2. Wo kann das Handelsregister eingesehen werden?

3. Nennen Sie acht wesentliche Eintragungen im Handelsregister.

4. Wer darf das Handelsregister einsehen?

5. Wie wird formal eine Handelsregistereintragung gelöscht?

6. Wie werden HR-Eintragungen bzw. -Änderungen bekannt gemacht?

7. Welche Bedeutung hat das Handelsregister?

8. Welche Personenkreise haben ein besonderes Interesse an HR-Eintragungen bzw. -Änderungen? Drei Nennungen inkl. Begründung.

9. Welche Rechtsformen werden in welchen Abteilungen des Handelsregisters geführt?

10. Erklären Sie den Begriff „öffentlicher Glaube".

11. Erklären Sie anhand je eines Beispiels die unterschiedliche rechtliche Wirkung einer Handelsregistereintragung. Verwenden Sie die üblichen Fachbegriffe.

12. Welche der folgenden Aussagen sind richtig?

    a) Das Handelsregister ist ein öffentliches Verzeichnis aller Kaufleute.

    b) Das Handelsregister unterrichtet u. a. über Kapitalverhältnisse eines Unternehmens.

    c) GmbHs werden in Abteilung A des Handelsregisters geführt.

    d) Prokuristen werden nur in Abteilung B des Handelsregisters geführt.

    e) Alle Eintragungen und Änderungen im Handelsregister werden veröffentlicht.

    f) Deklaratorische Wirkung des Handelsregistereintrags bedeutet, dass die Rechtswirksamkeit mit der Eintragung im Handelsregister eintritt.

    g) Die Löschung einer Handelsregistereintragung erfolgt durch Unterstreichen.

    h) Handelsregistereintragungen kann jeder einsehen, der ein berechtigtes Interesse nachweist.

    i) Das Handelsregister informiert Außenstehende über die Gewinnsituation des Unternehmens.

    j) Anmeldungen zur Eintragung im Handelsregister müssen in notariell beglaubigter Form erfolgen.

13. Erklären Sie den Begriff „Firma".

14. Nennen und beschreiben Sie kurz sechs Firmengrundsätze.

15. Welche Firmenart liegt in folgenden Fällen jeweils vor?

    a) Sportgroßhandel KG   c) Holzapfel OHG   e) Müller e. Kffr.
    b) Schneider-Video-GmbH   d) Biggy AG   f) Schulbuchverlag Anne Pfeff KG

16. Anke Strupp, Inhaberin des Modegeschäfts „Anke Strupp e. Kffr." in Bonn, verkauft das Geschäft an Evi Pfau. Unter welchen Voraussetzungen darf die bisherige Firma beibehalten werden?

17. Franz Maier möchte in Wittenberg/Lutherstadt eine Firma mit der Bezeichnung „Franz Maier e. K." gründen, obwohl bereits eine andere gleichnamige Firma in Wittenberg existiert. Ist dies möglich? Begründung.

18. Die Firma „Schulbuchverlag Pfau GmbH" ändert den Unternehmensgegenstand und verkauft nur noch Videos an Videotheken. Darf die Firma beibehalten werden? Begründung.

6.2   Übersicht über die wesentlichen Rechtsformen

Stofftelegramm

Einzelunternehmung: Ein Vollhafter (Alleinunternehmer)

Personengesellschaften:

• Offene Handelsgesellschaft (OHG):   mindestens zwei Vollhafter

• Kommanditgesellschaft (KG):   mindestens ein Vollhafter (Komplementär)
                                                                        mindestens ein Teilhafter (Kommanditist)

• GmbH & Co. KG: KG, bei der GmbH Vollhafter ist

Kapitalgesellschaften:

• Gesellschaft mit beschränkter Haftung (GmbH): mindestens ein Teilhafter

• Aktiengesellschaft (AG):   mindestens ein Teilhafter

6.3   Entscheidungskriterien für die Wahl der Rechtsform

Stofftelegramm

• Gewinn- und Verlustbeteiligung	• Gesellschafterzahl	• Besteuerung
• Haftung	• Mindestkapital	• Publizitätspflichten
• Finanzierungsmöglichkeiten	• Mitarbeitswille	• Mitbestimmung
• Geschäftsführung, Vertretung	• Vorschriften für Firma	• Rechtsnachfolge (Erbfall)

6.4   Einzel- oder Gesellschaftsunternehmung

Stofftelegramm

Einzelunternehmung → Einzelunternehmer = alleiniger Eigentümer

Firma: Zusatz „e. K." (eingetragener Kaufmann) bzw. „e. Kfm." bzw. „e. Kffr."

Haftung: Privat- und Geschäftsvermögen (= unbeschränkte Haftung)

Vorteile: • schnelle Entscheidungen (keine Abstimmungen)
                    • keine Streitigkeiten in Unternehmensführung
                    • keine Gewinnaufteilung

Nachteile: • keine Risiko-(Haftungs-)Teilung
                    • begrenzte Kapitalbeschaffungsmöglichkeiten
                    • einseitige Unternehmenspolitik
                    • evtl. Arbeitsüberlastung

Bedeutung: • häufigste Unternehmensform
                    • geeignet für kleine bis mittelgroße Unternehmen
                    • große Entfaltungsmöglichkeiten des Unternehmers

Gesellschaft → mindestens zwei Gesellschafter

Gründe für Ges'bildung	**Nachteile einer Gesellschaft**
• Kapitalvermehrung	• weniger Entscheidungsfreiheit (Geschäftsführung
• Verteilung der Arbeitslast	und Vertretung in verschiedenen Händen)
• Aufteilung Unternehmerrisiko	• Entscheidungsverzögerungen durch Meinungsver-
• Erhöhung der Kreditwürdigkeit	schiedenheiten
• Heranziehen von Fachleuten	• Gewinnaufteilung

Aufgaben (Grundwissen)

1. Knut Säusel eröffnet eine Einzelunternehmung. Wie könnte die Firma lauten?

2. Wie haftet der Einzelunternehmer?

3. Nennen Sie je drei Vor- und Nachteile der Einzelunternehmung.

4. Welche Bedeutung hat die Einzelunternehmung?

5. Nennen Sie Vor- und Nachteile einer Gesellschaftsbildung.

6.5 Offene Handelsgesellschaft (OHG)

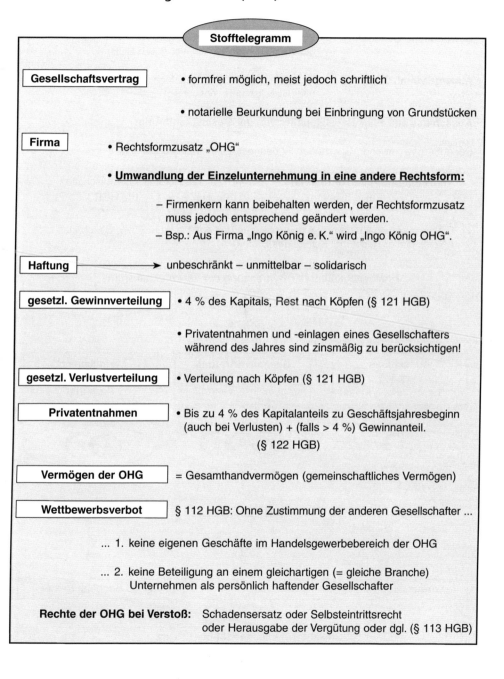

Stofftelegramm

Gesellschaftsvertrag
- formfrei möglich, meist jedoch schriftlich

- notarielle Beurkundung bei Einbringung von Grundstücken

Firma
- Rechtsformzusatz „OHG"

- **Umwandlung der Einzelunternehmung in eine andere Rechtsform:**
  - Firmenkern kann beibehalten werden, der Rechtsformzusatz muss jedoch entsprechend geändert werden.
  - Bsp.: Aus Firma „Ingo König e. K." wird „Ingo König OHG".

Haftung ➔ unbeschränkt – unmittelbar – solidarisch

gesetzl. Gewinnverteilung
- 4 % des Kapitals, Rest nach Köpfen (§ 121 HGB)

- Privatentnahmen und -einlagen eines Gesellschafters während des Jahres sind zinsmäßig zu berücksichtigen!

gesetzl. Verlustverteilung
- Verteilung nach Köpfen (§ 121 HGB)

Privatentnahmen
- Bis zu 4 % des Kapitalanteils zu Geschäftsjahresbeginn (auch bei Verlusten) + (falls > 4 %) Gewinnanteil. (§ 122 HGB)

Vermögen der OHG = Gesamthandvermögen (gemeinschaftliches Vermögen)

Wettbewerbsverbot § 112 HGB: Ohne Zustimmung der anderen Gesellschafter ...

... 1. keine eigenen Geschäfte im Handelsgewerbebereich der OHG

... 2. keine Beteiligung an einem gleichartigen (= gleiche Branche) Unternehmen als persönlich haftender Gesellschafter

Rechte der OHG bei Verstoß: Schadensersatz oder Selbsteintrittsrecht oder Herausgabe der Vergütung oder dgl. (§ 113 HGB)

Geschäftsführung (= Innenverhältnis)   § 116 HGB: alle Gesellschafter!

- **Gewöhnliche Geschäfte:**   Einzelgeschäftsführungsbefugnis
  (sofern kein Widerspruch, vgl. § 115 HGB)

- **Außergewöhnl. Geschäfte:**   Gesamtgeschäftsführungsbefugnis (Zustimmung
  aller Gesellschafter notwendig)

- **Ausschluss einzelner Gesellschafter von der Geschäftsführung:**

Bei außergewöhnlichen Geschäften ist dennoch Zustimmung notwendig.

Vertretung (= Außenverhältnis)   §§ 125, 126 HGB: alle Gesellschafter!
                                            § 106 Abs. 2 Nr. 4; § 107 HGB

Einzelvertretungsbefugnis bei gewöhnlichen und außergewöhnlichen Geschäften
(Zweck dieser Regelung: Schutz des Dritten)

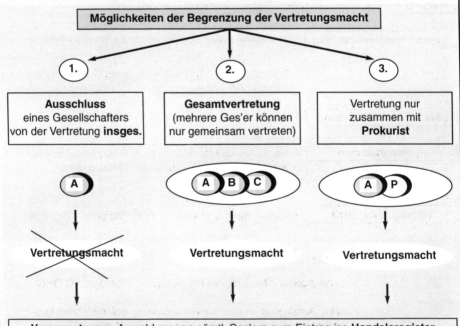

Möglichkeiten der Begrenzung der Vertretungsmacht

1.   **2.**   **3.**

| **Ausschluss** eines Gesellschafters von der Vertretung **insges.** | **Gesamtvertretung** (mehrere Ges'er können nur gemeinsam vertreten) | Vertretung nur zusammen mit **Prokurist** |

Vertretungsmacht   Vertretungsmacht   Vertretungsmacht

Voraussetzung: Anmeldung von sämtl. Ges'ern zum Eintrag ins **Handelsregister**

Nicht wirksam gegenüber Dritten:

Beschränkung des <u>Umfangs</u> der Vertretungsmacht

Beginn der OHG • **Innenverhältnis:** laut Gesellschaftsvertrag

• **Außenverhältnis:** mit erstem Geschäft (Handelsregistereintrag ist **deklaratorisch**)

Ausnahme: Kannkaufleute (OHG entsteht erst mit HR-Eintrag = konstitutiv); vgl. Kapitel 5.1

Aufnahme eines neuen Gesellschafters N

• N haftet auch für Schulden, die bei seinem Eintritt bereits bestehen. Ausschluss dieser Haftung nur im Innenverhältnis möglich (vgl. § 128 HGB).

• Möglichkeit bei **Eintritt in eine bisherige Einzelunternehmung:** N kann die Haftung auch im Außenverhältnis ausschließen durch:

1. Eintrag im Handelsregister und Bekanntmachung oder
2. Mitteilung an alle Gläubiger.

Ausscheiden eines Gesellschafters

• **Kündigungsfrist:** sechs Monate zum Geschäftsjahresende (§ 132 HGB)

• **Haftung:** weitere fünf Jahre für die bei seinem Austritt vorhandenen Verbindlichkeiten der Gesellschaft (§ 159 HGB)

Aufgaben (Grundwissen)

1. Welcher **Form** bedarf der Gesellschaftsvertrag einer OHG?

2. Welche der folgenden **Firmen** einer neu zu gründenden Unternehmung in der Rechtsform einer OHG sind rechtsgültig? Begründung.

   a) Gerd Feger Nudelfabrik   b) Gerd Feger & Co.   c) Gerd Feger
   d) Feger & Frosch   e) Eddy Frosch OHG   f) Feger OHG

3. a) Einzelunternehmer Walter Schnorr nimmt den Gesellschafter Schnuff zwecks Gründung einer OHG auf. Darf die bisherige **Firma** („Walter Schnorr e. K.") beibehalten werden?

   b) Die OHG firmiert mit „Schnorr & Schnuff OHG". Darf die **Firma** beibehalten werden, wenn Schnuff wieder ausscheidet? Begründung.

   c) Aus der Firma „Schnorr, Schnuff & Schnauff OHG" scheidet Schnuff aus. Darf die **Firma** beibehalten werden?

   d) An der „Schnorr OHG" sind drei Gesellschafter beteiligt. Schnorr scheidet aus. Darf die Firma beibehalten werden?

4. a) Erläutern Sie kurz die drei **Haftungsbegriffe** bei der OHG.

   b) Worin unterscheiden sich „**Haftung**" und „**Verlustbeteiligung**"?

5. Wie wird der **Gewinn (Verlust)** bei der OHG laut Gesetz verteilt?

6. Erklären Sie das gesetzliche **Wettbewerbsverbot** für OHG-Gesellschafter und nennen Sie je ein Beispiel.

7. Die ABC-OHG (50 Mitarbeiter, jährliche Erlöse 3 Mio. EUR, Bilanzsumme 1 Mio. EUR) hat bezüglich **Vertretung** und **Geschäftsführung** keine gesellschaftsvertraglichen Regelungen getroffen. B unterzeichnet ohne Vorabsprache mit A und C einen äußerst günstigen Kaufvertrag über ein Fließband im Wert von 800.000,00 EUR. A und C sind nachträglich nicht einverstanden. Rechtslage?

8. Bei der ABC-OHG haben die Gesellschafter vereinbart, dass Grundstücksverträge nur gemeinsam abgeschlossen werden dürfen. Der Verkäufer eines Grundstücks weiß dies. A schließt dennoch – ohne Rücksprache mit den anderen Gesellschaftern – einen notariellen Kaufvertrag ab. Ist dieser gültig?

9. Gesellschafter A soll von der **Vertretung** ausgeschlossen werden.

   a) Unter welcher Voraussetzung ist dies nur rechtswirksam?

   b) Welche sonstigen Vertretungsbeschränkungen wären denkbar?

   c) Welche Vertretungsbeschränkung ist stets unwirksam?

10. a) Der Einzelunternehmer Ott nimmt den Vollhafter Neu auf. **Haftet** Neu auch für die alten Schulden der alten Firma?

    b) Welche Möglichkeit hat Neu?

    c) Wie wäre die Rechtslage, wenn Neu in eine OHG eingetreten wäre?

11. Gesellschafter Sauer will **ausscheiden.**   a) Kündigungsfrist?   b) Haftung?

12. Gesellschafter Streiter fasst am 2. Juli 01 den Entschluss, aus der Moppel & Sting OHG **auszuscheiden**.

    a) Wann ist er frühestens aus seinem Vertrag „befreit"? Begründung.

    b) Drei Jahre nach seinem Ausscheiden tritt ein Gläubiger der Moppel & Sting OHG an Streiter heran und verlangt die Begleichung einer am 14. Oktober 01 entstandenen und noch nicht verjährten Forderung. Muss Streiter zahlen?

13. Die Gesellschafter Schinkel und Brosius sind an der Schinkel OHG beteiligt. Brosius scheidet aus. Darf die bisherige **Firma** beibehalten werden? Begründung.

14. Nehmen Sie Stellung zur Rechtsgültigkeit der Vorschläge einzelner Gesellschafter der „ABC OHG" betr. Ausgestaltung des Gesellschaftsvertrages der neu zu gründenden OHG:

    <u>Vorschlag A:</u>   „Die Gesellschafter B und C dürfen die OHG nur gemeinsam **vertreten**."

    <u>Vorschlag B:</u>   „Die Gesellschafter B und C sind nicht berechtigt, namens der Gesellschaft Grundstücke zu kaufen."

15. Gesellschafter Mau ist an der Mau & Sauer OHG beteiligt.

Kapitalanteil Mau 1. Januar 01:	300.000,00 EUR
Verlustanteil Mau im Jahr 01:	50.000,00 EUR
Privatentnahmen Mau im Jahr 01:	12.000,00 EUR

Sauer ist sauer über die seines Erachtens zu hohen **Privatentnahmen** von Mau. Zu Recht?

16. Der Kaufmann Alfons Storch betreibt seit 20 Jahren eine größere Einzelunternehmung. Für eine Betriebserweiterung soll in eine OHG umgewandelt werden. Als neue Gesellschafter sollen sein Sohn Ewald und der Mitarbeiter Sepp Eifer aufgenommen werden. Die Firma soll weiterhin den Firmenkern „Alfons Storch" behalten.

Herr Storch sen. bringt seine Unternehmung (Gebäude, sonst. Anlagevermögen, Umlaufvermögen) im Wert von 1,2 Mio. EUR ein, sein Sohn stellt seine Arbeitskraft zur Verfügung und Herr Eifer leistet eine Bareinlage von 200.000,00 EUR.

Die OHG beginnt laut Gesellschaftsvertrag vom 15. Dezember 01 am 1. Januar 02; Eintragung im Handelsregister am 10. Januar 02.

a) Welche **Form** muss der Gesellschaftsvertrag dieser OHG haben?

b) Kann die bisherige **Firma** beibehalten werden? Begründung.

c) Kann Ewald Storch ohne Kapitaleinlage Gesellschafter werden?

d) Wann **entsteht** die OHG?

e) Ein Gläubiger der OHG, Georg Nieselpriem, wendet sich direkt an Eifer und verlangt von ihm die Begleichung seiner im März 02 entstandenen Forderung über 60.000,00 EUR. Muss Eifer zahlen oder kann er Nieselpriem an die OHG verweisen? Begründung.

17. Nennen Sie die **Rechte** und **Pflichten** der OHG-Gesellschafter.

18. Ein Gesellschafter einer neu zu gründenden OHG leistet keine Einlage, sondern stellt seine Arbeitskraft zur Verfügung. Beurteilen Sie diese Vereinbarung im Gesellschaftsvertrag

* im Hinblick auf die Einlagepflicht des OHG-Gesellschafters,
* in bilanztechnischer Sicht,
* aus der Sicht der Mitgesellschafter,
* aus der Sicht der Gläubiger.

19. Angenommen, der Kapitalanteil eines OHG-Gesellschafters ist negativ geworden. Wie verhält es sich in einem solchen Fall mit dem Entnahmerecht des Gesellschafters?

6.6 Kommanditgesellschaft (KG)

```
                    ⟨  Stofftelegramm  ⟩
Gesellschaftsvertrag: Vgl. OHG!

┌─────────┐
│  Firma  │    Rechtsformzusatz „KG"
└─────────┘

┌───────────────┐
│ Gesellschafter │   1. Komplementäre (= Vollhafter):   Vgl. OHG-Gesellschafter!
└───────────────┘

              2. Kommanditisten (= Teilhafter):

              • Merken Sie sich unbedingt folgende fünf Haftungsregelungen:

                1. nur Einlage laut HR-Eintrag (= Haftsumme) haftet
                2. unmittelbare Haftung nur in Höhe einer nicht voll eingezahlten Einlage
                3. Haftsumme kann abweichen von der im Gesellschaftsvertrag bedungenen
                   Einlage (= Pflichteinlage)
                   Ist Haftsumme > Pflichteinlage: für Differenz haftet K'anditist unmittelbar
                4. Haftung bei Neueintritt: bis zum Eintrag ins Handelsregister Haftung wie
                   Vollhafter, erst nach HR-Eintrag Teilhafter
                5. vor Eintragung der KG ins Handelsregister ebenfalls volle Haftung

              • Ausschluss von Geschäftsführung und Vertretung (§§ 164, 170 HGB)

              • Widerspruchsrecht bei außergewöhnlichen Geschäften (§ 164 HGB)

              • Gewinnanteil:    – i. d. R. im Gesellschaftsvertrag festgelegt. Anspruch auf
                                   Auszahlung seines Gewinnanteils am Geschäftsjahresende.
                                   Solange nicht ausgezahlt: Gewinnanteil = sonst. Verbindl.

                                 – Ist Pflichteinlage noch nicht voll eingezahlt: Gewinnanteil wird
                                   seinem Kapital gutgeschrieben – also keine Auszahlung.
```

Aufgaben (Grundwissen)

1. An der Firma Moll & Co. KG sind die Komplementäre Moll und Stoll sowie die Kommanditisten Filz und Milz beteiligt. Moll kauft ohne Vorabsprache für die Gesellschaft Aktien für 390.000,00 EUR. Prüfen Sie die Rechtslage.

2. Am 13. Mai tritt ein Kommanditist in eine bestehende KG **neu** ein. Der Handelsregistereintrag erfolgt am 30. Mai. Erklären Sie die zwischenzeitliche Situation.

3. Wann haften **alle** Kommanditisten einer KG ausnahmsweise voll?

4. Ein **Kommanditist** schließt namens der KG einen Kaufvertrag über 100,00 EUR. Ist der Vertrag für die KG bindend? Begründung.

5. Können **Kommanditisten** bei entsprechender Gesellschaftsvertragsgestaltung eine komplementärähnliche „Machtposition" ausüben (Innen- und Außenverhältnis berücksichtigen)?

6. Kommanditkapital des Kommanditisten K: 100.000,00 EUR (Haftsumme)
   Davon wurden bereits eingezahlt: 70.000,00 EUR
   Gläubiger G wendet sich an K zwecks Einziehung seiner Forderung gegenüber der KG in Höhe von 50.000,00 EUR. Muss K zahlen? Begründung.

7. Wie beeinflusst der **Gewinnanteil** eines Kommanditisten seinen Kapitalanteil?

8. Haftet ein **neuer Kommanditist** auch für alte Schulden der KG?

9. Nennen Sie die **Rechte und Pflichten** der   a) Komplementäre,   b) Kommanditisten.

10. Welche **Bedeutung** hat die   a) OHG,   b) KG?

11. Einzelunternehmer Hans Motte will seine Produktionsanlagen erweitern. Die Finanzierung soll u. a. durch Aufnahme eines Gesellschafters und die Umwandlung in eine KG erfolgen. Mit Umwandlung der EU in eine KG tritt Fred Rist am 31. Januar mit Unterzeichnung des Gesellschaftsvertrages als Kommanditist in das Unternehmen ein. Seine Einlage beträgt 100.000,00 EUR, wovon zunächst nur 50.000,00 EUR einbezahlt werden. Die Eintragung in das Handelsregister erfolgt am 15. Februar.

    a) Welche **Gründe** mögen Motte bewogen haben, eine KG und nicht eine OHG als Gesellschaftsform zu wählen (drei Gründe)?

    b) Wie könnte die **Firma** der KG lauten (zwei Möglichkeiten nennen)?

    c) Zu welchem Zeitpunkt **entsteht** die KG im Innen- und Außenverhältnis? Begründung.

    d) Die KG kommt vorübergehend in Zahlungsschwierigkeiten. Gläubigerforderungen in Höhe von 120.000,00 EUR sind fällig. Die Verpflichtungen sind vor Eintritt des Gesellschafters Rist in die Unternehmung entstanden.
    Beurteilen Sie die **Haftungsgrundlage** des Gesellschafters Rist vor und nach der Handelsregistereintragung.

    e) Zwischen dem Komplementär Motte und dem Kommanditisten Rist ergeben sich in der Folgezeit Differenzen. Nehmen Sie zu folgenden Situationen Stellung:

       1) Rist widersetzt sich der Absicht von Motte, eine Zweigniederlassung in der Schweiz zu gründen.

       2) Rist tritt in ein neu gegründetes Konkurrenzunternehmen am Geschäftssitz der KG als Vollhafter ein.

       3) Rist kündigt aus diesem Grund am 30. November das Gesellschaftsverhältnis zum 31. Dezember desselben Jahres.

12. App und Birk wollen eine Unternehmung in der Rechtsform der **OHG oder KG** gründen, weitere Gesellschafter sollen zunächst nicht aufgenommen werden. Begründungen.

    a) Bei welcher Rechtsform wäre die Kreditwürdigkeit besser?

    b) Wann käme nur die KG infrage (zwei Beispiele)?

    c) Wann käme nur die OHG infrage (zwei Beispiele)?

    d) Bei welcher Rechtsform wären die Kapitalbeschaffungsmöglichkeiten langfristig besser?

13. Warum regeln OHG-Gesellschaftsverträge häufig, dass beim **Tod** eines Gesellschafters die OHG in eine KG umgewandelt wird?

14. Unterscheiden Sie die Begriffe „Haftsumme" und „bedungene Einlage" (= Pflichteinlage).

15. Bis zu welcher Höhe ist ein Kommanditist am **Verlust** beteiligt?

16. Nennen Sie vier mögliche Gründe für eine die Pflichteinlage übersteigende Haftsumme.

17. Die Firma Kurt Amann & Co. KG ist eine Unternehmung, die sich auf die Produktion von Gummiverbindungsteilen für Straßenbahnen und Omnibusse spezialisiert hat.

Als **Komplementäre** sind beteiligt:
- Kurt Amann mit 300.000,00 EUR
- Heinrich Berger mit 200.000,00 EUR

Als Kommanditisten sind beteiligt:
- Franz Kramer mit 80.000,00 EUR
- Horst Dreher mit 70.000,00 EUR mit Wirkung vom 1. Juli 03

Dreher hat 60.000,00 EUR am 30. Juni 03 und den Rest am 30. September 03 eingezahlt.

Nach dem Gesellschaftsvertrag stehen die Geschäftsführung und Vertretung nur Kurt Amann zu.

17.1 Nennen Sie vier betriebswirtschaftliche Gründe, die zu der vereinbarten Regelung über die Geschäftsführung und Vertretung geführt haben könnten.

17.2 Ohne Absprache mit seinen Gesellschaftern kauft Amann von der Firma Pack AG eine sehr teure Spezialmaschine zur Verpackung für 200.000,00 EUR.
Prüfen Sie, ob Amann dazu berechtigt war und ob ein Kaufvertrag mit der Firma Pack AG zustande gekommen ist.

17.3 Ein Gläubiger hat bisher vergeblich versucht, eine Forderung über 12.000,00 EUR, fällig am 15. März 03, einzutreiben. Er wendet sich daher am 20. August 03 direkt an den Kommanditisten Dreher und verlangt von diesem die Zahlung. Wie ist die Rechtslage?

17.4 Berger beabsichtigt Anfang März, sich mit einem Betrag von 10.000,00 EUR aus seinem Geschäftsanteil an den Technischen Gummiwerken Gerhard Neumann OHG zu beteiligen. Beurteilen Sie dieses Vorhaben aus rechtlicher Sicht.

18. An der Schober und Schwarz KG (Herstellerin von Wärmepumpen) sind die Komplementäre Schober und Schwarz mit 280.000,00 EUR bzw. 420.000,00 EUR und die Kommanditisten Berner und Renner mit 100.000,00 EUR bzw. 160.000,00 EUR beteiligt. Ausstehende Kommanditeinlage Berner: 40.000,00 EUR. Umsatzerlöse im letzten Jahr: 12,3 Mio. EUR; Reingewinn im letzten Jahr: 340.000,00 EUR.

18.1 Erklären Sie die Geschäftsführungs- und Vertretungsbefugnisse der Komplementäre, wenn der Gesellschaftsvertrag hierzu keine Regelungen enthält.

18.2 Kommanditist Berner wird vom Finanzamt aufgefordert, die für die KG fällige Umsatzsteuerschuld in Höhe von 56.720,00 EUR zu überweisen. Muss er zahlen? Begründung.

18.3 Schober und Schwarz haben in Verhandlungen mit der Commerzbank AG die Zusage für einen Investitionskredit in Höhe von 250.000,00 EUR erhalten. Kreditlaufzeit sechs Jahre, Festzins 12 % p. a. Mit diesem Kredit und eigenen Mitteln der KG soll der Betrieb eines Elektromotorenherstellers übernommen werden.

Kommanditist Renner widerspricht: Die Kreditkonditionen der Commerzbank seien zu ungünstig, und von der Eingliederung eines neuen Produkts in das Herstellungsprogramm der KG halte er nichts. Er habe seinerseits aber ein sehr günstiges Kreditangebot der Sparda Bank eG für die KG angenommen, das einen Vorzugszins von 8 % p. a. gewähre.

Beurteilen Sie die Handlungsweise des Kommanditisten Renner im Hinblick auf

18.3.1 den Kreditantrag;

18.3.2 die Übernahme des Betriebs des Elektromotorenherstellers;

18.3.3 den Kreditvertrag mit der Sparda Bank eG.

6.7 Abituraufgaben

Abituraufgabe 2007 (Aufgabe 1, Teil 1–6)

Die Einzelunternehmen Claus Clever e. Kfm., Peter Singel e. Kfm. und Frederike Schnellmann e. Kffr. produzieren im Raum Stuttgart in ihren Unternehmen jeweils Planen für Lastkraftwagen und setzen diese im süddeutschen Raum ab. Die aktuelle Marktsituation erfordert ein Umdenken und Umstrukturieren, da die drei Unternehmen auf Dauer allein wirtschaftlich nicht überleben können. Aus diesem Grund wollen sie sich zu einer Personengesellschaft zusammenschließen und weitere Kapitalquellen erschließen. Rudi Rastlos ist bereit, sich als Kommanditist mit 300.000,00 EUR zu beteiligen. Die Gesellschafter unterzeichnen am 28.02.2005 den Gesellschaftsvertrag, der auszugsweise als **Anlage** wiedergegeben ist. Die Geschäftsaufnahme erfolgt am 01.03.2005, die Handelsregistereintragung am 15.03.2005.

1. Prüfen Sie anhand von zwei Kriterien, ob die gewählte Firmierung zulässig ist.

2. Erläutern Sie die Haftungssituation aller Gesellschafter vor und nach der Eintragung in das Handelsregister.

   Begründen Sie dabei jeweils, welche Wirkung die Handelsregistereintragung hat.

3. Claus Clever kauft am 15.06.2005 ein neues Gerät zur Beschriftung der Lkw-Planen. Der Kaufpreis liegt bei 25.000,00 EUR. Frederike Schnellmann geht davon aus, dass der Kaufvertrag für die KG nicht rechtswirksam ist.

   Erläutern Sie die Rechtssituation im Innen- und Außenverhältnis.

4. Peter Singel will nach Absprache mit den anderen Komplementären einen Kredit in Höhe von 1.500.000,00 EUR aufnehmen. Rudi Rastlos widerspricht diesem Vorhaben.

   Beurteilen Sie die Wirksamkeit dieses Widerspruchs.

5. Im Jahresabschluss zum 31.12.2005 wird ein Unternehmensgewinn in Höhe von 372.000,00 EUR ermittelt.

5.1 Beurteilen Sie mit drei Argumenten, ob die Gewinn- und Verlustregelungen in § 6 des Gesellschaftsvertrages angemessen sind.

5.2 Berechnen Sie den Gewinnanteil für Rudi Rastlos.

5.3 Rudi Rastlos hat zum Zeitpunkt der Gewinnverteilung erst 95 % seiner Einlage geleistet; er erhält dennoch seinen vollen Gewinnanteil und möchte diesen in voller Höhe seinem Kapitalanteil zuschreiben lassen.

   Beurteilen Sie die Rechtslage.

5.4 Rastlos ist mit der Ertragslage des Unternehmens unzufrieden und will deshalb in Zukunft monatlich die Bücher der Gesellschaft einsehen.

   Prüfen Sie die Zulässigkeit seines Vorhabens anhand des Gesetzes.

6. Frederike Schnellmann ist schon seit Längerem unzufrieden mit ihrer persönlichen Situation in der Unternehmung. Überraschend erhält sie ein Angebot, sich an der GEIER OHG, einer Herstellerin von Lkw-Planen, zu beteiligen.

6.1 Beurteilen Sie, ob Frau Schnellmann das Angebot gegen den Willen der Mitgesellschafter annehmen kann.

6.2 Im März 2007 kündigt Frau Schnellmann zum nächstmöglichen Termin ihre Mitgliedschaft in der KG und verlangt die Auszahlung der vertraglich vereinbarten Abfindung.

* Zu welchem Termin kann sie frühestens aus der KG ausscheiden?

* Ermitteln Sie die Höhe und den Zeitpunkt der ersten Abfindungszahlung.
  Gehen Sie davon aus, dass ihre bisherigen Gewinnanteile bereits ausbezahlt wurden.

Anlage Teil 1

Auszug aus dem Gesellschaftsvertrag:

§ 1 Gesellschafter, Firma und Einlagen
1. Claus Clever, Rudi Rastlos, Peter Singel und Frederike Schnellmann errichten zum 01.03.2005 eine Kommanditgesellschaft unter der Firma „EUROPA-Planen KG".
2. Persönlich haftende Gesellschafter sind Claus Clever, Peter Singel und Frederike Schnellmann. Sie bringen ihre bisherigen Einzelunternehmen mit folgenden Werten ein:
   Claus Clever: 350.000,00 EUR
   Peter Singel: 250.000,00 EUR
   Frederike Schnellmann: 260.000,00 EUR
3. Kommanditist ist Rudi Rastlos mit einer Einlage von 300.000,00 EUR.
4. Die Bareinlage von Rudi Rastlos ist zur Hälfte sofort, zur anderen Hälfte bis 31.05.2005 zur Zahlung fällig.

§ 4 Geschäftsführung und Vertretung
1. Zur Geschäftsführung und Vertretung ist jeder Komplementär einzeln berechtigt und verpflichtet. Bei Geschäften über 20.000,00 EUR muss mindestens ein weiterer Komplementär zustimmen.
2. Der Kommanditist kann Handlungen der Komplementäre auch dann nicht widersprechen, wenn die Handlungen über den gewöhnlichen Betrieb hinausgehen.

§ 5 Dauer der Gesellschaft, Kündigung und Ausschluss
1. Die Gesellschaft wird auf unbestimmte Zeit eingegangen. Jeder Gesellschafter kann erstmals zum 31.12.2006 und danach zum Ende eines jeden Jahres jeweils mit einer Frist von einem Jahr schriftlich kündigen.
2. Die Kündigung eines Gesellschafters hat nicht die Auflösung der Gesellschaft zur Folge.
3. Das Geschäftsjahr entspricht dem Kalenderjahr.

§ 6 Gewinn- und Verlustverteilung
1. Die Komplementäre erhalten für ihre Geschäftsführungstätigkeit vorab eine monatliche Vergütung von 6.000,00 EUR (Clever und Singel) bzw. 5.000,00 EUR (Schnellmann).
2. Der nach Abzug der Vorabvergütung verbleibende Restgewinn wird wie folgt verteilt:
   a) Die drei Komplementäre erhalten je 30 %.
   b) Der Kommanditist erhält 10 %.
3. Einen Verlust tragen die drei Komplementäre je zu einem Drittel. Der Kommanditist nimmt an einem Verlust nicht teil.

§ 8 Abfindung eines ausscheidenden Gesellschafters
1. Scheidet ein Gesellschafter aus der Gesellschaft aus, erhält er eine Abfindung in Höhe des Buchwertes seiner Beteiligung laut letzter Bilanz vor seinem Ausscheiden zuzüglich 20 % dieses Betrages als pauschalen Ausgleich stiller Reserven und des Firmenwertes.
2. Die Auszahlung der Abfindung findet in vier gleichen Jahresraten statt, von denen die erste zehn Monate nach Ausscheiden des Gesellschafters fällig wird.

§ 9 Tod eines Gesellschafters
Stirbt ein Gesellschafter, so wird die Gesellschaft mit dessen Erben fortgesetzt. Diese sind von der Geschäftsführung und Vertretung ausgeschlossen.

Abituraufgabe 2009 (Aufgabe 3, Teil 1–7.1)

Der Goldschmied Patrick Braun stellt in seinem Einzelunternehmen Edelschmied e. K. mithilfe moderner CNC-Technik hochwertigen Edelstahlschmuck her. Das reduzierte Design der Schmuckstücke, kombiniert mit traditionellen Materialien wie Gold und Diamanten, findet weltweit immer mehr Anhänger. Braun beschließt daher, seinen Betrieb zu erweitern und eine Ladenkette aufzubauen. Die bisherige Einzelunternehmung soll dazu in eine Personengesellschaft in Form der KG umgewandelt werden.

Diplom-Kaufmann Andreas Müller möchte in das Unternehmen seines Freundes Patrick Braun einsteigen und ihn mit seinem betriebswirtschaftlichen Know-how unterstützen. Außerdem stellt er ein Grundstück mit Gebäude zur Verfügung, in dem die kaufmännische Verwaltung sowie die neuen Präsentations- und Verkaufsräume untergebracht werden sollen. Um den zusätzlichen Kapitalbedarf zu decken, überzeugt Patrick Braun seine ältere Schwester Beate Weiß, sich finanziell zu beteiligen. Die künftigen Geschäftspartner entwerfen folgenden Gesellschaftsvertrag:

Auszug aus dem Gesellschaftsvertrag

§ 1 Firma und Beginn der Gesellschaft
(1) Das Unternehmen wird unter der Firma „Edelschmied KG" geführt.
(2) Beginn der Gesellschaft ist der 01.01.2008.
(3) Das Geschäftsjahr entspricht dem Kalenderjahr.

§ 3 Gesellschafter und Einlagen
(1) Persönlich haftende Gesellschafter sind Patrick Braun und Andreas Müller, Kommanditistin ist Beate Weiß.
(2) Patrick Braun bringt sein bisheriges Einzelunternehmen im Gesamtwert von 550.000,00 EUR zum Geschäftsbeginn ein.
(3) Andreas Müller bringt ein Grundstück mit Gebäude im Wert von 370.000,00 EUR zum Geschäftsbeginn ein.
(4) Beate Weiß beteiligt sich mit einer Bareinlage von 200.000,00 EUR; 120.000,00 EUR sind bei Geschäftsbeginn zur Zahlung fällig, der Rest ist bis zum 30.06.2008 einzuzahlen.

§ 4 Geschäftsführung und Vertretung
Bezüglich Geschäftsführung und Vertretung gelten die gesetzlichen Bestimmungen.

§ 6 Haftung
Andreas Müller und Beate Weiß haften nicht für die bisherigen Verbindlichkeiten der Einzelunternehmung „Edelschmied e. K."

§ 7 Gewinn- und Verlustbeteiligung
(1) Die Komplementäre erhalten vorab eine Tätigkeitsvergütung von je 4.000,00 EUR monatlich, die jeweils am Monatsanfang ausbezahlt wird.
(2) Vom erzielten Jahresgewinn erhält jeder Gesellschafter eine Verzinsung seines zu Beginn des Geschäftsjahres eingebrachten Kapitals gemäß der gesetzlichen Regelung des HGB. Am verbleibenden Jahresgewinn sowie am Verlust sind die Gesellschafter Braun, Müller und Weiß im Verhältnis 3 : 3 : 1 beteiligt.

Die zum Geschäftsbeginn fälligen Leistungen werden vertragsgemäß erbracht. Die Edelschmied KG wird am 14.01.2008 ins Handelsregister eingetragen. Dabei werden auch alle Vereinbarungen des Gesellschaftsvertrages, soweit sie für ihr Wirksamwerden gegenüber Dritten der Eintragung bedürfen, berücksichtigt. Die Veröffentlichung erfolgt acht Tage später.

1. Nennen Sie vier Gründe, die Patrick Braun bewogen haben könnten, die Einzelunternehmung in eine Personengesellschaft umzuwandeln.

2. Gemäß HGB gilt im Innenverhältnis weitgehend nachgiebiges Recht (= Vereinbarungen gemäß Gesellschaftsvertrag), im Außenverhältnis hingegen zwingendes Recht (= Gesetzesbestimmungen). Erläutern und begründen Sie diese unterschiedliche Regelung.

3. Der Hersteller einer im März 2008 bestellten und gelieferten CNC-Maschine verlangt von der vermögenden Beate Weiß die Begleichung der fälligen Rechnung in Höhe von 95.000,00 EUR. Begründen Sie, ob und gegebenenfalls in welcher Höhe Weiß zahlen muss.

4. Patrick Braun will eine größere Menge Edelmetall für 50.000,00 EUR erwerben. Beate Weiß und Andreas Müller sind der Meinung, dass der Kaufpreis stark überteuert ist, und sind gegen den Kauf. Patrick Braun schließt den Kaufvertrag trotzdem ab. Beurteilen Sie die Rechtslage im Innen- und Außenverhältnis.

5. Am Ende des ersten Geschäftsjahres (31.12.2008) beträgt der Gewinn der KG 256.600,00 EUR, der wie folgt verteilt wird:

(Werte in EUR)	Komplementär Braun	Komplementär Müller	Kommanditistin Weiß	insgesamt
Jahresgewinn				256.600,00
Tätigkeitsvergütung	48.000,00	48.000,00	–	96.000,00
Verzinsung 4 % des Jahresanfangskapitals	22.000,00	14.800,00	4.800,00	41.600,00
Restgewinn				119.000,00
Restgewinnanteil 3 : 3 : 1	51.000,00	51.000,00	17.000,00	119.000,00
gesamter Gewinnanteil	121.000,00	113.800,00	21.800,00	256.600,00

5.1 Begründen Sie, welche Zwecke mit der in § 7 Abs. 2 des Gesellschaftsvertrages dargestellten Regelung verfolgt werden.

5.2 Prüfen Sie, inwieweit die einzelnen Gesellschafter nach Verteilung des Jahresgewinns 2008 zur offenen Selbstfinanzierung des Unternehmens beigetragen haben, wenn die Komplementäre in diesem Geschäftsjahr nur ihre Tätigkeitsvergütung entnehmen und die ausstehende Einlage der Kommanditistin bis zum Ende des ersten Geschäftsjahres noch nicht geleistet ist.

5.3 Erörtern Sie die Bedeutung der offenen Selbstfinanzierung für die Edelschmied KG.

6. Prüfen Sie, ob der Komplementär Andreas Müller nachfolgende Vorhaben ohne Zustimmung der anderen Gesellschafter durchführen kann.

6.1 Müller beabsichtigt, auf dem noch nicht bebauten Teil seines eingebrachten Grundstücks ein Privathaus für seine Familie zu errichten. Hierzu will er diesen Grundstücksteil aus dem Vermögen der KG entnehmen.

6.2 Andreas Müller möchte sich als Kommanditist beim Goldschmuckhersteller Schwarz & Söhne KG beteiligen.

7   Nach wiederholten familiären Differenzen zwischen den Geschwistern Patrick und Beate beschließt Beate Weiß, zum 31.12.2009 aus der KG auszutreten. Sie fordert für ihren Kommanditanteil mindestens 250.000,00 EUR.

7.1 Erörtern Sie zwei Probleme, die sich durch den Austritt von Beate Weiß für die KG ergeben können.
Begründen Sie mit einem betriebswirtschaftlichen Argument die Höhe der Forderung von Frau Weiß.

Abituraufgabe 2010 (Aufgabe 2, Teil 1–3)

Ernst Zeisel ist Fahrradmonteur und hat sich vor fünf Jahren selbstständig gemacht. Er rüstet Fahrräder auf, indem er Elektromotoren als Hilfsmotoren einbaut. Zeisel führt sein Unternehmen bisher als Einzelunternehmung. Er gründet mit dem Buchhalter Roland Berger eine OHG, an der sich Berger mit der Einlage eines Grundstücks im Wert von 50.000,00 EUR beteiligt.

1.   Begründen Sie, ob der Abschluss des Gesellschaftsvertrages einer Formvorschrift unterliegt.

2.   Ernst Zeisel und Roland Berger schließen am 10. Dezember 2007 den Gesellschaftsvertrag. Beginn der Gesellschaft ist der 1. Januar 2008. Der Handelsregistereintrag erfolgt am 7. Januar 2008. Bezüglich Geschäftsführung und Vertretung gelten die gesetzlichen Regelungen.

Prüfen Sie für die beiden nachfolgenden Fälle die Rechtsfolgen für die OHG und die beiden Gesellschafter:

2.1 Am 10. März 2008 schließt Zeisel einen Kaufvertrag über eine Montagevorrichtung im Wert von 4.000,00 EUR ab. Roland Berger hatte zuvor die Zustimmung verweigert.

2.2 Wegen Krankheit muss Berger im April 2008 einen längeren Kuraufenthalt antreten. Während Bergers Abwesenheit schließt Zeisel einen langfristigen Pachtvertrag über zehn Jahre für eine zusätzliche Verkaufsfläche in guter Innenstadtlage im Namen der OHG ab.

3.   Erörtern Sie, weshalb der Gesetzgeber bei der OHG von dem im Gesellschaftsrecht üblichen Grundsatz der Gesamtgeschäftsführung abweicht.

Abituraufgabe 2011 (Aufgabe 1, Teil 1–4)

Dipl.-Kfm. Paul Adam und Dipl.-Ing. Peter Geiger wollen zur Erprobung eines umweltschonenden Verfahrens der Müllaufbereitung ein gemeinsames Unternehmen gründen. Das erforderliche Kapital beträgt 2.000.000,00 EUR, das von Adam und Geiger allein nicht vollständig aufgebracht werden kann.
Adam und Geiger entscheiden sich für die Gründung einer KG. Der Gesellschaftsvertrag wird am 10.01.2007 geschlossen, die Handelsregistereintragung der Green-Tec KG erfolgt am 01.02.2007. Adam übernimmt einen Kapitalanteil von 600.000,00 EUR, Geiger von 500.000,00 EUR. Die beiden Komplementäre werden in der KG mitarbeiten. Markus Klein beteiligt sich als Kommanditist mit 300.000,00 EUR, wovon er 200.000,00 EUR sofort einzahlt. Der Rest ist zum 01.07.2007 fällig. Die jeweiligen Kapitaleinlagen werden am Tag der Handelsregistereintragung erbracht. Bezüglich Geschäftsführung und Vertretung gelten die gesetzlichen Regelungen. Der restliche Kapitalbedarf wird fremdfinanziert.

1. Erläutern Sie zwei Gründe, weshalb sich die Komplementäre Adam und Geiger für eine KG entschieden haben könnten.

2. Nach Aufnahme der Geschäfte sind die folgenden rechtlichen Fragen zu klären:

2.1 Auf einer Messe kauft Peter Geiger am 15.02.2007 ohne Abstimmung mit den anderen Gesellschaftern eine Transportanlage zum Preis von 150.000,00 EUR bei der Maschinenfabrik Kraft AG. Der Lieferant verlangt von Markus Klein zum 01.03.2007 die Begleichung der Rechnung.

Beurteilen Sie die Rechtslage.

2.2 Im Juni 2007 erfährt Markus Klein von einem seiner Meinung nach ungünstigen Vertragsabschluss der KG mit einem Container-Lieferanten. Er möchte deshalb die Geschäftsbücher einsehen.

Erläutern Sie, ob Adam und Geiger ihm dies verweigern können.

2.3 Aus einer Erbschaft hat Markus Klein noch weiteres Kapital zur Verfügung. Damit möchte er sich an der Recycling GmbH als Gesellschafter beteiligen und als Geschäftsführer tätig werden.

• Begründen Sie, ob er dieses Vorhaben ohne die Zustimmung der beiden Komplementäre umsetzen kann.
• Beurteilen Sie, ob es zu einem Interessenkonflikt kommen könnte.

3. Am Ende des Geschäftsjahres 2007 hat die KG einen Gewinn in Höhe von 178.000,00 EUR erwirtschaftet. Das Geschäftsjahr entspricht dem Kalenderjahr. Markus Klein hat am 05.03.2007 von der KG die Ausgleichszahlung für die Begleichung der Lieferantenforderung erhalten. Zum 01.07.2007 hat er seine restliche Einlage geleistet. Zur Gewinn- und Verlustverteilung enthält der Gesellschaftsvertrag folgende Regelung:

1. Die Vollhafter erhalten vorab eine Tätigkeitsvergütung von monatlich 4.000,00 EUR.
2. Das eingebrachte Gesellschaftskapital wird ab dem Zeitpunkt der Einlage ebenso wie die ausstehende Einlagen mit 3 % verzinst.
3. Ein Restgewinn wird im Verhältnis 4 : 4 : 1 verteilt.
4. Ein Verlust wird auf die Gesellschafter im Verhältnis 4 : 4 : 1 verteilt.

Die Privatentnahmen erfolgten am 31.12.2007. Die Verteilung des Gewinns des Geschäftsjahres 2007 ist aus der nachfolgenden Tabelle ersichtlich:

Gesellschafter	Anfangskapital	Tätigkeitsvergütung	Zinsen	Restgewinn	Gesamtgewinn	Privatentnahmen
Adam	600.000,00	44.000,00	16.500,00	24.000,00	84.500,00	36.000,00
Geiger	500.000,00	44.000,00	13.750,00	24.000,00	81.750,00	30.000,00
Klein	300.000,00 −100.000,00		5.750,00	6.000,00	11.750,00	
Summen		88.000,00	36.000,00	54.000,00	178.000,00	66.000,00

3.1 Weisen Sie rechnerisch nach, wie sich die Zinsen für Markus Klein ergeben.

3.2 Berechnen Sie die Höhe der offenen Selbstfinanzierung der KG für das Geschäftsjahr 2007, sofern nur die Privatentnahmen und der Gewinnanteil des Kommanditisten ausgezahlt wurden.

4. Markus Klein ist mit der Gewinnverteilung 2007 in der Green-Tec KG unzufrieden. Er möchte daher zum nächstmöglichen Termin aus der KG ausscheiden und sein Kapital vollständig in die Recycling GmbH investieren.

- Erläutern Sie mit zwei Argumenten, weshalb Markus Klein mit der Gewinnverteilung unzufrieden sein könnte.

- Begründen Sie, zu welchem Zeitpunkt Markus Klein aus der KG ausscheiden kann.

Abituraufgabe 2012 (Aufgabe 1, Teil 1 und 2)

Thomas Berger betreibt seit 1996 erfolgreich ein Einzelunternehmen in Karlsruhe, das Kunststoffteile für die Automobilindustrie herstellt. Zu Beginn des Jahres 2011 beschäftigt Berger 23 Mitarbeiter. Für eine Betriebserweiterung im Frühjahr 2011 benötigt er zusätzliches Kapital. Zusammen mit seinem Schwager Klaus Wegmann sowie seinem Mitarbeiter Hans Maier gründet er deshalb eine Kommanditgesellschaft.

Auszug aus dem Gesellschaftsvertrag

§ 1 Das Unternehmen wird unter der Firma Autoteile Berger KG geführt.

§ 2 Thomas Berger bringt als Komplementär seine bisherige Einzelunternehmung im Wert von 1.800.000,00 EUR in die Gesellschaft ein. Hans Maier tritt als weiterer Komplementär mit einer Bareinlage von 400.000,00 EUR ein. Klaus Wegmann beteiligt sich mit einer Bareinlage von 1.600.000,00 EUR als Kommanditist an der Gesellschaft.

§ 3 Beginn der Gesellschaft ist der 18. März 2011.

§ 4 Gewinn- und Verlustverteilung:

Die Komplementäre erhalten vorab eine gewinnunabhängige Tätigkeitsvergütung von jeweils 4.000,00 EUR pro Monat. Vom erzielten Jahresgewinn erhält jeder Gesellschafter zunächst eine Verzinsung in Höhe von 6 % seines zu Beginn des Geschäftsjahres vorhandenen Kapitalanteils. Ein eventuell vorhandener Restgewinn wird im Verhältnis 9 : 2 : 8 auf die Gesellschafter Berger, Maier und Wegmann verteilt. Die gleiche Regelung gilt für einen Verlust.

Ansonsten gelten die gesetzlichen Bestimmungen. Die KG wird am 31. März 2011 in das Handelsregister Karlsruhe eingetragen.

1. Nach Aufnahme der Geschäftstätigkeit sind die folgenden rechtlichen Fragen zu klären.

1.1 Während sich Hans Maier im Juni 2011 auf einer Urlaubsreise befindet, schließt Thomas Berger mit Einverständnis von Klaus Wegmann einen Vertrag über einen Großkredit in Höhe von 1,4 Mio. EUR mit der Sparkasse Karlsruhe ab. Beurteilen Sie die Rechtslage im Innen- und im Außenverhältnis.

1.2   Wegmann möchte im August 2011 zur Finanzierung eines privaten Ferienhauses aus seiner Beteiligung 600.000,00 EUR entnehmen.
      Nehmen Sie zu diesem Vorhaben begründet Stellung.

1.3   In § 4 des Gesellschaftsvertrages wird die Gewinn- und Verlustverteilung geregelt. Beurteilen Sie die getroffenen Vereinbarungen aus der Sicht von Hans Maier durch Vergleich mit den gesetzlichen Regelungen (drei Aspekte).

2.   Klaus Wegmann hätte lieber eine GmbH gegründet. Dies wurde jedoch von Thomas Berger abgelehnt.
      • Stellen Sie zwei Vorteile einer GmbH gegenüber einer KG dar.
      • Wegmann hatte Bedenken, dass sein Einfluss als Gesellschafter in einer KG schwächer ist als in einer GmbH.
      • Begründen Sie diese Befürchtung.

7 Rechtsformen II: GmbH und GmbH & Co. KG

7.1 GmbH (einschließlich UG)

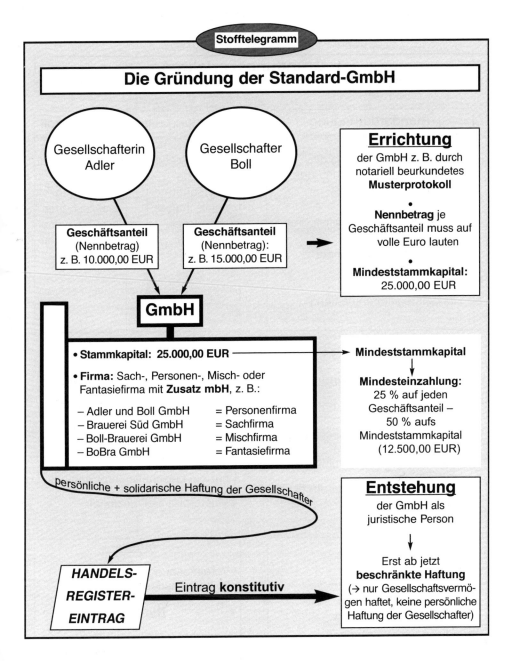

Stofftelegramm

Die Gründung der Standard-GmbH

Gesellschafterin Adler

Gesellschafter Boll

Geschäftsanteil (Nennbetrag) z. B. 10.000,00 EUR

Geschäftsanteil (Nennbetrag): z. B. 15.000,00 EUR

GmbH

Errichtung der GmbH z. B. durch notariell beurkundetes **Musterprotokoll**

Nennbetrag je Geschäftsanteil muss auf volle Euro lauten

Mindeststammkapital: 25.000,00 EUR

• **Stammkapital:** 25.000,00 EUR

• **Firma:** Sach-, Personen-, Misch- oder Fantasiefirma mit **Zusatz mbH**, z. B.:

– Adler und Boll GmbH   = Personenfirma
– Brauerei Süd GmbH   = Sachfirma
– Boll-Brauerei GmbH   = Mischfirma
– BoBra GmbH   = Fantasiefirma

Mindeststammkapital
↓
Mindesteinzahlung: 25 % auf jeden Geschäftsanteil – 50 % aufs Mindeststammkapital (12.500,00 EUR)

persönliche + solidarische Haftung der Gesellschafter

HANDELS-REGISTER-EINTRAG

Eintrag **konstitutiv**

Entstehung der GmbH als juristische Person
↓
Erst ab jetzt **beschränkte Haftung** (→ nur Gesellschaftsvermögen haftet, keine persönliche Haftung der Gesellschafter)

GmbH-Gestaltungsmöglichkeiten

Gesetz zur Modernisierung des GmbH-Rechts und zur Bekämpfung von Missbräuchen (MoMiG)

1. Gründungsverfahren

Standardgründung

- notarielle Beurkundung des Errichtungsprotokolls und des Gesellschaftsvertrages

- Bestellung der Geschäftsführer

- vom Notar unterzeichnete Gesellschafterliste

- Handelsregisteranmeldung

Gründung mit Musterprotokoll

Musterprotokoll für **Ein**personengesellschaften: ein Gesellschafter	Musterprotokoll für **Mehr**personengesellschaften: zwei bzw. drei Gesellschafter

Wann Standardgründung?

- mehr als drei Gesellschafter

- bei Einbringung von Sacheinlagen

- mehr als ein Geschäftsführer

- Musterprotokoll für die betreffende GmbH nicht geeignet

Wann Musterprotokollgründung?

- Kosten sollen reduziert werden

- maximal drei Gesellschafter

- ausschließlich Bareinlagen

- nur ein Geschäftsführer geplant

- Musterprotokoll geeignet

Vorteile

- gestaltungsfrei
- anpassungsfähig

Nachteile

- aufwendigere Gründung
- höhere Kosten

Vorteile

- Vereinfachung
- kostengünstiger

Nachteile

- weniger Gestaltungsfreiheit
  → Risiko späterer Streitigkeiten

2. Gesellschaftsform

Standard-GmbH

= GmbH mit mindestens
25.000,00 EUR Stammkapital

Im Wesentlichen entspricht die Gründung einer
Standard-GmbH der Gründung einer herkömmlichen GmbH.

Unternehmergesellschaft (haftungsbeschränkt) = Mini-GmbH

= GmbH mit einem Stammkapital
zwischen 1,00 EUR und
24.999,00 EUR

• **Sachgründung verboten**

• **Firmenzusatz:** Unternehmergesellschaft
[bzw. UG (haftungsbeschränkt)]

• **Zwangsthesaurierungspflicht:** Einstellung
von jeweils 25 % des Jahresüberschusses in die
gesetzliche Rücklage, bis Stammkapital durch
Kapitalerhöhung aus Gesellschaftsmitteln
25.000,00 EUR beträgt; dann Umfirmierung möglich

Wann Standard-GmbH?

• „GmbH" soll gegründet werden

• genügend Kapital vorhanden

• höheres Stammkapital für Fremdfinanzierung unverzichtbar

• „GmbH" soll Firmenbestandteil
sein

Wann Mini-GmbH?

• nicht genügend Kapital für
Standardgründung vorhanden

• Kapitalbedarf gering

• genügend persönliche Sicherheiten
für Fremdfinanzierung vorhanden

• „GmbH" in Firma uninteressant

Vorteile

• höhere Kreditwürdigkeit →

• leichtere Fremdfinanzierung

Nachteile

• Gründung ist – komplizierter
– langsamer
– kostenintensiver

Vorteile

• Gründung ist – einfacher
– schneller
– kostengünstiger

Nachteile

• geringere Kreditwürdigkeit →

• schwierigere Fremdfinanzierung

Die haftungsbeschränkte Unternehmergesellschaft (UG)

Die Gründung der UG

UG: **Mini-GmbH**
(umgangssprachlich)

Gesellschafterin
Adler

Gesellschafter
Boll

„Errichtung"
der UG z. B. durch
**notariell
beurkundetes
Musterprotokoll**

Geschäftsanteil
(Nennbetrag): 1,00 EUR

Geschäftsanteil
(Nennbetrag): 1,00 EUR

Mindestnennbetrag
je Geschäftsanteil:
1,00 EUR (volle Euro)

Mindeststammkapital:
1,00 EUR

UG (haftungsbeschränkt)

- **Gezeichnetes Kapital (Stammkapital): 2,00 EUR**

- **Firma:** Sach-, Personen-, Misch- oder Fantasiefirma mit **Zusatz:**

  „Unternehmergesellschaft (haftungsbeschränkt)" oder
  „UG (haftungsbeschränkt)"

  z. B.:   • Adler und Boll UG (haftungsbeschränkt)
           • Brauerei ABO Unternehmergesellschaft (haftungsbeschränkt)

persönliche + solidarische Haftung der Gesellschafter

„Entstehung" der UG
als juristische Person:

Erst ab jetzt

beschränkte Haftung

(nur Gesellschaftsvermögen
haftet – keine persönliche
Haftung der Gesellschafter)

*HANDELS-
REGISTER-
EINTRAG*

Eintrag **konstitutiv**

Das genehmigte Kapital bei der GmbH

Betr.: Gesetz zur Modernisierung des GmbH-Rechts und zur Bekämpfung von Missbräuchen (MoMiG)

Gesetzliche Grundlage: § 55a GmbHG

Genehmigtes Kapital (GK)

max. 50 % des Stammkapitals

Stamm-kapital

- Gesellschaftsvertrag **ermächtigt die Geschäftsführung**, das Stammkapital bis zu einem bestimmten Nennbetrag (GK) durch Ausgabe neuer Geschäftsanteile gegen Einlagen zu erhöhen.

- **Zeitraum:** maximal fünf Jahre ab Eintragung der Gesellschaft bzw. Satzungsänderung

- Spätere Kapitalerhöhung: Geschäftsführer muss **Gesellschafterversammlung nicht mehr befragen**

- Ermächtigung der Geschäftsführung durch **Gesellschafterversammlungsbeschluss (75 % Mehrheit)** oder Fixierung gleich bei Gründung durch **Satzung**

- Eintrag Satzungsänderung sowie spätere Kapitalerhöhung im **Handelsregister**

Motive für die Schaffung eines genehmigten Kapitals

- Ermöglichung einer schnellen und kostengünstigen Kapitalerhöhung (Schriftform genügt)

- Ermöglichung einer schnellen Kapitalerhöhung bei GmbHs, bei denen Gesellschafterversammlungen aufwendig einzuberufen und durchzuführen sind (z. B. bei großer Anzahl von Gesellschaftern)

- Rasche Anpassung an Kapitalbedarf der GmbH möglich

Die Organe der GmbH

Geschäftsführer	Aufsichtsrat	Gesellschafter-versammlung

Geschäftsführer

Vertretung = Außenverh.

- alle gewöhnl. + außergewöhnl. Geschäfte

- Beschränkungen gegenüber Dritten unwirksam

- mehrere Geschäftsführer: Gesamtvertretung

Geschäftsführung = Innenverhältnis

Eintritt durch:

Bestellung

+

Anstellungsvertrag

Ausscheiden durch:

Abberufung

+

Kündigung

Haftung: § 43 Abs. 2 GmbHG
Solidarische Haftung für den entstandenen Schaden bei Verletzung ihrer Obliegenheiten

Personenkreis:

Gesellschafter- oder Fremdgeschäftsführer

Aufsichtsrat

GmbH mit maximal 500 Arbeitnehmern:

kein Aufsichtsrat notwend.

GmbH zwischen 501 und 2.000 Arbeitnehmern:

- Bildung Aufsichtsrat nach BetrVG

- Zusammensetzung:
$\frac{2}{3}$ Ges'ervertreter
$\frac{1}{3}$ Arbeitn.vertreter

- Mindestzahl der Aufsichtsratsmitglieder: 3

GmbH > 2.000 Arbeitn.:

- Bildung Aufsichtsrat nach Mitbest.gesetz

- Zusammensetzung:
$\frac{1}{2}$ Ges'ervertreter
$\frac{1}{2}$ Arbeitn.vertreter

- AR-Vorsitzender = Gesellschaftervertreter (hat bei Pattsituationen eine **zweite Stimme**)

- Mindestzahl der Aufsichtsratsmitglieder: 12

Aufgaben (z. B.):

Bestellung, Überwachung und Abberufung des Geschäftsführers ...

Gesellschafterversammlung

- oberstes Organ mit erheblich mehr Rechten wie die vergleichbare Hauptversammlung bei der AG

- bestellt den Geschäftsführer, sofern die GmbH max. 500 Arbeitn. hat (vgl. Aufsichtsrat!)

- jeder Euro eines Geschäftsanteils = 1 Stimme (Abweichungen laut Satzung möglich)

- zwingende Rechte der Gesellschafter:

  – Satzungsänderungen

  – Auflösung der GmbH

- Rechte der Gesellschafter, sofern keine andere Satzungsregelung vorliegt: (vgl. § 46 GmbHG)

  – Feststellung Jahresabschluss und Gewinnverwendung

  – Bestellung + Abberufung des Geschäftsführers

  – Bestellung von Prokuristen und allg. Handlungsbevollmächtigten

  ...

Aufgaben (Grundwissen)

1. a) Wann entsteht die GmbH?

    b) Wie ist die Haftung vor und nach Entstehung geregelt?

    c) Welche Organe hat die GmbH?

2. Bei einer GmbH sind am Stammkapital von 50.000,00 EUR die Gesellschafter A mit 20.000,00 EUR, B mit 15.000,00 EUR und C mit 15.000,00 EUR beteiligt.

    a) Wie viele Stimmen haben A, B und C jeweils bei Abstimmungen?

    b) Wie hoch sind die Geschäftsanteile der Gesellschafter?

    c) Besteht die Möglichkeit, dass B Geschäftsführer wird?

    d) Geschäftsführer B kauft eine Fabrikhalle für 150.000,00 EUR, ohne vorher A und C zu fragen. Rechtsgültig? Begründung.

    e) Wie ist d) zu beantworten, wenn A und B Geschäftsführer wären?

    f) Geschäftsführer A ernennt den Angestellten D zum Prokuristen. Rechtsgültig? Bgr.

    g) Geschäftsführer A möchte einen Teil des Gewinnes in die Rücklage einstellen. Können B und C dies verhindern? Begründung.

    h) Gesellschafter C vereinbart mit M schriftlich, dass er ihm seinen Geschäftsanteil veräußert. Rechtsgültig? Begründung.

3. Unterscheiden Sie die Begriffe „Stammkapital" und „Geschäftsanteil".

4. a) Die Geschäftsführer einer GmbH sind laut Gesellschaftsvertrag zur Gesamtvertretung befugt. Erklären Sie diesen Begriff und nennen Sie je zwei Gründe für und gegen eine derartige Regelung.

    b) Nach der Ansicht eines Gesellschafters sollte man die GmbH in eine KG umwandeln. Formulieren Sie je drei Argumente für und gegen diesen Vorschlag.

5. a) Erklären Sie den Begriff „Musterprotokoll".

    b) Unter welchen Voraussetzungen ist die Gründung mit Musterprotokoll möglich?

    c) Nennen Sie je einen Vor- und Nachteil der Gründung per Musterprotokoll.

6. Wie muss die Firma der

    a) Standard-GmbH,

    b) Mini-GmbH lauten?

7. Welche Einschränkung ist bei der Mini-GmbH hinsichtlich der Gewinnverwendung zu beachten?

8. Nennen Sie je einen Vor- und Nachteil der Mini-GmbH.

7.2   GmbH & Co. KG

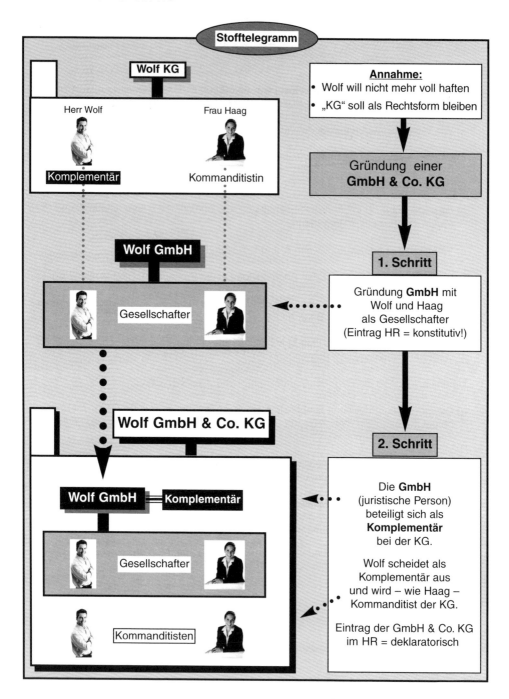

Gründung: • Gründung einer **GmbH** / Eintrag im Handelsregister (Eintrag = konstitutiv)

• Gründung der **GmbH & Co. KG**, bei der sich die GmbH als Komplementär beteiligt; Kommanditisten = natürliche Personen (i. d. R. sind Kommanditisten gleichzeitig Gesellschafter der GmbH)

Eintrag der GmbH & Co. KG im Handelsregister = deklaratorisch

Ein-Mann-GmbH & Co. KG möglich. Beispiel:

Ein-Mann-GmbH & Co. KG

Komplementär – GmbH (Ges'er A = Geschäftsführer)   Kommanditist A

Firma: Name der GmbH (= Komplementär) + Zusatz „Co. KG"

Geschäftsführung: Komplementär-GmbH, vertreten durch ihren Geschäftsführer

Vorteile i. Vgl. zur KG: • Haftungsbeschränkung (nur GmbH haftet voll!)

• Geschäftsführer als Nachfolger (z. B. Erbfall) leichter zu finden, da keine persönliche Haftung

Vorteile i. Vgl. zur GmbH: • flexiblere Eigenkapitalbeschaffung über Kommanditeinlagen

• evtl. Mitbestimmungsvorteile (bei kleingehaltener GmbH kein Aufsichtsrat notwendig)

Nachteile: • Erstellung von zwei Jahresabschlüssen notwendig (Kosten!)

• evtl. eingeschränkte Kreditwürdigkeit

Hinweis: Eine *UG (haftungsbeschränkt) & Co. KG* ist rechtlich zulässig.

Aufgaben (Grundwissen)

1. Erklären Sie die Beteiligungs- und Haftungsverhältnisse bei der GmbH & Co. KG.

2. Welche Überlegungen könnten die Gesellschafter einer a) KG, b) GmbH dazu veranlassen, eine GmbH & Co. KG zu gründen?

3. Wem obliegt bei einer GmbH & Co. KG die Geschäftsführung?

4. Nennen Sie Nachteile der GmbH & Co. KG.

5. Der Einzelunternehmer Jörn Schmiedel will eine GmbH & Co. KG gründen.

a) Ist die Gründung einer Ein-Mann-GmbH & Co. KG möglich?

b) Wer wäre Komplementär, Kommanditist, Geschäftsführer?

c) Die GmbH soll mit „Sportartikel GmbH" firmieren. Wie müsste dann die Firma der GmbH & Co. KG lauten?

Hinweis: Die Abituraufgaben wurden hinsichtlich der GmbH-Reform **aktualisiert.**

7.3   Abituraufgaben

Abituraufgabe 2005 (Aufgabe 2, teilweise)

1. Die Klein Kühlwagen KG mit Sitz in Stuttgart nahm zu Beginn des Jahres 2003 die Produktion von Kühlwagenausstattungen der gehobenen Klasse für Catering- und Partyservicebetriebe in ihr Produktionsprogramm auf. Die neue Produktlinie wurde vom Markt sehr gut angenommen und entwickelte sich aufgrund eines hohen Exportanteils zum stärksten Umsatzträger.

Die KG ist ein typisches mittelständisches Unternehmen, das sich aus einem kleinen Handwerksbetrieb zu einem Betrieb mit 120 Mitarbeitern und einem Jahresumsatz von 25 Mio. EUR entwickelte. Für die Zukunft werden zweistellige Umsatzzuwächse und eine Mitarbeiterzahl von 250 erwartet.

Das Eigenkapital verteilt sich wie folgt:

Egon Klein, 62 Jahre, Komplementär:	2,8 Mio. EUR
Fritz Müller, 52 Jahre, Kommanditist:	1,8 Mio. EUR
Peter Klein, 38 Jahre, Kommanditist:	0,4 Mio. EUR
Bilanzsumme am 01.01.2003	8,2 Mio. EUR

Die Gesellschafter der KG überlegen, ihr Unternehmen im Jahre 2003 in eine GmbH umzuwandeln. Darüber hinaus beabsichtigt der geschäftsführende Gesellschafter Egon Klein, sich spätestens in drei Jahren zur Ruhe zu setzen. Dagegen möchte der Kommanditist Dipl.-Ing. Peter Klein seine Fachkenntnisse stärker in das Unternehmen einbringen.

1.1   Erläutern Sie zwei Gründe, die aus der Sicht des Komplementärs Egon Klein für die Rechtsform der GmbH sprechen.

1.2   Gesellschafter Müller befürchtet durch die Umwandlung Nachteile gegenüber seiner bisherigen Stellung als KG-Gesellschafter. Er führt folgende Argumente an:

• Die Möglichkeiten der Mitentscheidung und Kontrolle werden eingeschränkt.

• Die Fremdeinflüsse nehmen durch die Verpflichtung zur Bildung eines Aufsichtsrats mit Drittelparität zu.

Prüfen Sie, inwieweit die Argumente zutreffend sind. Gehen Sie dabei auch auf die unterschiedliche Rechtsstellung eines Kommanditisten und eines GmbH-Gesellschafters ein.

1.3   Trotz der anfänglichen Bedenken des Gesellschafters Müller wird am 30.06.2003 die Umwandlung der KG in eine GmbH mit einem Stammkapital von 5 Mio. EUR beschlossen. Die Firma der neuen Gesellschaft lautet Klein & Müller GmbH. Die Gesellschafter der KG bringen ihren KG-Kapitalanteil als Geschäftsanteile ein. Im Gesellschaftsvertrag wird Peter Klein als Geschäftsführer der GmbH mit Einzelvertretungsbefugnis benannt. Die GmbH wird am 19.09.2003 in das Handelsregister eingetragen.

1.3.1 Begründen Sie den Zweck der für diesen Gesellschaftsvertrag geltenden Formvorschrift.

1.3.2 Am 10.07.2003 kauft Peter Klein im Namen der GmbH eine CNC-Maschine im Wert von 200.000,00 EUR, Zahlungsziel zwei Monate. Der Lieferant verlangt am 10.09.2003 von der Klein & Müller GmbH die fällige Zahlung.

Erläutern Sie die Rechtslage.

Abituraufgabe 2005 (Aufgabe 3, teilweise)

Felix Brause, Karl Wasser und Thomas Hahn gründen eine GmbH. Sie wollen ihr technisches Wissen bei der Produktion von exklusiven Sanitärartikeln gemeinsam anwenden, um als Nischenanbieter gegen die großen Konkurrenten bestehen zu können. Am 20. Januar 2004 wird folgender Gesellschaftsvertrag entworfen (Auszug):

§ 1   Das Unternehmen wird unter der Firma „Wasser, Hahn & Brause" geführt.

§ 2   Gegenstand des Unternehmens ist die Entwicklung und Produktion von Sanitärartikeln für das Hotelgewerbe.

§ 3   Die Gesellschaft nimmt ihre Geschäfte am 20. Januar 2004 auf.

§ 4   Das Stammkapital beträgt 250.000,00 EUR. Die Nennwerte der Geschäftsanteile der Gesellschafter setzen sich wie folgt zusammen:
- Felix Brause: 100.000,00 EUR als Geldeinlage
- Karl Wasser: 80.000,00 EUR als Sacheinlage (automatische Schweißanlage)
- Thomas Hahn: 70.000,00 EUR als Geldeinlage

Die Gesellschafter verpflichten sich, ...

§ 6   Als Geschäftsführer werden die Herren Felix Brause, Karl Wasser und Thomas Hahn bestellt.

Soweit in diesem Vertrag nichts anderes bestimmt ist, gelten die gesetzlichen Bestimmungen.

Die Anmeldung zur Handelsregistereintragung soll am 29. Januar 2004 erfolgen.

1.   Prüfen Sie die Zulässigkeit der Firma anhand der gesetzlichen Vorgaben. Gegebenenfalls ist eine Ergänzung vorzunehmen oder ein neuer Vorschlag zu machen.

2.   Bis zum 29. Januar 2004 haben Brause 50.000,00 EUR und Hahn 15.000,00 EUR auf ihre Geschäftsanteile eingezahlt. Wasser hat der Gesellschaft das Eigentum an der Schweißanlage übertragen. Deren Wert wird zum Zeitpunkt der Einbringung von einem unabhängigen Sachverständigen lediglich auf 60.000,00 EUR geschätzt.

Prüfen Sie anhand von vier gesetzlichen Bedingungen für die Kapitalaufbringung, ob zu diesem Zeitpunkt die Anmeldung zur Handelsregistereintragung erfolgen kann.

3.   Nachdem die Handelsregistereintragung und deren Veröffentlichung am 05.02.2004 erfolgt ist, unterzeichnet Wasser ohne Rücksprache mit den anderen Geschäftsführern einen umfangreichen Wartungsvertrag mit der Technoservice KG für die Schweißanlage. Erläutern Sie die Rechtslage im Außenverhältnis.

Abituraufgabe 2006 (Aufgabe 3, teilweise)

1.   Der Elektroingenieur Hans Reich erbt 2004 eine größere Summe Bargeld. Er überlegt, ob er sich mit einem Teil des Geldes als weiterer Gesellschafter an einer bereits bestehenden OHG, einer KG oder einer GmbH beteiligen soll.

1.1   Erläutern und begründen Sie mithilfe des Gesetzes, wie Reich nach der Handelsregistereintragung als
- OHG-Gesellschafter,
- Kommanditist,
- GmbH-Gesellschafter

gegenüber den Gläubigern der Gesellschaft haftet, wenn jeweils eine Bareinlage von 200.000,00 EUR vereinbart, zunächst jedoch nur eine Einzahlung von 160.000,00 EUR geleistet wird.

1.2 Reich entschließt sich, als Kommanditist in die bereits bestehende Meister KG, die elektronisch gesteuerte Drehbänke herstellt, einzutreten. Bei den Vertragsverhandlungen erfährt Reich, dass das Kapital des Komplementärs Meister nicht im Handelsregister eingetragen ist.

Begründen Sie, warum der Gesetzgeber diese Eintragung nicht verlangt.

1.3 Meister beabsichtigt, einen Kaufvertrag über elektronische Bauteile in Höhe von 20.000,00 EUR abzuschließen. Als Reich von diesem Vorhaben erfährt, widerspricht er mit der Begründung, dass die Bauteile veraltet seien.

1.3.1 Untersuchen Sie, ob der Widerspruch von Reich eine rechtliche Wirkung hat.

1.3.2 Begründen Sie, welche rechtliche Wirkung dieser Widerspruch hätte, wenn er diesen als

- OHG-Gesellschafter,
- nicht geschäftsführender Gesellschafter einer GmbH eingelegt hätte.

1.4 Aufgrund weiterer Meinungsverschiedenheiten beschließt Reich aus der KG auszutreten. Im August 2005 teilt er diesen Entschluss allen Mitgesellschaftern schriftlich mit.

1.4.1 Ermitteln Sie den frühestmöglichen Austrittstermin für Reich, wenn das Geschäftsjahr dem Kalenderjahr entspricht.

1.4.2 Erläutern Sie zwei wirtschaftliche Folgen, die der Austritt von Reich auf den Fortbestand der KG haben kann.

Abituraufgabe 2007 (Aufgabe 1, Teil 7)

7. Die Gesellschafter erwägen die Umwandlung der KG in eine GmbH.

7.1 Zeigen Sie anhand von drei Kriterien, welche Veränderungen sich für die Gesellschafter dadurch ergeben würden, wenn ausschließlich die gesetzlichen Vorschriften gelten.

7.2 Viele mittelständische Unternehmen wählen die Rechtsform der GmbH & Co. KG.

- Erklären Sie den rechtlichen Aufbau dieser Gesellschaftsform.
- Erläutern Sie einen Vorteil der GmbH & Co. KG gegenüber der GmbH.

Abituraufgabe 2007 (Aufgabe 3, Teil 1)

1. Die „Odenwälder Tische GmbH" in Walldürn ist auf die Herstellung hochwertiger Wohnzimmertische spezialisiert. Sie erwartet in den nächsten Geschäftsjahren ständig steigende Auftragseingänge und Gewinne.

Folgende Gesellschafter sind an der GmbH mit ihren Geschäftsanteilen beteiligt:

Frank Hagenbach	75.000,00 EUR
Carsten Mommsen	120.000,00 EUR
Marc Veit	105.000,00 EUR

Gemäß § 4 der Satzung sind Hagenbach und Mommsen alleinige Geschäftsführer der Gesellschaft und als solche auch in das Handelsregister eingetragen.

Der Gesellschaftsvertrag enthält hinsichtlich der Vertretungsbefugnis keine vom GmbH-Gesetz abweichenden Vereinbarungen.

1.1 Im Jahre 2006 erzielte die GmbH einen Jahresüberschuss von 180.000,00 EUR.

Berechnen Sie den jeweiligen Gewinnanteil der Gesellschafter.

1.2 Ohne Absprache mit Frank Hagenbach bestellt Carsten Mommsen eine neue vollautomatische Schleifmaschine für 14.900,00 EUR.

Begründen Sie, ob der Kaufvertrag für die GmbH bindend ist.

1.3 Die Gesellschafterversammlung der GmbH soll im Jahre 2007 unter anderem folgende Beschlüsse fassen:

Tagesordnungspunkt 4:   Entlastung der Geschäftsführer Hagenbach und Mommsen für das Geschäftsjahr 2006.

Tagesordnungspunkt 5:   Erweiterung des Gegenstandes des Unternehmens um den Handel mit Möbeln aller Art. Dazu soll die Satzung entsprechend geändert werden.

• Erklären Sie die Begriffe „Bestellung" und „Entlastung" der Geschäftsführer.

• Veit stimmt gegen die beabsichtigte Satzungsänderung (TOP 5). Weisen Sie nach, ob er diese allein verhindern kann.

Abituraufgabe 2008 (Aufgabe 1, Teil 1)

Der Flugkapitän Kai Raiman gründete 1990 zusammen mit dem Reiseverkehrskaufmann Jan Gunther die Holiday Air GmbH, die als Komplementärin in die Holiday Air GmbH & Co. KG eintrat. Das Unternehmen konnte durch die spätere Aufnahme weiterer Kommanditisten den Erwerb neuer Flugzeuge finanzieren und entwickelte sich zu einer Linienfluggesellschaft mit eigenen Hotelanlagen.

1.   Erläutern Sie mit je zwei Argumenten, warum sich die Gründer der GmbH & Co. KG gegen eine

• Kommanditgesellschaft, an der nur natürliche Personen beteiligt sind,

• „reine" GmbH

entschieden haben könnten.

Abituraufgabe 2009 (Aufgabe 3, Teil 7, teilweise)

7.2 Die Komplementäre Braun und Müller diskutieren die Weiterführung des Unternehmens als Kapitalgesellschaft. Erläutern Sie drei Gründe, die im Vergleich zur bisherigen KG für die Rechtsform der GmbH sprechen.

7.3 Braun und Müller entscheiden sich für die Rechtsform der GmbH & Co. KG.

Begründen Sie, wie die neue Gesellschaft aufgebaut sein muss, damit auch in Zukunft ausschließlich die beiden bisherigen Komplementäre die Geschäftspolitik ihres Unternehmens allein bestimmen können.

Abituraufgabe 2010 (Aufgabe 1, Teil 3)

Die MUNK Bürsten GmbH ist Weltmarktführer im Bereich der Fertigung von Bürsten für den industriellen Bereich. Einen großen Teil ihres Umsatzes erzielt sie mit Bürsten aus Straußenfedern, die es ermöglichen, Rohkarosserien vor der Lackierung staubfrei und antistatisch zu reinigen.

3. Am 22. Februar 2010 findet die Gesellschafterversammlung der GmbH statt. Anwesend sind alle Gesellschafter:

Gesellschafter:	Nennbeträge der Geschäftsanteile:
Zimmermann	4,0 Mio. EUR
Ladmann	3,0 Mio. EUR
Schneider	2,0 Mio. EUR

Durch Verzicht auf Gewinnausschüttung beträgt das Eigenkapital der GmbH zwischenzeitlich 13,5 Mio. EUR.

3.1 Aus Altersgründen möchte Zimmermann seine Geschäftsführertätigkeit beenden. Da auch Ladmann und Schneider nicht aktiv mitarbeiten wollen, wird einstimmig beschlossen, Frau Leitzinger, bisher Personalchefin eines mittelständischen Maschinenbauers, als Geschäftsführerin einzustellen.

Treffen Sie eine begründete Entscheidung, ob ihr Jahresgehalt von 84.000,00 EUR als kalkulatorischer Unternehmerlohn in die Kostenrechnung aufgenommen werden sollte.

3.2 Nach kurzer Zeit kommt es zu großen Meinungsverschiedenheiten zwischen der neuen Geschäftsführerin und dem Gesellschafter Zimmermann. Auf einer neuen Gesellschafterversammlung, bei der alle Gesellschafter anwesend sind, fordert Zimmermann die sofortige Abberufung von Frau Leitzinger.

Zeigen Sie, unter welchen Bedingungen Zimmermann seine Forderung durchsetzen kann. (Rechnerischer Nachweis über die Stimmenzahlen ist erforderlich)

3.3 Im Laufe der Versammlung stellt sich heraus, dass Schneider seinen Geschäftsanteil verkaufen will. Er rechnet damit, dass der Verkaufspreis über dem Nennbetrag seines Geschäftsanteils liegen wird.

Beurteilen Sie unter Berücksichtigung von Sachverhalt 3, ob diese Erwartung gerechtfertigt ist.

Abituraufgabe 2012 (Aufgabe 2, teilweise)

Die beiden Wirtschaftsingenieure Albert Koch und Conrad Blumer haben ein neues umweltfreundliches Verfahren zur Herstellung von Bootslacken und Unterwasserfarben für Yachten entwickelt. Zusammen mit dem Dipl.-Kaufmann Wolfgang Arnold gründen sie die ALCON GmbH.

Auszug aus dem Gesellschaftsvertrag

§ 1   Firma: ALCON GmbH

§ 2   Sitz der Gesellschaft: Friedrichshafen

§ 3   Gegenstand des Unternehmens ist die Herstellung und der Vertrieb von Bootslacken und Unterwasserfarben.

§ 4   Geschäftsbeginn: 01.02.2011

§ 5   Stammkapital und Geschäftsanteile:
Das Stammkapital der Gesellschaft beträgt 130.000,00 EUR.
Als Geschäftsanteil übernehmen:
Albert Koch   75.000,00 EUR
Wolfgang Arnold   20.000,00 EUR
Conrad Blumer   35.000,00 EUR

§ 6   Die Einlagen sind in Geld zu folgenden Zeitpunkten zu erbringen: Albert Koch und Wolfgang Arnold zum 01.02.2011, Conrad Blumer: 25 % zum 01.02.2011, der Rest zum 30.11.2011

§ 7   Geschäftsführung und Vertretung der Gesellschaft:

Zu Geschäftsführern werden bestellt:
Albert Koch: Marketing und Vertrieb
Conrad Blumer: Beschaffung, Produktion und Entwicklung
Wolfgang Arnold: Personal und Rechnungswesen
Die Geschäftsführer sind einzelvertretungsberechtigt.
Rechtsgeschäfte, deren Wert 30.000,00 EUR übersteigen, bedürfen der Zustimmung sämtlicher Gesellschafter.

1. Erklären Sie die Begriffe
   • Geschäftsanteil und
   • Stammkapital.

2. Erläutern Sie, unter welcher Bedingung der Nennbetrag des Geschäftsanteils und der tatsächliche Wert des Geschäftsanteils voneinander abweichen können.

3. Prüfen Sie, ob zum 8. März 2011 die Anmeldung zum Handelsregister erfolgen kann.

4. Blumer kauft im Namen der ALCON GmbH am 3. Mai 2011 eine Abfüllanlage im Wert von 35.000,00 EUR bei der Weber Abfülltechnik KG, Konstanz. Die Anlage soll am 27. Mai 2011 noch vor ihrer Lieferung bezahlt werden. Arnold verweigert die Zahlung, weil er die Anlage für überteuert hält.

   Prüfen Sie die Rechtslage im Innen- und Außenverhältnis.

5.   Am 2. Februar 2012 findet eine Gesellschafterversammlung statt. Es stehen u. a.
     folgende Tagesordnungspunkte zur Beschlussfassung an:
     • **TOP 3: Neufassung des § 3 der Satzung: Erweiterung des Geschäftszweckes**
       Gegenstand des Unternehmens ist die Herstellung und der Vertrieb von Bootslacken,
       Unterwasserfarben **und der Verkauf von Bootszubehör.**
     • **TOP 5: Beschluss über die Verwendung des Jahresüberschusses**
       Jahresüberschuss 2011: 97.500,00 EUR
       Feststellung des Jahresabschlusses und Verwendung des Ergebnisses; Vorschlag:
       Die Gewinnanteile sind an die Gesellschafter vollständig auszuschütten.

     Bei Zustimmung zu TOP 3 ist zusätzlicher Kapitalbedarf zu erwarten.

5.1 Begründen Sie, ob die Änderung im Gesellschaftsvertrag (TOP 3) vorgenommen
     werden kann, wenn Gesellschafter Blumer dagegen stimmt.

5.2 Beurteilen Sie den Vorschlag, die Gewinnanteile vollständig an die Gesellschafter
     auszuschütten.

8 Rechtsformen III: Die Aktiengesellschaft

8.1 Grundlagen

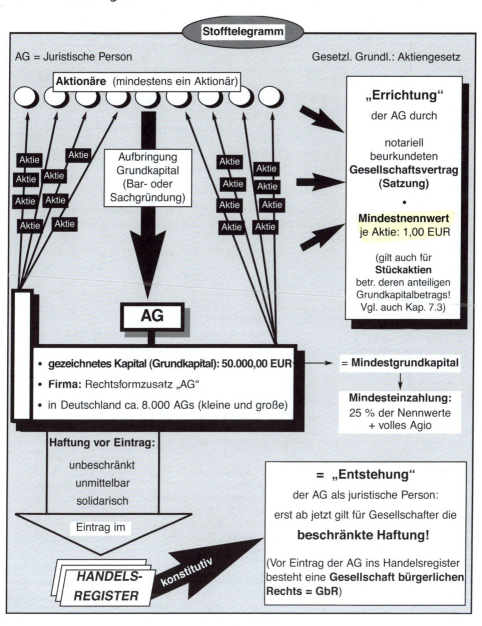

Stofftelegramm

AG = Juristische Person   Gesetzl. Grundl.: Aktiengesetz

Aktionäre (mindestens ein Aktionär)

Aktie · Aktie · Aktie · Aktie
Aktie · Aktie · Aktie · Aktie
Aktie · Aktie · Aktie · Aktie
Aktie · Aktie · Aktie · Aktie

Aufbringung Grundkapital (Bar- oder Sachgründung)

AG

„Errichtung"
der AG durch

notariell beurkundeten **Gesellschaftsvertrag (Satzung)**
•
Mindestnennwert je Aktie: 1,00 EUR

(gilt auch für **Stückaktien** betr. deren anteiligen Grundkapitalbetrags! Vgl. auch Kap. 7.3)

- **gezeichnetes Kapital (Grundkapital): 50.000,00 EUR** → **= Mindestgrundkapital**
- **Firma:** Rechtsformzusatz „AG"
- in Deutschland ca. 8.000 AGs (kleine und große)

Mindesteinzahlung: 25 % der Nennwerte + volles Agio

Haftung vor Eintrag:
unbeschränkt
unmittelbar
solidarisch

Eintrag im

HANDELS-REGISTER   *konstitutiv*

= „Entstehung"
der AG als juristische Person:
erst ab jetzt gilt für Gesellschafter die
beschränkte Haftung!

(Vor Eintrag der AG ins Handelsregister besteht eine **Gesellschaft bürgerlichen Rechts = GbR**)

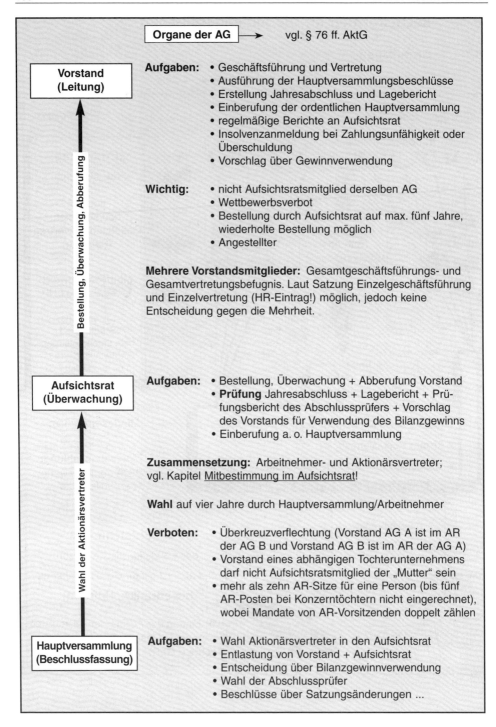

Organe der AG → vgl. § 76 ff. AktG

Vorstand (Leitung)

Bestellung, Überwachung, Abberufung

Aufgaben:
- Geschäftsführung und Vertretung
- Ausführung der Hauptversammlungsbeschlüsse
- Erstellung Jahresabschluss und Lagebericht
- Einberufung der ordentlichen Hauptversammlung
- regelmäßige Berichte an Aufsichtsrat
- Insolvenzanmeldung bei Zahlungsunfähigkeit oder Überschuldung
- Vorschlag über Gewinnverwendung

Wichtig:
- nicht Aufsichtsratsmitglied derselben AG
- Wettbewerbsverbot
- Bestellung durch Aufsichtsrat auf max. fünf Jahre, wiederholte Bestellung möglich
- Angestellter

Mehrere Vorstandsmitglieder: Gesamtgeschäftsführungs- und Gesamtvertretungsbefugnis. Laut Satzung Einzelgeschäftsführung und Einzelvertretung (HR-Eintrag!) möglich, jedoch keine Entscheidung gegen die Mehrheit.

Aufsichtsrat (Überwachung)

Wahl der Aktionärsvertreter

Aufgaben:
- Bestellung, Überwachung + Abberufung Vorstand
- **Prüfung** Jahresabschluss + Lagebericht + Prüfungsbericht des Abschlussprüfers + Vorschlag des Vorstands für Verwendung des Bilanzgewinns
- Einberufung a. o. Hauptversammlung

Zusammensetzung: Arbeitnehmer- und Aktionärsvertreter; vgl. Kapitel Mitbestimmung im Aufsichtsrat!

Wahl auf vier Jahre durch Hauptversammlung/Arbeitnehmer

Verboten:
- Überkreuzverflechtung (Vorstand AG A ist im AR der AG B und Vorstand AG B ist im AR der AG A)
- Vorstand eines abhängigen Tochterunternehmens darf nicht Aufsichtsratsmitglied der „Mutter" sein
- mehr als zehn AR-Sitze für eine Person (bis fünf AR-Posten bei Konzerntöchtern nicht eingerechnet), wobei Mandate von AR-Vorsitzenden doppelt zählen

Hauptversammlung (Beschlussfassung)

Aufgaben:
- Wahl Aktionärsvertreter in den Aufsichtsrat
- Entlastung von Vorstand + Aufsichtsrat
- Entscheidung über Bilanzgewinnverwendung
- Wahl der Abschlussprüfer
- Beschlüsse über Satzungsänderungen ...

Beschlussfassungen:	• grundsätzlich einfache Mehrheit des in der Hauptversammlung anwesenden Aktienkapitals • bei Satzungsänderungen: Mehrheit von 75 % notwendig • **Sperrminorität:** Aktionär verfügt über mehr als 25 % des gezeichneten Kapitals und kann somit entscheidende Beschlüsse der Hauptversammlung verhindern.
Bedeutung der AG:	• über 8.000 AGs in Deutschland • optimale Kapitalbeschaffungsmöglichkeiten über Kapitalerhöhungen (Ausgabe = Emission von Aktien) • typische Rechtsform für Großunternehmen • große Eigentumsstreuung möglich, da man mit wenig Kapital Kleinaktionär werden kann • Aktie ist bei vielen eine beliebte Geldanlage

Prüfungs- und Publizitätspflichten: vgl. § 316 ff. HGB sowie Kapitel „Jahresabschluss"

Aufgaben (Grundwissen)

1. Könnte eine AG mit „Möbel AG" firmieren? Begründung.

2. Erklären Sie die Haftung bei der AG.

3. a) Wann entsteht die AG?   b) Welche Haftungsregelung gilt davor?

4. Nennen Sie jeweils fünf wichtige Aufgaben der Organe der AG.

5. Welche Rechte hat ein Aktionär?

6. Definieren Sie kurz den Begriff „gezeichnetes Kapital".

7. Ein AG-Gläubiger verlangt von einem a) Vorstandsmitglied,   b) Großaktionär Zahlung. Rechtslage?

8. Welche Vorteile hat die AG im Vergleich zur OHG?

9. Ist eine Ausgabe von 1,00-EUR-Aktien zu 0,90 EUR erlaubt?

10. Erklären und beurteilen Sie den Begriff „Depotstimmrecht".

11. Wer entscheidet über Satzungsänderungen mit welcher Mehrheit?

12. Welche Organe der AG sind jeweils zuständig?

a) Wahl der Abschlussprüfer

b) Überwachung Vorstand

c) Einberufung einer a. o. Hauptversammlung

d) Satzungsänderungsbeschluss

e) Erstellung Jahresabschluss

f) Einberufung einer ordentl. Hauptversammlung

g) Bestellung Vorstand

h) Entlastung Vorstand

i) Vertretung der AG

j) Prüfung des Jahresabschlusses

k) Entscheidung über Verwendung des Bilanzgewinns

13. Vergleichen Sie die gesetzlichen Regelungen hinsichtlich Vertretung und Geschäftsführung bei der AG und KG.

14. Warum darf ein Vorstandsmitglied einer AG nicht gleichzeitig Aufsichtsratsmitglied der gleichen AG sein?

15. Erklären und begründen Sie den Begriff „Publizität" bei der AG.

16. Wie hoch ist allgemein die Mindesteinzahlungspflicht bei einer Bargründung einer AG?

17. Die X-AG will ihr gezeichnetes Kapital erhöhen. Kann ein Aktionär, der

a) 28 %,

b) 20 % des Aktienkapitals besitzt, dies verhindern? Begründung.

18. Warum müssen AGs, nicht jedoch OHGs Rücklagen bilden?

19. Kann ein Aufsichtsratsmitglied für die AG Verträge abschließen?

20. Beurteilen Sie, ob folgende Situationen denkbar sind.

a) Otto Frisch ist Aufsichtsratsmitglied bei der Kohle AG. Gleichzeitig sitzt er im Vorstand der Metall AG.

b) Situation wie im Fall a), jedoch ist Fritz Prösel Vorstandsmitglied bei der Kohle AG sowie Aufsichtsratsmitglied bei der Metall AG.

c) Günther Stapf ist in sieben AGs und in vier GmbHs Aufsichtsratsmitglied. Zwischen den Gesellschaften besteht keine Konzernverflechtung.

d) Georg Weiser ist Vorstandsmitglied bei der Elektro AG (Mutter). Gleichzeitig sitzt er im Aufsichtsrat der von der Elektro AG abhängigen Bau AG (Tochter).

e) Hans Moppel ist Aufsichtsratsmitglied bei der Strom AG (Mutter). Gleichzeitig sitzt er im Vorstand der von der Strom AG abhängigen Bau AG (Tochter).

21. Welche Rechtsformen sind für einen Alleinunternehmer möglich?

22. Der Vorstand einer AG kauft eine Spezialmaschine im Wert von 1,2 Mio. EUR. Der Aufsichtsrat ist gegen diesen Kauf. Begründen Sie, ob der Kaufvertrag für die AG bindend ist.

23. Das gezeichnete Kapital einer AG setzt sich aus 6 Mio. Stück nennwertlosen Euro-Aktien zusammen. Ein Aktionär besitzt 1 Mio. Aktien. Kann er in der Hauptversammlung (Präsenz 80 % des Grundkapitals) die Entlastung von Vorstand und Aufsichtsrat verhindern?

Rechnerischer Nachweis!

8.2   Mitbestimmung im Aufsichtsrat (AR)

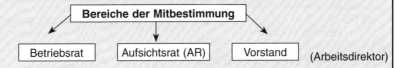

Stofftelegramm

Argumente für Mitbestimmung allgemein:

- Interesse, Motivation d. Arbeitnehmer steigen
- Demokratisierung der Wirtschaft
- Humanisierung des Arbeitslebens
- gegenseit. Abhängigkeit v. Arbeit + Kapital

Argumente gegen Mitbestimmung allg.:

- Erschwerung betriebl. Entscheid.prozesse
- Mitbest. ohne Mitverantwortung bzw. Risiko
- evtl. fehlende Sachkenntnisse der AN
- evtl. Kapitalflucht ins Ausland

Bereiche der Mitbestimmung

Betriebsrat   Aufsichtsrat (AR)   Vorstand   (Arbeitsdirektor)

Gesetze: Betriebsverfassungsgesetz, Drittelbeteiligungsgesetz, Mitbestimmungsgesetz, AktG

Mitbestimmung nach dem Drittelbeteiligungsgesetz (DrittelbG) von 2004

Gesetzliche Grundlage: § 95 ff. AktG; Drittelbeteiligungsgesetz

Gültig für: AG und GmbH mit mehr als 500, aber max. 2.000 Arbeitnehmern (AN)

Zusammensetzung AR: $\frac{2}{3}$ Anteilseignervertreter – $\frac{1}{3}$ Arbeitnehmervertreter

Mindestanzahl der AR-Mitglieder: 3 (laut Satzung mehr möglich, jedoch durch
                                        3 teilbar!), Höchstzahlen vgl. § 95 AktG

Mitbestimmung nach dem Mitbestimmungsgesetz

Gesetzliche Grundlage: Mitbestimmungsgesetz von 1976

Gültig für: AG und GmbH mit mehr als 2.000 Arbeitnehmern

Zusammensetzung AR: $\frac{1}{2}$ Anteilseignervertreter – $\frac{1}{2}$ Arbeitnehmervertreter

Wahl AR-Vorsitzenden durch AR: Wird notwendige $\frac{2}{3}$-Mehrheit für ihn nicht erreicht,
                                      wählen die AR-Mitglieder der Anteilseigner den
                                      Vorsitzenden, die Arbeitn.-vertreter den
                                      Stellvertreter.

Abstimmungen: Der AR-Vorsitzende (i. d. R. Anteilseignervertreter) hat bei
                            Stimmengleichheit (Patt) eine zweite Stimme.

Mindestanzahl der AR-Mitglieder: zwölf (bei 2.000 bis 10.000 Arbeitnehmern); betr.
                                        Zusammensetzung des AR vgl. § 7 MitbestG!

Arbeitsdirektor: gleichberechtigtes Vorstandsmitglied

Aufgaben (Grundwissen)

1. Nennen Sie jeweils drei Argumente für und gegen die Mitbestimmung.

2. In welchen Organen können Arbeitnehmer mitbestimmen?

3. a) Nennen Sie die Gesetze, in denen die Mitbestimmung in den Organen von Kapitalgesellschaften geregelt ist.

   b) In einer Aufsichtsratssitzung einer AG sind **alle** Arbeitnehmervertreter für, **alle** Anteilseignervertreter gegen eine bestimmte Maßnahme. Welche Gruppierung ist letztlich der „Sieger" in den jeweiligen Mitbestimmungsformen? Begründungen.

4. a) Die Wohnbau AG hat 2.400 Arbeitnehmer. Was ist bei der Zusammensetzung des Vorstandes zu beachten?

   b) Welche Aufgaben hat ein Arbeitsdirektor?

5. Unter welche Mitbestimmungsregelung hinsichtlich Mitbestimmung in den Organen der Unternehmung fallen folgende Unternehmen? (AN = Arbeitnehmer)

   a) AG (Holzbranche)   mit   25.000 Arbeitnehmern

   b) AG (Holzbranche)   mit   1.500 Arbeitnehmern

   c) AG (Holzbranche)   mit   2.100 Arbeitnehmern

   d) AG (Kunststoffe)   mit   3.000 Arbeitnehmern

   e) AG (Baubranche)   mit   1.800 Arbeitnehmern

   f) KG (Autoind.)   mit   12.000 Arbeitnehmern

   g) AG (Bergbau)   mit   600 Arbeitnehmern

6. a) Wie werden der AR-Vorsitzende und sein Stellvertreter in einer AG (Chemiewerk) mit 8.000 Arbeitnehmern gewählt?

   b) Wie kommen in diesem Aufsichtsrat bei Patt-Situationen Entscheidungen zustande?

7. Wie setzt sich exakt der Aufsichtsrat einer AG mit a) 12.000, b) 25.000 AN zusammen?

8. Was versteht man unter paritätischer Mitbestimmung?

9. Begründen Sie die Aussage: „Bei einem Patt haben die Anteilseigner das letzte Wort."

10. Wovon ist die **Zahl** der Aufsichtsratsmitglieder einer AG abhängig?

8.3   Die Aktie

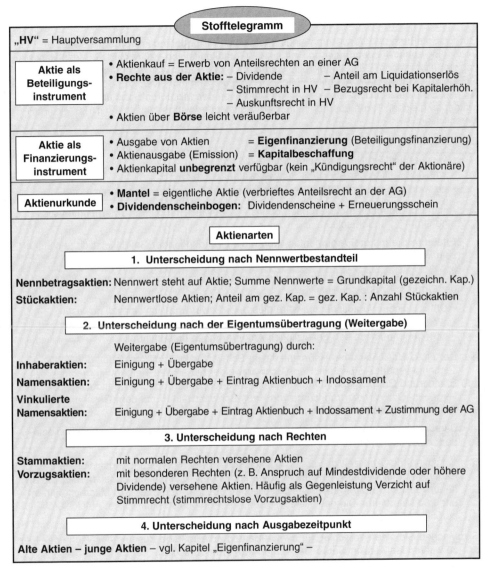

Stofftelegramm

„HV" = Hauptversammlung

Aktie als Beteiligungsinstrument	• Aktienkauf = Erwerb von Anteilsrechten an einer AG
	• **Rechte aus der Aktie:** – Dividende – Anteil am Liquidationserlös
	                              – Stimmrecht in HV – Bezugsrecht bei Kapitalerhöh.
	                              – Auskunftsrecht in HV
	• Aktien über **Börse** leicht veräußerbar

Aktie als Finanzierungsinstrument	• Ausgabe von Aktien = **Eigenfinanzierung** (Beteiligungsfinanzierung) • Aktienausgabe (Emission) = **Kapitalbeschaffung** • Aktienkapital **unbegrenzt** verfügbar (kein „Kündigungsrecht" der Aktionäre)
Aktienurkunde	• **Mantel** = eigentliche Aktie (verbrieftes Anteilsrecht an der AG) • **Dividendenscheinbogen:** Dividendenscheine + Erneuerungsschein

Aktienarten

1. Unterscheidung nach Nennwertbestandteil

Nennbetragsaktien: Nennwert steht auf Aktie; Summe Nennwerte = Grundkapital (gezeichn. Kap.)

Stückaktien: Nennwertlose Aktien; Anteil am gez. Kap. = gez. Kap. : Anzahl Stückaktien

2. Unterscheidung nach der Eigentumsübertragung (Weitergabe)

Weitergabe (Eigentumsübertragung) durch:

Inhaberaktien: Einigung + Übergabe

Namensaktien: Einigung + Übergabe + Eintrag Aktienbuch + Indossament

Vinkulierte Namensaktien: Einigung + Übergabe + Eintrag Aktienbuch + Indossament + Zustimmung der AG

3. Unterscheidung nach Rechten

Stammaktien: mit normalen Rechten versehene Aktien

Vorzugsaktien: mit besonderen Rechten (z. B. Anspruch auf Mindestdividende oder höhere Dividende) versehene Aktien. Häufig als Gegenleistung Verzicht auf Stimmrecht (stimmrechtslose Vorzugsaktien)

4. Unterscheidung nach Ausgabezeitpunkt

Alte Aktien – junge Aktien – vgl. Kapitel „Eigenfinanzierung" –

Aufgaben (Grundwissen)

1. Erklären Sie: „Die Aktie ist ein Beteiligungs- und Finanzierungsinstrument."

2. Unterscheiden und erklären Sie die einzelnen Aktienarten.

3. Gezeichnetes Kapital: 4 Mio. EUR; 800.000 Stückaktien wurden ausgegeben. Wie hoch ist der Anteil einer Aktie am gezeichneten Kapital?

8.4   Abituraufgaben

Abituraufgabe 2004 (Aufgabe 1, teilweise)

Zur Erschließung und Verwertung eines ehemaligen Militärgeländes wurde die Baden-Technologiepark AG gegründet und mit einem Grundkapital von 120 Mio. EUR in das Handelsregister eingetragen. Das Grundkapital wurde auf 6 Mio. Aktien aufgeteilt. Am Grundkapital der AG sind die Baden-Bank AG mit 65 Mio. EUR und der Kommunalverband Schwaba mit 47 Mio. EUR beteiligt. Der Rest der Aktien wurde von den Initiatoren Hans und Jakob Schwarzwälder zu gleichen Teilen übernommen. Der Kapitalbedarf wurde zunächst mit 180 Mio. EUR veranschlagt.

1. Weisen Sie rechnerisch nach,

   - welchen fiktiven Nennwert eine Stückaktie hat;
   - wie viele Aktien der AG Hans Schwarzwälder besitzt;
   - zu welchem Preis die Aktien von den Gründern übernommen werden mussten.

2. Anfänglich überlegten die Gründer, ob sie zur Verwirklichung ihrer Unternehmensziele eine GmbH gründen sollten.

   Erläutern Sie mit drei Argumenten, woran die Gründung einer GmbH letztlich gescheitert sein könnte.

3. Hans und Jakob Schwarzwälder wollten zunächst durchsetzen, dass ihr Familienname in der Firma der AG erscheint.

   - Unter welcher Voraussetzung wäre dies betriebswirtschaftlich sinnvoll gewesen?
   - Weisen Sie anhand zweier Firmengrundsätze des HGB nach, dass die im Sachverhalt angegebene Firma den gesetzlichen Anforderungen entspricht.

4. Der erste Aufsichtsrat hat Hans und Jakob Schwarzwälder zu Vorständen der Baden-Technologiepark AG bestellt. Hans Schwarzwälder hat an das Tiefbauunternehmen Rheingrund GmbH einen Auftrag über die Geländeplanierung für eine Industriehalle vergeben. Der Werkvertrag wurde von Hans Schwarzwälder und dem Geschäftsführer der Rheingrund GmbH unterzeichnet.

   Begründen Sie, unter welchen Voraussetzungen der Vertrag für die Baden-Technologiepark AG bindend ist.

5. Vor Ablauf der Amtszeit des ersten Aufsichtsrats werden die Gründungsaktionäre der Baden-Technologiepark AG vom Vorstand zur Hauptversammlung eingeladen. Es ist ein neuer Aufsichtsrat zu wählen. Die Gesellschaft beschäftigt derzeit 310 Mitarbeiterinnen und 280 Mitarbeiter. Die geschlechtsspezifische Personalstruktur soll im Aufsichtsrat berücksichtigt werden.

5.1 Machen Sie einen Vorschlag für die Größe und anteilmäßige Zusammensetzung des hier zu wählenden Aufsichtsrates. Begründen Sie Ihren Vorschlag.

5.2 Gerhard Zinser, Vorstand der Baden-Bank AG, will sich in den neuen Aufsichtsrat der Baden-Technologiepark AG wählen lassen.

   Erläutern Sie die Absicht, die Zinser mit dieser Wahl verbindet, und prüfen Sie deren rechtliche Zulässigkeit.

6. Die Aktie ist inzwischen zum amtlichen Handel an der Börse zugelassen. Von dem Börsengang versprach sich das Unternehmen positive Auswirkungen.

   Erläutern Sie,   - worin diese Erwartung begründet sein kann,
                       - zwei Nachteile, die mit dem Börsengang verbunden sein können.

Abituraufgabe 2010 (Aufgabe 3, Teil 1 und 2)

Die Heidelberger Maschinenwerke AG (HMW) ist ein bedeutendes, international tätiges Unternehmen, das Spezialmaschinen aller Art herstellt und vermarktet. Im Jahr 2009 beschäftigte die HMW rund 5.800 Mitarbeiter und erwirtschaftete einen Jahresumsatz von 3,2 Mrd. EUR. Das Unternehmen wurde bis zum Jahr 2000 in der Rechtsform der GmbH geführt. Mit wachsender Unternehmensgröße wurde die Gesellschaft im Jahr 2000 in eine Aktiengesellschaft umgewandelt, die inzwischen an der Börse notiert ist.

1. Vergleichen Sie in einer Tabelle die beiden genannten Rechtsformen hinsichtlich Mindestkapital, Vertretung und Haftung.

2. Erläutern Sie anhand von zwei Gesichtspunkten positive Aspekte für die HMW durch den Wechsel der Rechtsform.

Abituraufgabe 2011 (Aufgabe 1, Teil 5, teilweise)

5. Der Green-Tec KG gelingt mit ihrem neuen umweltschonenden Verfahren zur Müllaufbereitung im Jahr 2008 der europaweite Marktdurchbruch. Um die Müllaufbereitungsanlagen entsprechend der zahlreichen Aufträge fertigen zu können, benötigt die KG für zwei zusätzliche Produktionshallen sowie zahlreiche neue Maschinen 13.000.000,00 EUR.

Nach dem Ausscheiden von Klein gründen die beiden ehemaligen Komplementäre Adam und Geiger zum 01.01.2009 die Green-Tec AG. Sie bringen die restlichen Vermögenswerte des bisherigen Unternehmens in die neue Gesellschaft ein. Das zusätzlich benötigte Kapital wird von Kleinaktionären aufgebracht.

5.1 Erörtern Sie drei betriebswirtschaftliche Argumente, die für die Gründung der Green-Tec AG sprechen.

5.2 Adam und Geiger werden vom ersten Aufsichtsrat zu Vorständen bestellt. Adam hat den Bauauftrag der ersten Produktionshalle an die Hilser GmbH vergeben. Der Vertrag wurde von Adam und dem Geschäftsführer der Hilser GmbH unterzeichnet.

Begründen Sie, unter welchen Voraussetzungen der Vertrag für die AG bindend ist.

9 Exkurs: Kooperation und Konzentration

– Hinweis: Kartelle vgl. Kapitel 22 –

9.1 Definitionen und Ziele

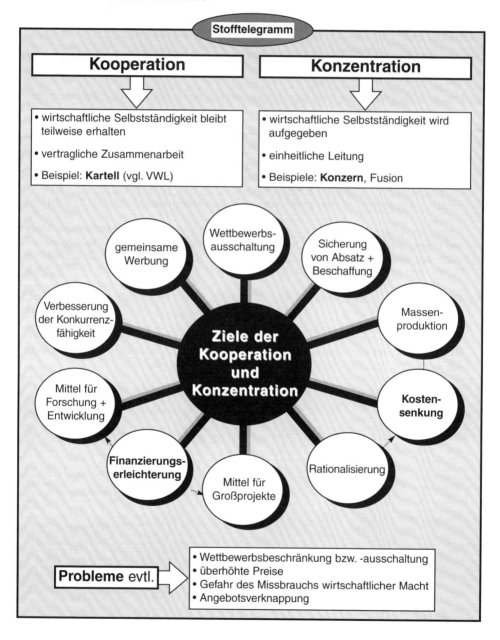

Stofftelegramm

Kooperation

* wirtschaftliche Selbstständigkeit bleibt teilweise erhalten
* vertragliche Zusammenarbeit
* Beispiel: **Kartell** (vgl. VWL)

Konzentration

* wirtschaftliche Selbstständigkeit wird aufgegeben
* einheitliche Leitung
* Beispiele: **Konzern**, Fusion

Ziele der Kooperation und Konzentration

- gemeinsame Werbung
- Wettbewerbs-ausschaltung
- Sicherung von Absatz + Beschaffung
- Verbesserung der Konkurrenz-fähigkeit
- Massen-produktion
- Mittel für Forschung + Entwicklung
- **Kosten-senkung**
- Finanzierungs-erleichterung
- Mittel für Großprojekte
- Rationalisierung

Probleme evtl.

* Wettbewerbsbeschränkung bzw. -ausschaltung
* überhöhte Preise
* Gefahr des Missbrauchs wirtschaftlicher Macht
* Angebotsverknappung

9.2   Formen der Zusammenschlüsse

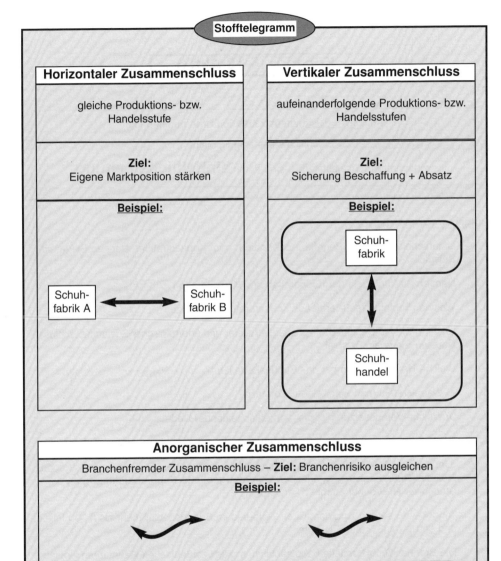

9.3 Konzern

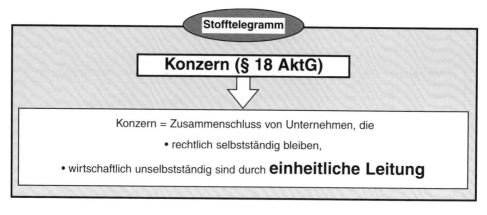

Stofftelegramm

Konzern (§ 18 AktG)

Konzern = Zusammenschluss von Unternehmen, die

• rechtlich selbstständig bleiben,

• wirtschaftlich unselbstständig sind durch **einheitliche Leitung**

Aufgaben (Grundwissen)

1. Unterscheiden Sie die Begriffe „Kooperation" und „Konzentration". Nennen Sie je ein Beispiel.

2. Nennen Sie fünf Ziele der Kooperation und Konzentration.

3. Welche Probleme resultieren aus Konzentrationstendenzen?

4. Erklären Sie die Begriffe „horizontaler, vertikaler und anorganischer Zusammenschluss". Notieren Sie je ein Beispiel.

5. Welche Hauptaufgaben hat das Bundeskartellamt?

6. a) Was versteht man unter einem **Konzern?**

   b) Welche Voraussetzung ist hier von entscheidender Bedeutung?

7. Bericht der Branchenzeitung des Lebensmitteleinzelhandels vor einigen Jahren:

   „Der größte Filialist im deutschen Lebensmitteleinzelhandel, die Tengelmann-Gruppe, Mülheim/Ruhr, beabsichtigt offenbar, eine **maßgebliche Kapitalbeteiligung** an der Stuttgarter H. Bronner GmbH zu erwerben."

   Tengelmann betrieb zum damaligen Zeitpunkt im Bundesgebiet mehr als 2.000 Filialen und setzte ca. 3,5 Mrd. EUR um.

   Die Bronner GmbH erzielte hauptsächlich im südwestdeutschen Raum ihren Umsatz von ca. 200 Mio. EUR in etwa 90 Discount- und Supermärkten.

7.1 Welche Gründe könnten eine derartige Entscheidung der Tengelmann-Gruppe beeinflusst haben?

7.2 Welche Vorteile bringt eine Kapitalbeteiligung für Tengelmann im Vergleich zu ursprünglich geplanten Neugründungen von Filialen im Raum Stuttgart?

7.3   In dem Artikel ist von einer maßgeblichen Kapitalbeteiligung die Rede. Welche Höhe der Kapitalbeteiligung halten Sie aus der Sicht der Tengelmann-Gruppe für sinnvoll? Begründen Sie Ihre Ansicht.

7.4   Beurteilen Sie diesen beabsichtigten Zusammenschluss aus der Sicht des Verbrauchers.

8.   Die Auto-Union AG ist u. a. an der Phönix-Reifenwerke AG mit 70 % beteiligt.

8.1   Wann spricht man bei Unternehmenszusammenschlüssen von einem **Konzern?**

8.2   Wie werden Konzerne im Gegensatz zu Kartellen wettbewerbsrechtlich behandelt?

9.1   Die Oetker-Gruppe machte ihren Milliardenumsatz in folgenden Bereichen: Nahrungsmittel, Chemie, Banken/Versicherungen, Schifffahrt, Bekleidung, Bauunternehmen, Bier/Sekt/Spirituosen.

9.1.1 Wie nennt man diese Verbindungsform und welche Überlegungen können zu ihrer Entstehung geführt haben?

9.1.2 Warum eignen sich gerade Aktiengesellschaften zur Konzernbildung?

9.1.3 Die Oetker-Gruppe ist in einer Holding-Gesellschaft zusammengefasst.

      • Erläutern Sie diese Konzernform.

      • Woran erkennen Sie bei einer vorliegenden Bilanz- und Erfolgsrechnung, dass es sich um einen Holdingabschluss handelt?

9.2   Die Oetker-Gruppe ist an einer Brauerei zu 100 % beteiligt, mit einer anderen Brauerei besteht eine Fusion. Erklären Sie den Unterschied.

9.3   Die Oetker-Gruppe ist an einer anderen Brauerei-AG mit 45 % beteiligt. Wie beurteilen Sie die Einflussmöglichkeiten der Oetker-Leitung auf diese AG?

10   Finanzierung und Investition I: Offene Selbstfinanzierung

10.1   Exkurs: Investition und Finanzierung

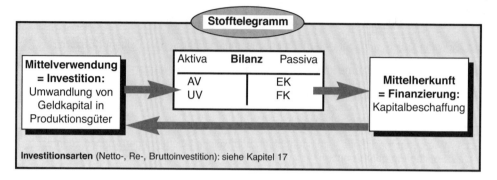

Stofftelegramm

Mittelverwendung = Investition: Umwandlung von Geldkapital in Produktionsgüter

Aktiva	**Bilanz**	Passiva
AV		EK
UV		FK

Mittelherkunft = Finanzierung: Kapitalbeschaffung

Investitionsarten (Netto-, Re-, Bruttoinvestition): siehe Kapitel 17

10.2   Offene Selbstfinanzierung, v. a. Gewinnverwendung bei einer KG

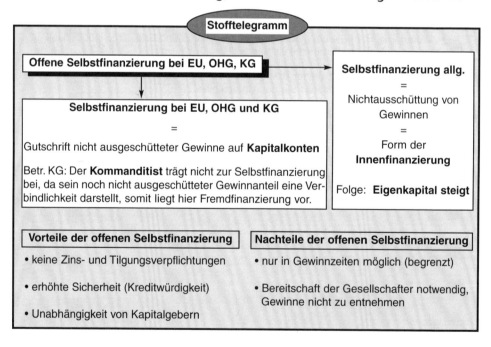

Stofftelegramm

Offene Selbstfinanzierung bei EU, OHG, KG

Selbstfinanzierung bei EU, OHG und KG

=

Gutschrift nicht ausgeschütteter Gewinne auf **Kapitalkonten**

Betr. KG: Der **Kommanditist** trägt nicht zur Selbstfinanzierung bei, da sein noch nicht ausgeschütteter Gewinnanteil eine Verbindlichkeit darstellt, somit liegt hier Fremdfinanzierung vor.

Selbstfinanzierung allg.

=

Nichtausschüttung von Gewinnen

=

Form der **Innenfinanzierung**

Folge: **Eigenkapital steigt**

Vorteile der offenen Selbstfinanzierung

• keine Zins- und Tilgungsverpflichtungen

• erhöhte Sicherheit (Kreditwürdigkeit)

• Unabhängigkeit von Kapitalgebern

Nachteile der offenen Selbstfinanzierung

• nur in Gewinnzeiten möglich (begrenzt)

• Bereitschaft der Gesellschafter notwendig, Gewinne nicht zu entnehmen

Aufgabe zur Gewinnverteilung bei der KG:

Die Komplementäre A, B und der Kommanditist C der AB-KG betreiben eine Diskotheken-kette. Da eine gesellschaftsvertragliche Regelung hinsichtlich der Gewinnverteilung nicht vorliegt, soll der Jahresgewinn von 167.000,00 EUR nach den gesetzlichen Vorschriften verteilt werden.
Ein eventueller Restgewinn soll nach Köpfen auf die drei Gesellschafter aufgeteilt werden.

Anfangskapitalien: A 300.000,00 EUR, B 350.000,00 EUR, C 450.000,00 EUR

a) Wie groß sind die **Gewinnanteile** der Gesellschafter?

b) Ermitteln Sie die **Kapitalanteile** am Jahresende, wenn die Privatentnahmen
   23.000,00 EUR (A) und 41.000,00 EUR (B) betrugen.

c) Ermitteln Sie die Höhe der **Selbstfinanzierung** der KG in diesem Geschäftsjahr.

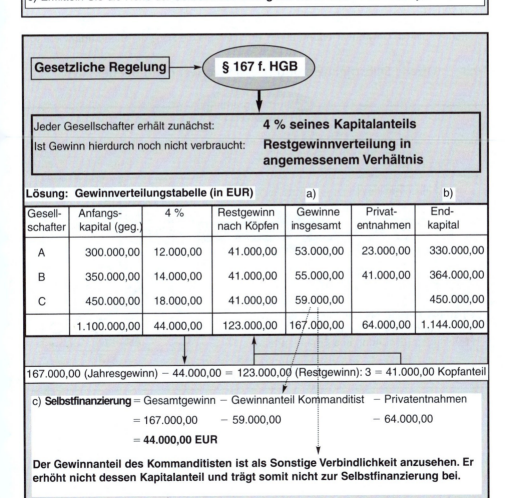

Gesetzliche Regelung ⟶ **§ 167 f. HGB**

Jeder Gesellschafter erhält zunächst: **4 % seines Kapitalanteils**

Ist Gewinn hierdurch noch nicht verbraucht: **Restgewinnverteilung in angemessenem Verhältnis**

Lösung: Gewinnverteilungstabelle (in EUR)   a)   b)

Gesell-schafter	Anfangs-kapital (geg.)	4 %	Restgewinn nach Köpfen	Gewinne insgesamt	Privat-entnahmen	End-kapital
A	300.000,00	12.000,00	41.000,00	53.000,00	23.000,00	330.000,00
B	350.000,00	14.000,00	41.000,00	55.000,00	41.000,00	364.000,00
C	450.000,00	18.000,00	41.000,00	59.000,00		450.000,00
	1.100.000,00	44.000,00	123.000,00	167.000,00	64.000,00	1.144.000,00

167.000,00 (Jahresgewinn) − 44.000,00 = 123.000,00 (Restgewinn): 3 = 41.000,00 Kopfanteil

c) **Selbstfinanzierung** = Gesamtgewinn − Gewinnanteil Kommanditist − Privatentnahmen

       = 167.000,00   − 59.000,00   − 64.000,00

       = **44.000,00 EUR**

Der Gewinnanteil des Kommanditisten ist als Sonstige Verbindlichkeit anzusehen. Er erhöht nicht dessen Kapitalanteil und trägt somit nicht zur Selbstfinanzierung bei.

Aufgaben

1. a) Definieren Sie kurz allgemein den Begriff „offene Selbstfinanzierung".

   b) Welche Kapitalgröße wird durch Selbstfinanzierung erhöht?

   c) Nennen Sie je zwei Vor- und Nachteile der offenen Selbstfinanzierung.

2. Erklären Sie die offene Selbstfinanzierung bei der KG.

3. An einer Kommanditgesellschaft sind die Vollhafter A mit 61.500,00 EUR und B mit 78.400,00 EUR beteiligt, während der Teilhafter C eine Kapitaleinlage von 28.000,00 EUR leistete.

   Vom Jahresgewinn in Höhe von 68.391,00 EUR erhält laut Gesellschaftsvertrag zunächst jeder Gesellschafter 9 % seiner Einlage, der Rest wird im Verhältnis 7 : 8 : 1 an A, B und C verteilt.

   Führen Sie die **Gewinnverteilung** durch. Ermitteln Sie die Höhe der **Selbstfinanzierung**.

10.3   Offene Selbstfinanzierung (Gewinnverwendung bei der AG)

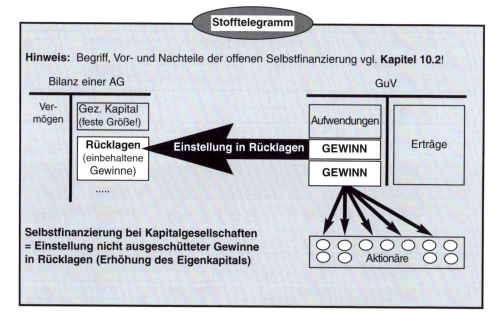

Stofftelegramm

Hinweis: Begriff, Vor- und Nachteile der offenen Selbstfinanzierung vgl. **Kapitel 10.2!**

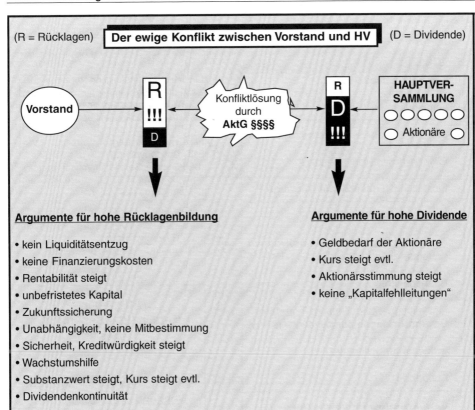

(R = Rücklagen) **Der ewige Konflikt zwischen Vorstand und HV** (D = Dividende)

Vorstand → R !!! D ← Konfliktlösung durch **AktG §§§§** → R D !!! ← **HAUPTVER-SAMMLUNG** ○○○○○ ○ Aktionäre ○

Argumente für hohe Rücklagenbildung

- kein Liquiditätsentzug
- keine Finanzierungskosten
- Rentabilität steigt
- unbefristetes Kapital
- Zukunftssicherung
- Unabhängigkeit, keine Mitbestimmung
- Sicherheit, Kreditwürdigkeit steigt
- Wachstumshilfe
- Substanzwert steigt, Kurs steigt evtl.
- Dividendenkontinuität

Argumente für hohe Dividende

- Geldbedarf der Aktionäre
- Kurs steigt evtl.
- Aktionärsstimmung steigt
- keine „Kapitalfehlleitungen"

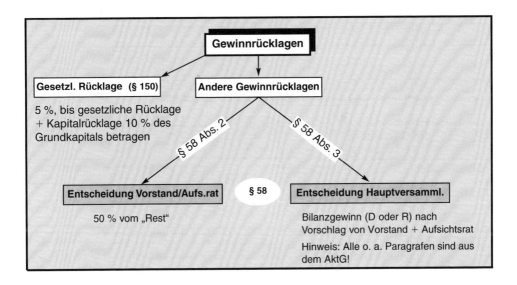

Gewinnrücklagen

Gesetzl. Rücklage (§ 150)

5 %, bis gesetzliche Rücklage + Kapitalrücklage 10 % des Grundkapitals betragen

Andere Gewinnrücklagen

§ 58 Abs. 2

§ 58 Abs. 3

Entscheidung Vorstand/Aufs.rat § 58 **Entscheidung Hauptversamml.**

50 % vom „Rest"

Bilanzgewinn (D oder R) nach Vorschlag von Vorstand + Aufsichtsrat

Hinweis: Alle o. a. Paragrafen sind aus dem AktG!

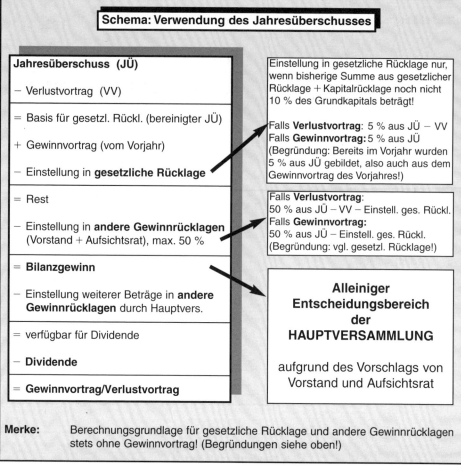

Schema: Verwendung des Jahresüberschusses

Jahresüberschuss (JÜ)

– Verlustvortrag (VV)

= Basis für gesetzl. Rückl. (bereinigter JÜ)

+ Gewinnvortrag (vom Vorjahr)

– Einstellung in **gesetzliche Rücklage**

= Rest

– Einstellung in **andere Gewinnrücklagen** (Vorstand + Aufsichtsrat), max. 50 %

= **Bilanzgewinn**

– Einstellung weiterer Beträge in **andere Gewinnrücklagen** durch Hauptvers.

= verfügbar für Dividende

– **Dividende**

= **Gewinnvortrag/Verlustvortrag**

Einstellung in gesetzliche Rücklage nur, wenn bisherige Summe aus gesetzlicher Rücklage + Kapitalrücklage noch nicht 10 % des Grundkapitals beträgt!

Falls **Verlustvortrag**: 5 % aus JÜ – VV
Falls **Gewinnvortrag**: 5 % aus JÜ
(Begründung: Bereits im Vorjahr wurden 5 % aus JÜ gebildet, also auch aus dem Gewinnvortrag des Vorjahres!)

Falls **Verlustvortrag**:
50 % aus JÜ – VV – Einstell. ges. Rückl.
Falls **Gewinnvortrag**:
50 % aus JÜ – Einstell. ges. Rückl.
(Begründung: vgl. gesetzl. Rücklage!)

Alleiniger Entscheidungsbereich der HAUPTVERSAMMLUNG

aufgrund des Vorschlags von Vorstand und Aufsichtsrat

Merke: Berechnungsgrundlage für gesetzliche Rücklage und andere Gewinnrücklagen stets ohne Gewinnvortrag! (Begründungen siehe oben!)

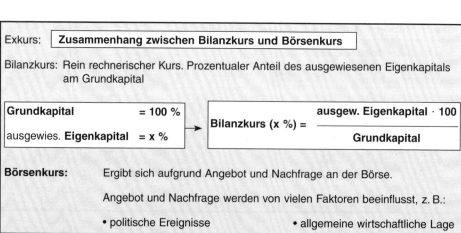

Exkurs: **Zusammenhang zwischen Bilanzkurs und Börsenkurs**

Bilanzkurs: Rein rechnerischer Kurs. Prozentualer Anteil des ausgewiesenen Eigenkapitals am Grundkapital

Grundkapital   = 100 %

ausgewies. **Eigenkapital** = x %

$$\text{Bilanzkurs (x \%)} = \frac{\text{ausgew. Eigenkapital} \cdot 100}{\text{Grundkapital}}$$

Börsenkurs: Ergibt sich aufgrund Angebot und Nachfrage an der Börse.

Angebot und Nachfrage werden von vielen Faktoren beeinflusst, z. B.:

• politische Ereignisse   • allgemeine wirtschaftliche Lage

> - Zukunftsperspektiven der AG
> - Dividendenpolitik der AG
> - Gewinnerwartungen der AG
>
> - allgemeine Zinssituation
> - Investitionspolitik der AG
> - Analystenmeinungen
>
> Steigt bzw. sinkt der Bilanzkurs, entwickelt sich – abgesehen von Nachfrage- und Angebotsverschiebungen – der Börsenkurs analog, weil die Aktie durch den erhöhten Eigenkapitalanteil an Wert gewinnt.

Aufgaben

1. Wie funktioniert die Selbstfinanzierung bei Kapitalgesellschaften (Kurzdefinition)?

2. a) Erklären Sie den Konflikt im Zusammenhang mit der Gewinnverwendung bei der AG.

   b) Nennen Sie je fünf Argumente der beiden Konfliktparteien.

3. Folgende Zahlen einer neu gegründeten AG liegen vor:

Vermögen laut Gründungsbilanz zum 1. Januar:	1 Mio. EUR
gezeichnetes Kapital laut Gründungsbilanz zum 1. Januar:	1 Mio. EUR
Aufwendungen des ersten Geschäftsjahres:	200.000,00 EUR
Erträge des ersten Geschäftsjahres:	500.000,00 EUR

   Vorstand und Aufsichtsrat stellen 50 % in die anderen Gewinnrücklagen ein.

   Die Hauptversammlung stellt keine weiteren Beträge in andere Gewinnrücklagen ein.

   Dividende: volle Euro je Aktie (nomineller Anteil je Aktie am Grundkapital: 50,00 EUR).

   Erstellen Sie   a) das Gewinnverwendungsschema,

   b) die Bilanz zum 31. Dezember mit Ausweis des Bilanzgewinnes.

4.

(Beträge in EUR)	Fall 1	Fall 2	Fall 3
Gezeichnetes Kapital	10 Mio.	10 Mio.	25 Mio.
Gesetzl. Rücklage bisher (Kapital-rücklage = 0,00 EUR)	800.000	800.000	2,45 Mio.
Andere Gewinnrücklagen bisher	4 Mio.	4,8 Mio.	18 Mio.
Verlustvortrag	100.000	0	0
Gewinnvortrag	0	50.000	210.000
Jahresüberschuss	700.000	700.000	8,3 Mio.
Hauptversammlungsbeschluss über Verwendung Bilanzgewinn	10 % in and. GewRückl.	10 % in and. GewRückl.	Dividende: volle %
Aktienzahl	200.000 Stück	200.000 Stück	

Dividende: Fälle 1 und 2 volle Euro je Aktie.

Vorstand und Aufsichtsrat schöpfen ihr Recht zur Rücklagenbildung voll aus.

Erstellen Sie die Gewinnverwendungsschemata.

5. Eine AG erstellte folgende vereinfachte **vorläufige** Bilanz:

A	vorläufige Bilanz zum 31. Dezember .. in EUR		P
Anlagevermögen	3.000.000,00	Gezeichnetes Kapital	2.000.000,00
Umlaufvermögen	1.340.000,00	Gesetzliche Rücklage	140.000,00
Verlustvortrag	60.000,00	Andere Gewinnrücklagen	800.000,00
		Fremdkapital	1.000.000,00
		Jahresüberschuss	460.000,00
	4.400.000,00		4.400.000,00

Der Jahresabschluss wird durch Vorstand und Aufsichtsrat festgestellt.

a) Welchen Betrag aus dem Jahresüberschuss **muss** der Vorstand der Hauptversammlung mindestens zur Ausschüttung anbieten, und welchen Betrag **kann** er der Hauptversammlung maximal anbieten?

Begründen Sie Ihren Lösungsweg.

b) Wie hoch wäre der Dividendensatz bei minimalem und maximalem Bilanzgewinn, wenn die Aktionäre die jeweils höchstmögliche Dividende (ganzer %-Satz) erhalten sollen?

c) Welcher Bilanzkurs ergäbe sich jeweils nach erfolgter minimaler und maximaler Ausschüttung?

d) Warum unterscheiden sich i. d. R. Bilanz- und Börsenkurs?

6. Vergleichen Sie die AG mit der KG hinsichtlich der Möglichkeiten der Selbstfinanzierung. Begründung.

7. **Sachverhalt**

Die vorläufige und stark vereinfachte Bilanz der DATEX AG weist zum 31. Dezember folgende Werte aus:

Aktiva	vorläufige Bilanz zum 31. Dezember .. in TEUR		Passiva
Anlagevermögen	19.300	Gezeichnetes Kapital	7.000
Umlaufvermögen	7.320	Gesetzliche Rücklage	600
		Andere Gewinnrücklagen	2.800
		Gewinnvortrag	20
		Jahresüberschuss	1.200
		Darlehen	9.000
		Rückstellungen	1.000
		Verbindlichkeiten	5.000
	26.620		26.620

Das gezeichnete Kapital setzt sich aus 140.000 Aktien zusammen.

7.1 Ermitteln Sie unter diesen Bedingungen den Bilanzgewinn.

7.2 Wie hoch wäre das in der Bilanz ausgewiesene Eigenkapital, wenn die Hauptversammlung dem Vorschlag des Vorstands und Aufsichtsrats folgen würde, die höchstmögliche, auf volle 0,50 EUR lautende Dividende aus dem Bilanzgewinn auszuschütten?

7.3 In welchen Fällen erfolgt die Feststellung des Jahresabschlusses durch die Hauptversammlung?

8. **Kurzinformation** über eine neu gegründete AG:

- Planung größerer Investitionen in naher Zukunft

- augenblicklich gute Liquiditätslage

- gute Zukunftsaussichten

- hoher Jahresüberschuss im ersten Jahr

- breit gestreutes Aktienkapital

Annahme: Der Vorstand kann laut Satzung maximal 75 % des Jahresüberschusses in die Rücklagen einstellen. Zur Entscheidungsfindung verwendet er folgende, bei Bedarf noch um weitere Kriterien ergänzbare

Entscheidungstabelle: (P. = Punkte; gew. P. = gewichtete Punkte)

Entscheidungskriterien	Gewichtung %	Keine Rücklagenbildung		50 % in Rücklagen		75 % in Rücklagen	
		P.	gew. P.	P.	gew. P.	P.	gew. P.
Wachstumsförderung							
Liquidität							
Rentabilität							
Aktionärsstimmung							
Kreditwürdigkeit							
Unabhängigkeit							
Summe	100	–		–		–	

Wie wird das Kriterium erfüllt? 0 P. = sehr schlecht; 5 P. = sehr gut

Entscheidung:

Entscheidungsbegründung:

10.4   Abituraufgaben

Abituraufgabe 2008 (Aufgabe 1, Teil 3)

3.   Im Jahr 2006 stehen große Investitionen an: Geplant sind der Ankauf einer Billig-Flug-
      gesellschaft und der Erwerb moderner, energiesparender Flugzeuge. Deshalb soll die
      GmbH & Co. KG in die Holiday Air AG umgewandelt werden.
      Beim Börsengang werden 510 Mio. EUR durch die Ausgabe von Stückaktien (zum Mindest-
      anteil) zum Kurs von 12,00 EUR je Aktie eingenommen. Die bisherigen Gesellschafter
      erhalten zusätzlich 15 Mio. Stückaktien für die Einbringung ihrer Gesellschaft; diese Aktien
      werden ihnen zum Wert von 10,00 EUR/Stück gutgeschrieben.

3.1   Ermitteln Sie den Betrag der einzelnen Eigenkapitalpositionen und die Höhe des gesam-
      ten Eigenkapitals nach diesem Börsengang.

3.2   Begründen Sie rechnerisch und mithilfe des Gesetzes, warum die bisherigen Gesell-
      schafter der GmbH & Co. KG darauf bestanden hatten, mindestens 15 Mio. Stückaktien
      für sich zu behalten.

3.3   Im Jahr 2007 erzielt die Holiday Air AG einen Jahresüberschuss in Höhe von 25,3 Mio. EUR,
      der nach den Vorstellungen des Vorstands so weit wie möglich zur offenen Selbstfinan-
      zierung verwendet werden soll. In der Hauptversammlung beschließen die Aktionäre
      jedoch einen Dividendensatz von 10 %. Der Restbetrag wird in die anderen Gewinnrück-
      lagen eingestellt.

3.3.1 Erläutern Sie drei Vorteile, die sich für das Unternehmen aus der offenen Selbstfinanzie-
       rung ergeben.

3.3.2 Stellen Sie die vollständige Gewinnverwendung dar und zeigen Sie, wie sich diese vor
       der Ausschüttung der Dividende auf die betroffenen Positionen der Bilanz auswirkt.

Abituraufgabe 2010 (Aufgabe 2, Teil 2)

Ernst Zeisel ist Fahrradmonteur und hat sich vor fünf Jahren selbstständig gemacht. Er rüstet
Fahrräder auf, indem er Elektromotoren als Hilfsmotoren einbaut. Zeisel führt sein Unternehmen bisher als Einzelunternehmung. Er gründet mit dem Buchhalter Roland Berger eine OHG,
an der sich Berger mit der Einlage eines Grundstücks im Wert von 50.000,00 EUR beteiligt.

4.   Nachdem die Nachfrage nach Fahrrädern mit Hilfsmotor immer weiter ansteigt, gründen
      die beiden Gesellschafter der OHG zum 1. Januar 2009 durch Aufnahme des Komman-
      ditisten Lukas Keller eine KG (siehe **Anlagen**).

4.1   Die KG hat im ersten Geschäftsjahr einen Jahresüberschuss von 329.800,00 EUR
      erwirtschaftet. Gemäß Gesellschaftsvertrag (vgl. **Anlagen**) stehen den Gesellschaftern
      folgende
      Gesamtgewinnansprüche zu:

Komplementär Berger	146.000,00 EUR
Komplementär Zeisel	142.800,00 EUR
Kommanditist Keller	41.000,00 EUR

      Privatentnahmen zusätzlich zu der monatlich ausgezahlten Tätigkeitsvergütung (vgl.
      Gesellschaftsvertrag) der Komplementäre in 2009:

Berger	36.000,00 EUR
Zeisel	24.000,00 EUR

Ermitteln und begründen Sie, in welcher Höhe die einzelnen Gesellschafter zur offenen Selbstfinanzierung der KG beitragen könnten.

4.2 Begründen Sie, weshalb das HGB für Komplementäre ein Recht auf Privatentnahmen vorsieht, diese aber betragsmäßig begrenzt sind.

4.3 Der noch nicht entnommene Gewinn steht der KG in liquider Form zur Verfügung.

Erläutern Sie, in welcher Höhe sich die entsprechenden Bilanzpositionen in der Schlussbilanz 2009 durch die Gewinnverteilung verändern, wenn die Komplementäre in vollem Umfang zur offenen Selbstfinanzierung beitragen und der Gewinnanteil des Kommanditisten im Februar 2010 ausgezahlt wird (siehe **Anlagen**).

Anlagen

Aktiva	Vereinfachte Bilanz der KG zum 01.01.2009 (in EUR)		Passiva
bebaute Grundstücke	380.000,00	Kapitalanteil Berger	200.000,00
Geschäftsausstattung	90.000,00	Kapitalanteil Zeisel	120.000,00
Fuhrpark	60.000,00	Kapitalanteil Keller	50.000,00
Vorräte	120.000,00	langfristiges Bankdarlehen	280.000,00
Forderungen a. LL.	70.000,00	Verbindlichkeiten a. LL.	110.000,00
liquide Mittel	70.000,00	sonstige Verbindlichkeiten	30.000,00
	790.000,00		790.000,00

Auszug aus dem Gesellschaftsvertrag

§ 5 Gewinnverteilung

a) Die Verzinsung der Kapitalanteile richtet sich nach den gesetzlichen Vorschriften.

b) Der Restgewinn wird in folgendem Verhältnis verteilt: Die Komplementäre erhalten je zwei Teile, der Kommanditist einen Teil.

c) Die geschäftsführenden Komplementäre erhalten vorab eine monatliche Tätigkeitsvergütung von je 5.000,00 EUR.

§ 6 Entnahmen

Die Komplementäre können jährlich bis zu 20 % ihres zu Jahresbeginn festgestellten Kapitalanteils entnehmen.

Abituraufgabe 2010 (Aufgabe 3, Teil 3)

Die Heidelberger Maschinenwerke AG (HMW) ist ein bedeutendes, international tätiges Unternehmen, das Spezialmaschinen aller Art herstellt und vermarktet. Im Jahr 2009 beschäftigte die HMW rund 5.800 Mitarbeiter und erwirtschaftete einen Jahresumsatz von 3,2 Mrd. EUR. Das Unternehmen wurde bis zum Jahr 2000 in der Rechtsform der GmbH geführt. Mit wachsender Unternehmensgröße wurde die Gesellschaft im Jahr 2000 in eine Aktiengesellschaft umgewandelt, die inzwischen an der Börse notiert ist.

3. Am 13. April 2010 findet die ordentliche Hauptversammlung der Aktiengesellschaft statt.

3.2 TOP 2 sieht die Beschlussfassung über die Verwendung des Bilanzgewinns vor. Obwohl das abgelaufene Geschäftsjahr für die HMW sehr erfolgreich war, schlägt der Vorstand der Hauptversammlung vor, weiterhin eine Stückdividende von nur 1,00 EUR auszuschütten. Einige Aktionäre drücken ihre Unzufriedenheit aus.

Nennen Sie drei Argumente, mit denen der Vorstand den Einwänden der Aktionäre begegnen könnte, und erläutern Sie diese.

3.3 Die Bilanz der HMW für das Geschäftsjahr 2009 weist vor Gewinnverwendung folgende Eigenkapitalpositionen aus:

gezeichnetes Kapital	270.000.000,00 EUR	(96 Mio. Stückaktien)
Kapitalrücklage	98.000.000,00 EUR	
gesetzliche Rücklage	22.000.000,00 EUR	
andere Gewinnrücklagen	660.000.000,00 EUR	
Jahresüberschuss	242.000.000,00 EUR	

Die Hauptversammlung stimmt dem Vorschlag des Vorstandes bezüglich der Verwendung des Bilanzgewinns zu und beschließt eine Stückdividende von 1,00 EUR.

Stellen Sie die Eigenkapitalpositionen nach vollständiger Gewinnverwendung dar, wenn der Vorstand seine Möglichkeit zur offenen Selbstfinanzierung voll ausgeschöpft hat.

3.4 Ermitteln Sie, welche Stückdividende für das Geschäftsjahr 2009 maximal möglich gewesen wäre, wenn der Vorstand einer Rücklagenauflösung zugestimmt hätte.

3.5 In diesem Geschäftsjahr verlassen alle Aufsichtsratsmitglieder das Kontrollgremium.

Begründen Sie für den vorliegenden Fall, inwieweit die Hauptversammlung Einfluss auf die zahlenmäßige Zusammensetzung des Aufsichtsrates nehmen kann, wenn in der Satzung diesbezüglich keine Angaben enthalten sind.

Abituraufgabe 2011 (Aufgabe 1, teilweise)

Dipl.-Kfm. Paul Adam und Dipl.-Ing. Peter Geiger wollen zur Erprobung eines umweltschonenden Verfahrens der Müllaufbereitung ein gemeinsames Unternehmen gründen. Das erforderliche Kapital beträgt 2.000.000,00 EUR, das von Adam und Geiger allein nicht vollständig aufgebracht werden kann.

Adam und Geiger entscheiden sich für die Gründung einer KG. Der Gesellschaftsvertrag wird am 10.01.2007 geschlossen, die Handelsregistereintragung der Green-Tec KG erfolgt am 01.02.2007. Adam übernimmt einen Kapitalanteil von 600.000,00 EUR, Geiger von 500.000,00 EUR. Die beiden Komplementäre werden in der KG mitarbeiten. Markus Klein beteiligt sich als Kommanditist mit 300.000,00 EUR, wovon er 200.000,00 EUR sofort einzahlt. Der Rest ist zum 01.07.2007 fällig. Die jeweiligen Kapitaleinlagen werden am Tag der Handelsregistereintragung erbracht. Bezüglich Geschäftsführung und Vertretung gelten die gesetzlichen Regelungen. Der restliche Kapitalbedarf wird fremdfinanziert.

3. Am Ende des Geschäftsjahres 2007 hat die KG einen Gewinn in Höhe von 178.000,00 EUR erwirtschaftet. Das Geschäftsjahr entspricht dem Kalenderjahr.

Markus Klein hat am 05.03.2007 von der KG die Ausgleichszahlung für die Begleichung der Lieferantenforderung erhalten. Zum 01.07.2007 hat er seine restliche Einlage geleistet. Zur Gewinn- und Verlustverteilung enthält der Gesellschaftsvertrag folgende Regelung:

1. Die Vollhafter erhalten vorab eine Tätigkeitsvergütung von monatlich 4.000,00 EUR.
2. Das eingebrachte Gesellschaftskapital wird ab dem Zeitpunkt der Einlage ebenso wie die ausstehende Einlagen mit 3 % verzinst.
3. Ein Restgewinn wird im Verhältnis 4 : 4 : 1 verteilt.
4. Ein Verlust wird auf die Gesellschafter im Verhältnis 4 : 4 : 1 verteilt.

Die Privatentnahmen erfolgten am 31.12.2007. Die Verteilung des Gewinns des Geschäftsjahres 2007 ist aus der nachfolgenden Tabelle ersichtlich:

Gesellschaf-ter	Anfangskapital	Tätigkeitsver-gütung	Zinsen	Restgewinn	Gesamtge-winn	Privatentnah-men
Adam	600.000,00	44.000,00	16.500,00	24.000,00	84.500,00	36.000,00
Geiger	500.000,00	44.000,00	13.750,00	24.000,00	81.750,00	30.000,00
Klein	300.000,00		5.750,00	6.000,00	11.750,00	
	−100.000,00					
Summen		88.000,00	36.000,00	54.000,00	178.000,00	66.000,00

3.1   Weisen Sie rechnerisch nach, wie sich die Zinsen für Markus Klein ergeben.

3.2   Berechnen Sie die Höhe der offenen Selbstfinanzierung der KG für das Geschäftsjahr 2007, sofern nur die Privatentnahmen und der Gewinnanteil des Kommanditisten ausgezahlt wurden.

4.   Markus Klein ist mit der Gewinnverteilung 2007 in der Green-Tec KG unzufrieden. Er möchte daher zum nächstmöglichen Termin aus der KG ausscheiden und sein Kapital vollständig in die Recycling GmbH investieren.

- Erläutern Sie mit zwei Argumenten, weshalb Markus Klein mit der Gewinnverteilung unzufrieden sein könnte.

- Begründen Sie, zu welchem Zeitpunkt Markus Klein aus der KG ausscheiden kann.

5.3   Die Green-Tec AG weist in ihrem Jahresabschluss zum 31.12.2010 auszugsweise folgende Zahlen aus:

Grundkapital	15.000.000,00 EUR
Kapitalrücklage	800.000,00 EUR
gesetzliche Rücklage	150.000,00 EUR
andere Gewinnrücklagen	227.000,00 EUR
Gewinnvortrag	130.000,00 EUR
Jahresüberschuss	3.000.000,00 EUR
Nennwert der Aktie	5,00 EUR

Vorstand und Aufsichtsrat stellen den Jahresabschluss fest. Im Hinblick auf anstehende Investitionen nutzt der Vorstand seine gesetzlichen Möglichkeiten zur offenen Selbstfinanzierung in vollem Umfang aus.

5.3.1 Die Hauptversammlung beschließt die vollständige Ausschüttung des Bilanzgewinns.

Berechnen Sie die maximale Stückdividende und die gesamte Dividendenzahlung.

5.3.2 • Stellen Sie die Eigenkapitalpositionen nach vollständiger Gewinnverwendung und Dividendenausschüttung dar.

- Berechnen Sie die Höhe der offenen Selbstfinanzierung aus dem Jahresüberschuss 2010.

11   Finanzierung und Investition II: Finanzierung aus Abschreibungsgegenwerten

11.1   Stofftelegramme und Aufgaben

> ### Stofftelegramm
>
> • Höhe der jährlichen Abschreibung abhängig von: – geschätzter Nutzungsdauer
>
>   – Abschreibungsverfahren
>
> • Es sind zu unterscheiden: – bilanzielle Abschreibungen (GuV)
>
>   – kalkulatorische Abschreibungen (Preiskalkulation)
>
> ---
>
> ### Der **Finanzierungseffekt (= Kapitalfreisetzungseffekt) aus Abschreibungen**
>
> Die über die Umsatzerlöse in das Unternehmen geflossenen Abschreibungen dienen der Ersatzbeschaffung (Reinvestition). Diese laufend erwirtschafteten Beträge dürfen nicht an die Anteilseigner ausgeschüttet werden (Substanzerhaltung!).
>
> Da die freigesetzten Beträge jedoch erst zum Zeitpunkt der Ersatzbeschaffung benötigt werden, können diese Mittel zwischenzeitlich anderweitig verwendet werden, z. B. zur Schuldentilgung oder zur Finanzierung von Warenvorräten bzw. neuen Anlagegütern.
>
> ---
>
> ### **Voraussetzungen** für einen Finanzierungseffekt
>
> • Kalkulatorische Abschreibungen werden in die **Absatzpreise** einkalkuliert.
>
> • Marktpreise einschließlich der kalkulatorischen Abschreibungen werden voll vom Markt **vergütet.**
>
> • Das Unternehmen muss die in den Umsatzerlösen enthaltenen Abschreibungsgegenwerte in **liquider** Form – also in Einzahlungen – vereinnahmen.
>
> • Bilanzielle Abschreibungen sollten in gleicher Höhe den **Gewinn reduzieren,** um die eingeflossenen Beträge den Ansprüchen von Anteilseignern (Gewinnausschüttungen) und dem Staat (Steuern) zu entziehen.
>
> ---
>
> ### **Bedeutung** für die Unternehmen
>
> Finanzierung aus Abschreibungsgegenwerten = **vorherrschende Finanzierungsform für Investitionen** der Unternehmen (einleuchtend, da die Ersatzinvestitionen i. d. R. den größten Teil der Investitionen ausmachen).

Funktionsweise:

Kalkulation der Abschreibungen in die
Selbstkosten

↓

Erhöhung der Verkaufspreise

↓

Abschreibungsrückfluss über die Umsatzerlöse

↓

Verwendung Abschreibungsrückflüsse für Ersatz-
beschaffungen (Re- oder Nettoinvestitionen)

Umfinanzierung, weil Anlagevermögen zu Umlaufvermögen wird:

AV sinkt (Abschreibungen!),

UV (Forderungen, liquide Mittel) **steigt** durch Abschreibungsrückflüsse

Annahme: **kalk. Abschr. < bilanzielle Abschr.**

Folgen:
1. Umfinanzierung in Höhe der kalk. Abschr.
2. Differenzbetrag = **stille Selbstfinanzierung**

Probleme:
- unsichere zukünftige Absatzlage

- Investitionen ausschließlich auf der Basis der Abschreibungsrückflüsse bedeuten Unstetigkeit im betrieblichen Wachstum (unflexibel bei plötzlichem Investitionsbedarf).

- Werden bei Preissteigerungen die kalkulatorischen Abschreibungen auf Basis der Anschaffungskosten (Geschäftsbuchführung!) angesetzt, ist Wiederbeschaffung aus Abschreibungsrückflüssen allein nicht möglich (gestiegene Wiederbeschaffungskosten). Die Restfinanzierung muss durch Gewinnverwendung erfolgen. Diese Gewinnanteile sind **Scheingewinne** (= Substanzverlust).

Daher: Kalkulatorische Abschreibungen auf Basis der Wiederbeschaffungskosten!

– Siehe Skizze nächste Seite –

Aufgaben

1. Erklären Sie kurz die Finanzierung aus Abschreibungsgegenwerten.

2. Erklären Sie kurz den Begriff „Kapitalfreisetzung".

3. Nennen Sie drei **Voraussetzungen** für die Wirksamkeit des Finanzierungseffekts bei der Finanzierung aus Abschreibungsgegenwerten.

4. Begründen Sie: „Die Finanzierung aus Abschreibungen ist stets eine **Umfinanzierung**."

5. Begründen Sie: „Die Finanzierung aus Abschreibungen kann evtl. z. T. eine **stille Selbstfinanzierung** darstellen." (Betr. stille Selbstfinanzierung vgl. separates Kapitel!)

6. Notieren Sie je zwei **Vorteile** und **Probleme** der Finanzierung aus Abschreibungen.

7. Wie können **Scheingewinne** im Zusammenhang mit der Finanzierung aus Abschreibungen entstehen?

8. Welche **Bedeutung** hat die Finanzierung aus Abschreibungsgegenwerten für die Unternehmen?

Finanzierung aus Abschreibungen: der Kreislauf

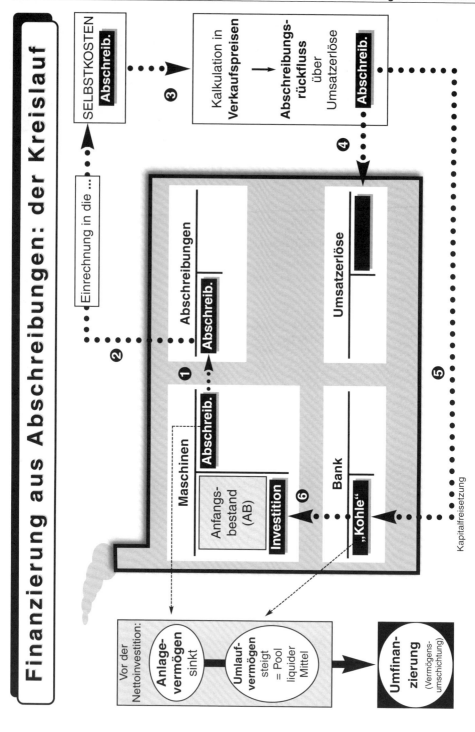

SELBSTKOSTEN
Abschreib.

❸

Kalkulation in **Verkaufspreisen**

Abschreibungs-rückfluss über Umsatzerlöse → **Abschreib.**

Einrechnung in die ....

❹

❷

Abschreibungen

Abschreib.

Umsatzerlöse

❶

Maschinen

Abschreib.

Anfangs-bestand (AB)

Investition

❻

Bank

„**Kohle**"

❺

Kapitalfreisetzung

Vor der Nettoinvestition:

Anlage-vermögen sinkt

Umlauf-vermögen steigt = Pool liquider Mittel

Umfinan-zierung (Vermögens-umschichtung)

12 Finanzierung und Investition III:
Exkurs: Stille (verdeckte) Selbstfinanzierung

12.1 Stofftelegramme und Aufgaben

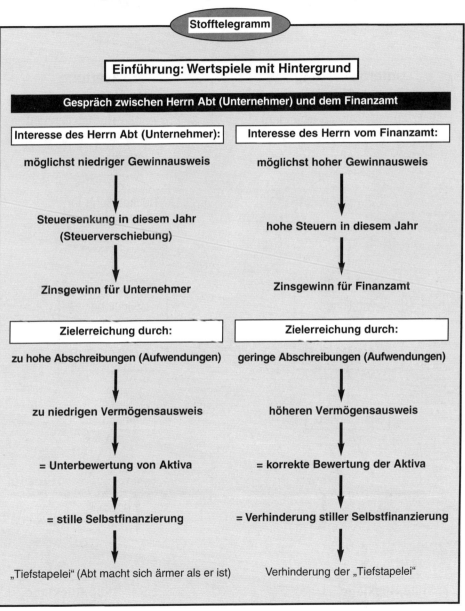

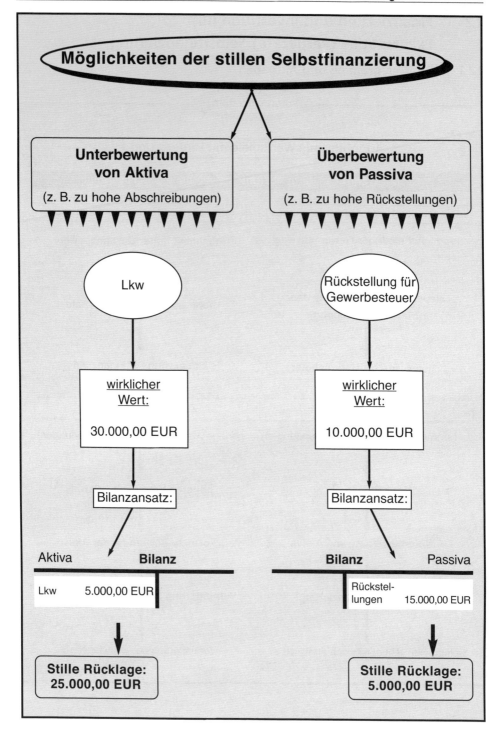

Möglichkeiten der stillen Selbstfinanzierung

Unterbewertung von Aktiva

(z. B. zu hohe Abschreibungen)

Überbewertung von Passiva

(z. B. zu hohe Rückstellungen)

Lkw

Rückstellung für Gewerbesteuer

wirklicher Wert:

30.000,00 EUR

wirklicher Wert:

10.000,00 EUR

Bilanzansatz:

Bilanzansatz:

Aktiva	**Bilanz**	**Bilanz**	Passiva
Lkw	5.000,00 EUR	Rückstellungen	15.000,00 EUR

Stille Rücklage: 25.000,00 EUR

Stille Rücklage: 5.000,00 EUR

Stille Selbstfinanzierung = erzielte, jedoch in der Bilanz nicht ersichtliche Gewinne

= Bildung stiller Rücklagen (stiller Reserven)

Möglichkeiten: a) Unterbewertung Aktiva (z. B. zu hohe Abschreibungen)

b) Überbewertung Passiva (z. B. zu hohe Rückstellungen)

Vorteile: • Vorteile der offenen Selbstfinanzierung vgl. separates Kapitel!

• kein Hauptversammlungsbeschluss nötig (Gewinneinbehaltung geschieht „still")

• verbergen von hohem Gewinn z. B. gegenüber der Konkurrenz möglich

• Bildung von zusätzlichem Eigenkapital

• Steuerverschiebung (im Gegensatz zur offenen Selbstfinanzierung werden die nicht ausgewiesenen Gewinne im Jahr der Bildung der stillen Rücklagen nicht versteuert; Versteuerung erst bei Auflösung der stillen Rücklagen in späteren Jahren) = Zinsgewinn

Nachteile: • Verlust der Aussagekraft der Bilanz

• Verlustvertuschung durch Auflösung stiller Rücklagen

• evtl. Fehldispositionen, sofern stille Rücklagen nicht „im Auge behalten werden"

Eigenkapital einer AG = Gez. Kapital + offene Rücklagen + Gewinnvortrag + stille Rücklagen

Bilanzkurs: Das angesetzte Eigenkapital entspricht dem in der Bilanz ausgewiesenen Eigenkapital (gezeichnetes Kapital + offene Rücklagen + Gewinnvortrag).

Ist der **Börsenkurs** höher, könnte die Differenz auf stille Rücklagen zurückzuführen sein. Jedoch spielen Nachfrage und Angebot eine größere Rolle, sodass eine Differenzrechnung sehr fraglich ist.

Aufgaben

1. Wie können stille Reserven (Rücklagen) entstehen?
   Erläutern Sie die Vorgänge an drei Beispielen, aus denen ersichtlich wird, dass der Gesetzgeber die Bildung stiller Reserven erlaubt und sogar erzwingt.

2. Nennen Sie je drei Vor- und Nachteile der stillen im Vergleich zur offenen Selbstfinanzierung.

3. Zitat: „Die Bildung stiller Rücklagen ist ein zweischneidiges Schwert." Begründen Sie diese Aussage in steuerlicher Hinsicht.

4. Gezeichnetes Kapital: 1.200 Mio. EUR   Gewinnvortrag: 3 Mio. EUR
   offene Rücklagen: 2.611 Mio. EUR   Börsenkurs: 159,00 EUR pro Stück,
                                                              Nennwert: 50,00 EUR je Aktie

   a) Wie groß sind rechnerisch die stillen Reserven des Unternehmens?
   b) Warum ist der Börsenkurs eine Größe, die man nur hilfsweise zur Beurteilung der vorhandenen stillen Reserven heranziehen kann?

5. Anschaffungskosten einer Maschine: 100.000,00 EUR
   Tatsächliche, geschätzte Nutzungsdauer: 10 Jahre
   Gewinnsteuersatz: 50 %;   Marktzins: 10 %

Alternative 1: Abschreibung pro Jahr 10.000,00 EUR (= korrekte Werte)

Alternative 2: Abschreibung pro Jahr 20.000,00 EUR (= zu hohe Abschreibungen)

Ergänzen Sie folgende Tabelle:

Alternative 1: Jahr / Abschreibung	Alternative 2: Abschreibung	Bildung stiller Rückl.	Summe stiller Rückl.	Auflösung stiller Rückl.	Steuerersparnis (+) St.mehrbelastung (−)	Zinsgewinn pro Jahr
1						
2						
3						
4						
5						
6						
7						
8						
9						
10						
Summen						

12.2   Abituraufgaben

Abituraufgabe 2005 (Aufgabe 1, teilweise)

1.2   Einige Aktionäre behaupten, die AG habe in den vergangenen Jahren eine überzogene verdeckte Selbstfinanzierung betrieben. Sie schlagen deshalb vor, zur Finanzierung des Investitionsvorhabens stille Rücklagen aufzulösen.

1.2.1   Beschreiben Sie anhand von zwei Beispielen, wie stille Rücklagen entstehen können.

1.2.2   Zeigen Sie, wie die Höhe der stillen Rücklagen näherungsweise bestimmt werden kann.

1.2.3   Nehmen Sie zu dem Vorschlag der Aktionäre kritisch Stellung.

13 Finanzierung und Investition IV: Beteiligungs-(Eigen-)Finanzierung

13.1 Beteiligungsfinanzierung bei Personengesellschaften

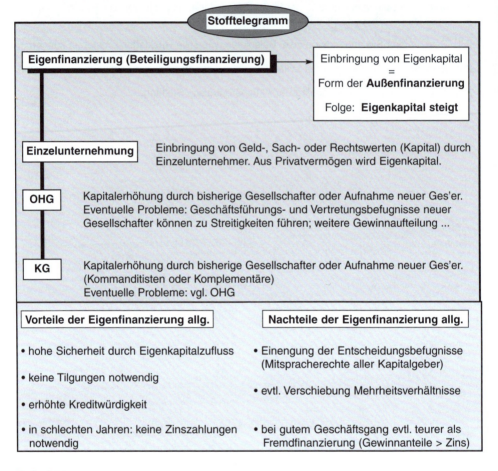

Stofftelegramm

Eigenfinanzierung (Beteiligungsfinanzierung) → Einbringung von Eigenkapital
=
Form der **Außenfinanzierung**

Folge: **Eigenkapital steigt**

Einzelunternehmung
Einbringung von Geld-, Sach- oder Rechtswerten (Kapital) durch Einzelunternehmer. Aus Privatvermögen wird Eigenkapital.

OHG
Kapitalerhöhung durch bisherige Gesellschafter oder Aufnahme neuer Ges'er. Eventuelle Probleme: Geschäftsführungs- und Vertretungsbefugnisse neuer Gesellschafter können zu Streitigkeiten führen; weitere Gewinnaufteilung ...

KG
Kapitalerhöhung durch bisherige Gesellschafter oder Aufnahme neuer Ges'er. (Kommanditisten oder Komplementäre)
Eventuelle Probleme: vgl. OHG

Vorteile der Eigenfinanzierung allg.	**Nachteile der Eigenfinanzierung allg.**
• hohe Sicherheit durch Eigenkapitalzufluss	• Einengung der Entscheidungsbefugnisse (Mitspracherechte aller Kapitalgeber)
• keine Tilgungen notwendig	
• erhöhte Kreditwürdigkeit	• evtl. Verschiebung Mehrheitsverhältnisse
• in schlechten Jahren: keine Zinszahlungen notwendig	• bei gutem Geschäftsgang evtl. teurer als Fremdfinanzierung (Gewinnanteile > Zins)

Aufgaben

1. Erklären Sie die Eigenfinanzierung bei Einzelunternehmen und Personengesellschaften.

2. Nennen Sie je drei Vor- und Nachteile der Eigenfinanzierung allgemein.

13.2 Beteiligungsfinanzierung bei der AG: Kapitalerhöhung gegen Einlagen

Stofftelegramm

Die einzelnen **Schritte** bei einer Kapitalerhöhung gegen Einlagen:

1. Hauptversammlungsbeschluss mit 75 % Mehrheit (§ 182 AktG)
2. Satzung ändern (Erhöhung des gezeichneten Kapitals!)
3. Anmeldung zur Eintragung ins Handelsregister (§ 184 AktG)
4. Ausgabe (= Emission) junger Aktien
5. Mittelzufluss in Höhe der Kurswerte der ausgegebenen Aktien (Nennwerte + Agio bzw.
   – bei Stückaktien – anteilige Grundkapitalerhöhung + Agio)

Möglichkeiten der Altaktionäre bei einer Kapitalerhöhung:

1. Bezug junger Aktien gemäß Bezugsverhältnis (z. B. 4 : 1 bedeutet: Für vier alte Aktien
   erhält der Aktionär ein junge Aktie.)
   Folge: prozentualer Stimmrechtsanteil bleibt erhalten – letztlich keine Kursverluste

2. Verzicht auf Bezug junger Aktien. Die Bezugsrechte werden über die Börse verkauft
   (Bezugsrechtshandel).
   Folge: prozentualer Stimmrechtsanteil sinkt – letztlich keine Kursverluste

Bezugsrecht: Recht der Altaktionäre, bei Kapitalerhöhungen so viel junge Aktien
erwerben zu können, dass ihr Anteil am Grundkapital erhalten bleibt

Wichtig: Junge Aktien können stets nur zusammen mit dem Bezugsrecht erworben
werden. Möchte also ein Nicht-Aktionär junge Aktien erwerben, muss er
zunächst über die Börse die erforderlichen Bezugsrechte kaufen. Das Bezugsrecht ist also von der Altaktie lösbar und wird als eigenes Recht an der Börse
gehandelt.

Beispiel zum Bezugsrecht

Situation: Erhöhung des Grundkapitals von 560 Mio. EUR um 80 Mio. EUR auf 640 Mio. EUR.
Kurs alte Aktien (Ka): 350,00 EUR; Ausgabekurs junge Aktien (Kn): 150,00 EUR

a) Bezugsverhältnis?

$$\text{Bezugsverhältnis} = \frac{\text{altes Grundkapital}}{\text{Kapitalerhöhung}} = \frac{560}{80} = 7 : 1$$

b) Rechnerischer Mittelkurs einer Aktie nach der Emission?

Lösungsalternative 1:

7 alte Aktien zu je 350,00 EUR	=	2.450,00 EUR
1 junge Aktie zu 150,00 EUR	=	150,00 EUR
8 Aktien	=	2.600,00 EUR
1 Aktie	=	**325,00 EUR**

Lösungsalternative 2: (vgl. c!) $\boxed{\text{Mittelkurs} = \text{Ka} - \text{Bezugsrecht}}$ = 350 – 25 = **325,00 EUR**

c) **Rechnerischer Wert des Bezugsrechts** (= Wertverlust einer alten Aktie)

| Bezugsrecht = Ka − Mittelkurs | = 350 − 325 = **25,00 EUR**

bzw. (mit Formel): $$\text{Bezugsrecht} = \frac{Ka - Kn}{a/n + 1}$$ $$= \frac{350 - 150}{7 + 1} = \textbf{25,00 EUR}$$

a/n = Bezugsverhältnis (alte Aktien/neue Aktien)

d) Die erste Kursnotiz des Bezugsrechts entspreche dem rechnerischen Wert des Bezugs- rechts (hier 25,00 EUR).

Wie lautet der **Kurs der alten Aktien „ex Bezugsrecht"**? (vgl. b!)
(Kürzung des letzten Börsenkurses vor Beginn der Bezugsfrist um erste Kursnotiz des BR)

| Kurs ex Bezugsrecht = Ka − Börsenkurs des Bezugsrechts | = 350 − 25 = **325,00 EUR**

Hinweis: Kurs ex BR = Mittelkurs, wenn Börsenkurs des BR dem rechnerischen Wert des
            Bezugsrechts entspricht

e) Annahme: erste Kursnotiz des Bezugsrechts = 30,00 EUR. **Kurs ex BR?**
   350 − 30 = 320,00 EUR

f) Wie viele Bezugsrechte muss ein neuer Aktionär kaufen, wenn er vier junge Aktien
   erwerben will?

Bezugsverhältnis = 7 : 1   ⟶   Für 1 junge Aktie braucht er 7 Bezugsrechte.
                                Für 4 junge Aktien braucht er **28 Bezugsrechte.**

| **Möglichkeiten der Ausübung des Bezugsrechts (Beispiele)** |

Aktionär A besitzt 50 Stück Aktien (= 50 Bezugsrechte).
Bezugsverhältnis 7 : 1 (d. h.: Für 1 junge Aktie werden 7 Bezugsrechte benötigt.)

Alternative 1: A will seine Bezugsrechte voll ausschöpfen!

Für 7 alte Aktien erhält er 1 junge Aktie.
Für 50 alte Aktien erhält er x junge Aktien = 50 : 7 = 7,14 junge Aktien = 7 j. A.

Folge: A kauft 7 junge Aktien: Er benötigt dafür 7 · 7 = 49   Bezugsrechte
                                     Er hat   50   Bezugsrechte
                                     Verkauf (Auszahlung)   1   Bezugsrecht

Alternative 2: A kauft 8 junge Aktien: Er benötigt dafür 8 · 7 = 56   Bezugsrechte
                                             Er hat   50   Bezugsrechte
                                             Zukauf   6   Bezugsrechte

Alternative 3: A kauft 20 junge Aktien: Er benötigt dafür 20 · 7 = 140 Bezugsrechte
                                             Er hat   50 Bezugsrechte
                                             Zukauf   90 Bezugsrechte

---

Buchung der Kapitalerhöhung

Bsp.: Altes Grundkapital = 10 Mio. EUR
Kapitalerhöhung = 5 Mio. EUR (Ausgabekurs: 180 %)
Kapitalerhöhungskosten: 20.000,00 EUR
Zahlungen über Bank

1. Buchung vor Aktienausgabe nach Beschluss der Kapitalerhöhung:

Forderungen gegen Aktionäre (Konto der Aktionäre)	9.000.000,00 EUR	
an gezeichnetes Kapital (Grundkapital)		5.000.000,00 EUR
an Kapitalrücklage **(Agio)**		4.000.000,00 EUR
Emissionskosten	20.000,00 EUR	
an Bank		20.000,00 EUR

2. Buchung bei Zahlung der Aktionäre:

Bank	9.000.000,00 EUR	
an Forderungen gegen Aktionäre		9.000.000,00 EUR

Aufgaben

1. Eine AG plant eine Kapitalerhöhung. Welche einzelnen Schritte sind notwendig?

2. Welche Möglichkeiten hat ein Altaktionär bei Kapitalerhöhungen?

3. a) Was versteht man unter Bezugsrecht?

   b) Welche Aufgaben hat das Bezugsrecht?

4. Die Hauptversammlung einer AG beschließt eine ordentliche Kapitalerhöhung um 12 Mio. EUR auf 32 Mio. EUR.
   Ausgabekurs 150,00 EUR; Kurs der alten Aktien 200,00 EUR

   a) Ermitteln Sie das Bezugsverhältnis.

   b) Wie viel Euro beträgt der rechnerische Wert des Bezugsrechts?

   c) Ein Aktionär hat 19 Aktien. Er möchte zwölf junge Aktien erwerben. Wie lautet die Abrechnung der Bank, wenn das Bezugsrecht am Tage des Kaufs 2,00 EUR unter dem rechnerischen Wert notiert? (Spesen bleiben unberücksichtigt.)

   d) Wie wäre c) zu beantworten, wenn der Aktionär 50 Aktien besessen hätte?

5. Wie hoch ist der

   a) niedrigstmögliche,

   b) höchstmögliche Ausgabekurs

   im Rahmen einer ordentlichen Kapitalerhöhung einer AG? Begründung.

6. Letzter Kurs vor Beginn der Bezugsfrist: 150,00 EUR
    Emissionskurs: 120,00 EUR
    Kapitalerhöhung: 250.000,00 EUR
    Erste Notiz des Bezugsrechts: 8,00 EUR
    Rechnerischer Wert des Bezugsrechts: 5,00 EUR

    a) Bezugsverhältnis?

    b) Altes Grundkapital?

    c) Mit welchem Wert werden die alten Aktien bei Beginn der Bezugsfrist gehandelt?

7. Geplante Investitionssumme 398 Mio. EUR; Emissionskosten 2 Mio. EUR; Emissionskurs 80,00 EUR je Aktie. Nomineller Anteil einer Aktie am gezeichneten Kapital: 5,00 EUR.

    Wie hoch muss die Kapitalerhöhung mindestens sein, damit das Investitionsvorhaben durchgeführt werden kann?

8. Das Grundkapital einer AG soll von 80 Mio. EUR auf 104 Mio. EUR erhöht werden, um eine Investition in Höhe von 35 Mio. EUR zu finanzieren.
    Aktuelle Börsennotiz der Aktien: 106,00 EUR
    Nomineller Anteil einer Aktie am gezeichneten Kapital: 50,00 EUR

    a) Ermitteln Sie den notwendigen Ausgabekurs der jungen Aktien, wenn die Investition allein durch diese Kapitalerhöhung finanziert werden soll und Emissionskosten in Höhe von 1 Mio. EUR anfallen.

    b) Wie hoch ist der rechnerische Wert des Bezugsrechts?

9. Gezeichnetes Kapital: 800 Mio. EUR

    Die AG plant einen Ausbau ihrer Produktionsanlagen mit einer Investitionssumme von 190 Mio. EUR. Vorstand und Aufsichtsrat schlagen der Hauptversammlung deshalb eine Kapitalerhöhung vor.

    Die Hauptversammlung beschließt eine Kapitalerhöhung gegen Einlagen. Der Börsenkurs beträgt 102,00 EUR. Die jungen Aktien sollen zum Bezugskurs von 60,00 EUR ausgegeben werden.

    Emissionskosten: 2 Mio. EUR

    Nomineller Anteil einer Aktie am gezeichneten Kapital: 50,00 EUR

    a) Wie hoch muss die Kapitalerhöhung mindestens sein, damit das Investitionsvorhaben durchgeführt werden kann?

    b) Berechnen Sie: • das Bezugsverhältnis,

                         • den Wert des Bezugsrechts,

                         • den neuen Aktienkurs.

10. Gezeichnetes Kapital: 10 Mio. EUR

   Nomineller Anteil einer Aktie am gezeichneten Kapital: 50,00 EUR

   Der Vorstand der AG bittet die Hauptversammlung, das gezeichnete Kapital im Verhältnis 5 : 1 zu erhöhen, um den notwendigen Kapitalbedarf zu decken.

   a) Von dem an der Hauptversammlung vertretenen Grundkapital von 9,78 Mio. EUR stimmten 7,45 Mio. EUR für den Vorschlag des Vorstandes. Kann der Vorstand mit dieser Zustimmung seine Vorstellungen verwirklichen? Rechnerische Begründung.

   b) Welchen rechnerischen Wert hat das Bezugsrecht, wenn der Ausgabekurs der jungen Aktien bei 55,00 EUR liegt und der Kurs der alten Aktien bei 82,00 EUR liegt?

   c) Wie viel Euro muss ein Aktionär für den Kauf einer Aktie aufwenden? Gehen Sie davon aus, dass der Kurswert des Bezugsrechts dem rechnerischen Wert entspricht. (Berechnung ohne Spesen)

   d) Berechnen Sie den Zugang an flüssigen Mitteln, wenn der Ausgabekurs 10 % über dem anteiligen Nennwert liegt.

11. Investitionssumme: 18,5 Mio. EUR

   Geplante Grundkapitalerhöhung von 40 Mio. EUR auf 52 Mio. EUR

   Aktuelle Börsennotiz: 106,00 EUR je Aktie

   Nomineller Anteil einer Aktie am gezeichneten Kapital: 50,00 EUR

   a) Zu welchem Kurs müssen die jungen Aktien ausgegeben werden, wenn die Investition nur durch diese Kapitalerhöhung finanziert werden soll? Emissionskosten: 700.000,00 EUR

   b) Ermitteln Sie den rechnerischen Wert des Bezugsrechts.

   c) Ein Aktionär, der 40 Aktien der Firma besitzt, will insgesamt 1.900,00 EUR in den jungen Aktien anlegen. Wie viel junge Aktien kann er kaufen, und welcher Restbetrag bleibt ihm? Der Bezug der jungen Aktien ist spesenfrei. Beim Zukauf von Bezugsrechten fallen 0,20 EUR Spesen je Bezugsrecht an. Das Bezugsrecht notiert an der Börse mit 7,00 EUR.

13.3   Abituraufgaben

Abituraufgabe 2006 (Aufgabe 3, Teil 2, teilweise)

2.   Reich hat 2005 ein größeres Aktienpaket der Titan AG erworben. In der Hauptversammlung 2006 der Titan AG sind Beschlüsse über die Gewinnverwendung und erstmals über eine Kapitalerhöhung gegen Einlagen zu fassen.

Die vereinfachte Bilanz der Titan AG weist vor der geplanten Kapitalerhöhung folgende Zahlen aus:

Aktiva	Bilanz zum 31.12.2005 (in TEUR)		Passiva
Sachanlagen	32.000	Gezeichnetes Kapital	10.000
Finanzanlagen	8.000	Kapitalrücklage	6.000
Vorräte	3.000	Gewinnrücklagen	3.000
Forderungen	4.000	Bilanzgewinn	2.300
Wertpapiere	2.000	Rückstellungen	1.700
Bankguthaben	4.000	Verbindlichkeiten	30.000
	53.000		53.000

Vom Bilanzgewinn wurden 2,2 Mio. EUR an die Aktionäre ausgeschüttet.

2.2   Auf Beschluss der Hauptversammlung erhöht die Titan AG ihr Grundkapital zum 01.04.2006 um 4 Mio. EUR. Der Börsenkurs der alten Aktien betrug vor der Kapitalerhöhung 12,00 EUR je 5,00-EUR-Aktie.
Die jungen Aktien haben einen Nennwert von 5,00 EUR und können zum Ausgabekurs von 10,25 EUR/Aktie bezogen werden.

Ermitteln Sie aufgrund des vorliegenden Sachverhalts

2.2.1   den Ausgabekurs der alten Aktien und die Anzahl der Aktien nach der Kapitalerhöhung,

2.2.2   den Bilanzkurs der Aktien vor und nach der Kapitalerhöhung,

2.2.3   den rechnerischen Wert des Bezugsrechts.

2.3   Reich besitzt alte Titan-Aktien im Nennwert von 2,1 Mio. EUR. Er will Satzungsänderungen in der Hauptversammlung der AG verhindern können, aber dafür so wenig wie möglich Kapital einsetzen.

Berechnen Sie gemäß dieser Zielsetzung die Anzahl der von Reich mindestens zu erwerbenden Aktien und den dafür erforderlichen Kapitaleinsatz, wenn Reich davon ausgeht, dass in den Hauptversammlungen der Titan AG 80 % des gezeichneten Kapitals vertreten sind. Der tatsächliche Wert des Bezugsrechts stimmt mit dem rechnerischen Wert überein.

Abituraufgabe 2010 (Aufgabe 3, Teil 3)

4.   Die Aktionäre haben dem Vorschlag des Vorstandes zu TOP 7 zugestimmt.

4.1   Stellen Sie dar, in welcher Höhe sich die entsprechenden Bilanzpositionen durch die Kapitalerhöhung verändern.

4.2   Begründen Sie mit zwei Argumenten, weshalb den Altaktionären im Rahmen der Kapitalerhöhung die Ausübung des Bezugsrechts gewährt wird.

4.3   Im Zuge der Emission werden die Bezugsrechte an der Börse gehandelt. Der Bezugskurs der neuen Aktie liegt bei 13,60 EUR. Ein Bezugsrecht hat derzeit einen rechnerischen Wert von 1,40 EUR.

• Bestimmen Sie den Kurs der Altaktie und berechnen Sie den voraussichtlichen Kurs der Aktie nach Durchführung der Kapitalerhöhung.

• Begründen Sie, weshalb der tatsächliche Wert des Bezugsrechts häufig vom rechnerischen Wert abweicht.

4.4   Aktionär Müller besitzt 500 alte Aktien. Weisen Sie rechnerisch nach, dass Aktionär Müller durch die Kapitalerhöhung keinen Vermögensnachteil erleidet, falls er

• 200 junge Aktien erwirbt oder

• sein Bezugsrecht nicht ausübt.

Es gelten die Angaben aus Teilaufgabe 4.3; Nebenkosten werden nicht berücksichtigt.

Anlage

Tagesordnung
zur 10. ordentlichen Hauptversammlung der
Heidelberger Maschinenwerke AG, Heidelberg am 13. April 2010

Beginn der Hauptversammlung: 10:00 Uhr
im Congress Center Rosengarten, Mannheim

TOP 1: Vorlage des festgestellten Jahresabschlusses mit Lagebericht für das Geschäftsjahr 2009 und Bericht des Aufsichtsrates

TOP 2: Beschlussfassung über die Verwendung des Bilanzgewinns

TOP 3: Beschlussfassung über die Entlastung der Mitglieder des Vorstandes für das Geschäftsjahr 2009

TOP 4: Beschlussfassung über die Entlastung der Mitglieder des Aufsichtsrates für das Geschäftsjahr 2009

TOP 5: Beschlussfassung über die Bestellung des Abschlussprüfers

TOP 6: Beschlussfassung über die Neuwahl von Aufsichtsratsmitgliedern

TOP 7: Beschlussfassung über die Erhöhung des Grundkapitals gegen Bareinlagen

Mit der Erhöhung des gezeichneten Kapitals von derzeit 270 Mio. EUR um 90 Mio. EUR durch Ausgabe von 32 Mio. neuen auf den Inhaber lautenden Stückaktien soll unter Ausübung des Bezugsrechts der Altaktionäre das Eigenkapital der Gesellschaft um 435,2 Mio. EUR erhöht werden. Durch diese Maßnahme wird die Kapitalausstattung der Heidelberger Maschinenwerke AG erheblich verbessert und es wird ihr ermöglicht, in einem günstigen Marktumfeld geeignete Zukäufe durchzuführen.

TOP 8: Sonstiges

---

14   Finanzierung und Investition V: Darlehen (= Außen-, Fremdfinanzierung)

14.1   Darlehensformen

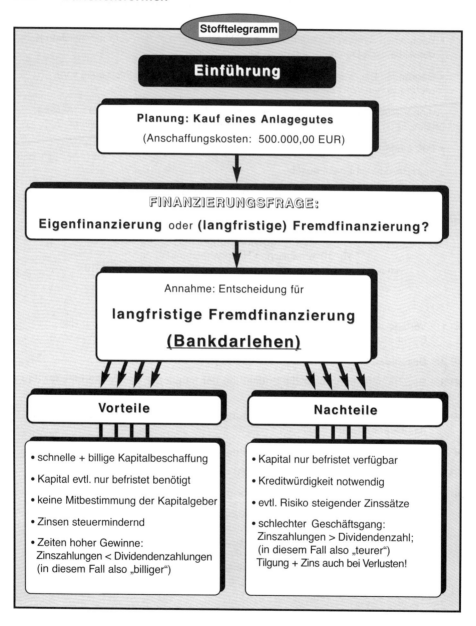

Darlehensformen

Fälligkeitsdarlehen (= Festdarlehen):	Tilgung auf einmal bei Fälligkeit
Kündigungsdarlehen:	Tilgung auf einmal nach Kündigung
Abzahlungsdarlehen (Ratendarlehen):	Tilgung in Raten
Annuitätendarlehen:	Tilgung in Annuitäten (Annuität = gleich-bleibende Summe aus Zins und Tilgung)

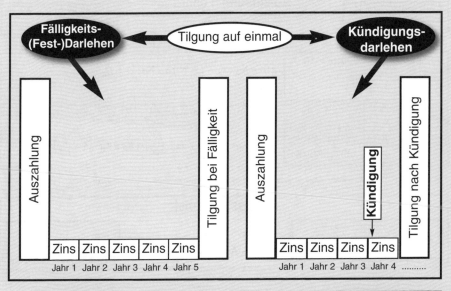

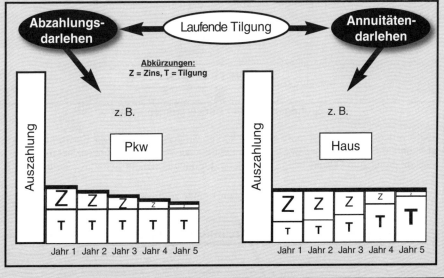

Zinseszinsformel

Fragestellung:

Auf welches Endkapital K_n wächst ein heute angelegtes Anfangskapital K_0 bei einem Zinssatz p und einer Laufzeit von n Jahren an, wenn die Zinsen jährlich dem Kapital zugeschlagen werden (Aufzinsung)?

Anfangskapital K_0	**Aufzinsung n Jahre** →	Endkapital K_n **???**

Beispiel: $K_0 = 1.000; p = 10\ \%$
Laufzeit n = 3 Jahre
Endkapital $K_3 = ?$

Jahr	Anfangskapital	Zinsen	Endkapital
1	1.000 (K_0)	100	1.100 (K_1)
2	1.100 (K_1)	110	1.210 (K_2)
3	1.210 (K_2)	121	**1.331 (K_3)**

$$K_1 = K_0 + K_0 \cdot \frac{p}{100} \rightarrow K_1 = K_0 \cdot \left(1 + \frac{p}{100}\right)$$

$$K_2 = K_1 + K_1 \cdot \frac{p}{100} \rightarrow K_2 = K_1 \cdot \left(1 + \frac{p}{100}\right)$$

$$K_2 = K_0 \cdot \left(1 + \frac{p}{100}\right) \cdot \left(1 + \frac{p}{100}\right) \rightarrow K_2 = K_0 \cdot \left(1 + \frac{p}{100}\right)^2$$

Zinseszinsformel:

$$K_n = K_0 \cdot \left(1 + \frac{p}{100}\right)^n$$

$$1 + \frac{p}{100} = q$$
(q = **Aufzinsungsfaktor**)

$$K_n = K_0 \cdot q^n$$

Lösung obiges Beispiel mit der Zinseszinsformel:

$$K_3 = K_0 \cdot (1 + 0,1)^3 = 1.000 \cdot 1,1^3 = 1.000 \cdot 1,331 = \mathbf{1.331}$$

Barwert & Co.

Grundgedanke der Barwertberechnung:

Heute verfügbares Geld ist mehr wert als künftig verfügbares Geld. Der Barwert beantwortet folgende Frage: Welcher Betrag muss heute verzinst (Zinsen + Zinseszinsen) angelegt werden, damit zum Fälligkeitstag der Zahlung der dann benötigte Betrag K_n verfügbar ist?

→ **Barwert = Gegenwartswert einer zukünftigen Zahlung**

Barwert K_0 **???**	← **Abzinsung n Jahre**	Endkapital K_n

Barwertformel

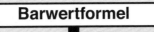

Auflösung der Zinseszinsformel nach K_0:

Zinseszinsformel

$$K_n = K_0 \cdot \left(1 + \frac{p}{100}\right)^n$$

→ $$K_0 = K_n : \left(1 + \frac{p}{100}\right)^n$$

bzw.

→ $$K_0 = K_n \cdot \frac{1}{q}^n$$

($\frac{1}{q}$ = Abzinsungsfaktor)

Barwertberechnung bei verschiedenen Darlehensformen

(Darlehenssumme: 120.000,00 EUR; Laufzeit: 4 Jahre; Zinssatz: 10 %; Abzinsungssatz: 5 %)

Festdarlehen (Beträge in EUR)

Jahr	Anfangsschuld	Zinsen	Tilgung	Liquiditätsbelastung	Restschuld	Barwert
1	120.000,00	12.000,00	–	12.000,00	120.000,00	11.428,57
2	120.000,00	12.000,00	–	12.000,00	120.000,00	10.884,35
3	120.000,00	12.000,00	–	12.000,00	120.000,00	10.366,05
4	120.000,00	12.000,00	120.000,00	132.000,00	–	108.596,73
Summe	–	48.000,00	120.000,00	168.000,00	–	**141.275,70**

Abzahlungsdarlehen (Beträge in EUR)

Jahr	Anfangsschuld	Zinsen	Tilgung	Liquiditätsbelastung	Restschuld	Barwert
1	120.000,00	12.000,00	30.000,00	42.000,00	90.000,00	40.000,00
2	90.000,00	9.000,00	30.000,00	39.000,00	60.000,00	35.374,15
3	60.000,00	6.000,00	30.000,00	36.000,00	30.000,00	31.098,15
4	30.000,00	3.000,00	30.000,00	33.000,00	–	27.149,18
Summe	–	30.000,00	120.000,00	150.000,00	–	**133.621,48**

Annuitätendarlehen (Annuität = 37.856,50 EUR; Beträge in EUR)

Jahr	Anfangsschuld	Zinsen	Tilgung	Liquiditätsbelastung	Restschuld	Barwert
1	120.000,00	12.000,00	26.000,00	38.000,00	94.000,00	36.190,48
2	94.000,00	9.400,00	28.600,00	38.000,00	65.400,00	34.467,12
3	65.400,00	6.540,00	31.460,00	38.000,00	33.940,00	32.825,83
4	33.940,00	3.394,00	33.940,00	37.334,00	–	30.714,78
Summe	–	31.334,00	120.000,00	151.334,00	–	**134.198,21**

Ergebnis: Das Abzahlungsdarlehen ist der „Sieger" (geringste Barwertsumme).

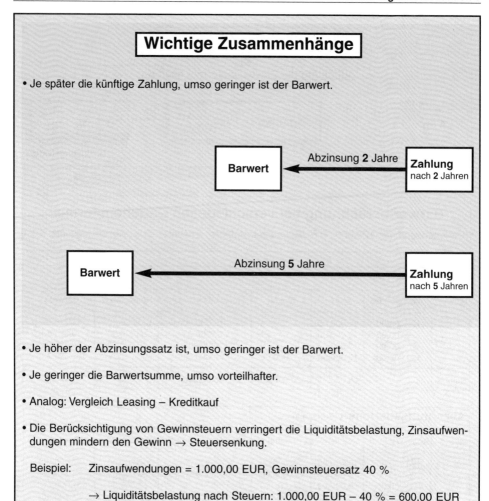

Wichtige Zusammenhänge

• Je später die künftige Zahlung, umso geringer ist der Barwert.

| Barwert | ← Abzinsung **2** Jahre | **Zahlung** nach **2** Jahren |

| **Barwert** | ← Abzinsung **5** Jahre | **Zahlung** nach **5** Jahren |

• Je höher der Abzinsungssatz ist, umso geringer ist der Barwert.

• Je geringer die Barwertsumme, umso vorteilhafter.

• Analog: Vergleich Leasing – Kreditkauf

• Die Berücksichtigung von Gewinnsteuern verringert die Liquiditätsbelastung, Zinsaufwendungen mindern den Gewinn → Steuersenkung.

Beispiel: Zinsaufwendungen = 1.000,00 EUR, Gewinnsteuersatz 40 %

→ Liquiditätsbelastung nach Steuern: 1.000,00 EUR – 40 % = 600,00 EUR

Exkurs: Vergleich Darlehen – Kontokorrentkredit

D A R L E H E N	K O N T O K O R R E N T K R E D I T
• Auszahlung einer vertraglich bestimmten Kreditsumme	• Kredit <u>kann</u> bis zur vereinbarten Höhe in Anspruch genommen werden
• i. d. R. befristeter Kredit	• i. d. R. unbefristeter Kredit
• Tilgung laut Kreditvertrag	• schwankender Kreditbetrag
• Zinssatz niedriger	• <u>relativ</u> hoher Soll-Zinssatz

Beispiel zur Berechnung der Effektivverzinsung bei Darlehen:

Berechnen Sie den Effektivzinssatz für folgendes Kreditangebot über 2,7 Mio. EUR:

Laufzeit 6 Jahre, Disagio (Damnum) 2 % (Auszahlung somit 98 %), 1,5 % Bearbeitungsgebühr von der Darlehenssumme, jährliche Zinszahlungen, Rückzahlung in einer Summe nach sechs Jahren, 7 % p. a. Zinsen

Lösung:

$$\text{Zinsen (6 J.): } z = \frac{k \cdot p \cdot j}{100} = \frac{2.700.000 \cdot 7 \cdot 6}{100} = 1.134.000,00 \text{ EUR}$$

Damnum = 2 % von 2,7 Mio. EUR =   54.000,00 EUR
Bearbeitungsgebühr = 1,5 % von 2,7 Mio. EUR =   40.500,00 EUR

Kosten insgesamt = z =   1.228.500,00 EUR

$$\text{Effektiver Zinssatz } p = \frac{z \cdot 100}{k \cdot j} = \frac{1.228.500 \cdot 100}{(2.700.000 - 94.500) \cdot 6} = \textbf{7,86 \% eff. Zinssatz}$$

Aufgaben

1. Vergleichen Sie die Begriffe „Darlehen" und „Kontokorrentkredit".

2. a) Nennen und erklären Sie kurz die vier Darlehensarten.

   b) Welche Gemeinsamkeit haben Fälligkeits- und Kündigungsdarlehen?

   c) Nennen Sie einen Vorteil des Fälligkeitsdarlehens gegenüber dem Kündigungsdarlehen.

   d) Welche Vor- und Nachteile haben Fälligkeits- und Kündigungsdarlehen gegenüber den beiden anderen Darlehensarten?

3. Unsere Firma beabsichtigt den Kauf einer neuen Fertigungsanlage zum Preis von 120.000,00 EUR. Die Finanzierung soll mit einem Darlehen erfolgen.

   Unsere Hausbank unterbreitet folgendes Angebot: Zinssatz 10 %; Zinszahlung jeweils nachträglich am Jahresende; Auszahlung des Darlehens: 1. Januar 01.

   Tilgungsalternativen:

   Alt. 1: Gesamttilgung 30. Dezember 10

   Alt. 2: Gesamttilgung nach Kündigung (Kündigungsfrist drei Monate auf Quartalsende)

   Alt. 3: Tilgung in zehn Raten, fällig jeweils am Jahresende

   Alt. 4: Jährl. Annuität bis Jahr 09 20.000,00 EUR. Resttilgung Jahr 10
           (Rundung auf volle 10,00 EUR)

   a) Welche Darlehensarten liegen jeweils vor?

   b) Erstellen Sie die Tilgungspläne nach folgenden Mustern und den Gesamtkostenvergleich.

Alternative 1: .... darlehen

Jahr	Anfangsschuld	Zinsen	Tilgung	Zins + Tilgung	Restschuld
01					
02					
03					
....					
10					
Summen					

Alternative 2: (................ darlehen) Unterschiede zu Alternative 1: ....

....

Alternative 3: .... darlehen (.................... darlehen)

Jahr	Anfangsschuld	Zinsen	Tilgung	Zins + Tilgung	Restschuld
01					
02					
03					
04					
05					
06					
07					
08					
09					
10					
Summen					

Alternative 4: (........................ darlehen) Analoge Tabelle wie Alternative 3!

Kostenvergleich: Summe der Zinsen insgesamt beim

Fälligkeitsdarlehen: ....

Kündigungsdarlehen (Unterstellung: Kündigung nach zehn Jahren):   ....

Abzahlungsdarlehen: ....

Annuitätendarlehen: ....

14.2 Kreditsicherheiten

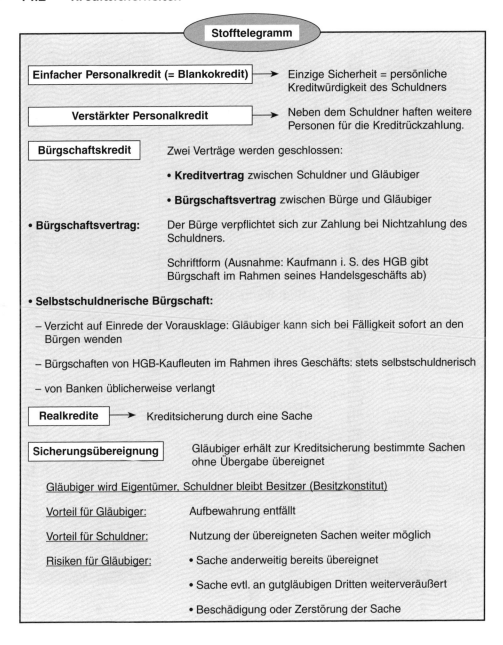

Stofftelegramm

Einfacher Personalkredit (= Blankokredit) ➤ Einzige Sicherheit = persönliche Kreditwürdigkeit des Schuldners

Verstärkter Personalkredit ➤ Neben dem Schuldner haften weitere Personen für die Kreditrückzahlung.

Bürgschaftskredit Zwei Verträge werden geschlossen:

• **Kreditvertrag** zwischen Schuldner und Gläubiger

• **Bürgschaftsvertrag** zwischen Bürge und Gläubiger

• **Bürgschaftsvertrag:** Der Bürge verpflichtet sich zur Zahlung bei Nichtzahlung des Schuldners.

Schriftform (Ausnahme: Kaufmann i. S. des HGB gibt Bürgschaft im Rahmen seines Handelsgeschäfts ab)

• **Selbstschuldnerische Bürgschaft:**

– Verzicht auf Einrede der Vorausklage: Gläubiger kann sich bei Fälligkeit sofort an den Bürgen wenden

– Bürgschaften von HGB-Kaufleuten im Rahmen ihres Geschäfts: stets selbstschuldnerisch

– von Banken üblicherweise verlangt

Realkredite ➤ Kreditsicherung durch eine Sache

Sicherungsübereignung Gläubiger erhält zur Kreditsicherung bestimmte Sachen ohne Übergabe übereignet

Gläubiger wird Eigentümer, Schuldner bleibt Besitzer (Besitzkonstitut)

Vorteil für Gläubiger: Aufbewahrung entfällt

Vorteil für Schuldner: Nutzung der übereigneten Sachen weiter möglich

Risiken für Gläubiger: • Sache anderweitig bereits übereignet

• Sache evtl. an gutgläubigen Dritten weiterveräußert

• Beschädigung oder Zerstörung der Sache

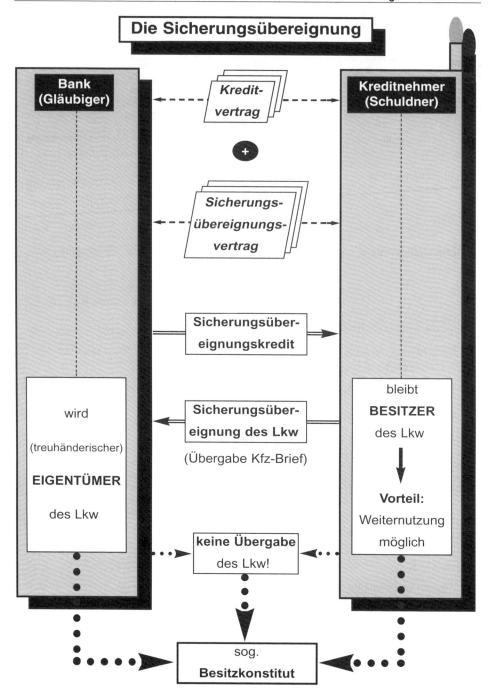

Die Sicherungsübereignung

Quelle: „HOT" – Holzer-Telegramm (Unterrichtsmagazin für Wirtschaftsfächer), Bildungsverlag EINS

Grundschuld = im Grundbuch eingetragene Belastung eines Grundstücks mit einer bestimmten Geldsumme zugunsten des Berechtigten (Pfandrecht an Grundstück)

- Bei Nichtzahlung kann der Gläubiger die Versteigerung bewirken und sich hieraus befriedigen.

- Eintrag der Grundschuld im Grundbuch

- Dingliche Sicherung: nur Grundstück haftet, keine persönliche Haftung

- Im Gegensatz zur Hypothek ist die Grundschuld nicht an die Darlehenshöhe gebunden. Die eingetragene Grundschuldhöhe ändert sich nicht durch Darlehensrückzahlung.

Vorteil: Rasche Kreditaufnahme bei vorsorglich eingetragener Grundschuld möglich

- **Buchgrundschuld:**   Einigung + Eintrag Grundbuch

- **Briefgrundschuld:**   Einigung + Eintrag Grundbuch + Ausstellung Grundschuldbrief

Vorteil: Grundschuldbrief formlos ohne Grundbuchumschreibung übergebbar

- **Fremdgrundschuld:**   Berechtigter ist der Kreditgeber

- **Eigentümergrundschuld:**   Die Rechte aus der Grundschuld stehen dem Eigentümer selbst zu.

Entstehung: – Automatisch nach erfolgter Darlehensrückzahlung bzw.

                 – vorsorglich eingetragene Grundschuld zwecks Rangsicherung

Aufgaben

1. a) Zeigen Sie in einer übersichtlichen Skizze die Arten der Kreditsicherheiten.

   b) Worin unterscheiden sich Personal- und Realkredite?

2. Welche Verträge sind zwischen wem beim Bürgschaftskredit zu schließen und welche Formvorschriften sind zu beachten?

3. Welche Besonderheiten gelten für HGB-Kaufleute, die eine Bürgschaft im Rahmen ihres Handelsgeschäfts abgeben?

4. Erklären Sie die Besitz- und Eigentumsverhältnisse beim Sicherungsübereignungskredit.

5. Welche wesentlichen Vorteile hat die Sicherungsübereignung für Gläubiger und Schuldner?

6. Welche Risiken ergeben sich aus der Sicherungsübereignung für den Gläubiger?

7. Was versteht man unter einer Grundschuld?

14.3   Abituraufgaben

Abituraufgabe 2011 (Aufgabe 2, Teil 2)

2. Zur Finanzierung der Investition im Werk Tutschfelden (Anschaffungskosten 2.400.000,00 EUR) erhält die Freiburger Concept Möbel AG zwei Darlehensangebote. Beide Darlehen werden innerhalb von vier Jahren vollständig getilgt.

Angebot der Volksbank Oberried eG:

Abzahlungsdarlehen: Darlehensbetrag 2.500.000,00 EUR, Auszahlung 96 %, Nominalzinssatz 7,5 %, Zins und Tilgung jeweils am Jahresende

Angebot der Eurobank AG Frankfurt:

Annuitätendarlehen: Darlehensbetrag 2.400.000,00 EUR, Auszahlung 100 %, Nominalzinssatz 8,0 %, Annuitätenzahlung jeweils am Jahresende

2.1   • Ermitteln Sie für beide Darlehensangebote die Aufwands- und die Liquiditätsbelastung der Finanzierung für die einzelnen Jahre und insgesamt ohne Berücksichtigung von Steuern.

   • Entscheiden Sie sich unter Berücksichtigung der Zielsetzung hoher Dividendenzahlung in den nächsten vier Jahren begründet für eines der beiden Darlehen.

   Hinweis: Das Disagio beim Darlehensangebot der Volksbank Oberried eG wird gleichmäßig auf die Laufzeit verteilt. Die Berechnungen sind auf volle Euro zu runden.

   Eine Tabelle mit Annuitätenfaktoren befindet sich in **Anlage 1**. Verwenden Sie für Ihre Lösung die Tabellen der **Anlage 2**.

2.2   Erläutern Sie, wie sich die Berücksichtigung eines Gewinnsteuersatzes von 30 % auf die in Aufgabe 2.1 ermittelte Liquiditätsbelastung auswirkt (keine Berechnung).

2.3   Als Alternative zur Darlehensfinanzierung wird auch die Möglichkeit einer Leasingfinanzierung geprüft.

   Zeigen Sie für beide Finanzierungsarten, welche Bilanzpositionen der Schlussbilanz sich am Ende des Anschaffungsjahres ändern und aus welchem Grund.

Anlage 2

Darlehensangebot der Volksbank Oberried eG

Jahr	Darlehens-betrag	Tilgung	Zinsen	Disagio	Aufwand	Liquiditäts-belastung
1						
2						
3						
4						
Summe						

Darlehensangebot der Eurobank AG, Frankfurt

Jahr	Darlehens-betrag	Tilgung	Zinsen	Aufwand	Liquiditäts-belastung
1					
2					
3					
4					
Summe					

15 Finanzierung und Investition VI: Leasing (= Sonderform der Fremdfinanzierung)

15.1 Stofftelegramme und Aufgaben

Stofftelegramm

Leasing = mittel- und langfristige Vermietung oder Verpachtung von Anlagegütern durch Hersteller oder Leasing-Gesellschaft

Direktes Leasing: Hersteller ist Leasinggeber

Indirektes Leasing: Leasing-Gesellschaft (nicht Hersteller) ist Leasinggeber

	Operate-Leasing	Financial-Leasing
Laufzeit	i.d.R. max. ein Jahr	40 % bis 90 % der üblichen Nutzungsdauer
Kündigung	kurzfristig kündbar	unkündbare Grundmietzeit
Investitionsrisiko	trägt Leasinggeber	trägt Leasingnehmer
Anzahl Leasingnehmer	mehrere nacheinander	i.d.R. nur ein Leasingnehmer
nach Ablauf der Leasingzeit	Rückgabe an Leasing-geber, der i.d.R. an andere weiterverleast	Alternativen nach Ablauf der Grundmietzeit: Rückgabe, Anschlussleasing, Kauf

Mobilienleasing: Leasinggegenstand ist ein bewegliches Gut (z.B. DV-Anlage)

Immobilienleasing: Leasinggegenstand ist ein unbewegliches Gut (z.B. Bürogebäude)

Leasingkosten insges.: Kaufpreis + Verwaltungskosten
+ Risikoprämie
+ Gewinn Leasinggeber

Vorteile:
• keine hohen Anschaffungskosten zu finanzieren
• laufende Anpassung an neuesten Stand der Technik
• keine Fremdfinanzierung notw., somit keine Verschlechterung der Kreditwürd.
• evtl. laufende Betreuung, Beratung, Wartungsleistungen durch Leasinggeber

Nachteile:
• hohe Dauerbelastung mit Fixkosten (Leasingraten)
• Leasinggegenstände nicht frei verfügbar
• Bindung während der Grundmietzeit
• Leasinggegenstände können z.B. nicht sicherungsübereignet werden

Entscheidungsbewertungstabelle: Siehe Aufgabe 7

Aufgaben

1. Was versteht man unter Leasing?

2. Unterscheiden Sie: direktes – indirektes Leasing.

3. Unterscheiden Sie Operate-Leasing und Financial-Leasing hinsichtlich Laufzeit, Kündigung, Investitionsrisiko, Anzahl Leasingnehmer und Situation nach Ablauf der Leasingzeit.

4. Nennen Sie je drei Vor- und Nachteile des Leasings.

5. **Sachverhalt:**

   Die Knauser GmbH benötigt eine neue Maschine zum Anschaffungswert von 200.000,00 EUR und mit einer betriebsgewöhnlichen Nutzungsdauer von zehn Jahren. Die Maschine soll degressiv mit 20 % abgeschrieben werden.

   Die Unternehmung hat infolge hoher Investitionen der letzten Jahre bei guter Rentabilität mit Liquiditätsengpässen zu kämpfen. Die Geschäftsleitung will unter der Zielsetzung geringster Liquiditätsbelastung zwischen folgenden Finanzierungsmöglichkeiten entscheiden:

   Leasing: Grundmietzeit fünf Jahre; während dieser Zeit beträgt die Mietrate, die jeweils zum Jahresende entrichtet wird, 50.000,00 EUR. Nach dieser Zeit kann die Maschine für weitere fünf Jahre zu einer Jahresmiete von 20.000,00 EUR gemietet werden. Aktivierung der Maschine beim Leasinggeber.

   Bankdarlehen: Laufzeit fünf Jahre; Tilgung in gleichen Raten am Jahresende. Die am Jahresende zu entrichtenden Zinsen betragen 10 % der Restschuld.

   Nach einem mittelfristigen Finanzplan geht die Firmenleitung davon aus, dass der finanzielle Engpass in drei Jahren überwunden sein wird.

   a) Um welche Art des Leasings handelt es sich in diesem Fall?

   b) Ermitteln Sie die liquiditätsmäßige Belastung der GmbH aus Kreditkauf und Leasing für die ersten drei Jahre insgesamt.

   Zu welcher Finanzierungsentscheidung kommen Sie aufgrund Ihres Ergebnisses?

   c) Ermitteln Sie die Gewinnsteuerminderungen unter Annahme eines konstanten Gewinnsteuersatzes von 50 % bei Kreditkauf und Leasing für die ersten drei Jahre insgesamt.

6. **Sachverhalt:**

   Eine mittelständische Unternehmung benötigt zur Rationalisierung ihrer Fertigung eine Maschine zum Anschaffungspreis von 200.000,00 EUR. Die Maschine soll acht Jahre genutzt werden. Lineare Abschreibung ist vorgesehen. Nach Verhandlungen mit der Hausbank eröffnet sich folgende Finanzierungsmöglichkeit:

   Darlehen in Höhe von 200.000,00 EUR, 6,5 % Zins, 20 % Ratentilgung pro Jahr.

   Die Maschine könnte aber auch über eine Leasing-Firma beschafft werden, die folgendes Angebot unterbreitet:

Abschlussgebühr 10 % des Kaufwertes von 200.000,00 EUR;

Monatsmiete für die ersten drei Jahre – in dieser Zeit ist der Leasingvertrag unkündbar – 3 % des Kaufwertes. Bei Vertragsverlängerung Jahresmiete 4 % des Kaufwertes. Die Maschine bleibt Eigentum der Leasingfirma.

Zinszahlungen, Tilgungen, Abschlussgebühr und Mietzahlungen jeweils am Jahresende

6.1 Erörtern Sie, warum sich die Unternehmung unter Umständen für die Darlehensaufnahme entscheidet. Führen Sie zwei Gründe an.

6.2 Unterscheiden Sie zwischen Financial-Leasing und Operating-Leasing.

6.3 Verwenden Sie für die Lösung der Aufgabe eine Tabelle nach folgendem Muster.

Kreditfinanzierung						Mietfinanzierung	
Jahr	Zins	Tilgung	Geldabfluss	Abschreibungen	Aufwand	%-Satz	Mietzahlung

6.3.1 Erstellen Sie die Tabelle für die Laufzeit der Maschine für beide Finanzierungsarten.

6.3.2 Vergleichen Sie die beiden Finanzierungsarten hinsichtlich Aufwandsverteilung, Gesamtbelastung und schnelleren Abbaus des Risikos.

7. Als Entscheidungshilfe für die Wahl zwischen Leasing oder Kreditkauf soll eine **Entscheidungsbewertungstabelle** benutzt werden. Treffen Sie auf der Grundlage der in der Entscheidungsbewertungstabelle ermittelten Ergebnisse eine Finanzierungsentscheidung.

Spalte Nutzen: sehr hoch = 3 Punkte   kein Nutzen = 0 Punkte

Entscheidungsbewertungstabelle

Kriterium	Leasing			Kreditkauf		
	Gewichtung W	Nutzen B	Gewichteter Nutzen (W · B)	Nutzen B	Gewichteter Nutzen (W · B)	
Liquiditätsbelastung	10					
Freihaltung des Kreditspielraums	8					
Inanspruchnahme technischer Serviceleistungen	3					
Summe						

15.2 Barwertvergleich Darlehen-Leasing

Beispiel:

Die Metallveredelungsgesellschaft mbH benötigt für den Transport der Fertigerzeugnisse einen neuen Lkw. Dieser soll im Januar zum Anschaffungspreis von 220.000,00 EUR bezogen werden. Der Lkw hat eine Nutzungsdauer von sechs Jahren.

Folgende Finanzierungsmöglichkeiten stehen zur Auswahl:

Kredit der Bank	Leasingangebot
• Darlehen 220.000,00 EUR • Zinssatz 6 % • Auszahlung 100 % • Laufzeit 5 Jahre • Tilgung jeweils am Jahresende in gleichen Raten	• Grundmietzeit 3 Jahre • Jährliche Leasingrate in der Grundmietzeit: 33 % des Anschaffungspreises, zahlbar am Jahresende • Leasingrate pro Jahr nach Ablauf der Grundmietzeit: 12 % des Anschaffungspreises, zahlbar am Jahresende

Gewinnsteuersatz 25 %, Kalkulationszinssatz 9 %.

Vorgehensweise: 5 Schritte

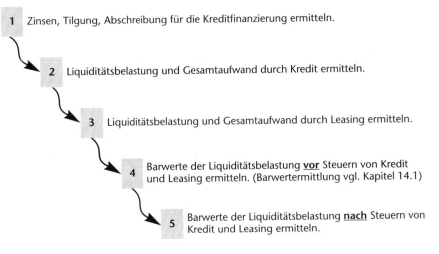

1 Zinsen, Tilgung, Abschreibung für die Kreditfinanzierung ermitteln.

2 Liquiditätsbelastung und Gesamtaufwand durch Kredit ermitteln.

3 Liquiditätsbelastung und Gesamtaufwand durch Leasing ermitteln.

4 Barwerte der Liquiditätsbelastung **vor** Steuern von Kredit und Leasing ermitteln. (Barwertermittlung vgl. Kapitel 14.1)

5 Barwerte der Liquiditätsbelastung **nach** Steuern von Kredit und Leasing ermitteln.

Jahr	Darlehen in EUR						
	Darlehen Jahresanfang	Zinsen (Z) [1]	Tilgung (T) [1]	Abschreibung (Abr) [1]	Liquiditäts-belastung (Liq = Z + T)	[2]	Gesamtaufwand (GA = Z + Abr)
1	220.000,00	13.200,00	44.000,00	36.666,67	57.200,00		49.866,67
2	176.000,00	10.560,00	44.000,00	36.666,67	54.560,00		47.226,67
3	132.000,00	7.920,00	44.000,00	36.666,67	51.920,00		44.586,67
4	88.000,00	5.280,00	44.000,00	36.666,67	49.280,00		41.946,67
5	44.000,00	2.640,00	44.000,00	36.666,67	46.640,00		39.306,67
6	0	0	0	36.666,67	0,00		36.666,67
Summe		39.600,00	220.000,00	220.000,00	259.600,00		222.933,33

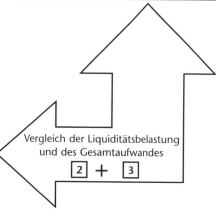

Jahr	Leasing in EUR	
	Liquiditätsbelastung (Liq) [3]	Gesamtaufwand (GA) [3]
1	72.600,00	72.600,00
2	72.600,00	72.600,00
3	72.600,00	72.600,00
4	26.400,00	26.400,00
5	26.400,00	26.400,00
6	26.400,00	26.400,00
Summe	270.600,00	270.600,00

Vergleich der Liquiditätsbelastung und des Gesamtaufwandes

[2] + [3]

Barwertvergleich *vor* Steuern

Jahr	Darlehen in EUR		Leasing in EUR	
	Liquiditäts-belastung vor Steuern (Liq vor St)	Barwert vor Steuern (Zinssatz 9 %)	Liquiditätsbelas-tung vor Steuern (Liq vor St)	Barwert vor Steuern (Zinssatz 9 %)
1	57.200,00	52.477,06	72.600,00	66.605,50
2	54.560,00	45.922,06	72.600,00	61.105,97
3	51.920,00	40.091,77	72.600,00	56.060,52
4	49.280,00	34.911,19	26.400,00	18.702,43
5	46.640,00	30.312,80	26.400,00	17.158,19
6	0,00	0,00	26.400,00	15.741,46
Summe	259.600,00	**203.714,89**	270.600,00	**235.374,06**

[4] ◄─────► [4]

Barwertvergleich _nach_ Steuern

Jahr	Darlehen in EUR				Leasing in EUR			
	Liquiditäts-belastung vor Steuern (Liq vor St)	Steuermin-derung (StMi) (25 % von Gesamtauf-wand)	Liquiditäts-belastung nach Steuern (Liq nach St = Liq vor St − StMi)	Barwert nach Steuern (Zinssatz 9 %)	Liquiditäts-belastung vor Steuern (Liq vor St)	Steuermin-derung (StMi) (25 % von Gesamtauf-wand)	Liquiditäts-belastung nach Steuern (Liq nach St = Liq vor St − StMi)	Barwert nach Steuern (Zinssatz 9 %)
1	57.200,00	12.466,67	44.733,33	41.039,76	72.600,00	18.150,00	54.450,00	49.954,13
2	54.560,00	11.806,67	42.753,33	35.984,63	72.600,00	18.150,00	54.450,00	45.829,48
3	51.920,00	11.146,67	40.773,33	31.484,49	72.600,00	18.150,00	54.450,00	42.045,39
4	49.280,00	10.486,67	38.793,33	27.482,18	26.400,00	6.600,00	19.800,00	14.026,82
5	46.640,00	9.826,67	36.813,33	23.926,14	26.400,00	6.600,00	19.800,00	12.868,64
6	0,00	9.166,67	−9.166,67	−5.465,78	26.400,00	6.600,00	19.800,00	11.806,09
Summe	259.600,00	55.733,33	203.866,67	154.451,41	270.600,00	67.650,00	202.950,00	176.530,55

Achtung !!!!!!
Die ermittelte Steuerminde-rung (hier 25 %) wird vom Gesamtaufwand der jeweiligen Finanzierungs-alternative ermittelt.

Barwertvergleich nach Steuern

Ergebnis:

	Darlehen	Leasing	Vorteil
Vergleich der Liquiditätsbelastung	259.600,00 EUR	270.600,00 EUR	Darlehen
Vergleich des Gesamtaufwands	222.933,33 EUR	270.600,00 EUR	Darlehen/Leasing
Barwertvergleich _vor_ Steuern	203.714,89 EUR	235.374,06 EUR	Darlehen
Barwertvergleich _nach_ Steuern	154.451,41 EUR	176.530,55 EUR	Darlehen

Aufgaben

Ein Unternehmen benötigt zur Produktion von Fertigerzeugnissen eine neue Maschine. Sie wird im Januar 2014 zum Anschaffungspreis von 360.000,00 EUR gekauft. Die Maschine hat eine betriebsgewöhnliche Nutzungsdauer von zehn Jahren.

Folgende Finanzierungsmöglichkeiten stehen zur Auswahl:

Kredit der Bank	Leasingangebot
• Darlehen 360.000,00 EUR • Zinssatz 4,8 % • Auszahlung 100 % • Laufzeit 8 Jahre • Tilgung jeweils am Jahresende in gleichen Raten	• Grundmietzeit 5 Jahre • Jährliche Leasingrate in der Grundmietzeit: 20 % des Anschaffungspreises, zahlbar am Jahresende • Leasingrate pro Jahr nach Ablauf der Grundmietzeit: 7 % des Anschaffungspreises, zahlbar am Jahresende

Gewinnsteuersatz 20 %, Kalkulationszinssatz 7 %.

1. Vergleichen Sie die beiden Finanzierungsmöglichkeiten hinsichtlich der Liquiditätsbelastung und des Aufwands.

2. Vergleichen Sie die Barwerte der beiden Finanzierungsmöglichkeiten ohne steuerliche Berücksichtigung.

3. Vergleichen Sie die Barwerte der beiden Finanzierungsmöglichkeiten mit Berücksichtigung der steuerlichen Auswirkungen.

15.3   Abituraufgaben

Abituraufgabe 2008 (Aufgabe 1, teilweise)

2. Die Geschäftsleitung der GmbH & Co. KG beabsichtigt, die Luftflotte um vier gebrauchte Flugzeuge zu vergrößern. Die Anschaffungskosten werden auf insgesamt 384 Mio. EUR geschätzt.

Für die Finanzierung mit einem Kredit bzw. mit Leasing liegen folgende Angebote vor:

Kreditbedingungen	Leasingbedingungen
• Laufzeit 8 Jahre • Zinssatz 7 % • Auszahlung 96 % • Tilgung in 8 gleichen jährlichen Raten am Jahresende • jährliche Zinszahlungen am Jahresende	• Grundmietzeit 7 Jahre • jährliche Leasingrate 18 % der Investitionssumme

2.1 Ermitteln Sie in einer übersichtlichen Darstellung für jede Finanzierungsalternative die Höhe des Gewinns, der aus diesem Investitionsvorhaben in den ersten drei Jahren insgesamt zu erwarten ist. Berücksichtigen Sie dabei die folgenden Angaben:
Es wird erwartet, dass die zusätzlichen Flugzeuge jährlich zusammen 120 Mio. EUR Umsatz erwirtschaften. Beim Kauf sind die Finanzierungsaufwendungen und die lineare Abschreibung von jährlich 10 % zu berücksichtigen. Das Disagio wird entsprechend der

Kreditlaufzeit linear abgeschrieben. Bei beiden Finanzierungsalternativen entstehen zusätzlich pro Jahr durchschnittlich 30 Mio. EUR sonstige Aufwendungen.

2.2 Erläutern Sie zwei Gründe, die den Investor veranlassen könnten, nicht die sich in 2.1 ergebende günstigere Alternative zu wählen.

2.3 Für den Fall der Kreditfinanzierung werden Sicherheiten benötigt.

Beschreiben Sie, wie die Flugzeuge zur Kreditsicherung dienen können. Gehen Sie dabei auch auf zwei Risiken für den Kreditgeber ein.

Abituraufgabe 2012 (Aufgabe 1, teilweise)

3. Die Autoteile Berger KG benötigt zu Beginn des Jahres 2012 eine Fertigungsmaschine zum Anschaffungspreis von 180.000,00 EUR. Die Maschine hat eine betriebsgewöhnliche Nutzungsdauer von sechs Jahren und soll linear abgeschrieben werden. Es eröffnen sich folgende Finanzierungsmöglichkeiten:

Kreditangebot der Hausbank	Angebot der Deutschen Leasing AG
• Darlehen in Höhe von 180.000,00 EUR • Soll-Zinssatz 7 % • Auszahlung des Darlehens zu 100 % • Laufzeit 48 Monate • Tilgung jeweils am Jahresende in gleichen Raten	• Grundmietzeit 48 Monate • jährliche Leasingrate während der Grundmietzeit (zahlbar jeweils am Jahresende): 24 % der Anschaffungskosten • jährliche Leasingrate nach Ablauf der Grundmietzeit (zahlbar jeweils am Jahresende): 17 % der Anschaffungskosten

3.1 Prüfen und begründen Sie, welche Art des Leasingvertrages hinsichtlich
   • der Dauer der Leasingzeit,
   • des Leasinggebers
   vorliegt.

3.2 Ermitteln Sie die Liquiditätsbelastung und den Gesamtaufwand für beide Finanzierungsalternativen während der gesamten Nutzungsdauer.
   Verwenden Sie für Ihre Lösung die Tabellen der **Anlage 1**.

3.3 Das Kreditangebot der Hausbank wäre auch als Annuitätendarlehen mit einem Soll-Zinssatz von 7 % möglich.
   Berechnen Sie die Liquiditätsbelastung während der gesamten Nutzungsdauer, wenn der Kredit als Annuitätendarlehen nach vier Jahren vollständig getilgt sein soll (siehe **Anlage 3**).

3.4 Der Leiter der Finanzbuchhaltung schlägt vor, weitere Aspekte wie Gewinnsteuern und Barwerte in die Finanzierungsentscheidung einzubeziehen.

3.4.1 Erläutern Sie, weshalb der Barwert der Liquiditätsbelastung aussagekräftiger ist als die in Teilaufgabe 3.2 berechnete Liquiditätsbelastung.

3.4.2 Berechnen Sie auf der Grundlage Ihrer Ergebnisse aus Teilaufgabe 3.2 die Barwerte der Liquiditätsbelastung nach Steuern für die einzelnen Nutzungsjahre und insgesamt. Berücksichtigen Sie dazu einen Gewinnsteuersatz von 20 % und einen Kalkulationszinssatz von 8 %.
   Interpretieren Sie Ihr Ergebnis.
   Verwenden Sie für Ihre Lösung die Tabellen der **Anlage 2** sowie **Anlage 3**.
   Berechnungen sind auf volle Euro zu runden.

3.4.3 Prüfen Sie, ob und gegebenenfalls wie sich die Steuerminderung bei der Darlehensfinanzierung verändern würde, wenn statt des Abzahlungsdarlehens zu gleichen Bedingungen ein Festdarlehen in Anspruch genommen werden könnte. Begründen Sie Ihre Antwort (rechnerischer Nachweis nicht erforderlich).

Anlage 1 zu Teilaufgabe 3.2

Darlehen der Hausbank (in EUR)

Jahr	Darlehen am Jahresanfang	Zinsen	Tilgung	Abschreibung	Liquiditäts- belastung	Gesamt- aufwand
1						
2						
3						
4						
5						
6						
Σ						

Leasingangebot (in EUR)

Jahr	Liquiditätsbelastung	Gesamtaufwand
1		
2		
3		
4		
5		
6		
Σ		

Anlage 2 zu Aufgabe 3.4.2

Liquiditätsbelastung und Barwerte beim Darlehen (in EUR)					
Jahr	Liquiditätsbelastung vor Steuern	Gesamtaufwand	Steuerminderung	Liquiditätsbelastung nach Steuern	Barwert
1					
2					
3					
4					
5					
6					
Σ					

Liquiditätsbelastung und Barwerte beim Leasing (in EUR)					
Jahr	Liquiditätsbelastung vor Steuern	Gesamtaufwand	Steuerminderung	Liquiditätsbelastung nach Steuern	Barwert
1					
2					
3					
4					
5					
6					
Σ					

Anlage 3

Aufzinsungs-, Abzinsungs- und Annuitätenfaktoren

für Zinssätze (p) von 5 % bis 10 % $q = 1 + p : 100$
und Laufzeiten (n) von 1–10 Jahren

Aufzinsungsfaktor: q^n Annuitätenfaktor: $\dfrac{q^n (q-1)}{(q^n - 1)}$

Abzinsungsfaktor: $\dfrac{1}{q^n}$

5 % n	q^n	$\dfrac{1}{q^n}$	$\dfrac{q^n(q-1)}{(q^n-1)}$
1	1,050000	0,952381	1,050000
2	1,102500	0,907029	0,537805
3	1,157625	0,863838	0,367209
4	1,215506	0,822702	0,282012
5	1,276282	0,783526	0,230975
6	1,340096	0,746215	0,197017
7	1,407100	0,710681	0,172820
8	1,477455	0,676839	0,154722
9	1,551328	0,644609	0,140690
10	1,628895	0,613913	0,129505

6 % n	q^n	$\dfrac{1}{q^n}$	$\dfrac{q^n(q-1)}{(q^n-1)}$
1	1,060000	0,943396	1,060000
2	1,123600	0,889996	0,545437
3	1,191016	0,839619	0,374110
4	1,262477	0,792094	0,288591
5	1,338226	0,747258	0,237396
6	1,418519	0,704961	0,203363
7	1,503630	0,665057	0,179135
8	1,593848	0,627412	0,161036
9	1,689479	0,591898	0,147022
10	1,790848	0,558395	0,135868

7 % n	q^n	$\dfrac{1}{q^n}$	$\dfrac{q^n(q-1)}{(q^n-1)}$
1	1,070000	0,934579	1,070000
2	1,144900	0,873439	0,553092
3	1,225043	0,816298	0,381052
4	1,310796	0,762895	0,295228
5	1,402552	0,712986	0,243891
6	1,500730	0,666342	0,209796
7	1,605781	0,622750	0,185553
8	1,718186	0,582009	0,167468
9	1,838459	0,543934	0,153486
10	1,967151	0,508349	0,142378

8 % n	q^n	$\dfrac{1}{q^n}$	$\dfrac{q^n(q-1)}{(q^n-1)}$
1	1,080000	0,925926	1,080000
2	1,166400	0,857339	0,560769
3	1,259712	0,793832	0,388034
4	1,360489	0,735030	0,301921
5	1,469328	0,680583	0,250456
6	1,586874	0,630170	0,216315
7	1,713824	0,583490	0,192072
8	1,850930	0,540269	0,174015
9	1,999005	0,500249	0,160080
10	2,158925	0,463193	0,149029

9 % n	q^n	$\dfrac{1}{q^n}$	$\dfrac{q^n(q-1)}{(q^n-1)}$
1	1,090000	0,917431	1,090000
2	1,188100	0,841680	0,568469
3	1,295029	0,772183	0,395055
4	1,411582	0,708425	0,308669
5	1,538624	0,649931	0,257092
6	1,677100	0,596267	0,222920
7	1,828039	0,547034	0,198691
8	1,992563	0,501866	0,180674
9	2,171893	0,460428	0,166799
10	2,367364	0,422411	0,155820

10 % n	q^n	$\dfrac{1}{q^n}$	$\dfrac{q^n(q-1)}{(q^n-1)}$
1	1,100000	0,909091	1,100000
2	1,210000	0,826446	0,576190
3	1,331000	0,751315	0,402115
4	1,464100	0,683013	0,315471
5	1,610510	0,620921	0,263797
6	1,771561	0,564474	0,229607
7	1,948717	0,513158	0,205405
8	2,143589	0,466507	0,187444
9	2,357948	0,424098	0,173641
10	2,593742	0,385543	0,162745

16 Finanzierung und Investition VII: Finanzierungsarten (Überblick)

16.1 Stofftelegramme und Aufgaben

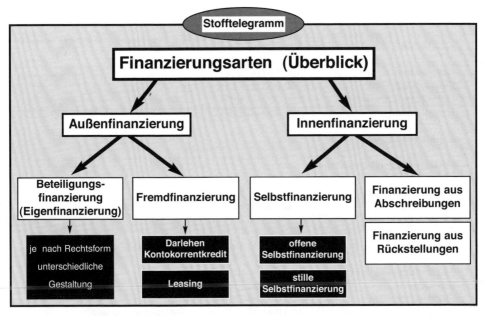

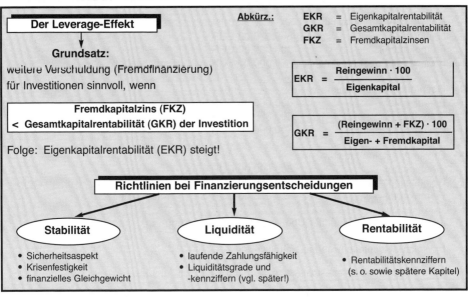

Aufgaben

1. a) Zeigen Sie in einer übersichtlichen Skizze die Finanzierungsarten.

    b) Definieren Sie in Kurzform jede Finanzierungsart.

2. Beschreiben Sie kurz die allgemeinen Finanzierungsgrundsätze.

3. Was versteht man unter „Leverage-Effekt"?

4. Reingewinn: 100.000,00 EUR
    Eigenkapital: 5.000.000,00 EUR
    Fremdkapitalzinsen: 500.000,00 EUR
    Fremdkapital: 7.000.000,00 EUR

    a) Eigenkapitalrentabilität?

    b) Gesamtkapitalrentabilität?

5. Eigenkapitalrentabilität: 10 %
    Eigenkapital: 200.000,00 EUR   Reingewinn?

6. Eigenkapitalrentabilität: 10 %
    Reingewinn: 80.000,00 EUR   Eigenkapital?

7. Gesamtkapitalrentabilität: 10 %
    Eigenkapital: 300.000,00 EUR
    Fremdkapital: 800.000,00 EUR
    Reingewinn: 100.000,00 EUR   Fremdkapitalzinsen?

8. Gesamtkapitalrentabilität: 10 %
    Reingewinn: 800.000,00 EUR
    Fremdkapital: 900.000,00 EUR
    Fremdkapitalzinsen: 50.000,00 EUR   Eigenkapital?

9. Gesamtkapitalrentabilität: 5 %
    Eigenkapital: 4.000.000,00 EUR
    Fremdkapital: 4.000.000,00 EUR
    Fremdkapitalzinsen: 300.000,00 EUR   Reingewinn?

10. Gesamtkapitalrentabilität: 2 %
    Eigenkapital: 800.000,00 EUR
    Reingewinn: 80.000,00 EUR
    Fremdkapitalzinsen: 50.000,00 EUR   Fremdkapital?

11. a) Erklären Sie die Begriffe „Über- und Unterfinanzierung".

    b) Welche Nachteile ergeben sich jeweils?

16.2   Abituraufgaben

Abituraufgabe 1997 (Aufgabe 4, teilweise)

5.5   Berechnen Sie die Eigenkapitalrentabilität vor und nach einer Investition in Höhe von 8,0 Mio. EUR, wenn die Investition voll fremdfinanziert wurde.

Eigenkapital:	28,0 Mio. EUR
Gewinn vor der Investition:	2,5 Mio. EUR
Ertragszuwachs geschätzt:	1,2 Mio. EUR/Jahr
angenommener Effektivzins für Fremdkapital:	7 % p. a.

Interpretieren Sie die ermittelten Ergebnisse unter dem Aspekt des Leverage-Effekts.

Abituraufgabe 2008 (Aufgabe 1, teilweise)

2.4   Ein Finanzberater schlägt eine Kreditfinanzierung vor und begründet dies unter anderem mit dem Leverage-Effekt.

Erläutern Sie allgemein den Leverage-Effekt und erklären Sie, unter welchen Voraussetzungen ein positiver Effekt eintritt.

17 Finanzierung und Investition VIII: Investitionsrechnung

17.1 Arten von Sachinvestitionen

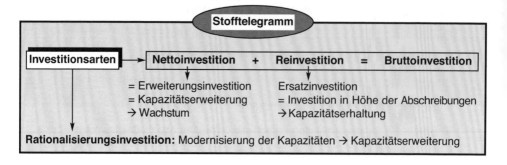

Stofftelegramm

Investitionsarten ➔ Nettoinvestition + Reinvestition = Bruttoinvestition

= Erweiterungsinvestition
= Kapazitätserweiterung
➔ Wachstum

Ersatzinvestition
= Investition in Höhe der Abschreibungen
➔ Kapazitätserhaltung

Rationalisierungsinvestition: Modernisierung der Kapazitäten ➔ Kapazitätserweiterung

17.2 Statische Investitionsrechnung

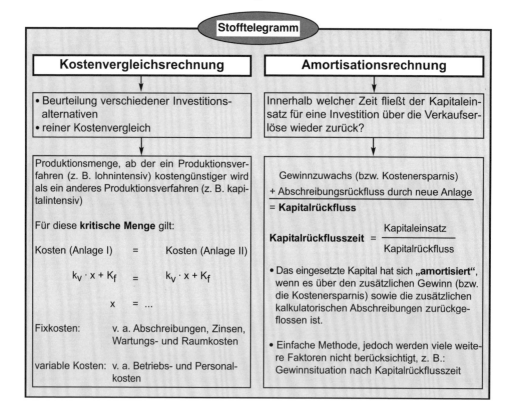

Stofftelegramm

Kostenvergleichsrechnung

- Beurteilung verschiedener Investitionsalternativen
- reiner Kostenvergleich

Produktionsmenge, ab der ein Produktionsverfahren (z. B. lohnintensiv) kostengünstiger wird als ein anderes Produktionsverfahren (z. B. kapitalintensiv)

Für diese **kritische Menge** gilt:

Kosten (Anlage I) = Kosten (Anlage II)

$$k_v \cdot x + K_f = k_v \cdot x + K_f$$

$$x = \dots$$

Fixkosten: v. a. Abschreibungen, Zinsen, Wartungs- und Raumkosten

variable Kosten: v. a. Betriebs- und Personalkosten

Amortisationsrechnung

Innerhalb welcher Zeit fließt der Kapitaleinsatz für eine Investition über die Verkaufserlöse wieder zurück?

Gewinnzuwachs (bzw. Kostenersparnis)
+ Abschreibungsrückfluss durch neue Anlage
= **Kapitalrückfluss**

$$\text{Kapitalrückflusszeit} = \frac{\text{Kapitaleinsatz}}{\text{Kapitalrückfluss}}$$

- Das eingesetzte Kapital hat sich „amortisiert", wenn es über den zusätzlichen Gewinn (bzw. die Kostenersparnis) sowie die zusätzlichen kalkulatorischen Abschreibungen zurückgeflossen ist.

- Einfache Methode, jedoch werden viele weitere Faktoren nicht berücksichtigt, z. B.: Gewinnsituation nach Kapitalrückflusszeit

Aufgaben

1. Nennen und erklären Sie zwei statische Investitionsrechnungsarten.

2. Produktionsverfahren I: Variable Stückkosten   200,00 EUR
                                 Fixkosten   10.000,00 EUR

   Produktionsverfahren II: Variable Stückkosten   300,00 EUR
                                 Fixkosten   8.000,00 EUR

   a) Wo liegt die kritische Menge?

   b) Bei welchen Produktionsmengen ist Verfahren I, bei welchen Verfahren II günstiger?

3. Wir überlegen, ob wir eine Erweiterungsinvestition vornehmen sollen. Folgende Daten liegen vor:

	Anlage A	Anlage B
Kapitaleinsatz	1.000.000,00 EUR	1.200.000,00 EUR
Lebensdauer	10 Jahre	8 Jahre
Durchschnittl. Gewinnsteigerung pro Jahr	150.000,00 EUR	170.000,00 EUR
Lineare Abschreibung		

   Berechnen Sie mithilfe der Amortisationsrechnung, welche Anlage gekauft werden sollte.

17.3   Dynamische Investitionsrechnung

Stofftelegramm

- Die einperiodige Betrachtung der statischen Verfahren wird durch die Berücksichtigung sämtlicher Ein- und Auszahlungen über alle Perioden hinweg ersetzt.

- Der unterschiedliche zeitliche Anfall von Aus- und Einzahlungen während der Nutzungsdauer wird zinsmäßig (Abzinsung, Diskontierung) berücksichtigt.

Kapitalwertmethode

- Diskontierung (Abzinsung) der jährlichen Einzahlungsüberschüsse (Cashflows) auf den Entscheidungszeitpunkt (→ Barwert)

- Zum Zuge kommt die Investition mit dem höchsten Kapitalwert.

Kapitalwert = Barwert der künftigen anschaffungsbezogenen Cashflows

– Anschaffungsausgabe (Investitionssumme)

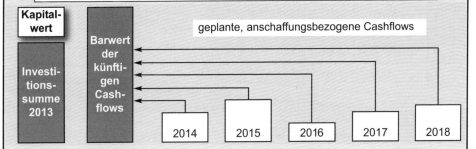

17.3.1 Ermittlung des Kapitalwertes einer Investition

Beispiel:

Die MB GmbH beabsichtigt, eine Investition vorzunehmen. Es soll eine Maschine angeschafft werden. Anschaffungskosten: 130.000,00 EUR; Nutzungsdauer fünf Jahre. Die geplanten Einnahmen und Ausgaben für die fünf Jahre sind aus der Tabelle zu entnehmen. Der von der Geschäftsleitung vorgegebene Kalkulationszinssatz beträgt 9 %.

a) Ermitteln Sie den Kapitalwert der Investition.

b) Ermitteln Sie den Kapitalwert der Investition, wenn die Maschine im fünften Jahr zum Schrottwert von 10.000,00 EUR verkauft werden kann.

Vorgehensweise
1. Ermittlung der Überschüsse jedes Jahres
2. Errechnung des Abzinsungsfaktors
3. Ermittlung des Barwertes der jeweiligen Jahre
4. Summe bilden der Barwerte der jeweiligen Jahre
5. Ermittlung des Kapitalwertes (Summe Barwerte – Anschaffungskosten)

a) **Kapitalwert ohne Liquidationserlös**

Jahr	Einnahmen	Ausgaben	Überschüsse (Einnahmen – Ausgaben)	Abzinsungsfaktor*	Barwert (Überschüsse · Abzinsungsfaktor)
1	100.000,00 EUR	60.000,00 EUR	40.000,00 EUR	0,917431	36.697,25 EUR
2	110.000,00 EUR	65.000,00 EUR	45.000,00 EUR	0,841680	37.875,60 EUR
3	120.000,00 EUR	70.000,00 EUR	50.000,00 EUR	0,772183	38.609,17 EUR
4	110.000,00 EUR	80.000,00 EUR	30.000,00 EUR	0,708425	21.252,76 EUR
5	90.000,00 EUR	72.000,00 EUR	18.000,00 EUR	0,649931	11.698,76 EUR
			Summe der Barwerte		146.133,54 EUR
			– Anschaffungskosten		130.000,00 EUR
			Kapitalwert		16.133,54 EUR

b) **Kapitalwert mit Liquidationserlös**

Jahr	Einnahmen	Ausgaben	Überschüsse (Einnahmen – Ausgaben)	Abzinsungsfaktor*	Barwert (Überschüsse · Abzinsungsfaktor)
1	100.000,00 EUR	60.000,00 EUR	40.000,00 EUR	0,917431	36.697,25 EUR
2	110.000,00 EUR	65.000,00 EUR	45.000,00 EUR	0,841680	37.875,60 EUR
3	120.000,00 EUR	70.000,00 EUR	50.000,00 EUR	0,772183	38.609,17 EUR
4	110.000,00 EUR	80.000,00 EUR	30.000,00 EUR	0,708425	21.252,76 EUR
5	90.000,00 EUR	72.000,00 EUR	18.000,00 EUR	0,649931	11.698,76 EUR
5	Liquidationserlös		10.000,00 EUR	0,649931	6.499,31 EUR
			Summe der Barwerte		152.632,86 EUR
			– Anschaffungskosten		130.000,00 EUR
			Kapitalwert		22.632,86 EUR

* Abzinsungsfaktor $= (1 + i)^{-n}$ oder $\dfrac{1}{(1 + i)^n}$ | i = Kalkulationszinssatz hier: 9 %
z. B. 3. Jahr: $(1 + 0,09)^{-3} = 0,772183$ | n = Anzahl der Jahre

Ergebnis
Die Investition ergibt in beiden Fällen einen positiven Kapitalwert, d. h., die gewünschte Verzinsung der Investition von 9 % wird sogar übertroffen. Die Investition sollte durchgeführt werden.

3 Fälle: Kapitalwert > 0, gewünschte Verzinsung wird übertroffen → Investition tätigen

Kapitalwert = 0, gewünschte Verzinsung wird genau erreicht → Investition tätigen

Kapitalwert < 0, gewünschte Verzinsung wird nicht erreicht → Investition nicht tätigen

17.3.2 Differenzinvestition (Ergänzungsinvestition)

Bei einem Vergleich von zwei Investitionsprojekten ist das Projekt mit dem höheren Kapitalwert das bessere.

Wenn zwei Investitionsprojekte mit unterschiedlichen Anschaffungskosten bzw. mit unterschiedlicher Nutzungsdauer verglichen werden, muss in Höhe der Abweichung der Anschaffungskosten eine „fiktive" Investitionsrechnung der Differenz erfolgen, um die Projekte vergleichbar zu machen.

Beispiel

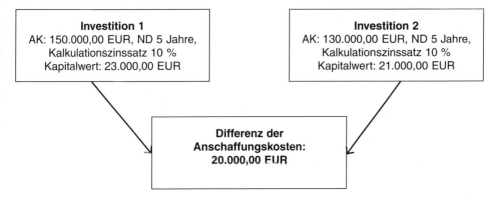

Investition 1
AK: 150.000,00 EUR, ND 5 Jahre,
Kalkulationszinssatz 10 %
Kapitalwert: 23.000,00 EUR

Investition 2
AK: 130.000,00 EUR, ND 5 Jahre,
Kalkulationszinssatz 10 %
Kapitalwert: 21.000,00 EUR

Differenz der Anschaffungskosten:
20.000,00 EUR

Annahme
Die Differenz in Höhe von 20.000,00 EUR kann in ein anderes Projekt investiert werden.
ND 5 Jahre, Kalkulationszinssatz 10 %. Die geschätzten Überschüsse sind in der Tabelle unten eingetragen. Kapitalwert der Differenzinvestition?

Jahr	Überschüsse	Abzinsungsfaktor	Barwert
1	6.000,00 EUR	0,909091	5.454,55 EUR
2	6.500,00 EUR	0,826446	5.371,90 EUR
3	5.600,00 EUR	0,751315	4.207,36 EUR
4	5.500,00 EUR	0,683013	3.756,57 EUR
5	6.800,00 EUR	0,620921	4.222,26 EUR

	Summe der Barwerte	23.012,65 EUR
	– Anschaffungskosten	20.000,00 EUR
	Kapitalwert der Differenzinvestition	3.012,65 EUR

Ergebnis
Der Kapitalwert der Differenzinvestition muss der Investition 2 zugerechnet werden.

Investition 1		Investition 2 + Differenzinv.
Kapitalwert: 23.000,00 EUR		Kapitalwert: 21.000,00 EUR + Kapitalwert: 3.012,65 EUR Summe 24.012,65 EUR

Die Differenzinvestition und die Investition 2 haben einen um 1.012,65 EUR höheren Kapitalwert als Investition 1. Deshalb sind die Investition 2 und die Differenzinvestition günstiger. Das Unternehmen erhält in den fünf Jahren die investierten 150.000,00 EUR zurück, das eingesetzte Kapital wird mit 10 % verzinst und darüber hinaus ein Überschuss mit einem Barwert von 24.012,65 EUR erzielt.

Kritik an der Kapitalwertmethode

• Die Einzahlungen und Auszahlungen sind Schätzungen und häufig dem Investitionsprojekt nicht eindeutig zurechenbar.
• Der Kalkulationszinssatz ist frei wählbar und somit abhängig von subjektiven Vorstellungen.

Vorteile der Kapitalwertmethode

• Berücksichtigung der Nutzungsdauer bei der Beurteilung
• Berücksichtigung der Ein- und Auszahlungen über die gesamte Nutzungsdauer
• Berücksichtigung der zeitlichen Unterschiede der Ein- und Auszahlungen

Aufgaben

1. Erklären Sie die Begriffe „Barwert", „Kapitalwert" und „Diskontierung".

2. Ein neuer Verpackungsautomat kostet 150.000,00 EUR, Nutzungsdauer vier Jahre,
    Kalkulationszinssatz 6 %. Folgende Einzahlungsüberschüsse werden erwartet:

1. Jahr	40.000,00 EUR
2. Jahr	45.000,00 EUR
3. Jahr	45.000,00 EUR
4. Jahr	50.000,00 EUR

    Ermitteln Sie den Kapitalwert der Investition und interpretieren Sie Ihr Ergebnis.

3. Ein Unternehmen plant eine Investition. Es liegen zwei alternative Angebote vor.

	Investition 1	Investition 2
Anschaffungskosten	120.000,00 EUR	120.000,00 EUR
Liquidationserlös	11.000,00 EUR	12.500,00 EUR
Nutzungsdauer	5 Jahre	5 Jahre
Einnahmeüberschüsse		
1. Jahr	27.000,00 EUR	28.000,00 EUR
2. Jahr	29.000,00 EUR	35.000,00 EUR
3. Jahr	32.000,00 EUR	39.000,00 EUR
4. Jahr	34.000,00 EUR	30.000,00 EUR
5. Jahr	38.000,00 EUR	28.000,00 EUR
Kalkulationszinssatz	12 %	12 %

    Ermitteln Sie die Kapitalwerte der Investitionsalternativen und entscheiden Sie sich
    begründet für eine Alternative.

4. In einem Unternehmen ist ein Streit entstanden. Der Produktionsleiter möchte eine teure,
    dafür aber vier Jahre nutzbare Maschine kaufen (TeMA). Die Unternehmensleitung
    möchte sich nicht so langfristig binden. Sie bevorzugt eine günstige Maschine, die jedoch
    nur zwei Jahre genutzt werden kann (NuMA). Bei beiden Maschinen ist nach der
    Nutzungsdauer kein Liquidationserlös zu erwarten.

		TeMA	NuMA
Anschaffungskosten		300.000,00 EUR	150.000,00 EUR
Einzahlungsüberschüsse	Jahr 1	120.000,00 EUR	115.000,00 EUR
	Jahr 2	120.000,00 EUR	115.000,00 EUR
	Jahr 3	120.000,00 EUR	
	Jahr 4	120.000,00 EUR	
Kalkulationszinssatz		15 %	15 %

    Ermitteln Sie die Kapitalwerte der Investitionsalternativen und entscheiden Sie sich
    begründet für eine Alternative.

17.4   Abituraufgaben

Abituraufgabe 2010 (Aufgabe 2, Teil 2)

5.   Die KG plant eine Investition in Höhe von 400.000,00 EUR.

5.1 Für die Beurteilung der Vorteilhaftigkeit von Investitionen können u. a. die Kostenvergleichsrechnung und die Kapitalwertmethode herangezogen werden. Geben Sie jeweils zwei Nachteile dieser Methoden an.

5.2 Für die Investition liegen folgende Plandaten aus dem Rechnungswesen vor:

Investitionssumme   400.000,00 EUR
Nutzungsdauer der Anlage   6 Jahre
Liquidationserlös der Anlage (Restwert)   10.000,00 EUR

Zahlungszeitpunkt: Jahresende	lfd. Einzahlungen (in EUR)	lfd. Auszahlungen (in EUR)
1	125.000,00	45.000,00
2	135.000,00	50.000,00
3	135.000,00	47.000,00
4	140.000,00	70.000,00
5	160.000,00	85.000,00
6	195.000,00	60.000,00

• Ermitteln Sie den Kapitalwert für diese Investition bei einem Kalkulationszinsfuß von 6 %. Die Berechnungen sind auf volle Euro zu runden (siehe **Anlage**).

• Erläutern Sie ausführlich, was der von Ihnen ermittelte Kapitalwertbetrag aussagt.

5.3 Ein Konkurrenzunternehmen setzt bei einer vergleichbaren Investition einen höheren Kalkulationszinssatz an.

• Erläutern Sie zwei Überlegungen, die diesem Vorgehen zugrunde liegen könnten.

• Begründen Sie, welche Auswirkungen dieses Vorgehen auf die Höhe des Kapitalwertes hat.

Anlage

Aufzinsungs-, Abzinsungs- und Annuitätenfaktoren

für Zinssätze (p) von 5 % bis 10 % $q = 1 + p/100$
und Laufzeiten (n) von 1–10 Jahren

Aufzinsungsfaktor: q^n Annuitätenfaktor: $\dfrac{q^n(q-1)}{(q^n-1)}$

Abzinsungsfaktor: $\dfrac{1}{q^n}$

5 % / n	q^n	$\dfrac{1}{q^n}$	$\dfrac{q^n(q-1)}{(q^n-1)}$
1	1,050000	0,952381	1,050000
2	1,102500	0,907029	0,537805
3	1,125625	0,863838	0,367209
4	1,215506	0,822702	0,282012
5	1,276282	0,783526	0,230978
6	1,340096	0,746215	0,197017
7	1,407100	0,710681	0,172820
8	1,477455	0,676839	0,154722
9	1,551328	0,644609	0,140690
10	1,628895	0,613913	0,129505

6 % / n	q^n	$\dfrac{1}{q^n}$	$\dfrac{q^n(q-1)}{(q^n-1)}$
1	1,060000	0,943396	1,060000
2	1,123600	0,889996	0,545437
3	1,191016	0,839619	0,374110
4	1,262477	0,792094	0,288591
5	1,338226	0,747258	0,237396
6	1,418519	0,704961	0,203363
7	1,503630	0,665057	0,179135
8	1,593848	0,627412	0,161036
9	1,689479	0,591898	0,147022
10	1,790848	0,558395	0,135868

7 % / n	q^n	$\dfrac{1}{q^n}$	$\dfrac{q^n(q-1)}{(q^n-1)}$
1	1,070000	0,934579	1,070000
2	1,144900	0,873439	0,553092
3	1,225043	0,816298	0,381052
4	1,310796	0,762895	0,295228
5	1,402552	0,712986	0,243891
6	1,500730	0,666342	0,209796
7	1,605781	0,622750	0,185553
8	1,718186	0,582009	0,167468
9	1,838459	0,543934	0,153486
10	1,967151	0,508349	0,142378

8 % / n	q^n	$\dfrac{1}{q^n}$	$\dfrac{q^n(q-1)}{(q^n-1)}$
1	1,080000	0,925926	1,080000
2	1,166400	0,857339	0,560769
3	1,259712	0,793932	0,388034
4	1,360489	0,735030	0,301921
5	1,469328	0,680583	0,250456
6	1,586874	0,630170	0,216315
7	1,713824	0,583490	0,192072
8	1,850930	0,540269	0,174015
9	1,999005	0,500249	0,160080
10	2,158925	0,463193	0,149029

9 % / n	q^n	$\dfrac{1}{q^n}$	$\dfrac{q^n(q-1)}{(q^n-1)}$
1	1,090000	0,917431	1,090000
2	1,188100	0,841680	0,568469
3	1,295029	0,772183	0,395055
4	1,411582	0,708425	0,308669
5	1,538624	0,649931	0,257092
6	1,677100	0,596267	0,222920
7	1,828039	0,547034	0,198691
8	1,992563	0,501866	0,180674
9	2,171893	0,460428	0,166799
10	2,367364	0,422411	0,155820

10 % / n	q^n	$\dfrac{1}{q^n}$	$\dfrac{q^n(q-1)}{(q^n-1)}$
1	1,100000	0,909091	1,100000
2	1,210000	0,826446	0,576190
3	1,331000	0,751315	0,402115
4	1,464100	0,683013	0,315471
5	1,610510	0,620921	0,263797
6	1,771561	0,564474	0,229607
7	1,948717	0,513158	0,205405
8	2,143589	0,466507	0,187444
9	2,357948	0,424098	0,173641
10	2,593742	0,385543	0,162745

Abituraufgabe 2011 (Aufgabe 2, Teil 1)

Die Freiburger Concept Möbel AG stellt in ihrem Zweigwerk in Tutschfelden ausschließlich hochwertige Schreibtische der Produktlinie Comfortline her. Im Jahr 2010 wurden 2.000 Schreibtische zu einem Nettopreis von 800,00 EUR je Stück abgesetzt. Die Geschäftsleitung plant, die bestehenden Fertigungsmaschinen durch eine neue Produktionsanlage zu ersetzen. Die alte Produktionsanlage verursacht 500.000,00 EUR Fixkosten pro Jahr und variable Stückkosten in Höhe von 550,00 EUR pro Schreibtisch. Für die neue Anlage liegen für eine Produktionsmenge von 2.000 Stück folgende Daten vor:

Anschaffungswert	2.400.000,00 EUR
Restwert nach Ablauf der Nutzungsdauer	0,00 EUR
Nutzungsdauer	6 Jahre
Fertigungslöhne pro Jahr	400.000,00 EUR
Fertigungsmaterial pro Jahr	300.000,00 EUR
Gehälter pro Jahr	60.000,00 EUR
Abschreibung	linear
sonstige fixe Kosten pro Jahr (inkl. kalk. Zinsen)	140.000,00 EUR
sonstige variable Kosten pro Jahr	100.000,00 EUR

1.   Vor einer Entscheidung verlangt der Vorstand eine Überprüfung der Vorteilhaftigkeit der Investition. Für die folgenden Investitionsrechnungen wird unterstellt, dass die Absatzmenge und der Nettoverkaufspreis des Jahres 2010 für den betrachteten Zeitraum beibehalten werden und dass alle Leistungen und Kosten mit Ausnahme der Abschreibungen zahlungswirksam sind.

1.1   Führen Sie für die erwarteten Absatzzahlen einen Vergleich der jährlichen Gesamtkosten zwischen der alten und der neuen Anlage durch.

1.2   Berechnen Sie die kritische Produktionsmenge und erläutern Sie Ihr Ergebnis.

   Hinweis: Sollten Sie zu Aufgabe 1.1 kein Ergebnis haben, gehen Sie für die neue Anlage von variablen Gesamtkosten in Höhe von 900.000,00 EUR und jährlichen Fixkosten in Höhe von 530.000,00 EUR aus.

1.3   Der Vorstand erwartet, dass sich die Ersatzinvestition (neue Anlage) innerhalb von fünf Jahren amortisiert. Es wird davon ausgegangen, dass durch die Veräußerung der Altanlage 400.000,00 EUR erzielt werden. Die alte Anlage wird bisher mit jährlich 100.000,00 EUR abgeschrieben.

1.3.1   Überprüfen Sie, ob die neue Anlage die Erwartungen des Vorstands im Hinblick auf die Amortisationszeit erfüllt.

1.3.2   Beschreiben Sie zwei Kritikpunkte an der Amortisationsrechnung als Entscheidungshilfe für die Beurteilung der Vorteilhaftigkeit einer Investition.

1.4   Als weitere Entscheidungshilfe für die Beurteilung der Vorteilhaftigkeit von Investitionen wird die Kapitalwertmethode herangezogen. Hierfür wird ein Kalkulationszinssatz in Höhe von 10 % unterstellt.

1.4.1   Erläutern Sie zwei Faktoren, die bei der Festlegung der Höhe des Kalkulationszinssatzes von Bedeutung sein können.

1.4.2 Ermitteln Sie die Höhe des Kapitalwertes der Investition (ohne Berücksichtigung der Altanlage) und beurteilen Sie Ihr Ergebnis.

Hinweis: Gehen Sie davon aus, dass der Zahlungszeitpunkt jeweils am Jahresende liegt. Alle Berechnungen sind auf volle Euro zu runden. Eine Tabelle mit Aufzinsungs-, Abzinsungs- und Annuitätenfaktoren befindet sich in **Anlage 1**.

1.4.3 Anstelle der Investition im Zweigwerk Tutschfelden stand eine Investition im Stammwerk in Freiburg zur Diskussion. Dies hätte im Vergleich zur Investition in Tutschfelden bei einer Investitionssumme von 2.000.000,00 EUR einen um 50.000,00 EUR niedrigeren Kapitalwert erzielt.

Begründen Sie mithilfe der Kapitalwertmethode, ob sich die Entscheidung zugunsten der Investition im Werk Tutschfelden verändern würde, wenn die eingesparten Anschaffungskosten zum Kalkulationszinssatz angelegt würden.

18   Der Jahresabschluss (HGB)

18.1   Der Jahresabschluss einer großen Kapitalgesellschaft (HGB)

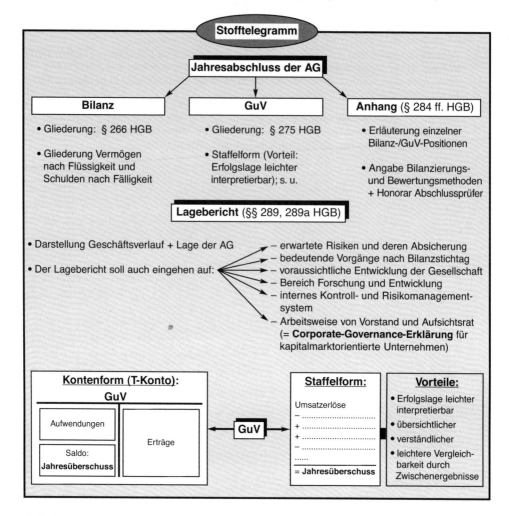

Stofftelegramm

Jahresabschluss der AG

Bilanz
- Gliederung: § 266 HGB
- Gliederung Vermögen nach Flüssigkeit und Schulden nach Fälligkeit

GuV
- Gliederung: § 275 HGB
- Staffelform (Vorteil: Erfolgslage leichter interpretierbar); s. u.

Anhang (§ 284 ff. HGB)
- Erläuterung einzelner Bilanz-/GuV-Positionen
- Angabe Bilanzierungs- und Bewertungsmethoden + Honorar Abschlussprüfer

Lagebericht (§§ 289, 289a HGB)
- Darstellung Geschäftsverlauf + Lage der AG
- Der Lagebericht soll auch eingehen auf:
  - erwartete Risiken und deren Absicherung
  - bedeutende Vorgänge nach Bilanzstichtag
  - voraussichtliche Entwicklung der Gesellschaft
  - Bereich Forschung und Entwicklung
  - internes Kontroll- und Risikomanagementsystem
  - Arbeitsweise von Vorstand und Aufsichtsrat (= **Corporate-Governance-Erklärung** für kapitalmarktorientierte Unternehmen)

Kontenform (T-Konto):
GuV

Aufwendungen	Erträge
Saldo: **Jahresüberschuss**	

GuV

Staffelform:

Umsatzerlöse
- ....
+ ....
+ ....
- ....
......
= **Jahresüberschuss**

Vorteile:
- Erfolgslage leichter interpretierbar
- übersichtlicher
- verständlicher
- leichtere Vergleichbarkeit durch Zwischenergebnisse

Aufgaben

1. Aus welchen Teilen besteht der Jahresabschluss der AG?

2. Wie werden Vermögen und Schulden gegliedert?

3. Welche Aufgaben hat a) der Anhang, b) der Lagebericht bei Kapitalgesellschaften?

4. Welche Vorteile hat die Staffelform der GuV im Vergleich zur Kontenform?

18.2   Bewertung nach Handelsrecht

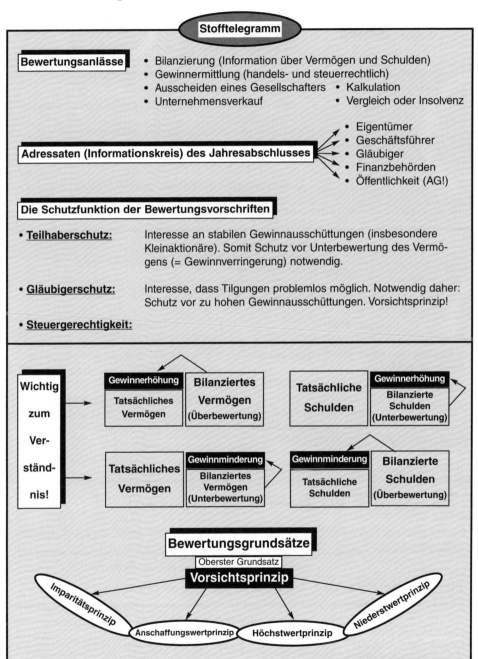

Stofftelegramm

Bewertungsanlässe
- Bilanzierung (Information über Vermögen und Schulden)
- Gewinnermittlung (handels- und steuerrechtlich)
- Ausscheiden eines Gesellschafters • Kalkulation
- Unternehmensverkauf • Vergleich oder Insolvenz

Adressaten (Informationskreis) des Jahresabschlusses
- Eigentümer
- Geschäftsführer
- Gläubiger
- Finanzbehörden
- Öffentlichkeit (AG!)

Die Schutzfunktion der Bewertungsvorschriften

- **Teilhaberschutz:**   Interesse an stabilen Gewinnausschüttungen (insbesondere Kleinaktionäre). Somit Schutz vor Unterbewertung des Vermögens (= Gewinnverringerung) notwendig.

- **Gläubigerschutz:**   Interesse, dass Tilgungen problemlos möglich. Notwendig daher: Schutz vor zu hohen Gewinnausschüttungen. Vorsichtsprinzip!

- **Steuergerechtigkeit:**

Wichtig zum Verständnis!

| Gewinnerhöhung | **Bilanziertes Vermögen** (Überbewertung) |
| Tatsächliches Vermögen | |

| **Tatsächliche Schulden** | Gewinnerhöhung |
| | **Bilanzierte Schulden** (Unterbewertung) |

| **Tatsächliches Vermögen** | Gewinnminderung |
| | **Bilanziertes Vermögen** (Unterbewertung) |

| Gewinnminderung | **Bilanzierte Schulden** (Überbewertung) |
| **Tatsächliche Schulden** | |

Bewertungsgrundsätze

Oberster Grundsatz
Vorsichtsprinzip

Imparitätsprinzip

Anschaffungswertprinzip   Höchstwertprinzip

Niederstwertprinzip

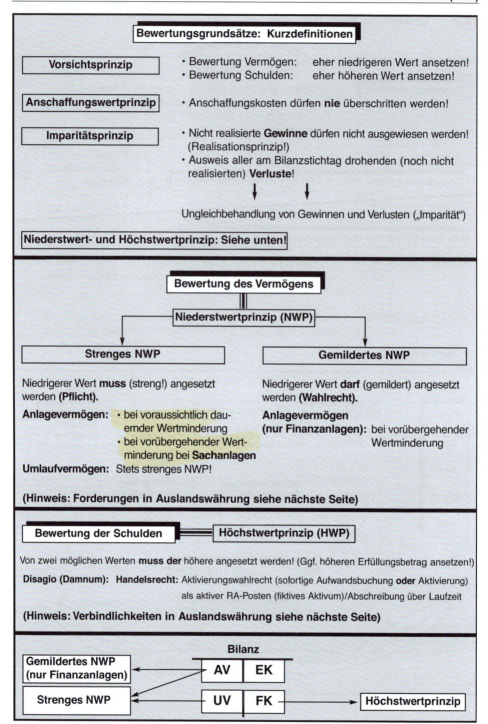

Bewertungsgrundsätze: Kurzdefinitionen

Vorsichtsprinzip
- Bewertung Vermögen: eher niedrigeren Wert ansetzen!
- Bewertung Schulden: eher höheren Wert ansetzen!

Anschaffungswertprinzip
- Anschaffungskosten dürfen **nie** überschritten werden!

Imparitätsprinzip
- Nicht realisierte **Gewinne** dürfen nicht ausgewiesen werden! (Realisationsprinzip!)
- Ausweis aller am Bilanzstichtag drohenden (noch nicht realisierten) **Verluste**!

Ungleichbehandlung von Gewinnen und Verlusten („Imparität")

Niederstwert- und Höchstwertprinzip: Siehe unten!

Bewertung des Vermögens

Niederstwertprinzip (NWP)

Strenges NWP

Niedrigerer Wert **muss** (streng!) angesetzt werden **(Pflicht).**

Anlagevermögen:
- bei voraussichtlich dauernder Wertminderung
- bei vorübergehender Wertminderung bei **Sachanlagen**

Umlaufvermögen: Stets strenges NWP!

Gemildertes NWP

Niedrigerer Wert **darf** (gemildert) angesetzt werden **(Wahlrecht).**

Anlagevermögen (nur Finanzanlagen): bei vorübergehender Wertminderung

(Hinweis: Forderungen in Auslandswährung siehe nächste Seite)

Bewertung der Schulden ══ **Höchstwertprinzip (HWP)**

Von zwei möglichen Werten **muss der** höhere angesetzt werden! (Ggf. höheren Erfüllungsbetrag ansetzen!)

Disagio (Damnum): Handelsrecht: Aktivierungswahlrecht (sofortige Aufwandsbuchung **oder** Aktivierung) als aktiver RA-Posten (fiktives Aktivum)/Abschreibung über Laufzeit

(Hinweis: Verbindlichkeiten in Auslandswährung siehe nächste Seite)

Bilanz

Gemildertes NWP (nur Finanzanlagen)

AV	EK

Strenges NWP

UV	FK

Höchstwertprinzip

Verbindlichkeiten in Fremdwährung

(Neue Bewertung nach dem seit 2010 geltenden Bilanzrechtsmodernisierungsgesetz)

Bewertung bei **Zugang**, z. B. 12.12. → **Devisenkassa-mittelkurs** $= \dfrac{\text{Geldkurs} + \text{Briefkurs}}{2}$

Bewertung der Verbindlichkeit am Bilanzstichtag (31.12.)

Restlaufzeit > 1 Jahr	Restlaufzeit ≤ 1 Jahr
Bewertung zum **höheren Betrag**	Bewertung zum **Devisenkassamittelkurs**
Höchstwertprinzip, Realisationsprinzip, Imparitätsprinzip } **gelten**	Höchstwertprinzip, Realisationsprinzip, Imparitätsprinzip } **gelten nicht**
Kursverluste: ausweisen **Kursgewinne:** nicht ausweisen	**Kursverluste:** ausweisen **Kursgewinne:** ausweisen

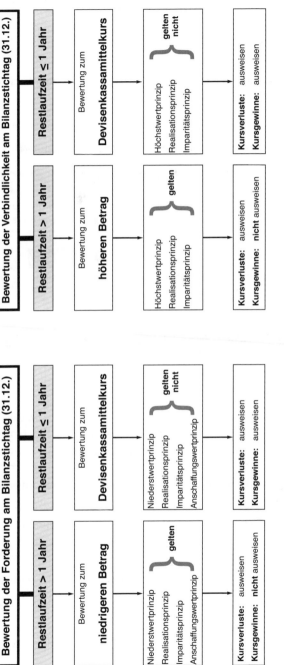

Forderungen in Fremdwährung

(Neue Bewertung nach dem seit 2010 geltenden Bilanzrechtsmodernisierungsgesetz)

Bewertung bei **Zugang**, z. B. 12.12. → **Devisenkassa-mittelkurs** $= \dfrac{\text{Geldkurs} + \text{Briefkurs}}{2}$

Bewertung der Forderung am Bilanzstichtag (31.12.)

Restlaufzeit > 1 Jahr	Restlaufzeit ≤ 1 Jahr
Bewertung zum **niedrigeren Betrag**	Bewertung zum **Devisenkassamittelkurs**
Niederstwertprinzip, Realisationsprinzip, Imparitätsprinzip, Anschaffungswertprinzip } **gelten**	Niederstwertprinzip, Realisationsprinzip, Imparitätsprinzip, Anschaffungswertprinzip } **gelten nicht**
Kursverluste: ausweisen **Kursgewinne:** nicht ausweisen	**Kursverluste:** ausweisen **Kursgewinne:** ausweisen

Hinweis: Stoff Eingangsklasse (Vorstruktur)

Abschreibungen   **Zweck:**   • Erfassung von Wertminderungen
• Verteilung der AHK auf Nutzungsdauer

Ursachen: Abnutzung, techn. Fortschritt, Schadensfälle, wirtschaftl. Entwertung ...

Planmäßige Abschreibungen: nur auf **abnutzbares** Anlagevermögen!

Außerplanmäßige Abschreibungen: bei abnutzbarem + nicht abnutzbarem Anlagevermögen. Gründe für außerplanmäßige Abschreibungen beim Anlagevermögen: Außergewöhnliche technische oder wirtschaftliche Abnutzung (erhöhter Verschleiß wegen Überbeanspruchung, Schadensfälle, technischer Fortschritt, Modewechsel ...)

Abschreibungsbeginn bei beweglichen Anlagegütern:

Jan.	Feb.	März	April	Mai	Juni	Juli	Aug.	Sept.	Okt.	Nov.	Dez.

**Abschreibung ab Monat des Erwerbs bzw. Fertigstellung
(monatsgenaue Abschreibung)**

Beispiel

Die Anschaffungskosten einer am **a) 10. Dezember, b) 10. Juni** gekauften Maschine betragen 400.000,00 EUR. Nutzungsdauer 5 Jahre; lineare Abschreibung.

Ermitteln Sie den Bilanzwert zum 31. Dezember.

Lösung

a

Anschaffungskosten	400.000,00 EUR

./. **Abschreibung:** 20 % · $\frac{1}{12}$

= 1,66.. % von 400.000,00 EUR = **6.667,00 EUR**

= Bilanzwert 31.12.	**393.333,00 EUR**

b

Anschaffungskosten	400.000,00 EUR

./. **Abschreibung:** 20 % · $\frac{7}{12}$

= 11,66.. % von 400.000,00 EUR = **46.667,00 EUR**

= Bilanzwert 31.12.	**353.333,00 EUR**

Abschreibungsbeginn bei unbewegl. abnutzbaren Anlagegütern (v. a. Betriebsgebäude):

Abschreibung ab Monat der Bezugsfertigkeit. Bei Gebäuden Aufteilung der Anschaffungskosten auf Grundstück und Gebäude! (Nur Gebäude ist abschreibungsfähig!)

Abschreibungsverfahren: (Hinweis: degressive Abschreibung möglich, wenn dadurch der Werteverzehr sachgerecht dargestellt wird. Aus steuerlichen Gründen ist degressiv nicht erlaubt.)

1. Lineare Abschreibung (gleichbleibende Abschreibungsbeträge)

2. Degressive Abschreibung (fallende Abschreibungsbeträge):

   Vorteile der degressiven Methode: • hoher Wertverlust im 1. Jahr besser berücksichtigt
   • jederzeitiger Wechsel zu linear möglich

   Höhe der degressiven Abschreibung (steuerrechtlich bis 2010):
   • max. das 2,5-Fache der linearen Abschreibung
   • Obergrenze 25 % (gilt im Augenblick nicht)

Zuschreibung

fällt der Grund für eine a. p. Abschreibung weg, so muss nach HGB eine Zuschreibung bis max. zu den AHK erfolgen (Wertaufholungsgebot).

Beispiel: Kauf einer Maschine im Januar 00 für 100.000,00 EUR. ND zehn Jahre, lineare Abschr. Wegen einer technischen Neuerung wird die Maschine zum 31.12.03 außerplanmäßig um 24.000,00 EUR abgeschrieben. Zum 31.12.06 wird erkannt, dass die technische Neuerung sich nicht durchsetzen kann, d. h., der Grund für die außerplanmäßige Abschreibung besteht nicht mehr.

Aufgabe: Ermitteln Sie den Zuschreibungsbetrag am 31.12.06, buchen Sie diesen und ermitteln Sie den Wert der Maschine am 31.12.06.

Abschreibungsplan mit a. p. Abschr.		
AK	Jan. 00	100.000,00 EUR
– Abschr.		10.000,00 EUR
BW	Dez. 00	90.000,00 EUR
– Abschr.		10.000,00 EUR
BW	Dez. 01	80.000,00 EUR
– Abschr.		10.000,00 EUR
BW	Dez. 02	70.000,00 EUR
– Abschr.		10.000,00 EUR
BW	Dez. 03	60.000,00 EUR
– a. p. Abschr.		24.000,00 EUR
BW	Dez. 03	36.000,00 EUR
– Abschr.		6.000,00 EUR
BW	Dez. 04	30.000,00 EUR
– Abschr.		6.000,00 EUR
BW	Dez. 05	24.000,00 EUR
– Abschr.		6.000,00 EUR
BW	Dez. 06	18.000,00 EUR

RLZ: 6 Jahre

Abschreibungsplan ohne a. p. Abschr.		
AK	Jan. 00	100.000,00 EUR
– Abschr.		10.000,00 EUR
BW	Dez. 00	90.000,00 EUR
– Abschr.		10.000,00 EUR
BW	Dez. 01	80.000,00 EUR
– Abschr.		10.000,00 EUR
BW	Dez. 02	70.000,00 EUR
– Abschr.		10.000,00 EUR
BW	Dez. 03	60.000,00 EUR
– Abschr.		10.000,00 EUR
BW	Dez. 04	50.000,00 EUR
– Abschr.		10.000,00 EUR
BW	Dez. 05	40.000,00 EUR
– Abschr.		10.000,00 EUR
BW	Dez. 06	30.000,00 EUR

Zuschreibung 12.000,00 EUR
Bilanzansatz: max. 30.000,00 EUR (AWP)

Buchung der Zuschreibung:

Maschine	an	Erträge aus Zuschreibungen	12.000,00 EUR

Hinweis: Liegt der Verkehrswert der Maschine unter dem Bilanzansatz (z. B. 25.000,00 EUR), dann darf nur auf den niedrigeren Wert zugeschrieben werden.
Zuschreibung: 7.000,00 EUR

Liegt der Verkehrswert der Maschine über dem Bilanzansatz (z. B. 35.000,00 EUR), dann darf nur auf den Buchwert zugeschrieben werden.
Zuschreibung: 12.000,00 EUR

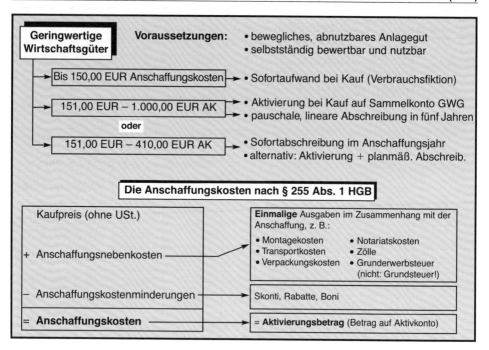

Geringwertige Wirtschaftsgüter

Voraussetzungen:
- bewegliches, abnutzbares Anlagegut
- selbstständig bewertbar und nutzbar

Bis 150,00 EUR Anschaffungskosten → • Sofortaufwand bei Kauf (Verbrauchsfiktion)

151,00 EUR – 1.000,00 EUR AK
- Aktivierung bei Kauf auf Sammelkonto GWG
- pauschale, lineare Abschreibung in fünf Jahren

oder

151,00 EUR – 410,00 EUR AK
- Sofortabschreibung im Anschaffungsjahr
- alternativ: Aktivierung + planmäß. Abschreib.

Die Anschaffungskosten nach § 255 Abs. 1 HGB

Kaufpreis (ohne USt.)

\+ Anschaffungsnebenkosten

Einmalige Ausgaben im Zusammenhang mit der Anschaffung, z. B.:
- Montagekosten
- Transportkosten
- Verpackungskosten
- Notariatskosten
- Zölle
- Grunderwerbsteuer (nicht: Grundsteuer!)

– Anschaffungskostenminderungen → Skonti, Rabatte, Boni

= **Anschaffungskosten** → = **Aktivierungsbetrag** (Betrag auf Aktivkonto)

Herstellungskosten in der Handelsbilanz (nach § 255 Abs. 1, 2 HGB)

§ 253 Abs. 1 HGB: „Vermögensgegenstände sind höchstens mit den Anschaffungs- oder Herstellungskosten ... anzusetzen."

Die Herstellungskosten spielen eine Rolle bei:
- selbsterstellten Anlagen
- **unfertigen und fertigen Erzeugnissen**

Abkürzungen: MEK = Materialeinzelkosten   FGK   = Fertigungsgemeinkosten

MGK = Materialgemeinkosten   SEKF = Sondereinzelkosten der Fertigung

FEK = Fertigungseinzelkosten   VwGK = Verwaltungsgemeinkosten

nh   = **nicht** herstellungsbezogen (allgemeine Verwaltungsgemeinkosten)

h   = herstellungsbezogen

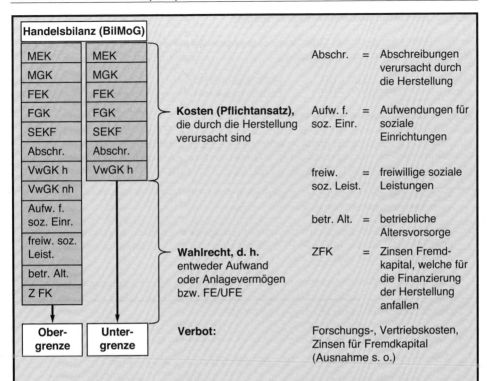

Handelsbilanz (BilMoG)		
MEK	MEK	
MGK	MGK	
FEK	FEK	
FGK	FGK	Kosten (Pflichtansatz), die durch die Herstellung verursacht sind
SEKF	SEKF	
Abschr.	Abschr.	
VwGK h	VwGK h	
VwGK nh		
Aufw. f. soz. Einr.		
freiw. soz. Leist.		Wahlrecht, d. h. entweder Aufwand oder Anlagevermögen bzw. FE/UFE
betr. Alt.		
Z FK		
↓	↓	
Ober-grenze	Unter-grenze	Verbot:

Abschr. = Abschreibungen verursacht durch die Herstellung

Aufw. f. soz. Einr. = Aufwendungen für soziale Einrichtungen

freiw. soz. Leist. = freiwillige soziale Leistungen

betr. Alt. = betriebliche Altersvorsorge

ZFK = Zinsen Fremd-kapital, welche für die Finanzierung der Herstellung anfallen

Verbot: Forschungs-, Vertriebskosten, Zinsen für Fremdkapital (Ausnahme s. o.)

Hinweis: Bei der Ermittlung der Herstellungskosten ergeben sich eine Ober- und Untergrenze. Beim Wertansatz in der Bilanz ist die Ober- bzw. Untergrenze mit dem Marktpreis zu vergleichen.

Besonderheiten bei der Bewertung von selbsterstellten Anlagen und Fertigerzeugnissen:

Zu den **MGK und FGK** zählen auch folgende Aufwendungen:
- Lagerhaltung, Transport und Prüfung des Fertigungsmaterials
- Vorbereitung und Kontrolle der Fertigung
- Raumkosten, Betriebsleitung, Sachversicherungen etc.

Zu den Kosten der allgemeinen (nicht herstellungsbezogenen) **VwGK** gehören:
- Aufwendungen für Geschäftsleitung
- Aufwendungen für Einkauf und Wareneingang
- Aufwendungen für Personalbüro und Ausbildungswesen
- Aufwendungen für Buchführung, Betriebsabrechnung und Kalkulation

Aufwendungen für **soziale Einrichtungen** sind:
- Aufwendungen für die Kantine und Essenszuschüsse
- Freizeitgestaltungsmöglichkeiten für Arbeitnehmer (z. B. Tennisplätze)

Beispiel: Herstellungskosten Anlagevermögen

Die BPS GmbH hat auf ihrem Grundstück eine Lagerhalle mit eigenen Mitarbeitern erstellt.
Folgende Kosten sind dabei angefallen:

Material:	250.000,00 EUR	Materialgemeinkosten	25 %
Löhne:	105.000,00 EUR	Fertigungsgemeinkosten inkl. Abschreibungen	87 %

Transport des Materials: 6.000,00 EUR
Verwaltungsgemeinkosten: 10.000,00 EUR, darin enthalten sind Kosten für Einkauf und
Wareneingang 2.000,00 EUR und Aufwendungen für die Buchführung von 800,00 EUR.
Für die Finanzierung der Halle hat die BPS GmbH ein Darlehen von 250.000,00 EUR
aufgenommen und Zinsen in Höhe von 12.500,00 EUR gezahlt.

1. Ermitteln Sie die Herstellungskosten nach § 255 HGB, wenn die BPS GmbH das
    Vermögen möglichst hoch ausweisen möchte.

2. Die Halle wurde im September des Jahres fertiggestellt. Ermitteln Sie den Wertansatz
    am Ende des Jahres, wenn die BPS GmbH einen minimalen Gewinn ausweisen möchte.
    Nutzungsdauer der Halle: 50 Jahre

3. Stellen Sie die Wertuntergrenze und -obergrenze nach § 255 HGB tabellarisch dar.

Lösung: Herstellungskosten Anlagevermögen

1. Vermögen hoch ausweisen → hoher Betrag in der Bilanz (Aktivierung) →

   Ansatz: Obergrenze der Herstellungskosten hier: 537.350,00 EUR

   Ermittlung s. 3.

2. minimaler Gewinn → hohe Aufwendungen (hohe Bestandsveränderungen) →

   Ansatz: Untergrenze der Herstellungskosten hier: 522.050,00 EUR – zeitanteilige
   Abschreibung

   Ermittlung s. 3.

   zeitanteilige Abschreibung: ND 50 J. → linear 2,0 %/Jahr → 10.441,00 EUR/Jahr

   4 Monate Nutzung → 4 : 12 · 10.441,00 EUR = 3.480,33 EUR

Herstellungskosten (Untergrenze)	522.050,00 EUR
– zeitanteilige Abschreibung	3.480,33 EUR
Wertansatz 31.12. (1. Jahr)	**518.569,67 EUR**

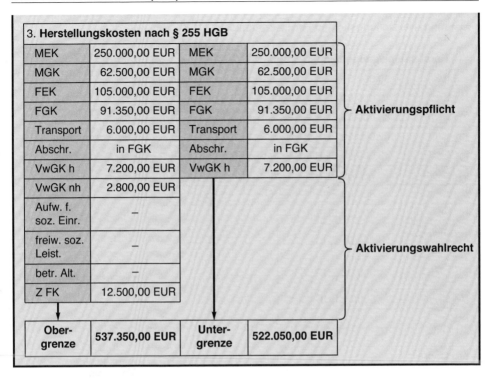

3. Herstellungskosten nach § 255 HGB				
MEK	250.000,00 EUR	MEK	250.000,00 EUR	
MGK	62.500,00 EUR	MGK	62.500,00 EUR	
FEK	105.000,00 EUR	FEK	105.000,00 EUR	
FGK	91.350,00 EUR	FGK	91.350,00 EUR	Aktivierungspflicht
Transport	6.000,00 EUR	Transport	6.000,00 EUR	
Abschr.	in FGK	Abschr.	in FGK	
VwGK h	7.200,00 EUR	VwGK h	7.200,00 EUR	
VwGK nh	2.800,00 EUR			
Aufw. f. soz. Einr.	–			
freiw. soz. Leist.	–			Aktivierungswahlrecht
betr. Alt.	–			
Z FK	12.500,00 EUR			
Obergrenze	537.350,00 EUR	Untergrenze	522.050,00 EUR	

Beispiel: Herstellungskosten Fertigerzeugnisse

Die BPS GmbH stellt Gummimatten für den Fitnessbereich her. Der Lagerbestand vom 31.12. des Jahres ist zu bewerten. Im abgelaufenen Jahr wurden 20.000 Matten hergestellt. Folgende Kosten sind entstanden:

Material: 30.000,00 EUR   Materialgemeinkosten: 9.000,00 EUR

Fertigungslöhne: 85.000,00 EUR   Fertigungsgemeinkosten: 102.000,00 EUR

SEKF: 3.000,00 EUR   Abschreibungen: 2.700,00 EUR

VwGK: 13.200,00 EUR, davon allg. VwGK 7.400,00 EUR   VtGK: 15.000,00 EUR

Freiwillige soziale Leistungen: 1.500,00 EUR

Aufwendungen für Betriebskindergarten: 3.200,00 EUR

Betr. Altersvorsorge: 800,00 EUR

1. Stellen Sie die Wertuntergrenze und -obergrenze nach § 255 HGB tabellarisch dar.

2. Ermitteln Sie die Herstellungskosten nach § 255 HGB, wenn die BPS GmbH das Vermögen möglichst hoch ausweisen möchte.

3. Ermitteln Sie den Wertansatz am Ende des Jahres, wenn die BPS GmbH einen minimalen Gewinn ausweisen möchte.

Lösung: Herstellungskosten Fertigerzeugnisse

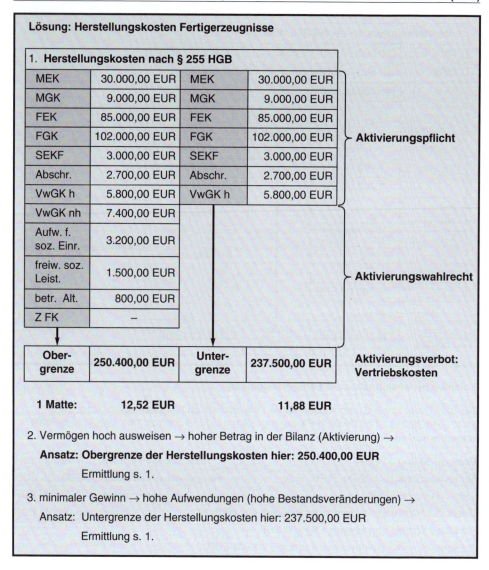

1. Herstellungskosten nach § 255 HGB

MEK	30.000,00 EUR	MEK	30.000,00 EUR	
MGK	9.000,00 EUR	MGK	9.000,00 EUR	
FEK	85.000,00 EUR	FEK	85.000,00 EUR	
FGK	102.000,00 EUR	FGK	102.000,00 EUR	Aktivierungspflicht
SEKF	3.000,00 EUR	SEKF	3.000,00 EUR	
Abschr.	2.700,00 EUR	Abschr.	2.700,00 EUR	
VwGK h	5.800,00 EUR	VwGK h	5.800,00 EUR	
VwGK nh	7.400,00 EUR			
Aufw. f. soz. Einr.	3.200,00 EUR			
freiw. soz. Leist.	1.500,00 EUR			Aktivierungswahlrecht
betr. Alt.	800,00 EUR			
Z FK	–			

Obergrenze	250.400,00 EUR	Untergrenze	237.500,00 EUR	Aktivierungsverbot: Vertriebskosten

1 Matte:	12,52 EUR		11,88 EUR	

2. Vermögen hoch ausweisen → hoher Betrag in der Bilanz (Aktivierung) →
   Ansatz: Obergrenze der Herstellungskosten hier: 250.400,00 EUR
   Ermittlung s. 1.

3. minimaler Gewinn → hohe Aufwendungen (hohe Bestandsveränderungen) →
   Ansatz: Untergrenze der Herstellungskosten hier: 237.500,00 EUR
   Ermittlung s. 1.

Aufgaben

Bewertungsanlässe – Adressaten – Bewertungsgrundsätze

1. Nennen Sie fünf typische Bewertungsanlässe.

2. Nennen Sie die wesentlichen Adressaten des Jahresabschlusses.

3. Erklären Sie die Begriffe „Teilhaber- und Gläubigerschutz".

4. Wie wirken folgende Vorgänge auf den Gewinn?

   a) Unterbewertung des Vermögens   c) Unterbewertung der Schulden

   b) Überbewertung des Vermögens   d) Überbewertung der Schulden

5. a) Erklären Sie kurz das Vorsichtsprinzip.

   b) Welche Unterprinzipien umfasst das Vorsichtsprinzip? Erklären Sie diese kurz.

6. Welche Bewertungsprinzipien gelten für folgende Bilanzpositionen:

   a) Anlagevermögen,   b) Umlaufvermögen,   c) Schulden?

7. a) Erklären Sie den Begriff „stille Rücklagen". Wie entstehen sie allgemein?

   b) In welchen Bilanzpositionen sind hohe stille Rücklagen enthalten? Begründung.

   c) Nehmen Sie kritisch Stellung zur Bildung stiller Rücklagen.

Abschreibungen

8. a) Begründen Sie die Notwendigkeit von Abschreibungen.

   b) Wie wirken sich Abschreibungen erfolgsmäßig aus?

   c) Worin unterscheiden sich lineare und degressive Abschreibungen?

   d) Welche Abschreibungsmethode kommt der Realität am nächsten? Begründung.

   e) Vergleichen Sie die degressive und lineare Abschreibungsmethode hinsichtlich ihrer erfolgsmäßigen Auswirkungen in den

     • ersten,

     • späteren Nutzungsjahren.

9. Welche Abschreibungsmethode würden Sie bevorzugen, wenn Ihre Bilanz und GuV in den nächsten Jahren aufgrund geplanter Kapitalaufnahmen eine hohe Kreditwürdigkeit ausstrahlen soll? Begründung.

10. Wir kauften im Jahr 01 ein unbebautes Grundstück zum Kaufpreis von 300.000,00 EUR. Maklergebühren 10.000,00 EUR, Vermessungsgebühren 1.000,00 EUR.

   a) Anschaffungskosten?

   b) Mit welchem Wert ist das Grundstück am 31. Dezember des Jahres 04 zu bilanzieren, wenn sein Wert wegen Wegfalls der Verkehrsverbindung auf 40.000,00 EUR gesunken ist? Begründung.

   c) Wie hoch wäre der Bilanzansatz, wenn der Grundstückswert am 31. Dezember des Jahres 04 auf 400.000,00 EUR gestiegen wäre? Begründung.

Geringwertige Wirtschaftsgüter

11. Nennen Sie die Voraussetzungen für die Anerkennung als geringwertiges Wirtschaftsgut.

12. Erklären Sie die buchhalterische Behandlung der geringwertigen Wirtschaftsgüter.

Anschaffungskosten bei Anlagegütern

13. Was versteht man unter **Aktivierung?**

14. Wie wird der **aktivierungspflichtige** Betrag beim Kauf von Anlagen ermittelt?

15. Erklären Sie den Begriff „Anschaffungsnebenkosten". Nennen Sie fünf Beispiele.

16. Nennen Sie drei Beispiele für **Anschaffungskostenminderungen.**

17. Welche der folgenden Kosten sind **nicht** Bestandteil der **Anschaffungskosten?** Begründungen.

   a) Kfz-Versicherung
   b) Kfz-Steuer
   c) Transportversicherung
   d) Finanzierungskosten im Zusammenhang mit der Anschaffung
   e) Fundamentierungskosten
   f) Erschließungskosten
   g) Baugenehmigungsgebühr
   h) Grundsteuer
   i) Grunderwerbsteuer
   j) Umsatzsteuer

18. Erklären Sie die Begriffe „werterhaltende und werterhöhende Aufwendungen" hinsichtlich ihrer Aktivierungspflicht.

Herstellungskosten

19. Welche Vermögensgegenstände sind mit Herstellungskosten zu bewerten?

20. Aus der Kostenrechnung liegen für Fertigerzeugnisse folgende Zahlen vor:

Materialeinzelkosten:	20.000,00 EUR
MGK-Zuschlag:	50 %
Fertigungseinzelkosten:	10.000,00 EUR
FGK-Zuschlag:	80 %
Sondereinzelkosten der Fertigung:	2.000,00 EUR
VwGK (nicht herstellungsbezogen):	1.000,00 EUR
Vertriebsgemeinkosten:	500,00 EUR

Ermitteln Sie die handelsrechtliche Ober- und Untergrenze für den Wertansatz zum 31.12.

Umlaufvermögen

21. In einer Schuhfabrik waren am 31. Dezember noch 60 Paar Spezialschuhe im Lager, deren Herstellungskosten 62,00 EUR betrugen. Aufgrund von Preissteigerungen bei Leder beträgt ihr Wert am Bilanzstichtag 65,00 EUR.

    Ermitteln Sie für den gesamten Posten den Bilanzansatz. Begründung.

22. Begründen Sie, mit welchem Betrag der Bestand einer Handelsware per 31. Dezember unter folgenden Bedingungen zu bilanzieren ist:

    a) Bezugspreis: 25,00 EUR,   Marktpreis 31. Dezember: 27,00 EUR

    b) Bezugspreis: 25,00 EUR,   Marktpreis 31. Dezember: 24,00 EUR

23. a) Im August kauften wir aus Spekulationsgründen Aktien zum Kurs von 450,00 EUR. Wie sind die Aktien am 31. Dezember zu bewerten, wenn der Kurs auf 400,00 EUR gesunken ist? Begründung.

    b) Wie wäre a) zu beantworten, wenn eine langfristige Beteiligung an der AG vorliegt?

Verbindlichkeiten

24. Die Warenverbindlichkeiten gegenüber unserem Lieferanten aus der Schweiz belaufen sich laut Rechnung vom 15. Dezember auf 200.000,00 sfr; Zahlungsziel: 4 Wochen.

    sfr-Kurs (Devisenkassamittelkurs) 15. Dezember: 1,45
    sfr-Kurs (Devisenkassamittelkurs) 31. Dezember: 1,50

    Ermitteln Sie den Wertansatz zum 31. Dezember in Euro. Begründung.

25. Am 31. Dezember ist eine Schuld (Rückzahlung nach fünf Jahren) von 120.000,00 USD zu bilanzieren. Der Dollarkurs betrug am Tag der Kreditaufnahme (1. Juli) 1,25 und am 31. Dezember 1,35. Bilanzansatz in Euro?

26. Die Warenverbindlichkeiten beliefen sich bei Bilanzerstellung einschließlich 19 % Umsatzsteuer auf 416.500,00 EUR. Der Liquiditätsstand ist äußerst günstig, sodass alle ausstehenden Schulden mit einem Abzug von 3 % Skonto im neuen Jahr beglichen werden können. Als Bilanzansatz sind für die Verbindlichkeiten 404.005,00 EUR vorgesehen. Die Revisionsabteilung beanstandet diesen Wertansatz und spricht von einem Verstoß gegen das Imparitätsprinzip.

    Erklären Sie dieses Prinzip am Beispiel der Verbindlichkeiten. Welcher Bilanzansatz ist in diesem Fall gültig?

18.3   Zusammenfassung der acht abiturrelevanten Bewertungsfälle

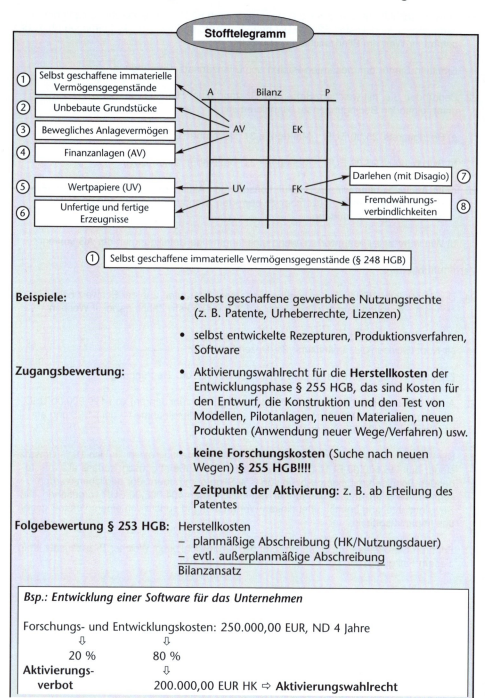

Beispiele:

- selbst geschaffene gewerbliche Nutzungsrechte (z. B. Patente, Urheberrechte, Lizenzen)
- selbst entwickelte Rezepturen, Produktionsverfahren, Software

Zugangsbewertung:

- Aktivierungswahlrecht für die **Herstellkosten** der Entwicklungsphase § 255 HGB, das sind Kosten für den Entwurf, die Konstruktion und den Test von Modellen, Pilotanlagen, neuen Materialien, neuen Produkten (Anwendung neuer Wege/Verfahren) usw.
- **keine Forschungskosten** (Suche nach neuen Wegen) **§ 255 HGB!!!!**
- **Zeitpunkt der Aktivierung:** z. B. ab Erteilung des Patentes

Folgebewertung § 253 HGB: Herstellkosten
– planmäßige Abschreibung (HK/Nutzungsdauer)
– evtl. außerplanmäßige Abschreibung
Bilanzansatz

Bsp.: Entwicklung einer Software für das Unternehmen

Forschungs- und Entwicklungskosten: 250.000,00 EUR, ND 4 Jahre
   ⇩   ⇩
   20 %   80 %
Aktivierungs-   ⇩
verbot   200.000,00 EUR HK ⇨ **Aktivierungswahlrecht**

Bei Aktivierung:

Zugangs-
bewertung

neue Software
_____
200.000,00 EUR |

Buchung: neue Software
an
andere aktivierte
Eigenleistung
200.000,00 EUR
(Ertragskonto)

Folge-
bewertung

neue Software
_____
AB 200.000,00 EUR | Abschr. 50.000,00 EUR
                   | EB   150.000,00 EUR

HK 200.000,00 EUR
ND 4 Jahre

Buchung: Abschreibung
an
neue Software
50.000,00 EUR

② | Unbebaute Grundstücke

Zugangsbewertung: mit Anschaffungskosten

Anschaffungspreis
+ Anschaffungsnebenkosten (ANK)
− Anschaffungspreisminderungen (APM)
_____
Anschaffungskosten (AK)

ANK: Maklerprovisionen, Grundbuchgebühren, Notarkosten
und die Grunderwerbsteuer
APM: Skonto, Rabatt

Folgebewertung: nicht abnutzbares Anlagevermögen → keine planmäßige
Abschreibung

aber: außerplanmäßige Abschreibung möglich!!

Bsp.: Kauf eines unbebauten Grundstücks, AK 150.000,00 EUR

Zugangsbewertung:

unbebautes Grundstück
_____
150.000,00 EUR |

Folgebewertung: Ein Gutachter hat festgestellt, dass der Boden des Grundstü-
ckes teilweise verseucht ist.
Wertminderung 100.000,00 EUR = außerplanmäßige
Abschreibung (a. pl. Abschr.)

unbebautes Grundstück

AB 150.000,00 EUR	a. pl. Abschr. 100.000,00 EUR
	EB 50.000,00 EUR

2 Jahre nach dem Gutachten ist der verseuchte Boden entfernt worden, d. h., der Grund für die a. pl. Abschr. ist weggefallen → **Zuschreibung bis max. zu den Anschaffungskosten**

unbebautes Grundstück

AB 50.000,00 EUR	
Zuschr. 100.000,00 EUR	EB 150.000,00 EUR

③ | Bewegliches Anlagevermögen |

Beispiele: technische Anlagen, Maschinen, Betriebs- und Geschäftsausstattung, Fuhrpark usw. (§ 266 HGB)

Zugangsbewertung: • Ansatz zu Anschaffungskosten (bei Kauf des AV) (siehe AK unbebaute Grundstücke)
• Ansatz zu Herstellungskosten (selbsterstellte Anlagen ...) (siehe Kapitel 18.2)

Folgebewertung: fortgeführte Anschaffungs- bzw. Herstellungskosten
• planmäßige Abschreibung
• außerplanmäßige Abschreibung (wie unbebaute Grundstücke)
• Zuschreibung bis max. AK (siehe Kapitel 18.2)

④ | Finanzanlagen (AV) |

Beispiele: Anteile an verbundenen Unternehmen, Beteiligungen, Wertpapiere des Anlagevermögens (§ 266 HGB)

Zugangsbewertung: Ansatz zu Anschaffungskosten (AK)

Folgebewertung: nicht abnutzbares Anlagevermögen → keine planmäßige Abschreibung

aber: <u>außerplanmäßige</u> Abschreibungen möglich

bei dauerhafter Wertminderung	**bei <u>nicht</u> dauernder Wertminderung**
⇩	⇩
Abschreibungspflicht (strenges Niederstwertprinzip)	Abschreibungswahlrecht (gemildertes Niederstwertprinzip)

⑤ | Wertpapiere des Umlaufvermögens (UV) |

Beispiele: Aktien, Anteile an anderen Unternehmen (kurzfristig, i. d. R. aus Spekulationsgründen)

Zugangsbewertung: Ansatz zu Anschaffungskosten (§ 253 Abs. 3 HGB)
AK = Kurswert des Wertpapiers (Kaufpreis) + Maklergebühr (Courtage) + Versicherungsgebühr (meistens eine Bankprovision)

Folgebewertung: Wertpapiere sind auf den niedrigeren Wert abzuschreiben, wenn am Bilanzstichtag der Wert unter den Anschaffungskosten liegt → **strenges Niederstwertprinzip** (str. NWP)

Zuschreibung: Ist der Kurs am Bilanzstichtag höher als der Buchwert → Pflicht zur Zuschreibung bis max. zu AK

Bsp.: Kauf von Wertpapieren des UV am 15.05.2014, AK: 32,00 EUR/Aktie, 2.000 Stück

Zugangsbewertung: 15.05.2014:   2.000 St. · 32,00 EUR = 64.000,00 EUR

Wertpapiere (UV)	
15.05.2014 64.000,00 EUR	

Folgebewertung: 31.12.2014: Kurs der Aktie: 25,00 EUR → str. NWP
Ansatz: 2.000 St. · 25,00 EUR = 50.000,00 EUR

Wertpapiere (UV)	
15.05.2014 64.000,00 EUR	Abschr. 14.000,00 EUR
	31.12.2014 50.000,00 EUR

Zuschreibung: 31.12.2015: Kurs der Aktie: 35,00 EUR → max. AK
Ansatz: 2.000 St. · 32,00 EUR = 64.000,00 EUR

Wertpapiere (UV)	
31.12.2014 50.000,00 EUR	
Zuschr. 14.000,00 EUR	31.12.2015 64.000,00 EUR

⑥   Unfertige und fertige Erzeugnisse (UFE und FE)

Beispiele: Lagerbestände am Bilanzstichtag von fertigen und unfertigen
                Erzeugnissen

Bewertung: • Ermittlung der Herstellungskosten (HK) nach § 255 Abs. 2
                HGB (siehe Kapitel 18.2)

                • Vergleich der HK mit dem Markt- bzw. Börsenkurs

                • Bilanzansatz nach dem strengen Niederstwertprinzip bzw.
                Anschaffungswertprinzip
                auch bei vorübergehender Wertminderung

---

*Bsp. 1: Lagerbestand an fertigen Erzeugnissen am 31.12.2014: 256 Stück, HK
23,20 EUR*

Bewertung: 31.12.2014: Herstellungskosten 256 St. · 23,20 EUR = 8.243,20 EUR

           Marktpreis: 19,99 EUR   256 St. · 19,99 EUR = 5.117,44 EUR
                                     Bilanzansatz (str. NWP)

*Bsp. 2: Lagerbestand an fertigen Erzeugnissen am 31.12.2015: 132 Stück, HK
23,20 EUR wie Bsp. 1*

Bewertung: 31.12.2015: Bilanzansatz von 2014   mit Marktpreis 19,99 EUR

           Marktpreis: 25,49 EUR   max. HK (AWP)

           Bilanzansatz 2015   132 St. · 23,20 EUR = 3.062,40 EUR

---

⑦   Darlehen mit Disagio

Beispiel: Ausgabebetrag eines Kredites ist niedriger als der Rückzahlungsbetrag.
                Unterschiedsbetrag wird als Disagio oder Damnum bezeichnet.

Bewertung: Wahlrecht beim Disagio § 250 Abs. 3 HGB

(Disagio sofort in voller Höhe als Aufwand buchen)   (Disagio aktivieren und auf die Laufzeit verteilen)

Bsp.: Darlehen über 100.000,00 EUR, Auszahlung von 97.000,00 EUR, Damnum 3 %, Laufzeit 10 Jahre

Disagio als Aufwand: Bank   97.000,00 EUR
                     Zinsaufwand   3.000,00 EUR an Verbindl. ggü. Kreditinstituten 100.000,00 EUR

Disagio aktivieren: Bank   97.000,00 EUR
                     Disagio   3.000,00 EUR an Verbindl. ggü. Kreditinstituten 100.000,00 EUR

                     (Bestandskonto)

Buchung am 31.12. XX:
Disagio 300,00 EUR   Zinsaufwand 300,00 EUR an
(Disagio 3.000,00 EUR : 10 Jahre = 300,00 EUR Zinsaufwand pro Jahr)

⑧ | Fremdwährungsverbindlichkeiten |

Beispiel: Rechnungen in fremder Währung, Darlehen in fremder Währung etc.

Bewertung: bei Erhalt Buchung mit dem aktuellen Geldkurs in Euro (Zugangswert
§ 256a HGB bzw. Erfüllungsbetrag),
Kursverluste sind als Aufwand, Kursgewinne bis max. zum Zugangswert als Ertrag zu erfassen.

Beispiel: Ein Unternehmen erhält am 19.12.XX eine Eingangsrechnung in Höhe von 8.000,00 USD für bezogene Rohstoffe. Der Wechselkurs am 19.12.XX (Devisentageskurs) beträgt EUR 1,00 ≙ USD 1,285. Zahlungsziel: 3 Monate.
Der Devisenkassamittelkurs zum Bilanzstichtag beträgt EUR 1,00 ≙ USD 1,225.

Zugangsbewertung: 19.12.XX: 8.000,00 USD ≙ 6.225,68 EUR
Buchungssatz: Rohstoffe 6.225,68 EUR an
Verbindl. a. LL. 6.225,68 EUR

Bewertung am 31.12.XX: Devisenkassamittelkurs EUR 1,00 ≙ USD 1,225

8.000,00 EUR ≙ 6.530,61 EUR ——→ **Wert der Verbindl. am Bilanzstichtag**

Verbindlichkeiten a. LL.	
31.12.XX 6.530,61 EUR	19.12.XX 6.225,68 EUR
	Aufwand 304,93 EUR

Buchungssatz:
Sonst. betr. Aufwand   304,93 EUR
an
Verbindl. a. LL.   304,93 EUR

18.4   Abituraufgaben

Abituraufgabe 2007 (Aufgabe 2, teilweise)

2.   Bei der Südmetall AG soll der Jahresabschluss für das letzte Geschäftsjahr
(31.12.2006) fertiggestellt werden. Der Vorstand der AG ist sich darüber einig, dass der
Jahresüberschuss in der Handelsbilanz möglichst hoch ausgewiesen werden soll.
Diese Zielsetzung ist bei den folgenden Aufgaben zu beachten.

2.1   Begründen Sie mit jeweils einem Argument, was für bzw. gegen einen möglichst hohen
Gewinnausweis spricht.

Berücksichtigen Sie dabei die oben beschriebene Marktentwicklung der Südmetall AG
und die geplante Kooperation.

2.2   Für die Bilanzposition „Fertige Erzeugnisse" ist der Bilanzansatz zu ermitteln.
Hierfür liegen folgende Zahlen vor:

Fertigungsmaterialverbrauch für den Inventurbestand	200.000,00 EUR
Fertigungslöhne für den Inventurbestand	180.000,00 EUR
Sondereinzelkosten der Fertigung	5.000,00 EUR
Sondereinzelkosten des Vertriebs	10.000,00 EUR

Gemeinkostenzuschlagsätze:

Materialgemeinkosten	10 %	Verwaltungsgemeinkosten (nicht herstellungsbezogen)	30 %
Fertigungsgemeinkosten	100 %	Vertriebsgemeinkosten	15 %

• Ermitteln Sie unter der gegebenen Zielsetzung den Bilanzansatz für diese
Bilanzposition.

• Um welchen Betrag würde sich der Gewinn ändern, wenn der Vorstand einen
möglichst geringen Gewinn ausweisen würde?

2.4   Instandhaltungsmaßnahmen, die vom Lieferanten der technischen Anlagen sonst immer
im Sommer durchgeführt wurden, sollen erst im nächsten Jahr nachgeholt werden. Die
Kosten dieser regelmäßigen Instandhaltungsmaßnahmen werden auf 150.000,00 EUR
geschätzt.

Erläutern Sie die Auswirkungen auf den Jahresüberschuss des Jahres 2006, wenn die
Arbeiten voraussichtlich im

• Februar des nächsten Jahres,
• Mai des nächsten Jahres durchgeführt werden.

3.   Vorstand und Aufsichtsrat stellen den Jahresabschluss der Südmetall AG fest.

3.1   Erklären Sie, welche rechtliche Bedeutung die Feststellung des Jahresabschlusses für
die AG hat und welche Folgen sich ergäben, wenn sich Vorstand und Aufsichtsrat nicht
geeinigt hätten.

3.2　Die Südmetall AG weist zum 31.12.2006 vor der Gewinnverwendung folgende Eigenkapitalpositionen aus:

gezeichnetes Kapital	40.000.000,00 EUR
Kapitalrücklage	50.000.000,00 EUR
gesetzliche Rücklage	0,00 EUR
andere Gewinnrücklagen	80.000.000,00 EUR
Gewinnvortrag	400.000,00 EUR
Jahresüberschuss	20.000.000,00 EUR

Vorstand und Aufsichtsrat befürchten die Übernahme der AG durch einen Finanzinvestor.

3.2.1　Erläutern Sie, inwieweit der Bilanzkurs einen Anhaltspunkt für die Höhe des Übernahmeangebots je Aktie liefern kann.

3.2.2　Vorstand und Aufsichtsrat streben einen möglichst hohen Bilanzkurs an.

- Führen Sie unter Berücksichtigung dieser Zielsetzung die teilweise Gewinnverwendung durch und begründen Sie Ihre Vorgehensweise.

- Stellen Sie den Eigenkapitalausweis der Südmetall AG nach teilweiser Gewinnverwendung dar.

Formulieren Sie einen der oben genannten Zielsetzung entsprechenden Gewinnverwendungsvorschlag für die Hauptversammlung.

Abituraufgabe 2010 (Aufgabe 3, Teil 3)

3.　Am 13. April 2010 findet die ordentliche Hauptversammlung der Aktiengesellschaft statt.

3.1　In TOP 1 wird der festgestellte Jahresabschluss vorgestellt.

Beschreiben Sie kurz drei Bestandteile des Jahresabschlusses.

Abituraufgabe 2012 (Aufgabe 3, teilweise)

5.　Im Geschäftsjahr 2011 wurden zehn Offset-Druckmaschinen fertiggestellt. Anfang 2012 sollen die Maschinen ausgeliefert werden. Zur Ermittlung des Bilanzansatzes für den 31.12.2011 lagen aus der Kostenrechnung folgende Zahlen für eine Druckmaschine vor:

- Materialeinzelkosten　　　　40.000,00 EUR
- Fertigungseinzelkosten　　100.000,00 EUR
- MGKZ　　　　　　　　　　　　25 %
- FGKZ　　　　　　　　　　　150 %
- VwGKZ (Verwaltungsbereich)　　10 %
- VtGKZ　　　　　　　　　　　　5 %

5.1　Bisher wurden die hergestellten Maschinen im Jahresabschluss zum Mindestwertansatz ausgewiesen.
Berechnen Sie den Unterschiedsbetrag zum höchstmöglichen Bilanzansatz.

5.2   Zeigen Sie die Veränderungen in der GuV-Rechnung auf, die sich durch die Bewertung
       zum höchstmöglichen Bilanzansatz ergeben würden.

GuV-Rechnung der Kaiser AG (in Mio. EUR) Geschäftsjahr 2011 (vereinfacht)	
1 Umsatzerlöse	93,8
2 Bestandserhöhungen Erzeugnisse	3,5
3 sonstige betriebliche Erträge	0,8
4 Aufwendungen Roh-, Hilfs-, Betriebsstoffe	66,1
5 Personalaufwand	27,4
6 Abschreibungen	4,3
7 sonstige betriebliche Aufwendungen	0,7
8 Erträge aus Beteiligungen	2,3
9 Zinserträge	0,4
10 Zinsaufwendungen	1,6
11 außerordentliche Erträge	5,7
12 außerordentliche Aufwendungen	0,7
13 Steuern vom Einkommen und vom Ertrag	2,1
14 sonstige Steuern	0,5
15 Jahresüberschuss	3,1

19 Grundzüge der internationalen Rechnungslegung

19.1 IFRS: Begriff und Geltungsbereich

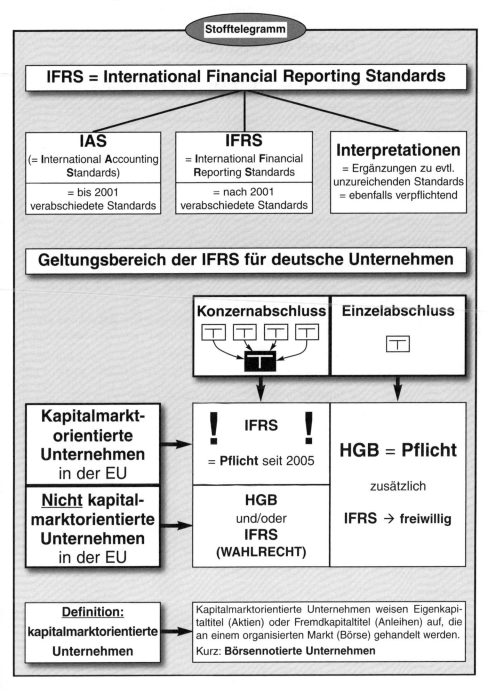

19.2   Ziele des IFRS-Abschlusses

Stofftelegramm

Oberziel des IFRS-Abschlusses
↓
Information v. a. der Anteilseigner (Investoren)

Entscheidungsnützliche Informationen über

- Vermögenslage
- Finanzlage
- Ertragslage

- Änderung der Finanzlage (Kapitalflussrechnung)
- Eigenkapitalveränderungen
- Bilanzierungsansätze   • sonstige wesentliche Angaben

Grundannahmen

1. Periodenabgrenzung (periodengerechte Gewinnermittlung): analog: HGB

- Erträge und Aufwendungen dann erfassen, wenn sie auftreten

- Beispiel: Zwingende Anpassung der Abschreibungsdauer, wenn neue Erkenntnisse über die tatsächliche Nutzungsdauer vorliegen

- **Realisationsprinzip:**   Voraussetzung für Erfolgswirksamkeit = Realisierbarkeit am Bilanzstichtag (nicht die durch Umsatz erfolgte Realisation)

    → Im Gegensatz zum HGB kann es zum Ausweis nicht realisierter (nicht vereinnahmter) Gewinne kommen. (Beispiel: langfristige Auftragsfertigung, s. u.)

2. Unternehmensfortführung (analog: HGB)

Risiken für die Unternehmensfortführung über den Bilanzstichtag hinaus sind anzugeben.

„True and fair view/presentation" (= wahre und angemessene Darstellung)

- Vermittlung eines den tatsächlichen Verhältnissen entsprechenden Bildes der Vermögens-, Finanz- und Ertragslage des Unternehmens

- Bilanzklarheit und Bilanzwahrheit haben Vorrang vor dem Vorsichtsprinzip.

- Abweichung nur in Ausnahmefällen (dann: umfangreiche Angaben im Anhang)

Aufgaben

1. Nennen Sie das **Oberziel** des IFRS-Abschlusses.

2. Erklären Sie kurz den Begriff „true and fair view".

19.3 Adressaten der IFRS-Rechnungslegung

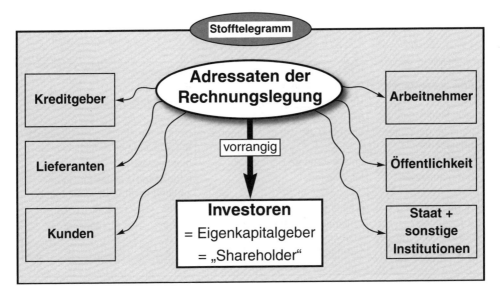

19.4 Bestandteile des IFRS-Jahresabschlusses

Cashflow Statement: Darstellung des Zahlungsmittelflusses, den ein Unternehmen in einem Geschäftsjahr aus laufender Geschäftstätigkeit, Investitionstätigkeit und Finanzierungstätigkeit erwirtschaftet oder verbraucht hat

- Die in den „notes" (im Anhang) verlangten Erläuterungen gehen weit über die nach HGB geforderten Anhangsangaben hinaus.
- Die Erstellung eines Lageberichts ist nicht Pflicht, wird jedoch empfohlen.
- Kapitalmarktorientierte Unternehmen: zusätzlich Segmentberichterstattung innerhalb des Anhangs → Aufteilung der Umsätze u. a. nach regionalen Gesichtspunkten
- Der IFRS-Abschluss gibt einen besseren Einblick in die Lage des Unternehmens als der HGB-Abschluss (erweiterte Berichtspflichten, Eigenkapitalveränderungsrechnung, Kapitalflussrechnung für alle Rechtsformen, starke Einschränkung der Bildung stiller Rücklagen).

19.5   Übersicht zu den Kapiteln 19.1 bis 19.4

Stofftelegramm

	IFRS	HGB
Adressatenvorrang	Eigenkapitalgeber (Anteilseignerschutz)	Fremdkapitalgeber (Gläubigerschutz)
stille Rücklagen	nicht zulässig	zulässig
periodengerechter Erfolgsausweis	eindeutig, da wenig Wahlrechte	nicht eindeutig, da viele Wahlrechte ("vorsichtiger" Erfolgsausweis)
Vorsichtsprinzip	untergeordnete Bedeutung	dominierend
Hauptaufgaben	Information	Information + Basis für Steuerzahlungen und Ausschüttungen
Normensetzung	private Organisationen (IASB)	primär: Gesetzgeber (HGB)
Jahresabschlussbestandteile (große Kapitalgesellschaft)	• Bilanz • EK-Veränderung • GuV • Kapitalflussrechnung • Anhang • Segmentberichte	• Bilanz • Lagebericht • GuV • Anhang

19.6   Vor- und Nachteile der IFRS-Rechnungslegung

Vorteile

• **internationale Vergleichbarkeit** und Transparenz (Anpassung der nationalen Rechnungslegung an internationale Standards)

• Zugang zu **internationalen Kapitalmärkten**

• **Imagevorteile** (Bereitschaft zur Teilnahme an Innovationen)

• Verbesserung der internationalen **Wettbewerbsfähigkeit** (Internationale Auftraggeber nehmen oft Einblick in die Jahresabschlüsse.)

• mehr **Informationen**, v. a. für internationale Investoren (Geldgeber)

• Firmenbild **wahrheitsgemäßer** dargestellt (z. B. durch Ansatz von aktuellen Marktwerten beim Vermögen, Vermeidung stiller Rücklagen)

• bessere **Selbstinformation**

• i. d. R. Ausweis einer höheren **Eigenkapitalquote** (Bewertung zu aktuellen Marktpreisen) → bessere Beurteilung (Rating) durch Externe (Banken)

Nachteile

• **Kosten:** – Umstellungskosten (EDV, Personalschulungen)

– evtl. parallele Rechnungslegung (Einzelabschluss nach HGB + IFRS-Abschluss; letzterer ist als Steuerbasis nicht geeignet)

– zusätzlich: Eigenkapitalveränderungs- + Kapitalflussrechnung

– dauerhafte Mehrkosten: z. B. Gutachten für Immobilien, die stets zum aktuellen Wert angesetzt werden müssen; höhere Prüfungskosten, da IFRS-Rechnungslegung komplizierter als Rechnungslegung nach HGB

• Umstellung der **Bilanzpolitik** (Verbot stiller Rücklagen)

20   Auswertung des Jahresabschlusses

20.1   Stofftelegramme und Aufgaben

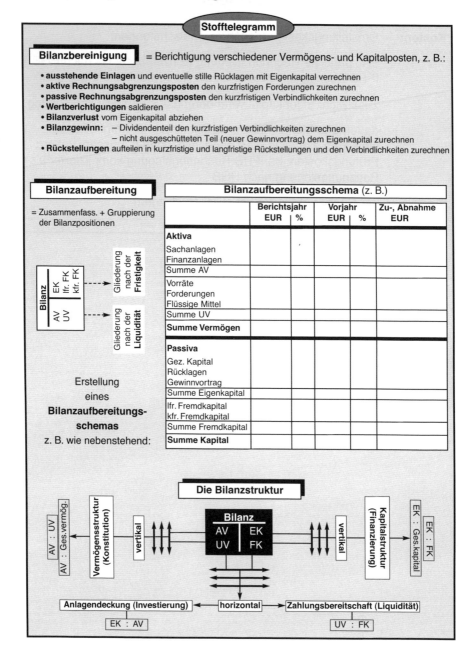

Stofftelegramm

Bilanzbereinigung = Berichtigung verschiedener Vermögens- und Kapitalposten, z. B.:

* **ausstehende Einlagen** und eventuelle stille Rücklagen mit Eigenkapital verrechnen
* **aktive Rechnungsabgrenzungsposten** den kurzfristigen Forderungen zurechnen
* **passive Rechnungsabgrenzungsposten** den kurzfristigen Verbindlichkeiten zurechnen
* **Wertberichtigungen** saldieren
* **Bilanzverlust** vom Eigenkapital abziehen
* **Bilanzgewinn:** – Dividendenteil den kurzfristigen Verbindlichkeiten zurechnen
  – nicht ausgeschütteten Teil (neuer Gewinnvortrag) dem Eigenkapital zurechnen
* **Rückstellungen** aufteilen in kurzfristige und langfristige Rückstellungen und den Verbindlichkeiten zurechnen

Bilanzaufbereitung

= Zusammenfass. + Gruppierung
  der Bilanzpositionen

Bilanz | EK lfr. FK kfr. FK → Gliederung nach der **Fristigkeit**

AV UV → Gliederung nach der **Liquidität**

Erstellung
eines
**Bilanzaufbereitungs-
schemas**
z. B. wie nebenstehend:

Bilanzaufbereitungsschema (z. B.)

	Berichtsjahr EUR	%	Vorjahr EUR	%	Zu-, Abnahme EUR
Aktiva					
Sachanlagen					
Finanzanlagen					
Summe AV					
Vorräte					
Forderungen					
Flüssige Mittel					
Summe UV					
Summe Vermögen					
Passiva					
Gez. Kapital					
Rücklagen					
Gewinnvortrag					
Summe Eigenkapital					
lfr. Fremdkapital					
kfr. Fremdkapital					
Summe Fremdkapital					
Summe Kapital					

Die Bilanzstruktur

AV : UV
AV : Ges.vermög.

**Vermögensstruktur
(Konstitution)**

vertikal

Bilanz
AV | EK
UV | FK

vertikal

**Kapitalstruktur
(Finanzierung)**

EK : FK
EK : Ges.kapital

Anlagendeckung (Investierung) ← horizontal → Zahlungsbereitschaft (Liquidität)

EK : AV   UV : FK

Bilanzkennzahlen: Auswertung der Unternehmenssituation anhand der Bilanz nach Gewinnverwendung (Strukturbilanz)

Finanzierung (Kapitalstruktur)

Grad der finanziellen Unabhängigkeit (Eigenkapitalquote) $= \dfrac{\text{Eigenkapital} \cdot 100}{\text{Gesamtkapital}}$

Fremdkapitalquote $= \dfrac{\text{Fremdkapital} \cdot 100}{\text{Gesamtkapital}}$

Verschuldungsgrad (Verschuldungskoeffizient) $= \dfrac{\text{Fremdkapital} (\cdot 100)}{\text{Eigenkapital}}$

Selbstfinanzierungsgrad (-quote) $= \dfrac{\text{Gewinnrücklagen} (\cdot 100)}{\text{Gezeichnetes Kapital}}$

Anmerkung: Je höher das Eigenkapital, umso besser.

↓

Vorteile eines hohen EK-Anteils:

- große Haftsumme, hohe Kreditwürdigkeit
- Unabhängigkeit von Gläubigern
- geringe Zins- und Tilgungsbelastung
- Sicherheit in Krisenzeiten

Investierung (Anlagendeckung)

Deckungsgrad I $= \dfrac{\text{EK} \cdot 100}{\text{AV}}$ \qquad Deckungsgrad II $= \dfrac{(\text{EK} + \text{lfr. FK}) \cdot 100}{\text{AV}}$

Anmerkung: Fristen zwischen Vermögen und Kapital sollten sich entsprechen. Das Anlagevermögen und der Eiserne Bestand müssen mit Eigenkapital und langfristigem Fremdkapital finanziert sein (goldene Bilanzregel). Deckungsgrad I soll etwa 100 %, Deckungsgrad II muss mindestens 100 % sein!

Liquidität (Zahlungsbereitschaft)

Liquidität 1. Grades $= \dfrac{\text{flüssige Mittel} \cdot 100}{\text{kfr. Verbindlichkeiten}}$

Liquidität 2. Grades (einzugsbedingte Liquidität) $= \dfrac{(\text{flüssige Mittel} + \text{Forderungen}) \cdot 100}{\text{kfr. Verbindlichkeiten}}$

Hinweise:
- flüssige Mittel = Bank + Kasse
- kfr. Verb.: inkl. kurzfr. Rückstellungen und Dividende
- geforderte Mindestwerte: Liquidität 1. Grades ca. 20 % und 2. Grades 100 %

Kritik:
- Vergangenheitszahlen (Der Bilanzstichtag ist weit zurückliegend.)
- wichtige weitere Daten fehlen (z. B. Fälligkeiten der Zahlungen, Kreditzusagen von Banken)
- leicht manipulierbar (Transaktionen am Bilanzstichtag zwecks Kennzahlenmanipulation!)

Erfolgskennzahlen: Aussagen über den Erfolg des Unternehmens des vergangenen Jahres

Anteil der „Ergebnisse" am Jahresergebnis

Ergebnis aus gewöhnlicher Geschäftstätigkeit
+ Ergebnis aus außergewöhnlicher Geschäftstätigkeit
= Jahresüberschuss

Ertragsstrukturanalyse (Rentabilität)

$$\text{Eigenkapital-Rentabilität} = \frac{\text{Jahresüberschuss} \cdot 100}{\text{durchschnittliches Eigenkapital}}$$

$$\text{Gesamtkapital-Rentabilität} = \frac{(\text{Jahresüberschuss} + \text{Zinsaufw.}) \cdot 100}{\text{durchschnittliches Gesamtkapital}}$$

$$\text{Umsatzrentabilität} = \frac{\text{Jahresüberschuss} \cdot 100}{\text{Umsatzerlöse}}$$

Hinweise: • Durchschnittliches EK = (EK am Jahresanfang + EK am Jahresende laut Strukturbilanz) : 2
• Durchschnittliches Gesamtkapital = (GK Jahresanfang + GK Jahresende laut Strukturbilanz) : 2
• Die Kennzahl „**Return on Investment**" (**ROI**) wird häufig mit der Gesamtkapitalrentabilität gleichgesetzt.

Cashflow-Analyse

Cashflow

=

Jahresüberschuss + Abschreibungen auf Anlagen + Zuführung zu lfr. Rückstellungen

Cashflow = augenblicklich **verfügbarer Betrag** für Dividendenzahlungen, Investitionen, Schuldtilgung = Ermittlung der erwirtschafteten freien Finanzmittel durch Korrektur des JÜ (Hinzurechnung) um die nicht ausgabewirksamen Aufwendungen

= **Maßstab** für Ertragskraft, Selbstfinanzierungskraft, Kreditwürdigkeit, Expansionsfähigkeit

EBIT
(= Earnings before Interest and Taxes) = Ergebnis vor Zinsen und Steuern

EBIT	Es werden außerordentliche (einmalige) Aufwendungen und Erträge ebenso ignoriert wie Zinsaufwendungen, Zinserträge, Steueraufwendungen und Steuererträge.
=	
Jahresüberschuss	Begründung:
+ Steueraufwand	Diese Positionen sind nicht durch die eigentliche betriebliche Tätigkeit entstanden.
− Steuererträge	→ Bereinigung des Gewinns notwendig
+ außerordentlicher Aufwand	Anhand des EBIT können **Bilanzanalysten** zum Beispiel den betrieblichen Gewinn verschiedener Geschäftsjahre oder Unternehmensbereiche direkt **vergleichen**, ohne dass die Resultate durch schwankende Steuersätze, Zinsaufwendungen oder sonstige außerordentliche Faktoren verzerrt werden.
− außerordentliche Erträge	
+ Zinsaufwand	
− Zinserträge	

ROI (Return on Investment)

Formel: $$\frac{\text{Gewinn}}{\text{Umsatzerlöse}} \cdot \frac{\text{Umsatzerlöse}}{\text{investiertes Kapital}} \cdot 100$$

Bedeutung: Der 1. Faktor zeigt die Umsatzrentabilität (vgl. Kapitel „Erfolgskennzahlen"), der 2. Faktor zeigt die Umschlagshäufigkeit des investierten Kapitals. Somit ergibt sich die jährliche Rentabilität des investierten Kapitals (= ROI).

Beispiel: Ein Unternehmen erwirtschaftet bei einem Umsatz von 50 Mio. EUR und einem investierten Kapital von 20 Mio. EUR einen Jahresüberschuss von 3,6 Mio. EUR.

Rechnung: $$\frac{3,6}{50} \cdot \frac{50}{20}$$

$$\downarrow \qquad\qquad \downarrow$$

Umsatzrentabilität	·	Kapitalumschlag	=	Kapitalertragszahl (ROI)
0,072	·	2,5	=	0,18

Ergebnis: 18 % des investierten Kapitals sind Gewinn; d. h., je 100,00 EUR investierten Kapitals erwirtschaftet das Unternehmen 18,00 EUR Gewinn.

Anmerkung: Anstelle des investierten Kapitals werden häufig auch das Eigenkapital oder das Gesamtkapital verwendet.

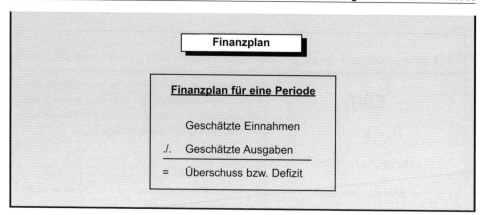

Finanzplan

Finanzplan für eine Periode

Geschätzte Einnahmen

./. Geschätzte Ausgaben

= Überschuss bzw. Defizit

Aufgaben (Grundwissen)

1. Die Schwarzwälder Mineralbrunnen AG (kurz MinAG) verkauft ihre Mineralwässer, Heilwässer und Süßgetränke vorwiegend in Baden-Württemberg. Der Hauptversammlung soll eine Dividende von 8,50 EUR je Aktie vorgeschlagen werden (Aktien insges.: 1 Mio. Stück).

Aktiva	Vereinfachte Bilanz zum 31. Dez. 1993 in TEUR		Passiva
A. Anlagevermögen		**A. Eigenkapital**	
Immaterielle Vermögensgegenstände	36.800	Gezeichnetes Kapital	50.000
Sachanlagen	258.100	Kapitalrücklage	24.460
Finanzanlagen	15.500	Gesetzliche Rücklage	3.000
	310.400	Andere Gewinnrücklagen	36.320
B. Umlaufvermögen		Bilanzgewinn	8.620
			122.400
Vorräte	9.950	**B. Rückstellungen**	
Forderungen aus Lieferungen	11.170		
Sonstige Vermögensgegenstände	9.110	Pensionsrückstellungen	15.300
Wertpapiere	6.000	Sonstige kurzfr. Rückstellungen	96.500
Flüssige Mittel	17.800		111.800
	54.030		
		C. Verbindlichkeiten	
C. Rechnungsabgrenzungsposten	410		
		Lfr. Verbindl. geg. Kreditinstituten	90.050
		Verbindl. aus Lieferungen	16.460
		Verbindl. aus der Annahme gezogener Wechsel	14.500
		Sonstige Verbindlichkeiten	9.630
			130.640
	364.840		364.840

Hinweis: Vernachlässigen Sie bei folgenden Aufgaben ein Vorhandensein von stillen Rücklagen!

1.1 Ermitteln Sie anhand der Bilanz unter Berücksichtigung der vorgeschlagenen Gewinnverwendung die **Bilanzkennzahlen** der Kapitalstruktur sowie der Anlagendeckung und einzugsbedingten Liquidität.

1.2 Beurteilen Sie anhand Ihrer ermittelten Werte die Lage der AG.

1.3 Weitere Zahlen aus der Erfolgsrechnung (in TEUR):

Jahresüberschuss:	16.000	Umsatzerlöse:	420.000
1993 keine Kapitalerhöhung		Abschreibungen auf Anlagen:	30.000
FK am Jahresanfang:	240.000	Zuführung zu langfristigen	
Zinsaufwendungen:	6.600	Rückstellungen:	2.000

1.3.1 Berechnen Sie die **Eigenkapital-, Gesamtkapital-** und **Umsatzrentabilität** sowie den **Cashflow**.

1.3.2 Beurteilen Sie anhand der ermittelten Zahlen die Erfolgslage der AG.

2. Erklären und begründen Sie den Begriff der Fristenparallelität.

3. a) Was versteht man unter optimalem Verschuldungsgrad (traditionelle und moderne Formulierung)?

   b) Warum kann man keine allgemeine Aussage über den optimalen Verschuldungsgrad machen?

4. Welche Bedeutung hat generell die Höhe des Eigenkapitals?

5. Beurteilen Sie die Liquidität einer Unternehmung:

   Liquidität I = 90 % und Liquidität II (einzugsbedingte Liquidität) = 190 %

6. Inwiefern können die Liquiditätskennziffern kritisiert werden?

7. Der Grad der finanziellen Unabhängigkeit ist bei einem Unternehmen innerhalb eines Jahres von 10 % auf 30 % gestiegen.

   a) Nennen Sie mögliche Ursachen dieser Entwicklung.
   b) Beurteilen Sie die obigen Prozentzahlen.

8. Handelt es sich bei den Formeln zur Ermittlung der Deckungsgrade um Formeln der horizontalen oder vertikalen Bilanzstruktur?

9. Beurteilen Sie folgende zwei Unternehmen mit folgenden Deckungsgraden:

   Unternehmung A: DG I = 40 %   DG II = 100 %
   Unternehmung B: DG I = 80 %   DG II = 170 %

10. Welche Aussagekraft hat der Cashflow?

11. Welche Auswirkung haben bereits vorhandene stille Rücklagen bei der Beurteilung der

    • Finanzierung,

    • Rentabilität des Eigenkapitals?

12. a) Definieren Sie die Kennzahl EBIT.

b) Begründen Sie, warum diese Kennzahl häufig ermittelt wird.

20.2   Abituraufgaben

Abituraufgabe 2008 (Aufgabe 2)

AG: Rechtsfragen, Rechnungslegung, Auswertung des Jahresabschlusses

Die an der Stuttgarter Börse notierte „Technische Anlagen- und Steuerungsbau AG" (TechAS AG) mit Sitz in Esslingen entwickelt und fertigt Anlagen überwiegend für die chemische und elektrotechnische Industrie. Gegenüber den Vorjahren verbesserte sich die Ertragslage in den Jahren 2006 und 2007 durch die Belebung des Exportgeschäfts. Die positive Entwicklung der AG und des Börsenumfelds werden genutzt, um einen angeschlagenen Konkurrenten, die Hamag GmbH in Karlsruhe, im März 2008 zu übernehmen. Ein Teil dieses Unternehmens bildet eine ideale Ergänzung des eigenen Produktprogramms. Zur Finanzierung des Kaufpreises werden 20 Mio. EUR benötigt. Dieser Betrag soll über die Verwendung des Jahresüberschusses und ein eventuell fehlender Rest mittels einer Kapitalerhöhung gegen Einlagen aufgebracht werden.

Für die TechAS AG liegt folgender vorläufiger Jahresabschluss zum 31.12.2007 vor:

Aktiva	Bilanz (in Mio. EUR)		Passiva
Sachanlagen	38	Gezeichnetes Kapital	20
Finanzanlagen	2	Kapitalrücklage	1
Vorräte RHB-Stoffe	7	gesetzliche Rücklage	1
unfertige Erzeugnisse	3	andere Gewinnrücklagen	2
fertige Erzeugnisse	1	Jahresüberschuss	3
Forderungen	5	Pensionsrückstellungen	3
liquide Mittel	4	sonstige Rückstellungen	1
		Verbindlichkeiten a. LL.	3
		Verbindlichkeiten gegenüber	
		Kreditinstituten	26
	60		60

Die Bilanzpositionen Vorräte und fertige Erzeugnisse enthalten keine eisernen Bestände. Die Pensionsrückstellungen wurden gegenüber dem Vorjahr um 1 Mio. EUR erhöht, die sonstigen Rückstellungen (vollständig kurzfristig) um 2 Mio. EUR reduziert. Von den Verbindlichkeiten gegenüber Kreditinstituten sind 22 Mio. EUR langfristig. Der Bilanzgewinn des Vorjahres wurde vollständig ausgeschüttet.

Gewinn- und Verlustrechnung 2007 (in Mio. EUR)

1	Umsatzerlöse	120,0
2	Bestandsveränderungen	???
3	andere aktivierte Eigenleistungen	1,0
4	sonstige betriebliche Erträge	2,0
5	Materialaufwand	55,3
6	Personalaufwand	30,0
7	Abschreibungen auf Sachanlagen	3,0
8	sonstige betriebliche Aufwendungen	25,0
9	Zinserträge	0,5
10	Zinsaufwand	3,0

11	Ergebnis der gewöhnlichen Geschäftstätigkeit	???
12	außerordentliche Erträge	1,5
13	außerordentliche Aufwendungen	2,5
14	außerordentliches Ergebnis	− 1,0
15	Steuern vom Einkommen und Ertrag	1,7
16	sonstige Steuern	0,5
20	Jahresüberschuss	3,0

1. Ermitteln Sie

• Art und Höhe der **Bestandsveränderungen,**

• das **Ergebnis der gewöhnlichen Geschäftstätigkeit,**

wenn folgende Angaben zu den Beständen zum 31.12.2006 bekannt sind:

• unfertige Erzeugnisse   5,0 Mio. EUR,

• fertige Erzeugnisse   0,0 Mio. EUR.

Begründen Sie mit zwei Argumenten, warum sich das Ergebnis der gewöhnlichen Geschäftstätigkeit vom Betriebsergebnis der Kosten- und Leistungsrechnung unterscheiden kann.

2. Die TechAS AG hat laut Gesetz einen **Anhang** und **Lagebericht** zu erstellen. Beschreiben Sie

• den grundsätzlichen Unterschied in der Zielsetzung zwischen Anhang und Lagebericht,

• die Aufgaben des Anhangs hinsichtlich des Anlagevermögens.

3. Der Vorstand rechnet damit, dass es in der Hauptversammlung vom 11.04.2008 zu Auseinandersetzungen mit den Kleinanlegern über die Höhe der Dividendenausschüttung aus dem Bilanzgewinn kommt. Dieser soll nach seinem Willen in voller Höhe den „anderen Gewinnrücklagen" zugeführt werden. Die Schutzgemeinschaft der Kleinaktionäre fordert hingegen die Ausschüttung einer angemessenen Dividende.

3.1 Nennen Sie ein Argument, das die Schutzgemeinschaft der Kleinaktionäre vorbringen könnte. Formulieren Sie zwei passende Gegenargumente des Vorstandes.

3.2 Der für den Kauf des Konkurrenten noch fehlende Betrag soll mittels einer **Kapitalerhöhung gegen Einlagen** aufgebracht werden.

Die Alteigentümer Renzen und Büttel verfügen als Gründer der AG über 24,5 %, Investmentfonds halten 15 % der Anteile. Im Streubesitz (Kleinaktionäre) befinden sich 60,5 % der insgesamt 4 Mio. Stückaktien. Erfahrungsgemäß üben von den Kleinaktionären maximal 25 % ihr Stimmrecht aus.

Der Finanzvorstand rechnet damit, dass diese Kleinaktionäre geschlossen gegen die Kapitalerhöhung stimmen werden.

Weisen Sie rechnerisch nach, ob die Kapitalerhöhung durchsetzbar wäre, wenn die Alteigentümer und die Investmentfonds in der Hauptversammlung für die Maßnahme stimmen.

3.3 In der Hauptversammlung der AG stellt der Aktionär Thorsten Wenzel den Antrag, den **Aufsichtsrat** von bisher zwölf auf acht Personen zu verkleinern, um Aufwandsentschädigungen und Tantiemen der Aufsichtsräte zu reduzieren.

Erörtern Sie, ob eine solche Reduzierung der Zahl der Mitglieder rechtlich möglich ist, wenn die AG derzeit 600 Arbeitnehmer beschäftigt.

4   Eine Bank beabsichtigt, Aktien der TechAS AG zu erwerben. Zur Beurteilung der Vorteilhaftigkeit der Anlageentscheidung werden anhand des Jahresabschlusses 2007 entsprechende Kennzahlen ermittelt.
Hinweis: Die Eigenkapitalpositionen haben sich seit dem Jahresanfang 2007 nicht verändert. Der Jahresüberschuss 2007 wird in voller Höhe ausgeschüttet.

4.1 Berechnen Sie die Eigenkapitalrentabilität der TechAS AG. Beurteilen Sie deren Höhe im Verhältnis zu einer alternativen langfristigen Kapitalanlage bei einer Bank.

4.2 Ermitteln Sie

- die Liquidität 2. Grades,

- den Anlagendeckungsgrad II

und beurteilen Sie jeweils deren Höhe.

4.3 Die oben errechneten Kennzahlen werden zuweilen als „Schönfärberei" des Jahresabschlusses kritisiert.
Nennen Sie je zwei

- allgemeine Kritikpunkte zu den Bilanzkennzahlen als Grundlage für künftige Anlageentscheidungen von Investoren,

- Zusatzangaben zum Jahresabschluss, die dessen Aussagefähigkeit verbessern könnten.

4.4 Für Investitionen in Höhe von 12 Mio. EUR, die im Jahr 2008 vorgesehen sind, soll auch der Cashflow herangezogen werden.

Ermitteln Sie, inwieweit die vorgesehenen Investitionen aus dem Cashflow des Jahres 2007 finanzierbar sind, wenn abweichend vom Hinweis zu 4 der Jahresüberschuss nicht ausgeschüttet wird.

Abituraufgabe 2009 (Aufgabe 1, Teil 2 und 3)

2. Für das kommende Jahr plant die DRUMA AG, das Unternehmen durch Zukauf benachbarter Grundstücke und Errichtung weiterer Betriebsgebäude zu erweitern. Ein Teil des Investitionsvolumens soll aus eigenen Mitteln finanziert werden, der Rest durch einen Kredit der Hausbank. Zur Beurteilung der Kreditwürdigkeit werden entsprechende Kennzahlen aus Bilanz und GuV-Rechnung benötigt.

2.1 Ermitteln Sie für das Berichtsjahr (**Anlage 1**) die nachfolgend angeführten Kennzahlen. Berücksichtigen Sie dabei, dass 50 % des Jahresüberschusses als Dividende ausgeschüttet werden sollen, die Auszahlung aber noch nicht erfolgt ist.

   - Eigenkapitalquote
   - Liquiditätsgrad II (einzugsbedingte Liquidität)
   - Anlagendeckungsgrad II

2.2 Beurteilen Sie aufgrund der ermittelten Kennzahlen die Kreditwürdigkeit der AG. Berücksichtigen Sie dabei auch die folgenden Durchschnittswerte der Branche:

Eigenkapitalquote	22 %
Liquiditätsgrad II	85 %
Anlagendeckungsgrad II	70 %

2.3 „Eine Beurteilung der Liquiditätslage nur anhand der üblichen Faustregeln ist wenig aussagekräftig."

   Stellen Sie zwei Überlegungen dar, die diese Aussage stützen.

2.4 Die Höhe des Cashflows ist eine weitere Entscheidungshilfe bezüglich der Kreditgewährung.

2.4.1 Berechnen Sie anhand der **Anlagen 1 und 2** den Cashflow (vor Dividendenausschüttung) nach dem üblichen vereinfachten Verfahren.

2.4.2 Erläutern Sie, warum der Cashflow als Entscheidungshilfe für die Beurteilung der Investitionsfähigkeit und der Kreditwürdigkeit einer Unternehmung besser geeignet ist als der Jahresüberschuss allein.

3. Die Hausbank wäre auch bereit, die anstehende Investition durch ein Tilgungsdarlehen mit langfristiger Zinsbindung vollständig zu finanzieren.

3.1 Erklären Sie (ohne rechnerischen Nachweis), inwiefern diese Finanzierungsweise unter sonst unveränderten Bedingungen langfristig Auswirkungen auf den Liquiditätsgrad II und den Anlagendeckungsgrad II hätte.

3.2 Der Vorstand hält eine solche Finanzierungsweise, die zu einer Erhöhung des Verschuldungsgrades führt, für den Fall eines Konjunkturabschwungs grundsätzlich für problematisch, weil er einen negativen Leverage-Effekt befürchtet.

   Erläutern Sie, unter welchen Voraussetzungen die Bedenken des Vorstandes zutreffend sind.

Anlage 1   **Vereinfachte Bilanzen der DRUMA AG vor Gewinnverwendung für die beiden letzten Geschäftsjahre (in Mio. EUR)**

Aktiva	Vor-jahr	Berichts-jahr	Passiva	Vor-jahr	Berichts-jahr
A. Anlagevermögen			**A. Eigenkapital**		
I. Immaterielle			I. Gezeichnetes		
Vermögenswerte	208	211	Kapital	200	200
II. Sachanlagen			II. Kapitalrücklage	150	150
1. Grundstücke	435	398	III. Gewinnrücklagen		
2. Maschinen	312	320	1. gesetzl. Rücklage	10	10
3. BGA	430	416	2. and. Gewinnrückl.	698	768
III. Finanzanlagen	55	125	IV. Gewinnvortrag	1	5
			V. Jahresüberschuss	148	254
B. Umlaufvermögen					
I. Vorräte			**B. Langfr. Fremdkapital**		
1. RHB-Stoffe	360	380	1. Pensionsrückstellg.	197	172
2. unfert. Erzeugn.	290	325	2. and. Rückstellg.	345	364
3. fertige Erzeugn.	370	298	3. Verbindlichkeiten	440	411
			geg. Kreditinstituten		
II. Forderungen			4. sonstige Verbindlk.	185	243
1. Forder. a. LL.	843	1.021			
III. Kassenbestand:			**C. Kurzfristiges**		
Guthaben bei			**Fremdkapital**		
Kreditinstituten	99	106	1. and. Rückstellungen	384	432
			2. Finanzverbindlichk.	140	122
			3. Verbindlichk. a. LL.	228	246
			4. sonstige Verbindlk.	276	223
	3.402	3.600		3.402	3.600

Anlage 2   **Gewinn- und Verlustrechnungen der DRUMA AG für die letzten beiden Geschäftsjahre (in Mio. EUR)**

	Vorjahr	Berichtsjahr
1. Umsatzerlöse	3.585	3.800
2. Bestandsveränderung der Erzeugnisse	+ 44	+ 58
3. andere aktivierte Eigenleistungen	52	60
4. sonstige betriebliche Erträge	241	244
5. Materialaufwand	1.600	1.614
6. Personalaufwand	1.096	1.163
7. Abschreibungen auf immaterielle Vermögensgegenstände und Sachanlagen	134	129
8. sonstige betriebliche Aufwendungen	813	796
9. Finanzerträge	41	20
10. Finanzaufwendungen	88	83
11. Finanzergebnis	− 47	− 63
12. Ergebnis vor Steuern	**232**	**397**
13. Steuern vom Einkommen und vom Ertrag	84	143
14. Jahresüberschuss	**148**	**254**

Abituraufgabe 2012 (Aufgabe 3, teilweise)

Die Kaiser AG stellt hochwertige Druckmaschinen her. In den letzten Jahren gab es einen kontinuierlichen Rückgang der Nachfrage nach Druckmaschinen. Die Kaiser AG war daher gezwungen, die Belegschaft auf 679 Mitarbeiter (Geschäftsjahr 2011) abzubauen. Während im Geschäftsjahr 2010 eine Dividende von 0,70 EUR pro Aktie ausgeschüttet werden konnte, betrug die Dividende für das Geschäftsjahr 2011 nur 0,50 EUR/Aktie (Nennwert: 10,00 EUR/Aktie).

Aufbereitete Bilanzen der Kaiser AG für die Geschäftsjahre 2010 und 2011 (in Mio. EUR)

Aktiva	2010	2011	Passiva	2010	2011
A. Anlagevermögen			**A. Eigenkapital**		
I. Sachanlagen	91,9	88,4	I. Gezeichnetes Kapital	30,0	30,0
II. Finanzanlagen	21,1	21,4	II. Kapitalrücklage	3,4	3,4
Summe	113,0	109,8	III. Gewinnrücklagen		
			1. gesetzl. Rücklage	2,5	2,5
			2. and. Gewinnrückl.	5,7	6,9
			IV. Bilanzgewinn	2,8	1,9
			Summe	44,4	44,7
B. Umlaufvermögen					
I. Vorräte	61,3	55,1			
II. Forderungen a. LL.	45,6	49,3	**B. Langfr. Fremdkap.**		
III. Wertpapiere	7,5	7,9	1. Pensionsrückstellg.	27,5	34,1
IV. Kasse, Bank	14,0	15,4	2. Verbindlichkeiten gegenüber Kreditinst.	66,2	65,9
Summe	128,4	127,7	Summe	93,7	100,0
			C. Kurzfr. Fremdkap.		
			1. sonst. Rückstellg.	45,4	41,2
			2. Verbindlichk. a. LL.	57,9	51,6
			Summe	103,3	92,8
	241,4	237,5		241,4	237,5

1. Begründen Sie, ob die Kaiser AG den Jahresabschluss um einen Anhang erweitern und einen Lagebericht erstellen muss.

2. Erläutern Sie jeweils eine Funktion von Anhang und Lagebericht.

3. Zur Vorbereitung der Bilanzpressekonferenz werden unter anderem verschiedene Bilanzkennzahlen ermittelt, um die wirtschaftliche Situation des Unternehmens zu verdeutlichen. Der Finanzvorstand erwartet vor allem kritische Fragen zur Kapitalstruktur des Unternehmens.

3.1 • Berechnen Sie für das Geschäftsjahr 2011 folgende Bilanzkennzahlen:

  – Eigenkapitalquote

  – Deckungsgrad I

  – Deckungsgrad II

  – Liquiditätsgrad II (einzugsbedingte Liquidität)

  (Rundung jeweils auf eine Nachkommastelle)

• Beurteilen Sie die Ergebnisse.

3.2 Der Finanzvorstand begründet die derzeitige Kapitalstruktur damit, dass in der Vergangenheit der Leverage-Effekt genutzt worden sei.
Erläutern Sie diesen Effekt und zeigen Sie zwei Probleme auf, die bei der weiteren Nutzung dieser Strategie auftreten können.

3.3 Die Bilanzposition „Pensionsrückstellungen" zeigt zwischen den Geschäftsjahren 2010 und 2011 eine auffällige Veränderung.
Erläutern Sie die Wirkungsweise einer Finanzierung des Unternehmens durch die Bildung von Pensionsrückstellungen.

4. Die Gewinn- und Verlustrechnung für das Geschäftsjahr 2011 weist folgende Zahlen aus:

GuV-Rechnung der Kaiser AG (in Mio. EUR) Geschäftsjahr 2011 (vereinfacht)		
1	Umsatzerlöse	93,8
2	Bestandserhöhungen Erzeugnisse	3,5
3	sonstige betriebliche Erträge	0,8
4	Aufwendungen Roh-, Hilfs-, Betriebsstoffe	66,1
5	Personalaufwand	27,4
6	Abschreibungen	4,3
7	sonstige betriebliche Aufwendungen	0,7
8	Erträge aus Beteiligungen	2,3
9	Zinserträge	0,4
10	Zinsaufwendungen	1,6
11	außerordentliche Erträge	5,7
12	außerordentliche Aufwendungen	0,7
13	Steuern vom Einkommen und vom Ertrag	2,1
14	sonstige Steuern	0,5
15	Jahresüberschuss	3,1

4.1 Der Vorstand ist zwar mit der Höhe des Jahresüberschusses, nicht aber mit dem Ergebnis der gewöhnlichen Geschäftstätigkeit zufrieden.
Zeigen Sie an einer Position der vorliegenden GuV-Rechnung auf, dass diese Bedenken des Vorstands berechtigt sind.

4.2 Das EBIT wird als Kennzahl zur Beurteilung der Ertragslage oft dem Jahresüberschuss vorgezogen.

4.2.1 Ermitteln Sie das EBIT der Kaiser AG für das Geschäftsjahr 2011.

4.2.2 Erläutern Sie, weshalb das EBIT für den Vergleich der Ertragslage verschiedener Unternehmen als aussagekräftiger gilt.

21   Unternehmensführung und Controlling

21.1   Aufgaben der Unternehmensführung

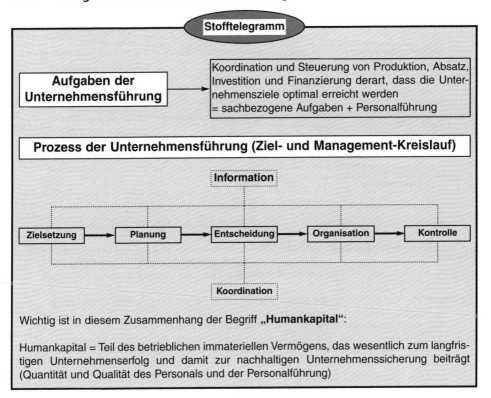

Stofftelegramm

Aufgaben der Unternehmensführung	Koordination und Steuerung von Produktion, Absatz, Investition und Finanzierung derart, dass die Unternehmensziele optimal erreicht werden = sachbezogene Aufgaben + Personalführung

Prozess der Unternehmensführung (Ziel- und Management-Kreislauf)

Information

Zielsetzung ➝ Planung ➝ Entscheidung ➝ Organisation ➝ Kontrolle

Koordination

Wichtig ist in diesem Zusammenhang der Begriff „**Humankapital**":

Humankapital = Teil des betrieblichen immateriellen Vermögens, das wesentlich zum langfristigen Unternehmenserfolg und damit zur nachhaltigen Unternehmenssicherung beiträgt (Quantität und Qualität des Personals und der Personalführung)

21.2   Zielsystem eines Unternehmens

Stofftelegramm

• Unternehmensziele = Maßstäbe, an denen unternehmerisches Handeln gemessen werden kann.

• Der Zielbildungsprozess wird von verschiedenen Interessenlagen unterschiedlicher Personengruppen (**Shareholder** = Eigenkapitalgeber; **Stakeholder** = Arbeitnehmer + Öffentlichkeit + sonstige Gruppen, z. B. Kunden, Lieferanten ...) beeinflusst.

• Das Management muss in seiner Strategie neben den Bedürfnissen der Kapitalgeber (Shareholder) vor allem auch die Interessen „weiterer Gruppen" (v. a. Mitarbeiter) berücksichtigen.

Shareholder-Value-Ansatz • im Mittelpunkt = Interessenlage der **Eigenkapitalgeber**

• oberstes Ziel = langfristige Gewinnmaximierung
(ökonomische, finanzielle Ziele)

Stakeholder-Ansatz • soziale Ziele (**Arbeitnehmer**):   – gute Arbeitsbedingungen
– Arbeitsplatzsicherheit
– gerechte Entlohnung
– Mitbestimmung

• ökologische Ziele (Öffentlichkeit): – allg.: Umweltschutz
– Ressourcenschonung
– Abfallvermeidung
– Recycling

Zielkonflikte

• **Beispiel 1:**   Konflikt zwischen sozialen und ökonomischen (finanziellen) Zielen

Soziales Ziel: höherer Lohn → Stückkosten steigen → Preis steigt → evtl.
Probleme am Markt (weniger Absatz) → Gewinne sinken
→ **ökonomisches Ziel** (Gewinnmaximierung) gefährdet

• **Beispiel 2:**   Konflikt zwischen ökonomischen (finanziellen) und ökologischen Zielen

Umweltschutzmaßnahmen (**ökologisches Ziel**) → Kosten steigen → Preis
steigt → evtl. Marktprobleme (weniger Absatz) → Gewinne sinken
→ **ökonomisches Ziel** (Gewinnmaximierung) gefährdet

• Grundsätzlich verfolgen Unternehmen v. a. ökonomische Ziele (Gewinnmaximierung).

• Die Sicherung sozialer Belange der Arbeitnehmer sowie ökologischer Ziele werden dem
Gesetzgeber (Arbeitsrecht ...) zugewiesen.

• **Häufige Forderung:** Soziale und ökologische Unternehmensziele müssen aus ethischen
Gründen Vorrang haben vor reinem „Profitdenken".

Problem: Ein Unternehmer verwirklicht seine ethischen Vorstellungen von sozialer
Gerechtigkeit und Umweltverträglichkeit → Folge wiederum: Kosten und Preise steigen;
werden die Preissteigerungen vom Nachfrager nicht akzeptiert → Umsatzrückgang, evtl.
Unternehmenskrise → Verbraucheraufklärung dringend notwendig

Alternative Denkweise: Gerechter Lohn → angenehmes Betriebsklima → Motivation
steigt → Arbeitsproduktivität steigt → Gewinn steigt

→ = **Zielharmonie** zwischen sozialem und ökonomischem Ziel

• **Strategische (langfristige) Ziele** sind „umzuarbeiten" in **operative (kurzfristige) Ziele.**

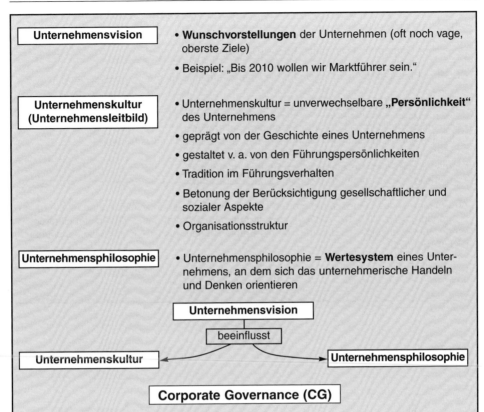

Unternehmensvision
- **Wunschvorstellungen** der Unternehmen (oft noch vage, oberste Ziele)
- Beispiel: „Bis 2010 wollen wir Marktführer sein."

Unternehmenskultur (Unternehmensleitbild)
- Unternehmenskultur = unverwechselbare **„Persönlichkeit"** des Unternehmens
- geprägt von der Geschichte eines Unternehmens
- gestaltet v. a. von den Führungspersönlichkeiten
- Tradition im Führungsverhalten
- Betonung der Berücksichtigung gesellschaftlicher und sozialer Aspekte
- Organisationsstruktur

Unternehmensphilosophie
- Unternehmensphilosophie = **Wertesystem** eines Unternehmens, an dem sich das unternehmerische Handeln und Denken orientieren

Unternehmensvision

beeinflusst

Unternehmenskultur ⟵ ⟶ **Unternehmensphilosophie**

Corporate Governance (CG)

CG ist nicht allgemein verbindlich definiert.

CG kann verstanden werden als die Gesamtheit aller internationalen und nationalen Regeln, Vorschriften, Werte und Grundsätze, die für Unternehmen gelten und bestimmen, wie diese geführt und überwacht werden.

Warum CG?

- Kritik an der deutschen Unternehmensverfassung
- Unterschiedliche Interessen der Stakeholder (Aktionäre, Vorstand, Aufsichtsrat, Mitarbeiter, Kunden, Lieferanten, Staat). Z. B.: Aktionäre = hohe Rendite, Vorstand = hohe Vergütung, Mitarbeiter = bessere Arbeitsbedingungen usw.

⇒ Opportunistisches Verhalten einzelner Interessengruppen ⇒ Schaden (Opportunitätskosten) für das Unternehmen und der anderen Interessengruppen

Idee

Vorrang des Unternehmensinteresses vor Einzelinteressen

Lösungsvorschlag

Rechtlicher und faktischer Ordnungsrahmen für die Leitung und Überwachung eines Unternehmens, um opportunistisches Verhalten einzuschränken

Umsetzung in Deutschland

Deutscher Corporate Governance Kodex (DCGK)

DCGK $\Rightarrow$ Transparenz der Regeln für die Unternehmensleitung und -überwachung

Merkmale guter CG sind z. B.:

• angemessene Wahrung der Interessen der Stakeholder
• effektive und zielgerichtete Zusammenarbeit von Vorstand und Aufsichtsrat
• Transparenz in der Unternehmenskommunikation
• transparente Rechnungslegung und Berichterstattung
• langfristige nachhaltige Wertschöpfung und -verteilung

Anwendung findet CG meist bei großen Unternehmen $\Rightarrow$ Aktiengesellschaften (siehe deren Homepage). Hier gilt § 161 AktG $\Rightarrow$ Vorstand und Aufsichtsrat haben jährlich im elektronischen Bundesanzeiger zu erklären, ob die Empfehlungen aus DCGK angewendet werden und warum nicht.

Hinweis: Obige Begriffe werden in den Lehrbüchern nicht einheitlich definiert.

Nachhaltigkeit und Corporate Social Responsibility (CSR)

Nachhaltigkeit ➤ sozial + ökologisch + ökonomisch verantwortlich handeln mit Blick in die **Zukunft**
→ Sicherstellung der Lebensgrundlage künftiger Generationen und Bewirkung von mehr sozialer Gerechtigkeit

Corporate Social Responsibility (CSR)
= gesellschaftliche Verantwortung von Unternehmen

Corporate Social Responsibility (CSR) ➤

- CSR = Teil des nachhaltigen Wirtschaftens

- Für die **EU-Kommission** umfasst CSR:

  – Arbeitsbedingungen
  – Umweltschutz
  – Verbraucherschutz
  – integrierte Produktpolitik
  – sozial-ökologische Standards in der Zulieferkette

- Nach Ansicht von Wissenschaftlern wird CSR aufgrund der jüngsten Entwicklungen und des wachsenden öffentlichen Drucks eine immer stärkere Bedeutung für die Unternehmenspolitik haben.

- CSR muss Bestandteil der Unternehmensstrategie sein. Dazu gehört z. B. die ökologische Ausgestaltung der Wertschöpfungskette oder die Herstellung umweltschonender Produkte.

- Beim Unternehmensranking spielen zunehmend CSR-Gesichtspunkte eine Rolle:

  – Wie geht das Unternehmen mit seinen **Mitarbeitern** um?

  Kriterien: Gehaltsstruktur, Lohntransparenz, Personalentwicklung, Familienfreundlichkeit, Frauenförderung, Wertekatalog u. a.

  – Wie zugänglich ist das Unternehmen für **gesellschaftliche** Belange?

  Kriterien: soziales Engagement, Offenheit, Transparenz, Integration der CSR-Gesichtspunkte in die Gesamtstrategie

  – Umwelt. Wie ressourcenschonend verhält sich das Unternehmen?

  Kriterien: Berücksichtigung von Umweltaspekten, ökologische Innovationen, Kooperation mit der Öffentlichkeit

- Immer mehr Anleger investieren vornehmlich in **nachhaltige Geldanlagen** = Anlagen, die neben finanziellen Kriterien auch ökologische, soziale und ethische Kriterien beachten.

- Experten schätzen, dass sich in zehn Jahren die Integration von Umwelt- und Sozialleistungen in die Finanzanalyse etabliert hat.

21.3   Strategische Führung – Umwelt- und Unternehmensanalyse

Stofftelegramm

- strategische Unternehmensführung (= Grundsatzentscheidungen, die langfristig wirken) spielt heute die entscheidende Rolle: Planung der Unternehmenskultur; Strategienplanung → Ableitung langfristiger Ziele
- früher: Management konzentrierte sich zu sehr auf den operativen Bereich (Tagesgeschäft)
- notwendig zur Ermittlung von Strategien: Umwelt- und Unternehmensanalysen

Umweltanalysen:	• u. a. Analyse des politischen und gesellschaftlichen Umfeldes
	• Analyse der gesetzlichen Bedingungen
	• Analyse der ökologischen Umwelt
	• Analyse der wirtschaftlichen und technischen Umwelt
	• Marktanalyse • Konkurrenzanalyse • Branchenstrukturanalyse
Unternehmensanalyse:	• u. a. Stärken-Schwächen-Analyse
	• Chancen-Risiken-Analyse • Position des Unternehmens

SWOT-Analyse

SWOT steht für die Analyse unternehmensbezogener Stärken und Schwächen (**S**trength/ **W**eaknesses) (interne Sicht) sowie marktbezogener Chancen und Risiken (**O**pportunities/ **T**hreats) (externe Sicht) eines strategischen Geschäftsfeldes.

SWOT-Analyse allgemeiner Aufbau

Unternehmens-interne Faktoren ╲ Unternehmens-externe Faktoren (Umwelt)	Chancen (Nutzen)	Risiken (Begrenzen)
Stärken (Ausschöpfen)	Einsatz von Stärken zur Nutzung von Chancen	Einsatz von Stärken zur Abwehr von Risiken
Schwächen (Abbauen)	Abbau der Schwächen zur Nutzung der Chancen	Abbau der Schwächen zur Vermeidung von Risiken

Kriterienkatalog für unternehmensinterne Faktoren, Beispiele

- Umsatz
- Marktanteile
- Produktqualität (Lebensdauer, Haltbarkeit ...)
- Produktprogramm (Angebotsbreite und -tiefe)
- Alter des Produktprogramms (Lebenszyklusphasen der Produkte)

- Image
- Technischer Service
- Produktivität
- Liquidität
- Führungsstil

Kriterienkatalog für unternehmensexterne Faktoren, Beispiele

Siehe Umweltanalyse

21.4   Exkurs: Führungsstile

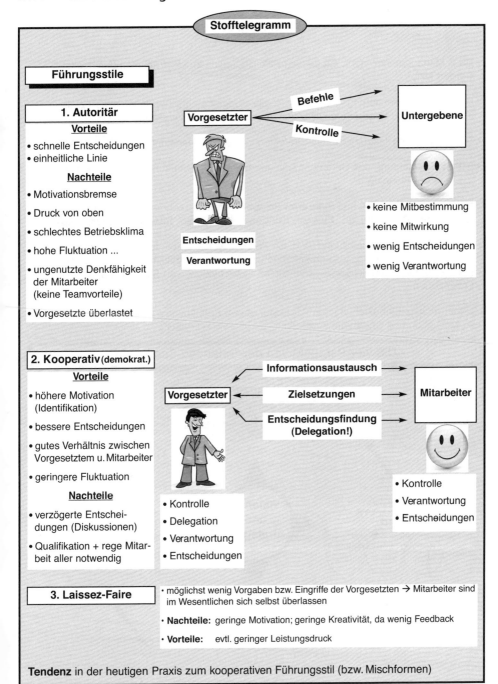

Stofftelegramm

Führungsstile

1. Autoritär

Vorteile
- schnelle Entscheidungen
- einheitliche Linie

Nachteile
- Motivationsbremse
- Druck von oben
- schlechtes Betriebsklima
- hohe Fluktuation ...
- ungenutzte Denkfähigkeit der Mitarbeiter (keine Teamvorteile)
- Vorgesetzte überlastet

Vorgesetzter — Befehle → **Untergebene**
— Kontrolle →

Entscheidungen
Verantwortung

- keine Mitbestimmung
- keine Mitwirkung
- wenig Entscheidungen
- wenig Verantwortung

2. Kooperativ (demokrat.)

Vorteile
- höhere Motivation (Identifikation)
- bessere Entscheidungen
- gutes Verhältnis zwischen Vorgesetztem u. Mitarbeiter
- geringere Fluktuation

Nachteile
- verzögerte Entscheidungen (Diskussionen)
- Qualifikation + rege Mitarbeit aller notwendig

Vorgesetzter ← Informationsaustausch →
← Zielsetzungen → **Mitarbeiter**
← Entscheidungsfindung (Delegation!) →

- Kontrolle
- Delegation
- Verantwortung
- Entscheidungen

- Kontrolle
- Verantwortung
- Entscheidungen

3. Laissez-Faire

- möglichst wenig Vorgaben bzw. Eingriffe der Vorgesetzten → Mitarbeiter sind im Wesentlichen sich selbst überlassen
- **Nachteile:** geringe Motivation; geringe Kreativität, da wenig Feedback
- **Vorteile:** evtl. geringer Leistungsdruck

Tendenz in der heutigen Praxis zum kooperativen Führungsstil (bzw. Mischformen)

21.5 Balanced Scorecard (BS)

> **Stofftelegramm**

- BS = Managementsystem, mit dessen Hilfe Strategien im Unternehmen durchgesetzt werden sollen

- BS will auch Orientierungsgrößen zur Realisierung strategischer (langfristiger) Ziele (z. B. Kundenbindung, Mitarbeiterqualifikation, Forschung und Entwicklung) liefern.

- BS = Controlling-Instrument, das Strategien in konkrete Handlungen umsetzt

- **früher:** Betrachtung des Unternehmens nur aus einer (meist kurzfristig orientierten) Sicht, v. a. aus der Finanzsicht

BS: Unternehmen wird aus **mehreren** Perspektiven (unternehmensindividuell) betrachtet. Übliche **vier Perspektiven: Finanz-, Kunden-, Mitarbeiter-, interne Prozessperspektive**

- vier Perspektiven → Zielbildung für diese Perspektiven + Verbindung der strategischen Ziele (Ursache-Wirkungszusammenhänge beachten!) → Ermittlung von Messgrößen (Messung der Zielerreichung) = Kennzahlen → Verbindung von Strategien und Operationen

Dabei wichtig: Einbeziehung der Mitarbeiter in den Entstehungs- und Umsetzungsprozess → Motivation und Unternehmensbindung steigt = Vorteil der BS

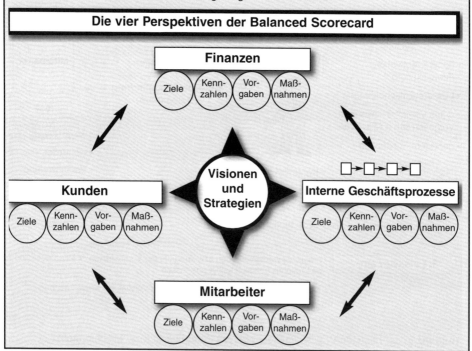

Die vier Perspektiven der Balanced Scorecard

| **Finanzperspektive** | • Oberziel aller Perspektiven (Erwartungen der Kapitalgeber, ergebnisorientiert) |

• Ziele z. B.:
- Ertragskraftsteigerung   – Rationalisierung
- Steigerung des Shareholder Value   – Wachstum
- Steigerung des Unternehmenswertes

• Kennzahlen z. B.:
- Cashflow   – Verschuldungsgrad
- Umsatzwachstum   – EBIT (s. o.)
- Kapitalbindung   – ROI (s. o.)
- Rentabilitäten   – Deckungsbeitrag

| **Kundenperspektive** | • absatzmarktorientiert |

• häufig als entscheidende Perspektive angesehen, da Kundenzufriedenheit Voraussetzung für Erreichung der finanziellen Ziele (Finanzperspektive) – „Der Kunde ist König."

• Ziele z. B.:
- Marktanteile erhöhen
- Imagesteigerung
- Kundenzufriedenheit verbessern
- Produktinnovationen entwickeln

• Kennzahlen z. B.:
- Deckungsbeitragsanteile   – Kundentreue
- Marktanteile   – Anzahl der Neukunden
- Kundenrentabilität

| **Interne Prozessperspektive** | • Gestaltung der Prozesse derart, dass die Wünsche der Kunden (Kundenperspektive) und Kapitalgeber (Finanzperspektive) erfüllt werden |

• Innovationsprozesse integrieren

• Ziele z. B.:
- Durchlaufzeiten verkürzen   – Umweltschutz verbessern
- Fehlerquoten senken   – Produktivität verbessern
- ineffiziente Prozesse erkennen und verbessern

• Kennzahlen z. B.:
- Durchlaufzeiten   – Lagerbestände
- Fehlerquoten   – Lieferzeiten
- Kapazitätsauslastung   – Bearbeitungszeiten
- Reklamationsquote

| **Mitarbeiterperspektive** | • Ziele z. B.:   – Motivationssteigerung |

- Kreativitätsförderung
- Qualifikationssteigerung
- Personalnachwuchs sicherstellen

• Kennzahlen z. B.:
- Mitarbeiterzufriedenheit   – Fehlzeitenrate
- Mitarbeitertreue (Fluktuationsrate) – Schulungstage
- Mitarbeiterproduktivität (Umsatz je Mitarbeiter)

Weitere Beispiele für mögliche Perspektiven: • Lieferantenperspektive
                                                    • Kreditperspektive
                                                    • Kommunikationsperspektive

Zwischen den einzelnen Perspektiven bestehen ⋯⋯⋯ | **Ursache-Wirkungsbeziehungen** |

Ursache (wenn ...)   **Wirkung (... dann)**

Beispiel 1: Bessere Schulung der **Mitarbeiter**   → bessere Produktkenntnisse

             bessere Produktkenntnisse   → mehr Einsatz bei Verkaufsaktivitäten

             mehr Einsatz bei Verkaufsaktivitäten   → **Kunden**zufriedenheit steigt

             Kundenzufriedenheit steigt   → Verkaufszahlen steigen

             Verkaufszahlen steigen   → Gewinn steigt **(Finanzperspektive)**

Beispiel 2: Weiterbildung der **Mitarbeiter**   → bessere Abläufe **(Prozessperspektive)**

             bessere Abläufe   → zufriedenere **Kunden**

             zufriedenere **Kunden**   → Gewinn steigt **(Finanzperspektive)**

Voraussetzungen für die Einführung der Balanced Scorecard

• Vorhandensein einer Mission   • Vertrauen zur Unternehmensleitung
• Vorhandensein von Unternehmensstrategien   • Fachwissen
• Bereitschaft zur Kommunikation   • Fähigkeit zur Teamarbeit
• permanente Informationsmöglichkeiten   • flexible Organisation

---

Vorteile der Balanced Scorecard

• keine einseitige Betrachtung finanzieller Kennzahlen

• Kommunikationsförderung über alle Hierarchieebenen → Mitarbeiter verstehen
  Strategien und unterstützen sie.

• steigende Motivation der Mitarbeiter, steigende Unternehmensbindung

• bessere Kommunikation mit Externen (auch nichtfinanzielle Größen werden bekannt gegeben)

• Erkennen der Interaktionsbeziehungen zwischen den Perspektiven → Verbesserungen möglich

• Verbindung zwischen strategischem und operativem Management

• Erkennen von Ursache-Wirkungszusammenhängen

Nachteile der Balanced Scorecard

• Konzept noch nicht ausgereift (noch viele ungelöste Probleme)

• evtl. häufig Widerstände aus den Reihen der Betroffenen (→ schwere Umsetzung)

21.6   Controlling

21.6.1   Begriff „Controlling"

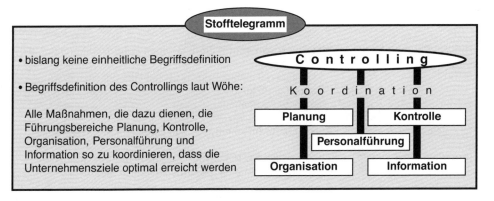

Stofftelegramm

• bislang keine einheitliche Begriffsdefinition

• Begriffsdefinition des Controllings laut Wöhe:

Alle Maßnahmen, die dazu dienen, die Führungsbereiche Planung, Kontrolle, Organisation, Personalführung und Information so zu koordinieren, dass die Unternehmensziele optimal erreicht werden

C o n t r o l l i n g

K o o r d i n a t i o n

| Planung | Kontrolle |
| Personalführung |
| Organisation | Information |

21.6.2   Funktionen des Controllings

Stofftelegramm

Planungsfunktion

• **Einflussnahme des Controllings auf die Planung:**
  – Verbesserung des Planungssystems
  – Bereitstellung von Planungstechniken und -instrumenten sowie persönliche Beratung bei deren Anwendung
  – Koordination des Informationsaustausches
  – Überprüfung der Pläne auf Vollständigkeit und Plausibilität
  – Präsentation der Planungsergebnisse

• **Vollständige Delegation der Planung an das Controlling nicht möglich, weil**
  – an der Planung noch weitere Personen aus verschiedenen Organisationseinheiten beteiligt sind und
  – für die Realisierung (Planumsetzung) die Handlungsträger verantwortlich sind.

• **Das Controlling (mit Richtlinienkompetenz) hat somit dafür zu sorgen,**
  – <u>dass</u> geplant wird (Anstoß zur Planung),
  – <u>wie</u> geplant wird (Methodik der Planung) und
  – <u>wann</u> geplant wird (Timing der Planung).

• Die Entscheidungsträger bestimmen, <u>was</u> geplant wird.

| Kontrollfunktion | • **Abweichungsanalysen (Soll-Ist-Vergleiche)** |

      – Bestätigung des eingeschlagenen Weges oder
      – Einleitung von Korrekturen

| Informationsfunktion | • **Steuerung von Informationsströmen (= Informationslogistik)** |

      – Versorgung der Handlungsträger mit Informationen bzw.
      – Handlungsträger in die Lage versetzen, sich selbst Informationen zu beschaffen

      • **Aufbau einer Informations- und Kommunikationstechnik**

| Koordinationsfunktion | • **Abstimmung der Planungs-, Kontroll- und Informationssysteme in sachlicher, personeller und zeitlicher Sicht** |

      • **zeitliche Koordination:**

| Controlling |

Strategisches Controlling	**Operatives Controlling**
• langfristig ausgerichtet	• kurzfristig ausgerichtet (Tagesgeschäft)
• Sicherung der langfristigen Unternehmensexistenz	• kurzfr. Erfolgssteuerung

Funktionen des Controllings nach Wöhe

| Allgemeine Koordinationsfunktion |

Anpassungs- und Innovationsfunktion	**Zielausrichtungsfunktion**	**Service- und Unterstützungsfunktion**
Koordination der Unternehmensführung mit der Umwelt (Erkennen von Marktentwicklungen) → Anpassungsvorgänge bzw. Innovationen	Koordination im Sinne der Unternehmensziele	• Koordination der Instrumentenauswahl (z. B. Planungsinstrumente) • Koordination der Informationsversorgung

21.6.3   Die Szenario-Technik

```
                          ╭──────────────────────╮
                          │    Stofftelegramm    │
                          ╰──────────────────────╯
```

- **Szenario** = durch Projektion ermitteltes, ausformuliertes, komplexes Zukunftsbild
  → Risiken und Chancen werden erkennbar
  → Entwicklung Erfolg versprechender Strategien

- kurzfristige Szenarien: ca. 5–10 Jahre
  mittelfristige Szenarien: ca.11–20 Jahre
  langfristige Szenarien: > 20 Jahre

- Szenario-Technik = **Prognoseverfahren** zum Vorausdenken der unsicheren, meist langfristigen Entwicklung

- **Kennzeichen:** Zulassen verschiedener Alternativen künftiger Entwicklung (multiple Zukunft) + Beschreibung der Zukunft in plausiblen Bildern (Zukunftsraum-Mapping)

- Ziel der Szenario-Technik = Erarbeitung und Aufzeichnung alternativer Zukunftslagen

- Die Szenario-Technik analysiert **Extremszenarien** (positives Extremszenario, negatives Extremszenario) sowie ein **Trendszenario** (Fortschreiben der heutigen Situation in die Zukunft).

Beispiel aus der Schülerwelt:

Schüler A erhielt in drei Klassenarbeiten folgende Noten: 3,0 – 3,5 – 2,5 → bisheriger Notendurchschnitt: 3,0. Demnächst wird die letzte Klassenarbeit vor dem Zeugnis geschrieben. Es ergibt sich folgendes **Szenario:**

positives Extremszenario: Note 1,0 → Notendurchschnitt somit 2,50 → Zeugnisnote 2 oder 3
negatives Extremszenario: Note 6,0 → Notendurchschnitt somit 3,75 → Zeugnisnote 4
Trendszenario: Note 3,0 → Notendurchschnitt somit 3,00 → Zeugnisnote 3

Drei mögliche Grundtypen von Szenarien		
Positives Extremszenario = „best-case-scenario"	**Negatives Extremszenario** = „worst-case-scenario"	**Trendszenario** = „verlängerte Gegenwart"
Modellierung der **bestmöglichen** zukünftigen Entwicklung (z. B. Zeugnisnote 2)	Modellierung der **schlechtestmöglichen** zukünftigen Entwicklung (z. B. Zeugnisnote 4)	Fortschreiben der heutigen Situation in die Zukunft (z. B. Zeugnisnote 3)
		„Weiter-so-wie-bisher-Szenario"
		wahrscheinlichste Zukunft

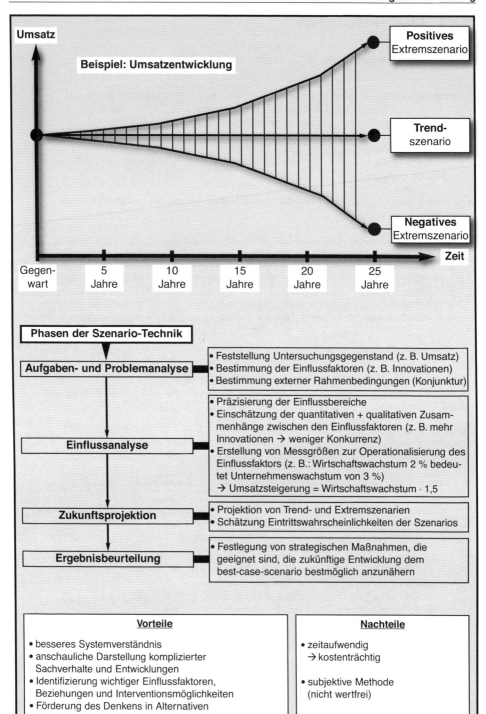

Umsatz

Beispiel: Umsatzentwicklung

Positives Extremszenario

Trend- szenario

Negatives Extremszenario

Zeit

| Gegen-wart | 5 Jahre | 10 Jahre | 15 Jahre | 20 Jahre | 25 Jahre |

Phasen der Szenario-Technik

Aufgaben- und Problemanalyse
- Feststellung Untersuchungsgegenstand (z. B. Umsatz)
- Bestimmung der Einflussfaktoren (z. B. Innovationen)
- Bestimmung externer Rahmenbedingungen (Konjunktur)

Einflussanalyse
- Präzisierung der Einflussbereiche
- Einschätzung der quantitativen + qualitativen Zusammenhänge zwischen den Einflussfaktoren (z. B. mehr Innovationen → weniger Konkurrenz)
- Erstellung von Messgrößen zur Operationalisierung des Einflussfaktors (z. B.: Wirtschaftswachstum 2 % bedeutet Unternehmenswachstum von 3 %)
  → Umsatzsteigerung = Wirtschaftswachstum · 1,5

Zukunftsprojektion
- Projektion von Trend- und Extremszenarien
- Schätzung Eintrittswahrscheinlichkeiten der Szenarios

Ergebnisbeurteilung
- Festlegung von strategischen Maßnahmen, die geeignet sind, die zukünftige Entwicklung dem best-case-scenario bestmöglich anzunähern

Vorteile
- besseres Systemverständnis
- anschauliche Darstellung komplizierter Sachverhalte und Entwicklungen
- Identifizierung wichtiger Einflussfaktoren, Beziehungen und Interventionsmöglichkeiten
- Förderung des Denkens in Alternativen

Nachteile
- zeitaufwendig
  → kostenträchtig

- subjektive Methode (nicht wertfrei)

21.6.4 Produktlebenszyklus

Das Modell des Produktlebenszyklus geht davon aus, dass ein Produkt von seiner Markteinführung bis zum Ausscheiden aus dem Markt verschiedene Phasen durchläuft.

Umsatz- und Gewinnverlauf im
Produktlebenszyklus (idealtypisch)

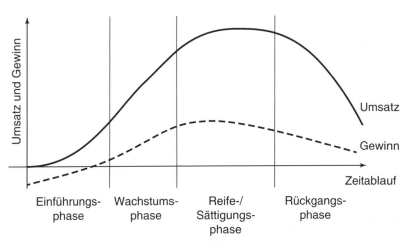

Messgrößen:	Gewinn, Umsatz
Ziele:	• Planung, Steuerung und Kontrolle des Produktlebenszyklus eines Produkts • Marktanteil steigern • Umsatz, Gewinn steigern • Produkt lange auf dem Markt halten
Maßnahmen:	Optimierung Marketing-Mix

Produktlebenszyklus

Phasen / Merkmale	Einführungsphase	Wachstumsphase	Reife- und Sättigungsphase	Rückgangsphase
Absatzmenge	gering	schnell ansteigend	Rekordabsatz, Tendenz fallend	rückläufig
Begründung	Kunden müssen Produkt erst kennenlernen	Produkt wird bekannter und liegt im Trend	Produkt ist sehr bekannt und liegt absolut im Trend	• Kunden kaufen zunehmend neue/andere Produkte • technologischer Fortschritt • Präferenzen der Verbraucher ändern sich
Gewinn	negativ	steigend	hoch	fallend
Begründung	• hohe Werbekosten • geringe Absatzmenge	• Absatzmenge steigt • Fertigungskosten sinken • Deckungsbeiträge steigen	• Absatzmenge sehr hoch • Fertigungskosten sinken	• Absatzmenge sinkt • technologischer Fortschritt
Konkurrenten	keine bzw. wenige	Zahl der Konkurrenten nimmt zu	gleichbleibend, Tendenz fallend	Zahl der Konkurrenten nimmt ab
Begründung	• absolut neues Produkt • potenzielle Konkurrenz ist von neuem Produkt überrascht	• Marktpotenzial vorhanden • Nachahmer: Konkurrenz bringt ähnliches Produkt auf den Markt	• Marktpotenzial ausgeschöpft • erste Grenzanbieter verschwinden vom Markt	• Marktanteile schrumpfen • Grenzanbieter und weitere Anbieter verschwinden vom Markt
Marketinginvestitionen	sehr hoch	hoch	sinkend	weiter sinkend
Marketingziele	• Produkt bekannt machen • Erstkäufer sichern	Marktanteil steigern	Marktanteil sichern	Kostensenkung und „Gewinnmithnahme"

21.6.5 Die Portfolioanalyse

Stofftelegramm

• Portfolioanalyse = Instrument der Unternehmensführung

• **Ziel** der Portfolioanalyse: ausgewogene Zusammensetzung des Produktionsprogramms erreichen hinsichtlich Ertragskraft, Lebensalter, Marktposition, Konkurrenz und Risiken

  Dafür notwendig: Festlegung der Faktoren, die den langfristigen Unternehmenserfolg bestimmen, v. a. Marktanteil, Wachstumsrate und Ertrag

• Vorgehensweise bei der Portfolioanalyse → **Vier-Felder-Matrix** (vgl. Lebenszyklus):

1. **Einführungsphase**
   („Question Marks" = Fragezeichen):
   – Produkte, deren Erfolg noch unsicher
   – noch unbedeutender Marktanteil
   – hohe Investitionen
   – Ertrag noch relativ gering
   – große Wachstumschancen
   – Maßnahmen: beobachten + fördern

2. **Wachstumsphase („Stars" = Sterne):**
   – hoher Marktanteil
   – hohe Investitionen
   – stark steigende Gewinne
   – starkes Wachstum
   – Maßnahmen: fördern

3. **Reifephase („Cash Cows" = Melkkühe):**
   – Produkte, die große finanzielle Mittel erwirtschaften
   – hoher Marktanteil
   – starker Rückgang der Investitionen
   – hohe Gewinne
   – geringes Wachstum
   – Maßnahmen: Position halten, melken

4. **Sättigungsphase („Poor Dogs" = arme Hunde):**
   – stark zurückgehender Marktanteil
   – keine Investitionen
   – Tendenz zu Verlusten
   – kein Wachstum mehr
   – kurz: „Poor Dogs" = „arme Hunde", denen das baldige Ende droht
   – Maßnahmen: Elimination, Ersatz durch Produktinnovationen

• **Wichtig:** Die Unternehmung sollte darauf achten, dass stets genügend „Fragezeichen", „Stars" und „Melkkühe" vorhanden sind → ausgeglichenes Portfolio. Besonders stark ist auf genügend Produktnachwuchs (Fragezeichen) zu achten.

Die Vier-Felder-Matrix

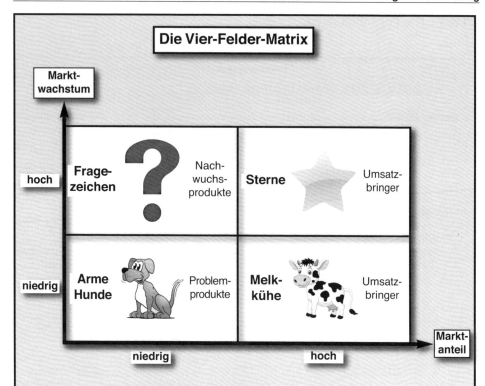

- Erhöhung des eigenen Marktanteils → Senkung der Stückkosten aufgrund der gestiegenen Stückzahl (Gesetz der Massenproduktion) → Gewinnerhöhung

- Betr. „Marktanteil": I. d. R. wird der **relative Marktanteil** angesetzt.

$$\text{Relativer Marktanteil} = \frac{\text{eigener Marktanteil (z. B. 20 \%)}}{\text{Marktanteil des größten Konkurrenten (z. B. 40 \%)}} = 0,5$$

Ist eigener Marktanteil höher als der des größten Konkurrenten → relativer Marktanteil > 1

<u>Vorteile der Portfolioanalyse</u>	<u>Nachteile der Portfolioanalyse</u>
• anschaulich • einfach zu handhaben • Förderung des Zukunftsdenkens • Erkennen von Chancen und Risiken	• Die Marktanteilsmessung ist problematisch. (Wie viel Umsatz erzielt der Konkurrent?) • Marktwachstumsprognosen schwierig

Beispiel zur Vier-Felder-Matrix

Produktgruppe	Umsatz (Mio. EUR)	Relativer Marktanteil (gegeben)	Marktwachstum (gegeben)
(A) Ski/Skistöcke	10,0	1,2	4 %
(B) Snowboards	6,0	0,8	12 %
(C) Surfbretter	4,0	1,4	10 %
(D) Walking-Stöcke	2,0	0,2	14 %
(E) Wasserski	1,0	0,6	4 %
	23,0	X	X

Hinweis: Die Kreise (Durchmesser) sind umso größer, je höher der Umsatz ist.

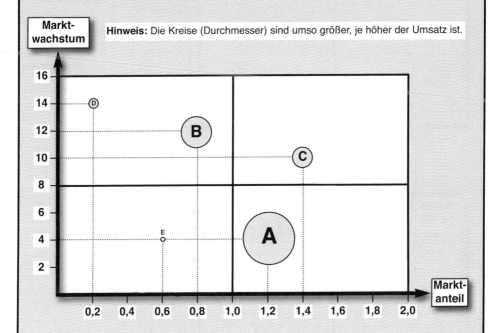

Bewertung: Es liegt ein **ausgeglichenes Portfolio** vor. Begründung:

- C befindet sich im „Star-Bereich".
- B und D haben als Nachwuchsprodukte ein hohes Wachstumspotenzial.
- A bringt als „Melkkuh" momentan die höchsten Umsätze.
- E sollte möglicherweise eliminiert werden.

Hinweis: Evtl. weitere Orientierung am Branchenwachstum, Inlandsprodukt oder dgl.

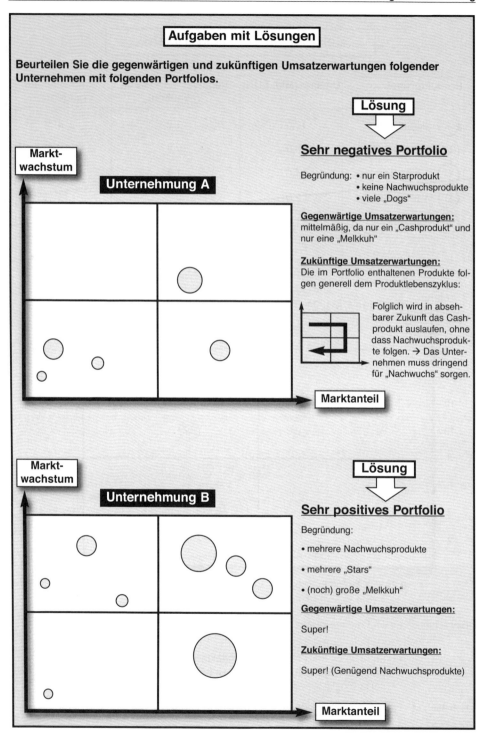

Aufgaben mit Lösungen

Beurteilen Sie die gegenwärtigen und zukünftigen Umsatzerwartungen folgender Unternehmen mit folgenden Portfolios.

Lösung

Sehr negatives Portfolio

Begründung: • nur ein Starprodukt
• keine Nachwuchsprodukte
• viele „Dogs"

Gegenwärtige Umsatzerwartungen:
mittelmäßig, da nur ein „Cashprodukt" und nur eine „Melkkuh"

Zukünftige Umsatzerwartungen:
Die im Portfolio enthaltenen Produkte folgen generell dem Produktlebenszyklus:

Folglich wird in absehbarer Zukunft das Cashprodukt auslaufen, ohne dass Nachwuchsprodukte folgen. → Das Unternehmen muss dringend für „Nachwuchs" sorgen.

Marktwachstum

Unternehmung A

Marktanteil

Lösung

Sehr positives Portfolio

Begründung:

• mehrere Nachwuchsprodukte

• mehrere „Stars"

• (noch) große „Melkkuh"

Gegenwärtige Umsatzerwartungen:

Super!

Zukünftige Umsatzerwartungen:

Super! (Genügend Nachwuchsprodukte)

Marktwachstum

Unternehmung B

Marktanteil

21.7 Aufgaben (Grundwissen)

1. Die Kelterei Möhring vertreibt seit wenigen Monaten ihren frisch gepressten Apfelsaft in der Fünf-Liter-„Möhring Saftbox". Diese basiert auf dem bewährten Verpackungssystem Bag-in-Box. Bekannt wurde dieses Verfahren hierzulande für die Weinabfüllung. Das Besondere an der Bag-in-Box ist, dass auch nach Anbruch der Verpackung keine Luft an den Saft gelangt. Dadurch bleibt die Frische des Saftes auch nach Anbruch der Saftbox mehrere Monate erhalten. In Zusammenarbeit mit einer Werbeagentur wird ein Prospekt in Auftrag gegeben.

   a) In welcher Phase des Produktlebenszyklus befindet sich die „Möhring Saftbox"? Zeichnen Sie einen idealtypischen Produktlebenszyklus mit Umsatz und Gewinnverlauf und markieren Sie im Zyklus die Position der „Möhring Saftbox". Beschreiben Sie die Merkmale dieser Phase.

   b) Der Marketingleiter bezeichnet die „Möhring Saftbox" im Zusammenhang mit der Portfolioanalyse als „Question Mark". Welche Merkmale liegen hierbei vor? Beschreiben Sie eine Strategie, wie Sie aus dem „Question Mark" zukünftig einen „Star" entwickeln können.

2. Die MyBike GmbH produziert und vertreibt verschiedene hochwertige Fahrradmodelle mit hohem Qualitätsanspruch und außergewöhnlichem Design. Im letzten Jahr wurde das Sortiment um Fahrräder mit innovativem Elektroantrieb erweitert.

   a) Mithilfe der Portfolioanalyse wurde die Produktpalette der MyBike GmbH dargestellt (**Anlage 1**). Beschreiben und beurteilen Sie das vorliegende Portfolio.

   b) Welche Möglichkeiten hat das Unternehmen, aus einem Question Mark einen Star zu entwickeln?

   c) Zeichnen Sie den idealtypischen Produktlebenszyklus und ordnen Sie die Produkte des Portfolios den Phasen des Produktlebenszyklus zu.

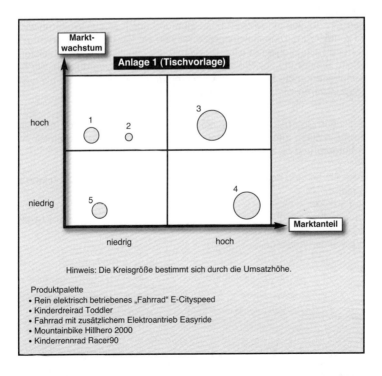

Hinweis: Die Kreisgröße bestimmt sich durch die Umsatzhöhe.

Produktpalette
- Rein elektrisch betriebenes „Fahrrad" E-Cityspeed
- Kinderdreirad Toddler
- Fahrrad mit zusätzlichem Elektroantrieb Easyride
- Mountainbike Hillhero 2000
- Kinderrennrad Racer90

21.8   Abituraufgaben

Abituraufgabe 2009 (Aufgabe 1, Teil 1)

1. Aus dem Leitbild der Wieslocher DRUMA AG:

Unsere Unternehmung
Die DRUMA AG möchte ihre Position als weltweit führender Hersteller von Druckmaschinen langfristig kontinuierlich ausbauen.

Unsere Kunden
Die Zufriedenheit unserer Kunden steht im Mittelpunkt unserer Zielsetzungen. Wir
pflegen langfristige, weltweite Kundenbeziehungen und erreichen mit hervorragenden
Produkten sowie einem umfassenden Netz von Beratung und Dienstleistungen
optimale Kundennähe.

Unsere Mitarbeiter
Die Basis unserer Unternehmung bilden unsere motivierten und verantwortungsbe-
wussten Mitarbeiter. Die Kompetenz unserer Mitarbeiter fördern wir durch kontinuier-
liche Weiterbildung und sichern damit langfristig Arbeitsplätze. Damit erhöhen wir die
Identifikation mit unserer Vision.

Unsere Prozesse
Unsere Prozesse werden laufend überprüft und nach technischen und wirtschaftlichen Maßstäben optimiert. Sämtliche Prozesse werden durch schonenden Einsatz
von Ressourcen umweltverträglich gestaltet.

Unsere Zukunft
Durch den Einsatz von innovativen Lösungen und durch stetige Weiterentwicklung
unserer Produkte und Dienstleistungen erreichen wir führende Positionen. Wir sind
offen für neue Technologien in allen Bereichen der Druckindustrie und leisten dadurch
eine gezielte Steigerung der Prozessoptimierung und Kostenreduktion. Wir halten
international anerkannte Regeln guter Unternehmensführung ein. Mit allen Stakehol-
dern kommunizieren wir in einer offenen und angemessenen Form.

1.1 Die strategischen Unternehmensziele der AG ergeben sich aus dem Unternehmensleitbild. Ordnen Sie diese Ziele verschiedenen Zielarten zu und bestimmen Sie, welche
Zielart im Vordergrund steht.

1.2 Beschreiben Sie anhand des Unternehmensleitbilds einen Zielkonflikt und eine
Zielharmonie.

1.3 Das im Unternehmensleitbild genannte Stakeholder-Konzept stellt eine Erweiterung des
Shareholder-Value-Konzepts dar.
Erläutern Sie diese Aussage.

22 Preisbildung

22.1 Nachfrage und Angebot

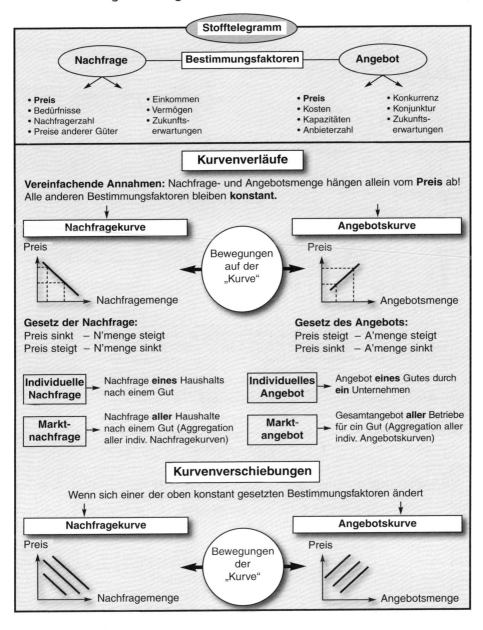

Die Elastizität

Direkte Preiselastizität der Nachfrage =	prozentuale Mengenänderung / prozentuale Preisänderung =	$\dfrac{dx \cdot p}{dp \cdot x}$	dx = Mengenänderung dp = Preisänderung x = Ausgangsmenge p = Ausgangspreis

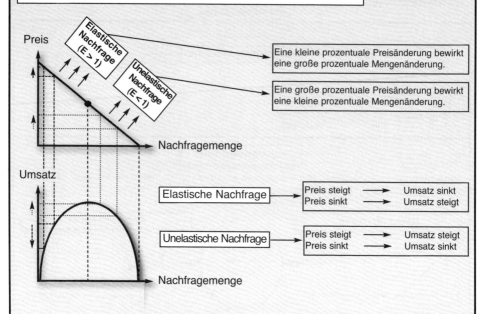

Preis

Elastische Nachfrage (E > 1)

Unelastische Nachfrage (E < 1)

Eine kleine prozentuale Preisänderung bewirkt eine große prozentuale Mengenänderung.

Eine große prozentuale Preisänderung bewirkt eine kleine prozentuale Mengenänderung.

Nachfragemenge

Umsatz

Elastische Nachfrage	Preis steigt ⟶ Umsatz sinkt Preis sinkt ⟶ Umsatz steigt
Unelastische Nachfrage	Preis steigt ⟶ Umsatz steigt Preis sinkt ⟶ Umsatz sinkt

Nachfragemenge

Normalfall: Direkte Preiselastizität der Nachfrage ist negativ.
Ausnahme: Anomale Nachfrage = Snob-Effekt (Preissteigerung bewirkt Nachfrage-
mengenerhöhung); Folge: positive Elastizitätskennziffer

Indirekte Preiselastizität der Nachfrage (Kreuzpreiselastizität) =	prozentuale Mengenänderung bei Gut A / prozentuale Preisänderung bei Gut B =	$\dfrac{dx_A \cdot p_B}{dp_B \cdot x_A}$

Substitutionsgüter: Güter, die sich durch andere ersetzen lassen (austauschbar);
Bsp.: Butter – Margarine, Holz – Kunststoff ...
Preis Gut **A** sinkt, Nachfrage nach Gut **B** sinkt; (Nachfr. A steigt)
Substitutionselastizität stets **positiv**

Komplementärgüter: sich ergänzende Güter (nur gleichzeitig nutzbar);
Bsp.: Lampe – Birne, Auto – Reifen ...
Preis Gut **A** sinkt, Nachfrage nach Gut **B** (und A) steigt;
Komplementärelastizität stets **negativ**

Aufgaben (Grundwissen)

1. Erklären Sie die Begriffe „individuelle Nachfrage" und „Marktnachfrage".

2. Wovon hängt die Nachfrage nach einem Gut ab? Nennen Sie mind. vier Bestimmungsgründe.

3. Welche vereinfachende Unterstellung wird bei der Betrachtung der Nachfragekurve (ohne Verschiebungen) vorgenommen?

4. Wie lautet die Fragestellung, die zum Verlauf der Nachfragekurve führt?

5. a) Formulieren Sie das Gesetz der Nachfrage.   b) Skizzieren Sie die Nachfragekurve.

6. a) Wie kann man den Verlauf der Marktnachfragekurve für ein bestimmtes Gut ermitteln?
   b) Sind die Ermittlungsergebnisse eindeutig? Begründung.

7. Wann verschiebt sich die Nachfragekurve allgemein?

8. Wann verschiebt sich die Nachfragekurve nach rechts (mindestens drei Beispiele)?

9. Wann verschiebt sich die Nachfragekurve nach links (mindestens drei Beispiele)?

10. Was versteht man unter a) Komplementär-,   b) Substitutionsgütern (je zwei Beispiele)?

11. Wie reagiert die Nachfrage nach Butter, wenn   a) der Butterpreis sinkt,
                                                      b) der Margarinepreis steigt?

12. Wie reagiert die Nachfrage nach Autoreifen, wenn die Autopreise erheblich steigen?

13. Wie reagiert die Nachfrage nach Gut A, wenn der Preis des Komplementärgutes B
    a) steigt,   b) fällt?

14. Wie reagiert die Nachfrage nach Gut A, wenn der Preis des Substitutionsgutes B
    a) steigt,   b) fällt?

15. a) Wie wirken pessimistische Zukunftserwartungen (Angst vor Arbeitslosigkeit, Einkommenssenkungen) auf die Nachfrage?
    b) Skizzieren Sie den Sachverhalt in einem Koordinatensystem.

16. a) Wie wirkt die Erwartung erheblich steigender Preise auf die gegenwärtige Nachfrage?
    b) Skizzieren Sie den Sachverhalt in einem Koordinatensystem.

17. Wie entwickelt sich die Nachfrage nach Insulin (Medikament für Zuckerkranke) bei steigendem Preis? Begründung und Skizze.

18. Erklären Sie den Ausnahmefall, dass ein höherer Preis eines Gutes eine höhere Nachfrage nach sich zieht.

19. Nennen Sie die vier Nachfragergruppen einer Volkswirtschaft. Wie wird deren Nachfrage jeweils bezeichnet?

20. Erklären Sie die volkswirtschaftliche Bedeutung der Gesamtnachfrage eines Landes.

21. Erklären Sie die Zeitungsnotiz: „Die deutsche Wirtschaft erwartet Impulse in der Form kräftiger Nachfrageschübe, ausgelöst durch die Vereinigung beider deutscher Staaten."

22. Erklären Sie verbal die Begriffe „elastische und unelastische Nachfrage".

23. a) Entscheiden Sie, ob sich die Preisänderungen im Bereich elastischer oder unelastischer Nachfrage abspielen.

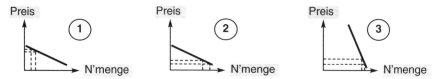

b) Begründen Sie Ihre Entscheidung bezüglich der dritten Skizze.

c) Welchen Einfluss hat eine Preiserhöhung auf den Umsatz und die Nachfragemenge, wenn sich die Unternehmung einer elastischen Nachfrage gegenübergestellt sieht?

d) Ermitteln Sie die direkte Preiselastizität der Nachfrage: Eine Preiserhöhung von 70 auf 90 Geldeinheiten bewirkt eine Nachfragemengenreduzierung von 140 auf 80 Stück.

24. Berechnen Sie für folgende Zahlenkombinationen die direkten Preiselastizitäten und notieren Sie jeweils die dazugehörigen Fachbegriffe mit kurzer Begründung.

a) Preisänderung von 8 auf 6, Mengenänderung von 60 auf 56
b) Preisänderung von 2 auf 4, Mengenänderung von 8 auf 6
c) Preisänderung von 12 auf 14, Mengenänderung von 60 auf 30

25. Wann ist die direkte Preiselastizität der Nachfrage positiv?

26. Ergänzen Sie die Tabelle:

Preise:	2	4	6	8	10
mengenmäßige Nachfrage:	....	....	....	....	....
Umsatz:	20	36	48	56	60

Ein Unternehmen verlangt für sein Produkt einen Preis von 8 Geldeinheiten. Preissteigerungen sind geplant. Berechnen Sie die Elastizität. Befindet sich das Unternehmen im Bereich elastischer oder unelastischer Nachfrage? Begründung.

27. a) Direkte Preiselastizität eines Gutes: (–) 3. Welche Bedeutung hat diese Kennzahl?
b) Welche Bedeutung hat die Kenntnis einer Elastizitätskennziffer von (–) 0,7 für das Management einer Unternehmung?

28. Erklären Sie die Begriffe „vollkommen elastische und vollkommen unelastische Nachfrage" an je einem Beispiel. Skizzieren Sie den Sachverhalt.

29. Preisänderung bei Gut A von 12 auf 9 Geldeinheiten; hierdurch bedingte Nachfragemengenänderung bei Gut B von 10 auf 8 Einheiten. Kreuzpreiselastizität? Welche Güterart?

30. a) Wenn Unternehmung A den Preis ihres Produkts um 15,00 EUR auf 225,00 EUR erhöht, sinkt die Nachfrage nach dem Produkt der Unternehmung B um 500 Stück auf 3.000 Stück. Ermitteln Sie die indirekte Preiselastizität (Kreuzpreiselastizität).
b) Wie bezeichnet man diese Elastizität? Kurze Begründung.

31. Ergänzen Sie folgende Tabelle und ermitteln Sie für diese Kombination die Kreuzpreis-elastizität (Ausgangspreis 4,00 EUR). Welche Art von Kreuzpreiselastizität liegt vor?

Preis Gut A	....
4	2
7	6

32. • Kreuzpreiselastizität   =   −0,625   a) Welche Güterart liegt vor?
    • Preis Gut B (Zeitpunkt 1) =   100,00 EUR   b) Wie viel Stück wurden von Gut A im
    • Preis Gut B (Zeitpunkt 2) =   120,00 EUR   Zeitpunkt 2 nachgefragt?
    • Nachfrage nach Gut A (Zeitp. 1): 800 Stück

33. Erklären Sie die Begriffe „individuelles Angebot" und „Marktangebot".

34. Wovon hängt das Angebot eines Gutes ab? Nennen Sie mindestens vier Bestimmungsgründe.

35. Welche vereinfachende Unterstellung wird bei der Betrachtung der Angebotskurve (ohne Kurvenverschiebungen) vorgenommen?

36. Wie lautet die Fragestellung, die zum Verlauf der Angebotskurve führt?

37. a) Formulieren Sie das Gesetz des Angebots.

    b) Skizzieren Sie die Angebotskurve.

38. Wann verschiebt sich die Angebotskurve allgemein?

39. Wann verschiebt sich die Marktangebotskurve nach rechts? Mindestens drei Beispiele.

40. Wann verschiebt sich die Marktangebotskurve nach links? Mindestens drei Beispiele.

41. a) Welchen Einfluss haben steigende Kosten auf das Gesamtangebot?

    b) Skizzieren Sie den Sachverhalt in einem Koordinatensystem.

42. Ein Anbieter rationalisiert. Welchen Einfluss hat dies auf den Verlauf seiner Angebotskurve?

43. Welche Güter wird ein Unternehmer, der nach dem erwerbswirtschaftlichen Prinzip handelt, bevorzugt anbieten?

44. Erklären Sie folgendes Zitat: „In marktwirtschaftlich orientierten Wirtschaftssystemen herrscht Konsumentensouveränität."

45. a) Skizzieren Sie den Verlauf der Angebotskurve eines Anbieters, der seine Produkte zu jedem Preis anbietet (vollkommen unelastisches Angebot).

    b) Nennen Sie ein praktisches Beispiel für die genannte Situation.

22.2 Marktformen/vollkommener, unvollkommener Markt

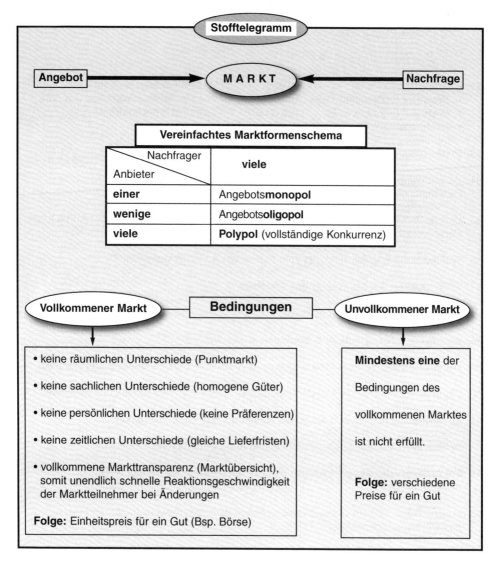

Stofftelegramm

Angebot ──────────▶ **M A R K T** ◀────────── Nachfrage

Vereinfachtes Marktformenschema

Anbieter \ Nachfrager	viele
einer	Angebots**monopol**
wenige	Angebots**oligopol**
viele	**Polypol** (vollständige Konkurrenz)

Vollkommener Markt ──── **Bedingungen** ──── **Unvollkommener Markt**

• keine räumlichen Unterschiede (Punktmarkt)

• keine sachlichen Unterschiede (homogene Güter)

• keine persönlichen Unterschiede (keine Präferenzen)

• keine zeitlichen Unterschiede (gleiche Lieferfristen)

• vollkommene Markttransparenz (Marktübersicht), somit unendlich schnelle Reaktionsgeschwindigkeit der Marktteilnehmer bei Änderungen

Folge: Einheitspreis für ein Gut (Bsp. Börse)

Mindestens eine der Bedingungen des vollkommenen Marktes ist nicht erfüllt.

Folge: verschiedene Preise für ein Gut

Aufgaben (Grundwissen)

1. a) Was ist ein Markt?

   b) Welche Hauptfunktion (Hauptaufgabe) hat der Markt?

2. Erklären Sie kurz die Begriffe a) Polypol, b) Oligopol, c) Monopol.

3. Zeitungsnotiz: „Zunehmende Konzentration in der Wirtschaft." Erklären Sie den Sachverhalt.

4. Nennen Sie je ein typisches Beispiel: a) Angebotsmonopol, b) Angebotsoligopol, c) Polypol.

5. Nennen Sie die Bedingungen des vollkommenen Marktes.

6. Wann liegt ein unvollkommener Markt vor?

7. Welche Folge hat das Vorliegen eines vollkommenen Marktes für die Preise? Begründung.

8. Erklären Sie kurz folgende Begriffe:

   a) Homogenität der Güter

   b) Transparenter Markt

   c) Punktmarkt

   d) Präferenzen

9. Ein unvollkommener Markt unterscheide sich vom vollkommenen Markt lediglich durch das Fehlen der Markttransparenz. Wie wird sich dieser Markt im Zeitverlauf entwickeln?

10. Der vollkommene Markt ist ein seltener Ausnahmefall. Warum wird er dennoch in der Volkswirtschaftslehre intensiv analysiert?

11. Welcher Markt kommt in der Wirklichkeit dem vollkommenen Markt am nächsten?

12. Werden die Güter auf einem vollkommenen oder unvollkommenen Markt angeboten? Begründung.

   a) Käse (Käsebörse Kempten)   d) Äpfel auf dem Wochenmarkt

   b) Benzin an Tankstellen   e) Wertpapiere an der Frankfurter Wertpapierbörse

   c) Wein in einem Weinlokal

13. Welche Bedingungen des vollkommenen Marktes sind in folgenden Fällen nicht erfüllt?

   a) Sepp Herzlieb kauft für seine Freundin Frieda Flitter die Pralinenschachtel „Rotes Herz".

   b) Die Lahm GmbH liefert Draht innerhalb von acht Wochen, die Flott & Co. innerhalb von 14 Tagen.

   c) Franz Dusel bietet seine Bratwürste an einem Würschtlstand in der belebten Fußgängerzone von Stuttgart an, während Mizzi Dämel ihre Würstchen in einer Nebengasse am Stadtrand feilbietet.

   d) Ignazius Wild trinkt regelmäßig sein Bier in der Gastwirtschaft „Rote Rose", um mit der hübschen Bedienung Lollo ins Gespräch zu kommen.

14. Warum ist die Wertpapierbörse ein (nahezu) vollkommener Markt?

15. Welche der folgenden Aussagen sind richtig?

a) Bei Fehlen von persönlichen, räumlichen, sachlichen und zeitlichen Unterschieden liegt ein vollkommener Markt vor.

b) Bei unvollkommener Markttransparenz liegt ein temporär unvollkommener Markt vor.

c) Ein vollkommener Markt liegt nur vor, wenn alle fünf Bedingungen gleichzeitig erfüllt sind.

d) Ein unvollkommener Markt liegt nur vor, wenn alle Bedingungen des vollkommenen Marktes nicht erfüllt sind.

e) Bei Vorliegen eines Punktmarktes ist stets ein vollkommener Markt gegeben.

f) Beim vollkommenen Markt sind die Preise der Anbieter gleich.

g) Vollkommene Märkte gibt es in der Realität nur annäherungsweise.

22.3   Die S-förmige Kostenkurve – kritische Kostenpunkte

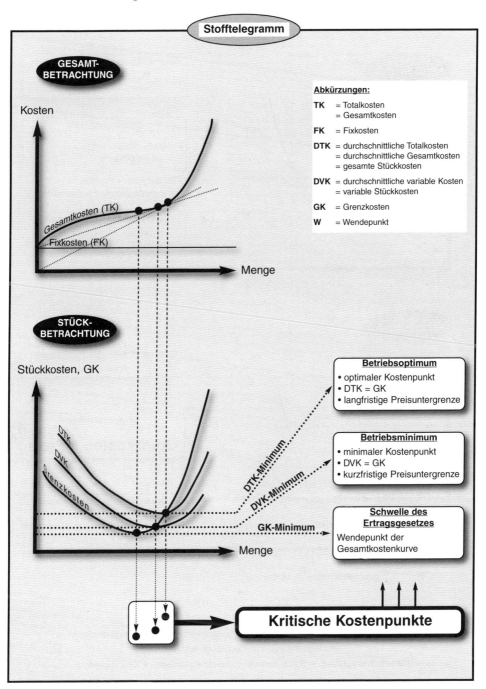

Stofftelegramm

GESAMT-BETRACHTUNG

Kosten

Gesamtkosten (TK)

Fixkosten (FK)

Menge

Abkürzungen:

TK = Totalkosten
= Gesamtkosten

FK = Fixkosten

DTK = durchschnittliche Totalkosten
= durchschnittliche Gesamtkosten
= gesamte Stückkosten

DVK = durchschnittliche variable Kosten
= variable Stückkosten

GK = Grenzkosten

W = Wendepunkt

STÜCK-BETRACHTUNG

Stückkosten, GK

DTK
DVK
Grenzkosten

DTK-Minimum
DVK-Minimum
GK-Minimum

Menge

Betriebsoptimum
• optimaler Kostenpunkt
• DTK = GK
• langfristige Preisuntergrenze

Betriebsminimum
• minimaler Kostenpunkt
• DVK = GK
• kurzfristige Preisuntergrenze

Schwelle des Ertragsgesetzes
Wendepunkt der Gesamtkostenkurve

Kritische Kostenpunkte

22.4   Kosten – Umsatz – Gewinne

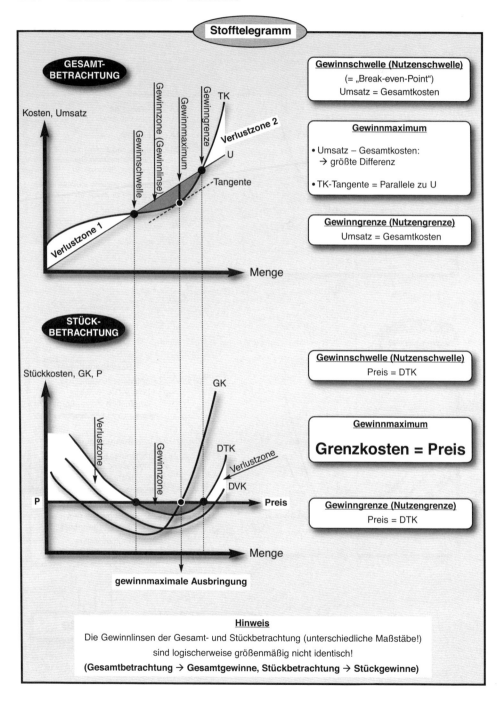

Stofftelegramm

GESAMT-BETRACHTUNG

Kosten, Umsatz

Gewinnzone (Gewinnlinse)
Gewinnmaximum
Gewinngrenze
Gewinnschwelle
TK
Verlustzone 2
U
Tangente
Verlustzone 1

Menge

Gewinnschwelle (Nutzenschwelle)
(= „Break-even-Point")
Umsatz = Gesamtkosten

Gewinnmaximum
• Umsatz – Gesamtkosten:
  → größte Differenz
• TK-Tangente = Parallele zu U

Gewinngrenze (Nutzengrenze)
Umsatz = Gesamtkosten

STÜCK-BETRACHTUNG

Stückkosten, GK, P

Verlustzone
Gewinnzone
GK
DTK
Verlustzone
DVK
P
Preis

Menge

gewinnmaximale Ausbringung

Gewinnschwelle (Nutzenschwelle)
Preis = DTK

Gewinnmaximum
Grenzkosten = Preis

Gewinngrenze (Nutzengrenze)
Preis = DTK

Hinweis
Die Gewinnlinsen der Gesamt- und Stückbetrachtung (unterschiedliche Maßstäbe!)
sind logischerweise größenmäßig nicht identisch!
(Gesamtbetrachtung → Gesamtgewinne, Stückbetrachtung → Stückgewinne)

22.5   Begründung der Gewinnmaximierungsregel

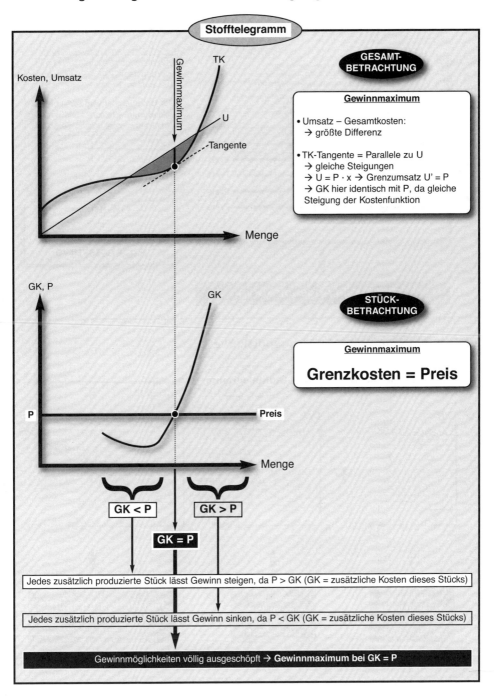

Stofftelegramm

Kosten, Umsatz

Gewinnmaximum

TK

U

Tangente

Menge

GESAMT-BETRACHTUNG

Gewinnmaximum

- Umsatz − Gesamtkosten:
  → größte Differenz

- TK-Tangente = Parallele zu U
  → gleiche Steigungen
  → U = P · x → Grenzumsatz U' = P
  → GK hier identisch mit P, da gleiche
  Steigung der Kostenfunktion

GK, P

GK

STÜCK-BETRACHTUNG

P   Preis

Menge

Gewinnmaximum

Grenzkosten = Preis

GK < P   GK > P

GK = P

Jedes zusätzlich produzierte Stück lässt Gewinn steigen, da P > GK (GK = zusätzliche Kosten dieses Stücks)

Jedes zusätzlich produzierte Stück lässt Gewinn sinken, da P < GK (GK = zusätzliche Kosten dieses Stücks)

Gewinnmöglichkeiten völlig ausgeschöpft → **Gewinnmaximum bei GK = P**

22.6 Ableitung der individuellen Angebotskurve

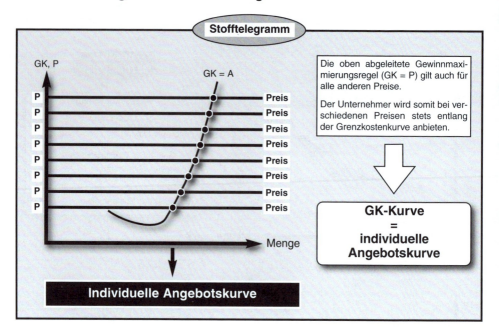

22.7 Ableitung der Marktangebotskurve

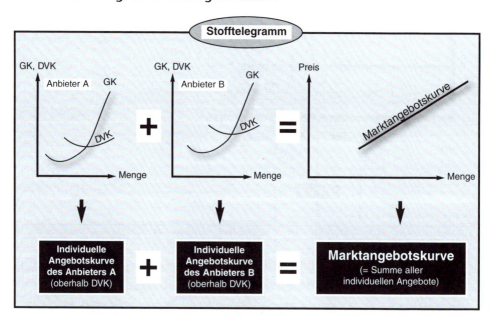

22.8   Polypol – vollkommener Markt

Hinweis: Einheitskursbildung an der Börse
= Stoff Eingangsklasse

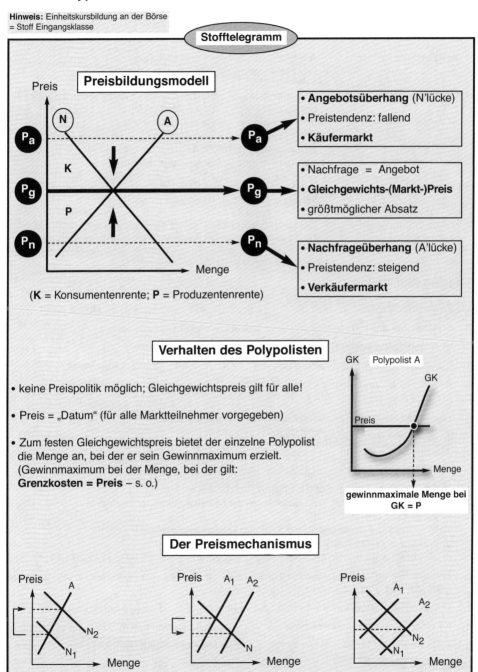

Stofftelegramm

Preisbildungsmodell

Preis

N   A

P_a

K

P_g

P

P_n

Menge

(**K** = Konsumentenrente; **P** = Produzentenrente)

P_a → • **Angebotsüberhang** (N'lücke)
• Preistendenz: fallend
• **Käufermarkt**

P_g → • Nachfrage = Angebot
• **Gleichgewichts-(Markt-)Preis**
• größtmöglicher Absatz

P_n → • **Nachfrageüberhang** (A'lücke)
• Preistendenz: steigend
• **Verkäufermarkt**

Verhalten des Polypolisten

• keine Preispolitik möglich; Gleichgewichtspreis gilt für alle!

• Preis = „Datum" (für alle Marktteilnehmer vorgegeben)

• Zum festen Gleichgewichtspreis bietet der einzelne Polypolist
die Menge an, bei der er sein Gewinnmaximum erzielt.
(Gewinnmaximum bei der Menge, bei der gilt:
Grenzkosten = Preis – s. o.)

GK   Polypolist A

GK

Preis

Menge

**gewinnmaximale Menge bei
GK = P**

Der Preismechanismus

Preis   A

N_2

N_1

Menge

Preis A_1 A_2

N

Menge

Preis A_1

A_2

N_2

N_1

Menge

Hinweis: Funktionen des Preises = Stoff Eingangsklasse

Funktionen (= Aufgaben) des Preises

• **Ausgleichsfunktion:**
- Ausgleich von Angebot und Nachfrage
- Der Preis „räumt den Markt".

• **Signalfunktion:**
- Preissteigerungen signalisieren: Das Gut ist relativ knapper geworden (weniger Angebot bei gleicher Nachfrage oder mehr Nachfrage bei gleichem Angebot).
- Preissenkungen signalisieren: Das Gut ist relativ weniger knapp geworden (mehr Angebot bei gleicher Nachfrage oder weniger Nachfrage bei gleichem Angebot).

• **Lenkungsfunktion:**
- Der Preis lenkt die Produktionsfaktoren in Bereiche mit hohen Preisen, also hohen Gewinnen.

• **Erziehungsfunktion:**
- Der Gleichgewichtspreis zwingt die Anbieter zur Kostensenkung.
- Die Nachfrager suchen preisgünstigste Einkaufsmöglichkeiten.

Aufgaben (Grundwissen)

1. Zeigen Sie grafisch, wie sich der Polypolpreis (Gleichgewichtspreis) im Modell bildet.

2. Erklären Sie anhand einer Skizze und verbal folgende Marktsituationen:

   a) Angebotsüberhang,   b) Nachfrageüberhang.

3. Erklären und begründen Sie die Begriffe   a) Käufermarkt, b) Verkäufermarkt.

4. Zeigen Sie anhand einer Skizze, warum beim Gleichgewichtspreis der höchstmögliche Absatz erzielt wird.

5. Folgende Daten bezüglich eines Gutes sind gegeben:

Preis (EUR)	10,00	12,00	14,00	16,00	18,00	20,00	22,00
Nachfrage (Stück)	40	35	30	25	20	15	10
Angebot (Stück)	16	19	22	25	28	31	34

   a) Wie viel Euro beträgt der Gleichgewichtspreis? Begründung.
   b) Nennen Sie möglichst viele Begriffe für die Marktsituation bei Preisen von 10,00 EUR, 16,00 EUR und 20,00 EUR.
   c) Skizzieren Sie die Preisbildung in einem Koordinatensystem.
   d) Wie viel Euro Umsatz werden beim Marktpreis erzielt?
   e) Wie hoch wäre der Umsatz bei Preisen von 10,00, 12,00, 20,00 und 22,00 EUR?

6. Erklären Sie anhand einer Skizze sowie verbal die Begriffe „Konsumentenrente" (Nachfragerrente) und „Produzentenrente" (Anbieterrente).

7. Erklären Sie, warum sich beim vollkommenen Polypol ein Gleichgewichtspreis bildet.

8. Kommen beim Gleichgewichtspreis alle Anbieter und Nachfrager zum Zuge? Begründung.

9. Erklären Sie die Preis- und Mengenpolitik eines Polypolisten auf dem vollkommenen Markt.

10. Erklären Sie folgende Aussage: „Der Gleichgewichtspreis räumt den Markt."

11. Welche Marktlage ist optimal für   a) Käufer,   b) Verkäufer,   c) Gesamtwirtschaft?

12. Welche Marktpreiswirkungen haben folgende Marktänderungen?

    a) Nachfrageerhöhung   c) Nachfragesenkung
    b) Angebotssenkung   d) Angebotserhöhung

13. Zeigen Sie jeweils anhand einer Skizze, wie sich der Gleichgewichtspreis in folgenden Fällen ändert.

    a) Einkommenssteigerungen   f) Steigende Rohstoffkosten
    b) Rekordernte   g) Nachfrageerhöhung ist größer
    c) Zunehmender Pessimismus bei Anbietern   als die Angebotserhöhung
    d) Einkommenssenkungen   h) Angebotserhöhung ist größer als
    e) Erwartung stark steigender Konsum-   die Nachfrageerhöhung
       güterpreise   i) Einkommens- und Kostensenkungen

14. Wie ändert sich der Gleichgewichtspreis, wenn die Einkommen und die Anbieterzahl gleichzeitig ansteigen? Begründung.

15. Begründen Sie verbal und anhand einer Skizze folgende Aussage: „Der Preis ist gestiegen, obwohl im Vergleich zum Vorjahr das Angebot erheblich zugenommen hat."

16. Welchen Einfluss haben hohe Lohn- und Einkommensteuererhöhungen auf die Preis-Mengenverhältnisse des Preisbildungsmodells?

17. Erklären Sie die Funktionen (= Aufgaben) des Preises.

18. Nachfrage- und Angebotssituation für Holz- und Kunststofffenster einer genormten Größe:

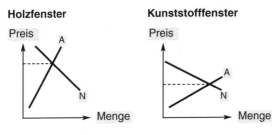

Holzfenster   **Kunststofffenster**   a) Welche Güterart liegt vor?
                                                        b) Immer mehr Nachfrager
Preis   Preis   steigen aufgrund der relativ
                                                           preisgünstigen
                                                           Kunststofffenster auf diese
                                                           Produktart um. Erklären Sie
                                                           verbal und skizzenhaft die
                                                           veränderten Marktsituationen.
                                                        c) Erklären Sie anhand dieses
        Menge   Menge   Beispiels die Preisfunktionen.

19. Warum wird der Polypolist (vollkommener Markt) als „Mengenanpasser" bezeichnet?

20. Vergleichen Sie eine Wertpapierbörse und den Automarkt in Deutschland nach drei Merkmalen, die einen Markt kennzeichnen können.

21. Auf einem vollkommenen Markt mit polypolistischer Konkurrenz und normalem Verlauf der Angebots- und Nachfragekurve kommt ein Preis von 15,00 EUR zustande.

    Die Unternehmen U 1 und U 2 gehören zu den Anbietern. U 1 hat jedoch eine günstigere Kostenstruktur als U 2.

    Die Nachfrager N 1 und N 2 fragen bei diesem Preis die Ware nach. N 1 misst dem Gut einen höheren Wert bei als N 2, der gerade noch bereit ist, 15,00 EUR zu bezahlen.

21.1 Warum kommt trotz dieser Unterschiede ein einheitlicher Marktpreis zustande?

21.2 Bezeichnen und erklären Sie die unterschiedliche Situation der Anbieter und Nachfrager.

22.9 Polypol – unvollkommener Markt

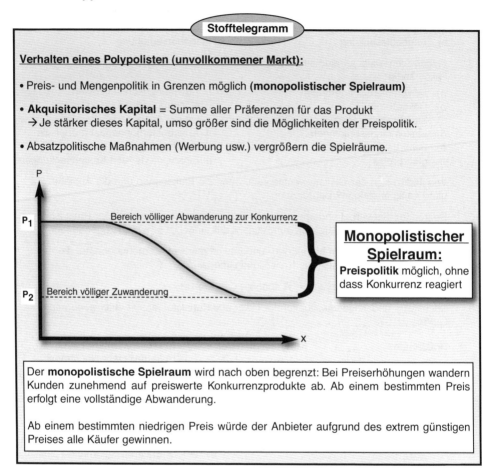

Stofftelegramm

Verhalten eines Polypolisten (unvollkommener Markt):

• Preis- und Mengenpolitik in Grenzen möglich (**monopolistischer Spielraum**)

• **Akquisitorisches Kapital** = Summe aller Präferenzen für das Produkt
  → Je stärker dieses Kapital, umso größer sind die Möglichkeiten der Preispolitik.

• Absatzpolitische Maßnahmen (Werbung usw.) vergrößern die Spielräume.

Bereich völliger Abwanderung zur Konkurrenz

Bereich völliger Zuwanderung

Monopolistischer Spielraum:
Preispolitik möglich, ohne dass Konkurrenz reagiert

Der **monopolistische Spielraum** wird nach oben begrenzt: Bei Preiserhöhungen wandern Kunden zunehmend auf preiswerte Konkurrenzprodukte ab. Ab einem bestimmten Preis erfolgt eine vollständige Abwanderung.

Ab einem bestimmten niedrigen Preis würde der Anbieter aufgrund des extrem günstigen Preises alle Käufer gewinnen.

Aufgaben (Grundwissen)

1. Inwiefern unterscheidet sich der unvollkommene vom vollkommenen Markt?

2. Erklären und begründen Sie das preispolitische Verhalten eines Anbieters auf dem unvollkommenen Polypol.

3. Nennen Sie zwei typische Beispiele für gleichartige Güter, die zu unterschiedlichen Preisen angeboten werden.

4. Welches Ziel verfolgt ein einzelner Polypolist (unvollkommener Markt)?

5. Inwiefern ähneln sich unvollkommenes Polypol und Monopol?

22.10   Wohlfahrtsveränderungen durch staatliche Eingriffe in die Preisbildung

> **Stofftelegramm**

Marktkonforme Eingriffe	Marktkonträre Eingriffe
• Staat beeinflusst Nachfrage- oder Angebotsseite:	• Preisfixierung durch den Staat (Höchst- und Mindestpreise):
Indirekte (mittelbare) Preisbeeinflussung	Direkte (unmittelbare) Preisbeeinflussung
• Marktmechanismen (Preisfunktionen) bleiben erhalten	• Marktmechanismen (Preisfunktionen) ausgeschaltet

Beispiele (marktkonform)

1. Beeinflussung der **Nachfrage**:

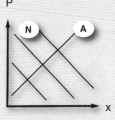

- Nachfr.senkung (weniger staatl. Aufträge): Preis sinkt
- Nachfr.erhöhung (mehr staatl. Aufträge): Preis steigt

2. Beeinflussung des **Angebots**:

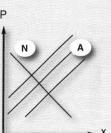

- Angebotssenkung (Importbeschränkungen): Preis steigt
- Angebotserhöhung (Abbau von Importbeschränkungen): Preis sinkt

Beispiele (marktkonträr)

1. **Höchstpreis**:

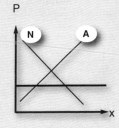

- Zweck: Schutz des Verbrauchers
- Folgen: N'überhang; Schwarzmarkt
- Staatsmaßnahmen: Rationierung, Zwang zur Angebotserhöhung

2. **Mindestpreis**:

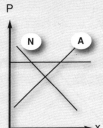

- Zweck: Schutz des Produzenten
- Folgen: A'überhang
- Staatsmaßnahmen: Produktionsbeschränkung oder Überschussaufkauf +
  - lagern,
  - vernichten,
  - zweckentfremden,
  - Verkauf ins Ausland, hohe Kosten (Lager ...)!

Wohlfahrtsveränderungen durch staatliche Eingriffe

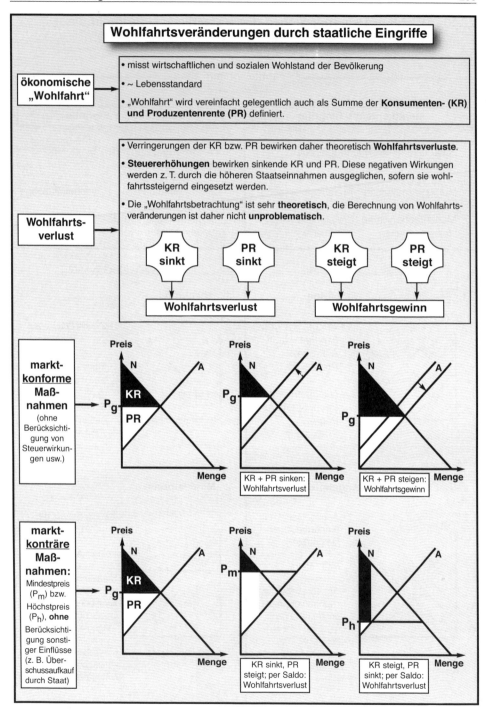

ökonomische „Wohlfahrt"

- misst wirtschaftlichen und sozialen Wohlstand der Bevölkerung
- ~ Lebensstandard
- „Wohlfahrt" wird vereinfacht gelegentlich auch als Summe der **Konsumenten- (KR) und Produzentenrente (PR)** definiert.

Wohlfahrtsverlust

- Verringerungen der KR bzw. PR bewirken daher theoretisch **Wohlfahrtsverluste**.
- **Steuererhöhungen** bewirken sinkende KR und PR. Diese negativen Wirkungen werden z. T. durch die höheren Staatseinnahmen ausgeglichen, sofern sie wohlfahrtssteigernd eingesetzt werden.
- Die „Wohlfahrtsbetrachtung" ist sehr **theoretisch**, die Berechnung von Wohlfahrtsveränderungen ist daher nicht **unproblematisch**.

KR sinkt **PR sinkt** **KR steigt** **PR steigt**

Wohlfahrtsverlust **Wohlfahrtsgewinn**

marktkonforme Maßnahmen (ohne Berücksichtigung von Steuerwirkungen usw.)

Preis — N — A — P_g — KR — PR — Menge

Preis — N — A — P_g — Menge — KR + PR sinken: Wohlfahrtsverlust

Preis — N — A — P_g — Menge — KR + PR steigen: Wohlfahrtsgewinn

marktkonträre Maßnahmen: Mindestpreis (P_m) bzw. Höchstpreis (P_h), **ohne** Berücksichtigung sonstiger Einflüsse (z. B. Überschussaufkauf durch Staat)

Preis — N — A — P_g — KR — PR — Menge

Preis — N — A — P_m — Menge — KR sinkt, PR steigt; per Saldo: Wohlfahrtsverlust

Preis — N — A — P_h — Menge — KR steigt, PR sinkt; per Saldo: Wohlfahrtsverlust

Wichtig: Rechnerischer Nachweis der Wohlfahrtsveränderungen

Gesamtwohlfahrt = Konsumentenrente + Produzentenrente − Staatsausgaben + Staatseinnahmen

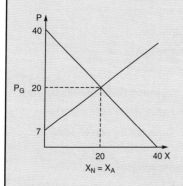

Berechnungsbeispiel: Ausgangssituation

KR	$20 \cdot (40 - 20) \cdot 0{,}5$	= 200,0
+ PR	$20 \cdot (20 - 7) \cdot 0{,}5$	= 130,0
= GW		330,0

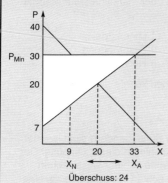

Gesamtwohlfahrt bei Mindestpreis 30 mit Überschussaufkauf durch den Staat
- zu 30 werden nur neun Stück nachgefragt, jedoch 33 Stück angeboten
- Überschuss 24 Stück kauft Staat auf

KR	$9 \cdot (40 - 30) \cdot 0{,}5$	= 45,0
+ PR	$33 \cdot (30 - 7) \cdot 0{,}5$	= 379,5
− Staatsausgaben	$24 \cdot 30$	= 720,0
= GW		− 295,5

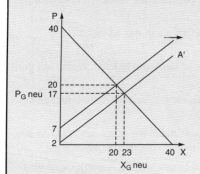

Gesamtwohlfahrt bei staatlicher Subvention 5
- A-Kurve verschiebt sich nach rechts (die gleiche Menge wird bereits für fünf weniger angeboten)

KR	$23 \cdot (40 - 17) \cdot 0{,}5$	= 264,5
+ PR	$23 \cdot (17 - 2) \cdot 0{,}5$	= 172,5
− Staatsausgaben	$23 \cdot 5$	= 115,0
= GW		322,0

Aufgaben

1. Was sind marktkonforme bzw. marktkonträre Maßnahmen des Staates?

2. a) Zeigen Sie in einer Skizze die Fixierung eines Höchstpreises.

    b) Begründen Sie die staatliche Festlegung eines Höchstpreises.

    c) Welche Folgen und Probleme können sich hieraus ergeben?

3. a) Zeigen Sie skizzenhaft die Fixierung eines Mindestpreises.

    b) Begründen Sie die staatliche Fixierung von Mindestpreisen.

    c) Welche Folgen und Probleme können sich hieraus ergeben?

4. Welche marktkonträre Maßnahme des Staates ist in folgenden Fällen jeweils denkbar?

    a) Der Gleichgewichtspreis eines lebensnotwendigen Gutes deckt nicht die Kosten.

    b) Der Gleichgewichtspreis eines lebensnotwendigen Gutes ist für den Großteil der Nachfrager nicht erschwinglich.

5. Welche marktkonformen Maßnahmen führen zu Preissenkungen?

6. Entscheiden Sie in folgenden Fällen, ob marktkonträre oder marktkonforme Maßnahmen des Staates vorliegen:

    a) Investitionszulage   b) Subventionen   c) Mindestpreis
    d) Bauvorhaben zurückstellen e) Festpreis   f) Zollerhöhung
    g) Steuererhöhung   h) Höchstpreis   i) Höchstmieten

7. Mit welchen marktkonformen und -konträren Maßnahmen könnte der Staat extremen Mietsteigerungen entgegenwirken?

8. Müller-Armack sagt zu der Rolle des Staates:

    „Die soziale Marktwirtschaft fordert keinen schwachen Staat, sondern sieht in einem demokratischen Staat die Voraussetzung für das Funktionieren dieser Ordnung. Der Staat [...] ist gerade durch die marktwirtschaftliche Theorie in einer wesentlichen Aufgabe bestärkt worden, sich für die Erhaltung eines echten Wettbewerbs als einer politischen Funktion einzusetzen. Die vom Staate zu sichernde Wettbewerbsordnung wehrt zugleich Machteinflüsse auf dem Markt ab."

8.1 Welche sonstigen Gründe können den Staat veranlassen, in das wirtschaftliche Geschehen einzugreifen?

8.2 Nennen Sie vier gesetzliche Maßnahmen, mit denen der Staat Machteinflüsse auf dem Markt abwehren kann.

8.3 In einer Marktwirtschaft mit vollkommener polypolistischer Konkurrenz hat der Preis eine Ausgleichsfunktion.

8.3.1 Welche staatlichen Eingriffe sind möglich, ohne dass dabei die Ausgleichsfunktion des Preises verletzt wird? Zeigen Sie anhand eines Beispiels die Wirkungsweise auf.

8.3.2 Stellen Sie mithilfe einer kurz zu erläuternden Skizze dar, welche Auswirkungen eine staatliche Mindestpreispolitik auf die Ausgleichsfunktion des Preises hat.

8.3.3 Welche Folgemaßnahmen muss der Staat ergreifen, wenn er die Mindestpreisregelung über einen längeren Zeitraum aufrechterhalten will?

9. Verschiedene Staaten haben versucht, mit einem zeitweiligen Preisstopp gegen die Inflation vorzugehen.

9.1 Nennen Sie zwei mögliche Folgen einer solchen Maßnahme.

9.2 Beurteilen Sie diese Maßnahme im Hinblick auf die Wirtschaftsordnung in Deutschland.

9.3 Erklären Sie, inwieweit es mit den Grundsätzen der sozialen Marktwirtschaft vereinbar ist, wenn die Regierung den Tarifpartnern eine Lohnpause vorschlägt.

10. Auf den Märkten für zwei landwirtschaftliche Produkte A und B (vgl. nachfolgende Skizzen) herrscht zu den dargestellten Bedingungen Gleichgewicht. Das Landwirtschaftsministerium hat sich entschlossen, durch Einführung eines Mindestpreises, der 1 GE (Geldeinheit) über dem jeweiligen Marktpreis liegen soll, die Einnahmen der Landwirtschaft zu steigern.

Die Übersicht über die jeweilige Marktlage sei gegeben. Die Kosten der Produktion bleiben unberücksichtigt.

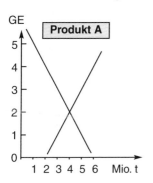
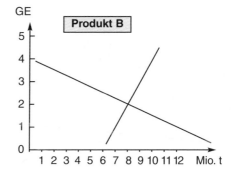

10.1 Das Ministerium untersucht zunächst die Wirkung einer entsprechenden Anbaubeschränkung. Auf den Märkten für die betreffenden Güter soll **kein Angebotsüberschuss** auftreten.
Vergleichen Sie die durch den Verkauf der Produkte erzielbaren Einnahmen der Landwirtschaft vor und nach der Festsetzung der Mindestpreise. Begründen Sie die unterschiedliche Reaktion auf beiden Märkten.

10.2 Erklären Sie an zwei weiteren Beispielen, wie unter den angegebenen Bedingungen der Mindestpreis durchgesetzt werden kann.

10.3 Beurteilen Sie die Wirkung eines so verordneten Mindestpreises für den Staatshaushalt.

11. a) Erklären Sie den Zusammenhang zwischen Konsumentenrente, Produzentenrente, Wohlfahrtsverlust und Wohlfahrtsgewinn.

b) Welchen unmittelbaren Einfluss hat die Verschiebung der Angebotskurve nach links bzw. rechts auf die ökonomische Wohlfahrt?

c) Die Festlegung eines Höchstpreises seitens des Staates bewirkt: Die Konsumentenrente (KR) steigt um 100 Geldeinheiten (GE), die Produzentenrente (PR) sinkt um 150 GE. Wohlfahrtswirkung?

d) Die Festlegung eines Mindestpreises seitens des Staates bewirkt: KR sinkt um 250 GE, PR steigt um 400 GE, Staatsausgaben für Aufkäufe: 350 GE. Wohlfahrtswirkung?

22.11   Angebotsmonopol

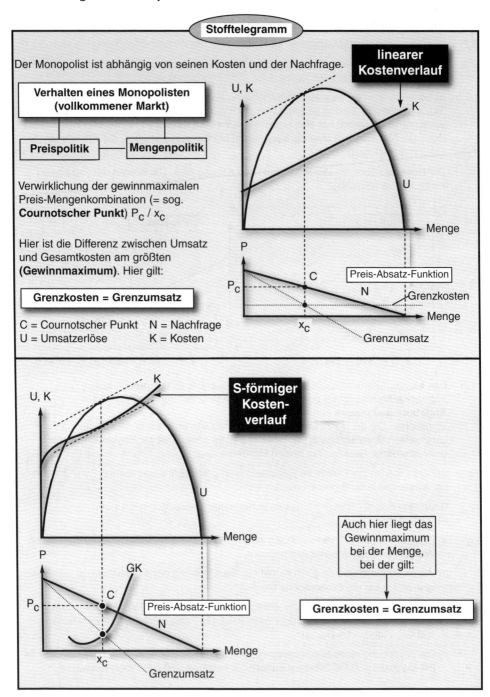

Stofftelegramm

Der Monopolist ist abhängig von seinen Kosten und der Nachfrage.

linearer Kostenverlauf

Verhalten eines Monopolisten (vollkommener Markt)

Preispolitik — **Mengenpolitik**

Verwirklichung der gewinnmaximalen Preis-Mengenkombination (= sog. **Cournotscher Punkt**) P_C / x_C

Hier ist die Differenz zwischen Umsatz und Gesamtkosten am größten **(Gewinnmaximum)**. Hier gilt:

Grenzkosten = Grenzumsatz

C = Cournotscher Punkt   N = Nachfrage
U = Umsatzerlöse   K = Kosten

Preis-Absatz-Funktion
Grenzkosten
Grenzumsatz

S-förmiger Kostenverlauf

Auch hier liegt das Gewinnmaximum bei der Menge, bei der gilt:

Grenzkosten = Grenzumsatz

Preis-Absatz-Funktion
Grenzumsatz

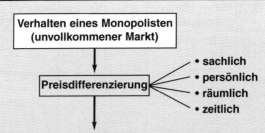

Verhalten eines Monopolisten (unvollkommener Markt)

Preisdifferenzierung
- sachlich
- persönlich
- räumlich
- zeitlich

Für das gleiche Produkt werden z. B. in verschiedenen Regionen bzw. von verschiedenen Personen unterschiedliche Preise verlangt (= **räumliche bzw. personelle Preisdifferenzierung**). → Möglichst weitgehende Ausschöpfung der Konsumentenrente → Umsatz- und Gewinnsteigerung

Absolutes Gewinnmaximum: Vollständiges Ausschöpfen der Konsumentenrente

Voraussetzungen: 1. Einzelner Anbieter kann Preispolitik betreiben.

2. Trennung der Käufer (Marktteilung) muss möglich sein. Preisdifferenzierung umso leichter möglich, je geringer die Transparenz und je größer u. a. die räumliche Differenziertheit des Marktes ist.

Aufgaben (Grundwissen)

1. Erklären Sie kurz den Begriff „Angebotsmonopol".

2. Nennen Sie zwei Möglichkeiten, wie Monopole entstehen können.

3. Erklären Sie die Begriffe „Individual- und Kollektivmonopol".

4. Nennen Sie fünf Gründe, die Unternehmen dazu veranlassen, sich zusammenzuschließen.

5. Unterscheiden Sie die Begriffe „Bedarfsdeckungs- und Gewinnmaximierungsmonopole".

6. Welche Daten hat ein Monopolist zu beachten?

7. Erklären Sie die Preis- und Mengenpolitik eines Monopolisten.

8. Skizzieren Sie die Monopolpreisbildung in zwei untereinanderstehenden Koordinatensystemen. Schraffieren Sie die Gewinnzone.

9. Ein Monopolist verwirklicht seine gewinnmaximale Preis-Mengen-Kombination. Wie könnte er seinen Gewinn weiter erhöhen?

10. Die AUMO-GmbH in Stuttgart produziert seit Kurzem Spezialmofas. Für diese sensationelle Erfindung sicherte sie sich durch Patente das alleinige Produktions- und Vertriebsrecht. Nachdem die Preis-Nachfragesituation durch Marktforschung erkundet wurde, stehen die Geschäftsführer nun vor dem Problem, einen Preis für das Mofa zu fixieren. Die Fixkosten betragen 20.000,00 EUR, die variablen Kosten je Stück 1.000,00 EUR.

    a) Ergänzen Sie die Tabelle. Bestimmen Sie die gewinnmaximale Preis-Mengenkombination.

Preis EUR	Nachfr. (Stück)	Umsatz (Erlöse)	Fix- kosten	Variable Kosten	Gesamt- kosten	Gewinn Verlust	GK = DVK	GU	DTK
3.500,00	0								
3.250,00	5								
3.000,00	10								
2.750,00	15								
2.500,00	20								
2.250,00	25								
2.000,00	30								
1.750,00	35								
1.500,00	40								
1.250,00	45								
1.000,00	50								

b) Welche Preis-Mengenkombination würde die AUMO-GmbH realisieren, wenn sie als vorübergehendes Ziel Umsatzmaximierung anstreben würde?

c) Zeichnen Sie ins obere Koordinatensystem die Umsatz- und Gesamtkostenfunktion und bestimmen Sie grafisch das Gewinnmaximum. (10.000,00 EUR = 2 cm; 10 St. = 2 cm)

d) Zeichnen Sie ins untere Koordinatensystem die Nachfragefunktion und die gewinnmaximale Preis-Mengenkombination. (500,00 EUR = 2 cm; 10 Stück = 2 cm)

11. Nennen Sie zwei Gründe, warum ein Monopolist unter bestimmten Voraussetzungen für sein Gut einen Preis verlangt, der unter dem gewinnmaximalen Preis liegt.

12. Warum kann ein Monopolist nicht völlig willkürlich seine Preise festlegen?

13. Nennen Sie je zwei Argumente für und gegen Monopole.

14. Gelten die Preisfunktionen auch bei Monopolen? Begründung.

15. a) Wann liegt ein unvollkommenes Monopol vor?

b) Welche Konsequenz hat die Unvollkommenheit des Marktes für die Preispolitik des Monopolisten?

22.12   Angebotsoligopol

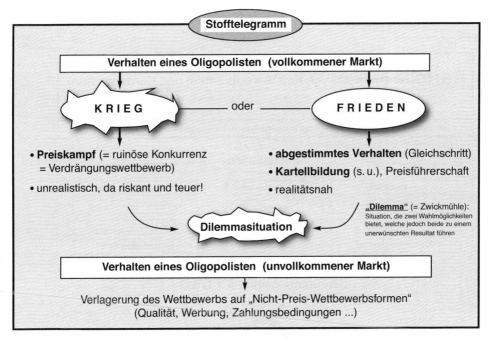

Aufgaben (Grundwissen)

1. Erklären Sie kurz den Begriff „Angebotsoligopol".

2. Nennen Sie drei typische Oligopolmärkte.

3. Wovon ist das Preisverhalten eines Oligopolisten abhängig?

4. Erklären Sie die möglichen Verhaltensweisen eines Oligopolisten.

5. Welche Verhaltensweise ist realistisch für den Oligopolmarkt?

6. Was heißt „Bumerang-Charakter" oligopolistischer Konkurrenz?

7. Warum tendieren Oligopolisten zur friedlichen Verhaltensweise?

8. Wovon hängt das Ende eines Preiskampfes (Oligopolkrieges) ab?

9. Die Mutig AG bietet ihr Produkt auf einem unvollkommenen oligopolistischen Markt an.
   Um weitere Nachfrager zu gewinnen, senkt sie ihre Preise.
   Wie könnten die beiden anderen Oligopolisten Sauer AG und Krieger AG reagieren?

10. In welcher Situation werden möglicherweise alle Oligopolisten gemeinsam erhebliche
    Preissenkungen vornehmen?

11. Erklären und begründen Sie das preispolitische Verhalten eines Anbieters auf dem
    unvollkommenen Oligopol.

12. Gelten die Preisfunktionen auch auf oligopolistischen Märkten?

22.13 Kartelle

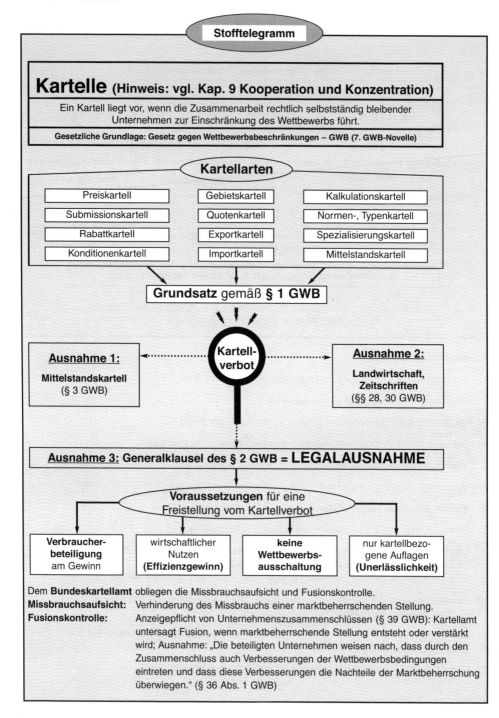

Stofftelegramm

Kartelle (Hinweis: vgl. Kap. 9 Kooperation und Konzentration)

Ein Kartell liegt vor, wenn die Zusammenarbeit rechtlich selbstständig bleibender Unternehmen zur Einschränkung des Wettbewerbs führt.

Gesetzliche Grundlage: Gesetz gegen Wettbewerbsbeschränkungen – GWB (7. GWB-Novelle)

Kartellarten

Preiskartell	Gebietskartell	Kalkulationskartell
Submissionskartell	Quotenkartell	Normen-, Typenkartell
Rabattkartell	Exportkartell	Spezialisierungskartell
Konditionenkartell	Importkartell	Mittelstandskartell

Grundsatz gemäß § 1 GWB

Kartellverbot

Ausnahme 1:
Mittelstandskartell
(§ 3 GWB)

Ausnahme 2:
Landwirtschaft, Zeitschriften
(§§ 28, 30 GWB)

Ausnahme 3: Generalklausel des § 2 GWB = LEGALAUSNAHME

Voraussetzungen für eine Freistellung vom Kartellverbot

| Verbraucher-beteiligung am Gewinn | wirtschaftlicher Nutzen (Effizienzgewinn) | keine Wettbewerbs-ausschaltung | nur kartellbezo-gene Auflagen (Unerlässlichkeit) |

Dem **Bundeskartellamt** obliegen die Missbrauchsaufsicht und Fusionskontrolle.

Missbrauchsaufsicht: Verhinderung des Missbrauchs einer marktbeherrschenden Stellung.

Fusionskontrolle: Anzeigepflicht von Unternehmenszusammenschlüssen (§ 39 GWB): Kartellamt untersagt Fusion, wenn marktbeherrschende Stellung entsteht oder verstärkt wird; Ausnahme: „Die beteiligten Unternehmen weisen nach, dass durch den Zusammenschluss auch Verbesserungen der Wettbewerbsbedingungen eintreten und dass diese Verbesserungen die Nachteile der Marktbeherrschung überwiegen." (§ 36 Abs. 1 GWB)

Kartellarten

Preiskartell

Einheitspreis oder Mindestpreis
Spezialfall: **Submissionskartell** (s. u.)

**Submissions-
kartell**

Vereinbarung von Preisuntergrenzen bzw. Festlegung
des zum Zuge kommenden Kartellmitglieds
bei öffentlichen Ausschreibungen

**Kalkulations-
kartell**

einheitliche Kalkulationssätze

**Kontingentie-
rungskartell**

(„Kontingent" = Auflage)

• **Gebietskartell:**   Aufteilung der Absatzgebiete

• **Quotenkartell:**   Zuteilung von Produktionsquoten

**Konditionen-
kartell**

einheitliche Geschäfts-, Lieferungs- und Zahlungsbedingungen

Rabattkartell

einheitliche Verkaufsrabatte

**Rationalisie-
rungskartell**

• **Normenkartell:**   einheitliche Normung

• **Typenkartell:**   einheitliche Typung

• **Spezialisierungskartell:** Firmen spezialisieren sich

• **Einkaufssyndikat:**   gemeinsamer Einkauf

• **Verkaufssyndikat:**   gemeinsamer Verkauf

**Import- bzw.
Exportkartell**

Zusammenschluss zwecks gemeinsamer Ein- bzw. Ausfuhr

22.14 Abituraufgaben

Abituraufgabe 2007 (Aufgabe 1)

1. An einer Internetbörse für Heizöl treten an einem Börsentag eine Vielzahl von Anbietern und Nachfragern mit folgenden Preis- und Mengenvorstellungen auf:

Kaufaufträge			Verkaufsaufträge		
Name der Käufergruppen	Menge in 1.000 l	Preis in EUR	Name der Verkäufergruppen	Menge in 1.000 l	Preis in EUR
A	100	billigst	F	60	bestens
B	90	0,61	G	90	0,61
C	40	0,62	H	170	0,62
D	140	0,63	I	80	0,63
E	40	0,64	J	70	0,64

1.1 Nennen Sie zwei Prämissen des vollkommenen Marktes und zeigen Sie, dass diese an einer Internetheizölbörse erfüllt sind.

1.2 Ordnen Sie mithilfe einer Tabelle den alternativen Preisen die entsprechenden Gesamtnachfrage- und Gesamtangebotsmengen zu. Ermitteln Sie das Marktgleichgewicht. (**Hinweis:** Stoff Eingangsklasse)

1.3 Begründen Sie, welche der zehn Marktteilnehmer im vorliegenden Fall eine Konsumentenrente erzielen.
Berechnen Sie für zwei Marktteilnehmer die Höhe ihrer Konsumentenrente.

1.4 Der Staat gewährt einkommensschwachen Haushalten aus sozialpolitischen Gründen zweckgebundene Zuschüsse für Heizölkäufe.
Erläutern Sie, ob sich durch diese Maßnahme Auswirkungen auf den Heizölmarkt ergeben und um welche es sich gegebenenfalls handelt.

1.5 Angenommen, es kommt zu einer erneuten Krise im Nahostkonflikt.
Erläutern Sie zwei Entwicklungen, die sich daraus auf dem Heizölmarkt ergeben können.
Verdeutlichen Sie Ihre Aussagen, indem Sie anhand von normal verlaufenden Angebots- und Nachfragekurven in einem Koordinatensystem die Veränderungen skizzieren.

2. Die Heizölhandlung Müller GmbH bietet Heizöl auf einem unvollkommenen polypolistischen Markt im Großraum Stuttgart an.
Vergleichen Sie die Möglichkeiten der Preisgestaltung der Müller GmbH mit dem Anbieterverhalten bei einer Marktform, wie sie in Aufgabe 1 vorliegt. Gehen Sie auch auf die Ursachen der Unterschiede ein.

3. Wegen der Preisentwicklung auf den Energiemärkten erwägt die Regierung die Förderung alternativer Energiequellen.
Erklären Sie je eine marktkonträre und eine marktkonforme staatliche Fördermaßnahme für alternative Energiequellen.

4. Der süddeutschen GeoTec AG ist ein technischer Durchbruch bei der Herstellung von Bohrsystemen zur Gewinnung von Erdwärme gelungen. Sie ist derzeit alleinige Anbieterin auf diesem Markt. Eine durch das Unternehmen in Auftrag gegebene Marktanalyse ergab folgende zu erwartende Preis-Absatz-Funktion:

$$x = 1.000 - 0,002 \, p$$

Die Kostenfunktion des Unternehmens lautet zum Zeitpunkt t_o:

$$K = 20.000 + 20.000 \, x$$

4.1 Ermitteln Sie die gewinnmaximale Menge und den gewinnmaximalen Preis für dieses Angebotsmonopol.

4.2 Infolge des Einsatzes moderner Fertigungsanlagen verändert sich die Kostenstruktur des Unternehmens im Zeitpunkt t_1. Die fixen Kosten steigen und die variablen Stückkosten sinken.
Erläutern Sie, wie sich die Veränderungen der beiden Kostenarten auf die gewinnmaximale Menge und den gewinnmaximalen Preis des Monopolisten auswirken.

5. Im Zeitpunkt t_2 möchte die Bundesregierung die Monopolstellung der GeoTec AG einschränken. Sie fördert nun alle Unternehmen, die Technologien zur Gewinnung von Erdwärme entwickeln und umsetzen. Dadurch entsteht auf dem Markt für Bohrsysteme ein Oligopol.

5.1 Erklären Sie zwei unterschiedliche Verhaltensweisen von Oligopolisten und geben Sie die jeweilige Auswirkung auf die Preise für Bohrsysteme an.

5.2 Erläutern Sie, inwieweit monopolistische bzw. oligopolistische Marktformen dem Grundgedanken der sozialen Marktwirtschaft widersprechen können.
Verdeutlichen Sie Ihre Aussagen mit zwei Beispielen.

Abituraufgabe 2007 (Aufgabe 2, Teil 1)

Die Südmetall AG ist ein mittelständischer Hersteller von Autofelgen. Das Unternehmen beliefert Automobilhersteller in Deutschland für die Erstausrüstung der Fahrzeuge. In diesem Marktsegment hat die Südmetall AG in den letzten Jahren keine Gewinne mehr erzielt.

Im Ersatzteil- und Zubehörgeschäft konnte die Südmetall AG bisher noch angemessene Gewinne erzielen. In diesem Bereich beliefert die Südmetall AG Großhändler, Kaufhäuser, Kfz-Werkstattketten sowie einzelne Kfz-Werkstätten und Einzelhändler. Die Zahl der selbstständigen Hersteller ging durch Unternehmensaufkäufe in den letzten Jahren deutlich zurück. Auf diesem Markt sind noch 15 mittelständische Hersteller in Deutschland tätig. Der Marktanteil der Südmetall AG beträgt als führendem Hersteller ca. 12 %.

Aber auch auf diesem Markt gerät die Südmetall AG unter zunehmenden Druck. Dafür sind eine Reihe von Entwicklungen verantwortlich:

• Durch die steigende Konzentration im Handel und im Werkstattbereich nimmt die Marktmacht einzelner Nachfrager zu.

• Durch die bevorstehende Einführung neuer pannensicherer Reifen kommen auf die Felgenhersteller hohe Entwicklungskosten und umfangreiche Investitionen in neue Fertigungsanlagen zu.

• Die Rohstoffpreise (Aluminium und Stahl) steigen kontinuierlich. Für die neuen Felgen wird eine neue, hochwertige Legierung benötigt, die zurzeit nur ein Hersteller liefern kann.

1. Der Vorstand der Südmetall AG beabsichtigt, den angesprochenen Entwicklungen unter anderem durch Kooperation mit anderen Unternehmen zu begegnen.

1.1 Unterbreiten Sie der Südmetall AG einen begründeten Vorschlag für eine wirtschaftlich sinnvolle „vertikale" Kooperationsform und erörtern Sie zwei Vorteile, die sich für die AG aus dieser Art der Kooperation ergeben.

1.2 Die Südmetall AG plant, gemeinsam mit zwei Mitwettbewerbern neuartige Felgen für pannensichere Reifen zu entwickeln.

Erklären Sie einen möglichen Vorteil für die Südmetall AG, und beurteilen Sie die Zulässigkeit dieser Kooperation unter wettbewerbsrechtlichen Gesichtspunkten.

Abituraufgabe 2008 (Aufgabe 1)

Markt und Preis – Nachfrage und Angebot am Gütermarkt
Das Wirtschaftsgymnasium einer Kleinstadt ist alleiniger Anbieter eines Auto-Wasch-Dienstes für Schüler und Lehrer, der von der geschäftstüchtigen SMV organisiert wird. Ziel dieser Aktivität ist es, einen möglichst hohen Gewinn zu erzielen und diesen für wohltätige Zwecke im Rahmen einer Schulpartnerschaft zu spenden. Deshalb wird ehrenamtlich gearbeitet. Die Schüler rechnen mit fixen Kosten pro Monat in Höhe von 150,00 EUR für gemietete Reinigungsgeräte und Werbung sowie mit 1,50 EUR variablen Kosten pro Fahrzeug für Putzmittel, Wasser und Strom. Die SMV erwartet folgende monatliche Nachfrage:

Preis in EUR	8,00	7,50	7,00	6,50	6,00	5,50	5,00	4,50	4,00	3,50	3,00	2,50
Anzahl der Waschvorgänge	10	20	30	40	50	60	70	80	90	100	110	120

1. Ermitteln Sie den Preis, der die oben genannte Zielsetzung erfüllt.
   Vervollständigen Sie dazu die Tabelle in der **Anlage**.

2. Gehen Sie davon aus, dass die Dienstleistung der SMV auf einem vollkommenen monopolistischen Markt angeboten wird.

   Ermitteln Sie für diesen Fall grafisch die gewinnmaximale Preis-Mengen-Kombination (Cournotscher Punkt) und begründen Sie Ihr Ergebnis.
   (Achseneinteilung: 10 Waschvorgänge = 1 cm; 1,00 EUR = 1 cm)

3. Geben Sie an, in welchem Elastizitätsbereich der Gesamtnachfragekurve das Gewinnmaximum des Angebotsmonopolisten liegt, und begründen Sie diesen Zusammenhang.

4. Angenommen, die Kosten für Wasser und Miete steigen.
   Erläutern Sie für beide Kostenarten, wie sich deren Erhöhung jeweils auf die gewinnmaximale Preis-Mengen-Kombination auswirkt.

5. Die SMV möchte durch Preisdifferenzierung den Gewinn noch weiter erhöhen.
   • Nennen Sie für den vorliegenden Fall zwei Möglichkeiten der Preisdifferenzierung und geben Sie jeweils ein Beispiel dazu an.
   • Erläutern Sie zwei Voraussetzungen, unter denen dieses Vorgehen erfolgreich sein kann.

6. Das Projekt am Wirtschaftsgymnasium läuft so gut, dass sich auch das örtliche technische Gymnasium entschließt, einen Auto-Wasch-Dienst für Schüler- und Lehrer-Pkw anzubieten.
   Beschreiben Sie mögliche Verhaltensweisen der beiden Anbieter in diesem Oligopol und deren Folgen für die Kunden.

7. In der Marktformenlehre werden für den vollkommenen Markt nach der Anzahl der Markt-teilnehmer Polypol, Monopol und Oligopol unterschieden.

Stellen Sie dar, welche Faktoren die Anbieter bei
* der jeweiligen Marktform direkt beeinflussen können,
* ihren Entscheidungen berücksichtigen müssen.

8. In der Realität sind nahezu alle Märkte unvollkommen. Dennoch wird in der Volkswirtschafts-lehre häufig ein vollkommener Markt unterstellt.

Nennen Sie die Eigenschaften eines vollkommenen Marktes und erläutern Sie, warum es sinnvoll ist, in der Volkswirtschaftslehre mit diesem Modell zu arbeiten.

Anlage zu VWL, Aufgabe 4, Teilaufgabe 1

Anzahl der Waschvor-vorgänge	Preis in EUR	Erlös (Umsatz)	fixe Kosten	variable Kosten	Gesamt-kosten	Gewinn/ Verlust
10	8,00					
20	7,50					
30	7,00					
40	6,50					
50	6,00					
60	5,50					
70	5,00					
80	4,50					
90	4,00					
100	3,50					
110	3,00					
120	2,50					

Abituraufgabe 2009 (Aufgabe 4)

1. Die Agro GmbH ist Anbieter auf dem Weizen-Markt, der durch viele Anbieter und viele Nachfrager gekennzeichnet ist. Die Gesamtkostenkurve der Agro GmbH verläuft S-förmig und die Gesamterlöskurve linear.

1.1 Nennen Sie zwei Prämissen des vollkommenen Marktes und prüfen Sie, ob diese auf dem Weizenmarkt erfüllt sind.

1.2 Skizzieren Sie in einem Koordinatensystem für die Agro GmbH den typischen Verlauf der gesamten Stückkosten, der variablen Stückkosten, der Grenzkosten sowie der Grenzerlöse.

1.3 Auswertung der Skizze zu 1.2:

- Kennzeichen Sie in Ihrer Skizze die Gewinnzone.

- Bestimmen Sie anhand der Skizze die gewinnmaximale Menge.

  Begründen Sie Ihre Lösung betriebswirtschaftlich, indem Sie auch die Gewinnsituation für kleinere und größere Mengen als die gewinnmaximale Menge beschreiben.

1.4 Zur individuellen Angebotskurve:

- Markieren und benennen Sie auf den von Ihnen skizzierten Kurven drei kritische Punkte, die für den Verlauf der individuellen Angebotskurve bestimmend sind.

- Begründen Sie den Verlauf der individuellen Angebotskurve und erläutern Sie, was diese Kurve aussagt.

1.5 Nehmen Sie an, die Gesamtangebotskurve für Weizen verschiebt sich nach rechts. Erläutern Sie zwei Ursachen, die diese Verschiebung ausgelöst haben könnten.

2. Im vergangenen Jahr sind die Preise für Milchprodukte gestiegen.

2.1 Beschreiben Sie, wie sich diese Preiserhöhung bei normalem Verlauf der Nachfragekurve auf die von den Konsumenten nachgefragte Menge nach Milchprodukten auswirkt. Verdeutlichen Sie dies mithilfe einer Skizze.

2.2 Neben dem Preis beeinflussen weitere Bestimmungsfaktoren die Höhe der Gesamtnachfrage nach Milchprodukten.

- Nennen Sie drei weitere Bestimmungsfaktoren.

- Erläutern Sie auch anhand einer Skizze die Wirkung der Veränderung eines dieser Faktoren auf die Nachfrage.

3. Um die Zahl der Raucher und die damit verbundenen hohen Gesundheitskosten zu senken, möchte die Bundesregierung die Tabaksteuer für Filterzigaretten erhöhen. Ziel ist, die Zahl der nachgefragten Zigaretten um mindestens 15 % zu senken.

3.1 Erklären Sie, inwiefern Kenntnisse über die Höhe der direkten Preiselastizität der Nachfrage nach Zigaretten für die Entscheidung der Regierung wichtig sind.

3.2 Der Staat entscheidet sich für eine Erhöhung der Steuer, die eine Preiserhöhung um 10 % zur Folge hat.

- Ermitteln Sie, wie hoch die Preiselastizität der Nachfrage nach Zigaretten mindestens sein müsste, damit das Ziel der Regierung erreicht wird.

- Tatsächlich beträgt die Preiselastizität der Nachfrage 0,8.

  Berechnen Sie, wie stark die Preise für Zigaretten hätten steigen müssen, damit der Staat sein Ziel erreicht.

3.3 Die Steuer auf losen Tabak wird nicht erhöht. Aufgrund der zehnprozentigen Preiserhöhung für Zigaretten nimmt die nachgefragte Menge nach losem Tabak um 18 % zu.

  Berechnen Sie die Kreuzpreiselastizität.

3.4 Erläutern Sie anhand eines selbst gewählten Beispiels den Fall, dass die Kreuzpreiselastizität für losen Tabak ein negatives Vorzeichen aufweist.

Abituraufgabe 2010 (Aufgabe 5)

Es wird angenommen, dass auf dem Schwaigerner Brennholzmarkt die Bedingungen eines Polypols auf dem vollkommenen Markt erfüllt sind. Die konkurrierenden Anbieter beliefern die Bewohner der Stadt Schwaigern mit Brennholz.

Stellvertretend für die zahlreichen Marktteilnehmer wird das Verhalten von drei Anbietern und drei Nachfragern untersucht.

1. Ermitteln Sie die Gesamtnachfrage am Brennholzmarkt tabellarisch (**Anlage 1**) und stellen Sie diese in einem Koordinatensystem (**Anlage 3**) grafisch dar.

2. Begründen Sie, warum die ermittelte Gesamtnachfragekurve mehrfach geknickt ist.

3. Ermitteln Sie das langfristige Gesamtangebot am Brennholzmarkt tabellarisch (**Anlage 2**) und stellen Sie dieses im selben Koordinatensystem (**Anlage 3**) grafisch dar.

4. Begründen Sie, warum sich die individuellen Angebotskurven im vorliegenden Fall unterscheiden.

5. Geben Sie die Höhe des Gleichgewichtspreises und der Gleichgewichtsmenge an.

6. In den letzten Jahren ist die Brennholznachfrage stark gestiegen.

   Nennen Sie zwei Ursachen für diese Entwicklung und beschreiben Sie deren Auswirkung auf die Nachfragekurve für Brennholz.

7. Anbieter Edel möchte den Zusammenhang zwischen der Erhöhung der Heizölpreise und der nachgefragten Brennholzmenge herausfinden. Er stellt fest, dass sich bei einem Anstieg des Heizölpreises um 20 % die nachgefragte Brennholzmenge in Schwaigern von 160 m^3 auf 200 m^3 verändert hat.

   Berechnen Sie die indirekte Preiselastizität der Nachfrage und erläutern Sie Ihr Ergebnis.

8. Aufgrund ständig steigender Brennholzpreise haben insbesondere einkommensschwache Familien in holzbefeuerten Altbauten Schwierigkeiten, ihren Brennstoffbedarf zu finanzieren. Die Stadt Schwaigern erwägt deshalb, in Zukunft in den Brennholzmarkt einzugreifen.

8.1 Im Stadtrat wird überlegt, die Nachfrager mit einem zweckgebundenen Zuschuss zu unterstützen.

   • Begründen Sie, um welche Form des Markteingriffs es sich dabei handelt.

   • Stellen Sie diesen Markteingriff in einer Skizze dar.

   • Betrachten Sie kritisch die Folgen dieser Maßnahme für Nachfrager, Anbieter und die Stadt.

8.2 Die Stadt Schwaigern entschließt sich, einen Höchstpreis für Brennholz einzuführen.

   • Stellen Sie diesen Markteingriff in einer Skizze dar.

   • Betrachten Sie kritisch die Folgen dieser Maßnahme für Nachfrager, Anbieter und Stadt.

Anlage 1 zu Teilaufgabe 1

Individuelle Nachfragefunktionen für Brennholz:

Nachfrager Axel:	Nachfragemenge =	380 − 10.p
Nachfragerin Beate:	Nachfragemenge =	740 − 20.p
Nachfrager Cäsar:	Nachfragemenge =	1020 − 30.p

Berechnung der Gesamtnachfrage nach Brennholz:

Preis in EUR je m³	Nachfragemengen in m³			
	Axel (A)	Beate (B)	Cäsar (C)	insgesamt
30				
31				
32				
33				
34			0	
35			0	
36			0	
37		0	0	
38	0	0	0	0

Anlage 3 zu den Teilaufgaben 1, 3 und 5
Koordinatensystem

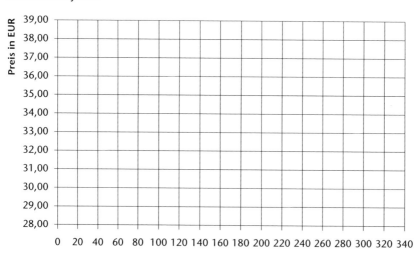

Anlage 2 zu Teilaufgabe 3

Entwicklung der Grenzkosten bei unterschiedlichen Produktionsmengen:

Anbieter Dodel (D)		Anbieter Edel (E)		Anbieter Fadel (F)	
Menge in m³	Grenzkosten in EUR	Menge in m³	Grenzkosten in EUR	Menge in m³	Grenzkosten in EUR
70	30,00	30	31,00	5	33,00
90	31,00	40	32,00	9	34,00
105	32,00	45	33,00	12	35,00
110	33,00	48	34,00	14	36,00
113	34,00	49	35,00	16	37,00
114	35,00	49	36,00	17	38,00
114	36,00	49	37,00	Betriebsoptimum 5 m³	
114	37,00	49	38,00		
114	38,00	Betriebsoptimum 30 m³			
Betriebsoptimum 70 m³					

Berechnung des langfristigen Gesamtangebots für Brennholz:

Preis in EUR je m³	Langfristige Gesamtangebotsmengen in m³			
	Dodel (D)	Edel (E)	Fadel (F)	insgesamt
30,00		0	0	
31,00			0	
32,00			0	
33,00				
34,00				
35,00				
36,00				
37,00				
38,00				

Abituraufgabe 2011 (Aufgabe 4)

1. In **A-Stadt**, einer mittelgroßen Kreisstadt, gibt es seit einiger Zeit einen Waschsalon namens „Waschwerk". In dessen Räumlichkeiten kann Kleidung gegen Bezahlung gewaschen und getrocknet werden. Alle Geräte sind mit Münzautomaten ausgestattet. Der nächste Waschsalon befindet sich in einer 30 Kilometer entfernten Nachbarstadt. Die bisherigen Erfahrungswerte lassen den Inhaber von „Waschwerk" hinsichtlich des Zusammenhangs zwischen Preis und Menge mit folgender Funktion für einen durchschnittlichen Geschäftstag rechnen:

$$x = -20p + 240$$

p = Preis für einen Waschgang (Maschinenfüllung)
x = Anzahl der Waschgänge pro Geschäftstag

Pro Geschäftstag fallen 300,00 EUR fixe Kosten an. Die variablen Kosten belaufen sich auf 1,00 EUR je Waschgang.

1.1 Grenzen Sie die hier vorliegende Marktform gegenüber der des Polypols auf dem vollkommenen Markt ab, indem Sie für beide Marktformen angeben,

- welche Größen ein Anbieter jeweils festlegen kann (Aktionsparameter) und
- welche Größen er bei seinen Entscheidungen berücksichtigen muss (Reaktionsparameter).

1.2 Ermitteln Sie für den Waschsalon die erlösmaximale Preis-Mengen-Kombination und die Höhe des sich für diesen Fall ergebenden Gewinns pro Geschäftstag.

1.3 Ermitteln Sie für den Waschsalon die gewinnmaximale Preis-Mengen-Kombination und die Höhe des sich für diesen Fall ergebenden Gewinns pro Geschäftstag.

1.4 Vergleichen Sie die Ergebnisse von 1.2 und 1.3 und begründen Sie, warum der Gewinn trotz einer höheren Zahl von Waschvorgängen geringer sein kann.

1.5 Der Inhaber von „Waschwerk" überlegt sich Möglichkeiten, wie er seinen Gewinn noch weiter steigern kann. Bisher wurde von allen Kunden ein einheitlicher Preis von 6,50 EUR pro Waschgang verlangt.
Ein erheblicher Teil seiner Kundschaft wäre bereit, auch einen um 1,50 EUR höheren Preis zu akzeptieren. Für Studenten der kürzlich eröffneten Fachhochschule, die den Waschsalon verstärkt nutzen, soll gegen Vorlage eines Studentenausweises der bisherige Preis beibehalten werden.

1.5.1 Ermitteln Sie den Tagesgewinn, der sich bei einer auf die beiden unterschiedlichen Zielgruppen abgestimmten Preisgestaltung ergeben würde.

1.5.2 Fertigen Sie eine Skizze, in der Sie die Konsumentenrente jeweils vor und nach der Preisdifferenzierung sowie den zusätzlichen Gewinn des Anbieters grafisch darstellen.

1.5.3 Nennen und beschreiben Sie eine weitere Form der Preisdifferenzierung, die der Waschsalon anwenden könnte.

2. In **B-Stadt** gibt es zahlreiche nahezu identische SB-Waschsalons, sodass hier von einem Polypol auf dem vollkommenen Markt gesprochen werden kann.
Die Kostenstrukturen der Anbieter führen aufgrund des bauartbedingten Verschleißes der dort eingesetzten Waschmaschinen und der dortigen Stromtarife zu einem S-förmigen Verlauf der Gesamtkostenkurve.

Im Preis-Mengen-Diagramm (**Anlage**) ist eine aus den Grenzkostenkurven aller Anbieter zusammengefasste Kurve dargestellt.
In B-Stadt gilt folgende Gesamtnachfragefunktion für Dienstleistungen von SB-Waschsalons:
$x = -200p + 1.200$

2.1   Ermitteln Sie in der **Anlage** grafisch den Gleichgewichtspreis und die Gleichgewichtsmenge.

2.2   Nehmen Sie an, alle SB-Waschsalon-Betreiber in B-Stadt würden sich hinsichtlich des Preises absprechen und einen Einheitspreis festlegen (Kollektivmonopol). Gehen Sie davon aus, dass sich an den Kosten- und Nachfragestrukturen nichts ändert.

• Ermitteln Sie grafisch die gewinnmaximale Preis-Mengen-Kombination (**Anlage**).
• Beurteilen Sie das Ergebnis aus Konsumentensicht.

2.3   Die Zahl der Nutzer von SB-Waschsalons in B-Stadt hat sich in letzter Zeit deutlich erhöht.

Begründen Sie, wie sich dies auf die gewinnmaximale Preis-Mengen-Kombination des Kollektivmonopols bei sonst unveränderten Bedingungen auswirkt.

Anlage zu Aufgabe 2.1 + 2.2

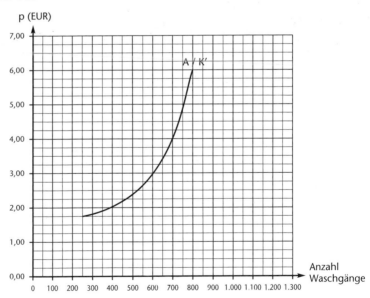

Abituraufgabe 2012 (Aufgabe 4)

Material

In Deutschland werden pro Jahr ca. 10 Mrd. Hühnereier in verschiedenen Größenklassen erzeugt. Die Nachfrage nach Eiern hat in den letzten Jahren zugenommen.
Käfighaltung (Batteriehaltung) ist in Deutschland seit dem 01.01.2010 verboten. Mit Vorbereitungen für die Umstellung der Produktion wurde bereits im Jahr 2009 begonnen. Im Februar 2006 war die Hühnerhaltung von der Vogelgrippe betroffen.

Abnehmer der Eierproduktion sind Privathaushalte, Gastronomie und Lebensmittelindustrie. Deren Nachfrage weist erhebliche saisonale Schwankungen auf.
(www.landwirtschaft-bw.info)

Eierpreise werden in Deutschland an verschiedenen Waren- und Produktenbörsen ermittelt. Die folgende Abbildung zeigt die Preisentwicklung für Eier, Handelsklasse I, L, an der Bayerischen Warenbörse München für den Zeitraum 2005 bis 2009:

EUR : 100 Stück   **Großhandelsabgabepreis**
                           HKI, L

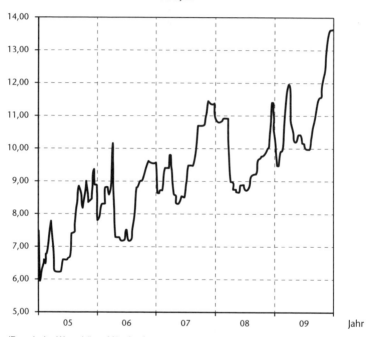

(Bayerische Warenbörse München)

1. Zeigen Sie unter Verwendung der Informationen aus dem oben stehenden Material anhand von drei Ursachen auf, warum sich die Preise während der Jahre 2005 bis 2009 in der dargestellten Weise verändert haben.

2. Bauer Aierle ist einer von vielen Eier-Anbietern in Nordwürttemberg. Seine Gesamtkostenkurve für die Eierproduktion weist fixe Kosten und einen S-förmigen Verlauf auf. Seine Gesamterlöskurve für Eier verläuft linear.
   Es wird vollständige Konkurrenz unterstellt.

2.1 • Skizzieren Sie in einem Koordinatensystem den Verlauf von Gesamtkosten und Gesamterlösen, sodass eine Gewinnzone entsteht.
    • Bestimmen Sie in der Skizze die gewinnmaximale Menge.
    • Zeigen Sie in der Skizze, wie sich die gewinnmaximale Menge ändert, wenn der Eierpreis steigt.

2.2 Begründen Sie aus betriebswirtschaftlicher Sicht das Angebotsverhalten von Aierle bei steigendem Eierpreis und konstanten Kosten.

2.3 Erläutern Sie, welchen Einfluss eine Erhöhung der Fixkosten auf das kurzfristige und langfristige Angebotsverhalten von Aierle hat.

3. Die Legehennen werden unter anderem mit Mais, Sojaschrot und Fischmehl gefüttert. Seit dem letzten Jahr ist im deutschen Großhandel für importierte Agrarprodukte der Tonnenpreis für Fischmehl um 30 % gestiegen, während die Nachfrage nach Sojaschrot um 42 % zugenommen hat. Der Tonnenpreis für Sojaschrot ist im gleichen Zeitraum um 20 % gestiegen.

- Erläutern Sie den sich aus der beschriebenen Marktentwicklung ergebenden Zusammenhang zwischen Fischmehl und Sojaschrot durch die Berechnung einer geeigneten Elastizitätskennzahl.
- Erörtern Sie eine sich aus diesem Zusammenhang möglicherweise ergebende ökologische Folgewirkung.

4. Der Staat will die Erzeuger von Bio-Eiern unterstützen. Es sollen die Auswirkungen eines Mindestpreises (Alternative 1) und einer Subventionierung (Alternative 2) miteinander verglichen werden.

In der folgenden Abbildung sind als Ausgangssituation die Marktnachfrage der privaten Haushalte nach Bio-Eiern und das Marktangebot der für die Endverbraucher bestimmten Bio-Eier dargestellt.

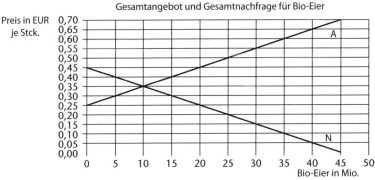

Gesamtangebot und Gesamtnachfrage für Bio-Eier

4.1 • Berechnen Sie die Gesamtwohlfahrt in der Ausgangssituation.
    • Erläutern Sie das Zustandekommen des Ergebnisses.

4.2 Alternative 1:
Der geplante Mindestpreis soll sich um 0,05 EUR vom bisherigen Gleichgewichtspreis unterscheiden.

- Stellen Sie die sich daraus ergebende Veränderung der Marktsituation in Grafik 1 **(Anlage)** dar.
- Berechnen Sie für diesen Fall die Gesamtwohlfahrt unter Berücksichtigung der Folgen für den Staatshaushalt.
- Ermitteln Sie die Veränderung der Gesamtwohlfahrt gegenüber dem Ergebnis aus 4.1.

4.3 Alternative 2:
Der Staat zahlt den Anbietern für jedes verkaufte Bio-Ei eine Subvention in Höhe von 0,20 EUR.

- Stellen Sie die sich daraus ergebende Veränderung der Marktsituation in Grafik 2 (**Anlage**) dar.
- Berechnen Sie für diesen Fall die Gesamtwohlfahrt unter Berücksichtigung der Folgen für den Staatshaushalt.
- Ermitteln Sie die Veränderung der Gesamtwohlfahrt gegenüber dem Ergebnis aus 4.1.

4.4   • Unterscheiden Sie Mindestpreise und staatliche Subventionen hinsichtlich ihrer Wirkung auf den Preismechanismus.
     • Treffen Sie für den vorliegenden Fall unter Berücksichtigung von Wohlfahrtswirkungen und Marktversorgung eine begründete Entscheidung, ob der Staat die Erzeuger von Bio-Eiern durch Subventionierung oder durch die Einführung eines Mindestpreises unterstützen soll.

4.5   Begründen Sie mit zwei Argumenten, warum trotz der Belastung des Staatshaushalts staatliche Eingriffe zugunsten der Bio-Eier-Produktion gerechtfertigt sein können.

Anlage

Grafik 1

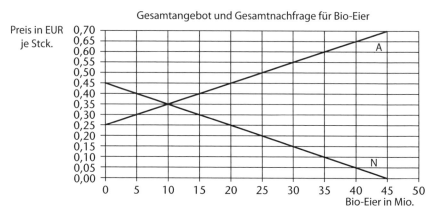

Grafik 2

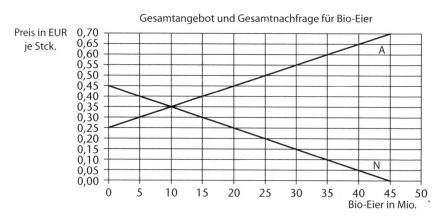

23 Ziele und Zielkonflikte der Wirtschaftspolitik

23.1 Grundlagen der Wirtschaftspolitik

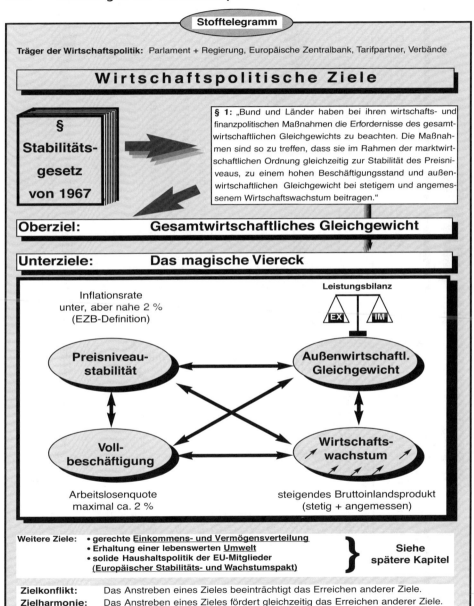

Stofftelegramm

Träger der Wirtschaftspolitik: Parlament + Regierung, Europäische Zentralbank, Tarifpartner, Verbände

Wirtschaftspolitische Ziele

§ Stabilitätsgesetz von 1967

§ 1: „Bund und Länder haben bei ihren wirtschafts- und finanzpolitischen Maßnahmen die Erfordernisse des gesamtwirtschaftlichen Gleichgewichts zu beachten. Die Maßnahmen sind so zu treffen, dass sie im Rahmen der marktwirtschaftlichen Ordnung gleichzeitig zur Stabilität des Preisniveaus, zu einem hohen Beschäftigungsstand und außenwirtschaftlichen Gleichgewicht bei stetigem und angemessenem Wirtschaftswachstum beitragen."

Oberziel: Gesamtwirtschaftliches Gleichgewicht

Unterziele: Das magische Viereck

Leistungsbilanz

Inflationsrate
unter, aber nahe 2 %
(EZB-Definition)

Preisniveaustabilität

Außenwirtschaftl. Gleichgewicht

Vollbeschäftigung

Wirtschaftswachstum

Arbeitslosenquote
maximal ca. 2 %

steigendes Bruttoinlandsprodukt
(stetig + angemessen)

Weitere Ziele:
- gerechte Einkommens- und Vermögensverteilung
- Erhaltung einer lebenswerten Umwelt
- solide Haushaltspolitik der EU-Mitglieder
(Europäischer Stabilitäts- und Wachstumspakt)

} **Siehe
spätere Kapitel**

Zielkonflikt: Das Anstreben eines Zieles beeinträchtigt das Erreichen anderer Ziele.
Zielharmonie: Das Anstreben eines Zieles fördert gleichzeitig das Erreichen anderer Ziele.
Zielindifferenz: Das Anstreben eines Zieles beeinflusst das andere Ziel in keiner Weise.

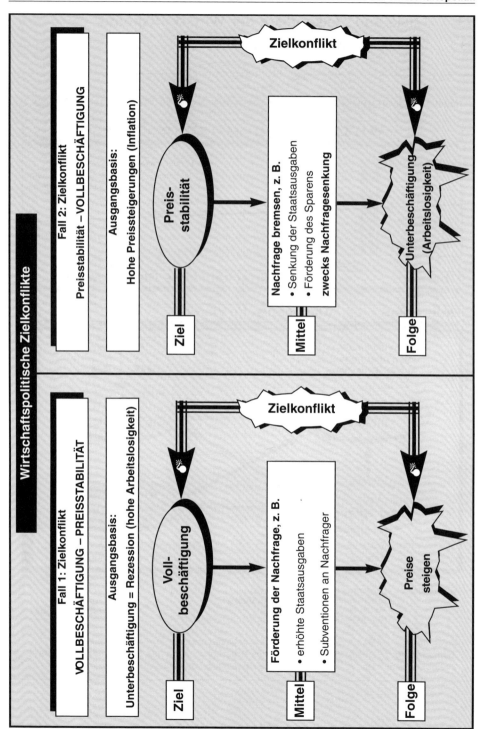

Wirtschaftspolitische Zielkonflikte

Fall 2: Zielkonflikt
Preisstabilität – VOLLBESCHÄFTIGUNG

Ausgangsbasis:
Hohe Preissteigerungen (Inflation)

Zielkonflikt

Ziel
Preis-stabilität

Mittel
Nachfrage bremsen, z. B.
• Senkung der Staatsausgaben
• Förderung des Sparens
zwecks Nachfragesenkung

Folge
Unterbeschäftigung (Arbeitslosigkeit)

Fall 1: Zielkonflikt
VOLLBESCHÄFTIGUNG – PREISSTABILITÄT

Ausgangsbasis:
Unterbeschäftigung = Rezession (hohe Arbeitslosigkeit)

Zielkonflikt

Ziel
Voll-beschäftigung

Mittel
Förderung der Nachfrage, z. B.
• erhöhte Staatsausgaben
• Subventionen an Nachfrager

Folge
Preise steigen

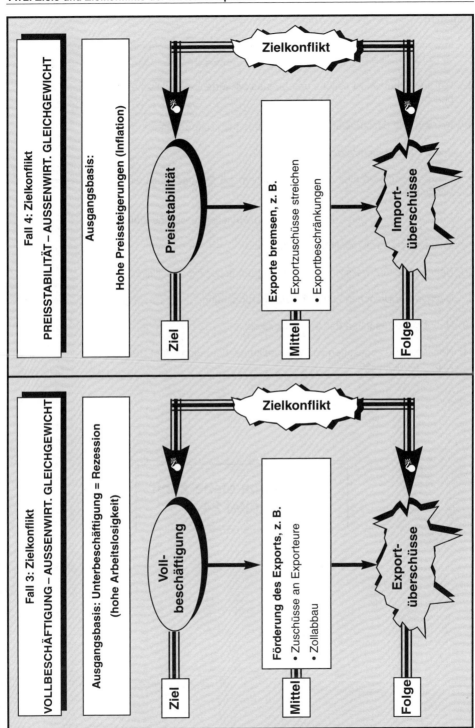

Fall 4: Zielkonflikt
PREISSTABILITÄT – AUSSENWIRT. GLEICHGEWICHT

Ausgangsbasis:

Hohe Preissteigerungen (Inflation)

Zielkonflikt

Ziel — Preisstabilität

Mittel — Exporte bremsen, z. B.
• Exportzuschüsse streichen
• Exportbeschränkungen

Folge — Import-überschüsse

Fall 3: Zielkonflikt
VOLLBESCHÄFTIGUNG – AUSSENWIRT. GLEICHGEWICHT

Ausgangsbasis: Unterbeschäftigung = Rezession
(hohe Arbeitslosigkeit)

Zielkonflikt

Ziel — Voll-beschäftigung

Mittel — Förderung des Exports, z. B.
• Zuschüsse an Exporteure
• Zollabbau

Folge — Export-überschüsse

Aufgaben

1. In welchem Gesetz sind die von Bund und Ländern zu beachtenden grundlegenden wirtschaftspolitischen Ziele formuliert?

2. Welches Oberziel ist seitens des Staates bei wirtschaftspolitischen Maßnahmen zu beachten?

3. Nennen und beschreiben Sie die Ziele des magischen Vierecks.

4. Wie wird die Arbeitslosenquote ermittelt?

5. Warum signalisiert eine Arbeitslosigkeit von 1,5 % immer noch eine vollbeschäftigte Wirtschaft?

6. Nennen Sie zwei gesetzlich nicht fixierte wirtschaftspolitische Ziele.

7. Erläutern Sie zwei mögliche Zielkonflikte.

8. Nennen Sie fünf volkswirtschaftliche Folgen hoher Arbeitslosigkeit.

9. Nennen Sie Ursachen hoher Preissteigerungsraten.

10. Nennen Sie Ursachen der Arbeitslosigkeit.

11. Nennen Sie – abgesehen von Wechselkursänderungen – fünf Ursachen für Exportüberschüsse.

**Zum Thema siehe auch
Kapitel 24**

23.2   Abituraufgaben

Abituraufgabe 2005 (Aufgabe 2, teilweise)

1. In den letzten Jahren wurden in Deutschland unter anderem die folgenden steuer- und arbeitsmarktpolitischen Maßnahmen beschlossen:

Auszug aus einer Pressenotiz:

- Steuerentlastung insgesamt 7,8 Mrd. EUR
  Einkommensteuer: Eingangssatz von 19,9 % auf 16 % gesenkt
  Spitzensatz von 48,5 % auf 45 % gesenkt

- Hartz-IV-Gesetz: Senkung der Arbeitslosenunterstützung. Außerdem müssen Langzeitarbeitslose jede Beschäftigung, die ihnen von der Arbeitsvermittlung angeboten wird, annehmen. Andernfalls wird ihnen die Arbeitslosenunterstützung weiter gekürzt.

1.1 Untersuchen Sie die erwähnten Maßnahmen hinsichtlich ihrer Wirkung auf die gesamtwirtschaftliche Nachfrage, die Beschäftigungssituation und die Sanierung der öffentlichen Finanzen.

Zeigen Sie dabei auch Widersprüche auf.

1.2 Das „magische Viereck" der wirtschaftspolitischen Ziele beinhaltet als Ziel einen hohen Beschäftigungsstand.

Beschreiben und beurteilen Sie die Messgröße, mit der die Erreichung dieses Zieles in der Arbeitsmarktstatistik gemessen wird.
Geben Sie an, wann von einer Zielerreichung gesprochen werden könnte.

1.3 Unterscheiden Sie drei Formen der Arbeitslosigkeit hinsichtlich der Verursachung. Beschreiben Sie je eine Ursache der Arbeitslosigkeit und je eine Maßnahme staatlicher Beschäftigungspolitik zur Eindämmung der Arbeitslosigkeit.

1.4 Geben Sie die jeweilige Messgröße für die Erreichung der anderen Teilziele des magischen Vierecks an.

Erläutern Sie, weshalb das „magische Viereck" so bezeichnet wird.

24   Konjunktur und Konjunkturpolitik

24.1   Die Beschäftigung einer Volkswirtschaft

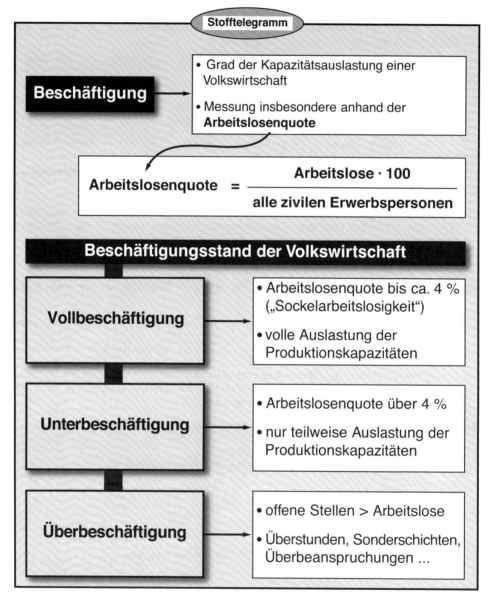

Stofftelegramm

Beschäftigung

* Grad der Kapazitätsauslastung einer Volkswirtschaft
* Messung insbesondere anhand der **Arbeitslosenquote**

$$\text{Arbeitslosenquote} = \frac{\text{Arbeitslose} \cdot 100}{\text{alle zivilen Erwerbspersonen}}$$

Beschäftigungsstand der Volkswirtschaft

Vollbeschäftigung
* Arbeitslosenquote bis ca. 4 % („Sockelarbeitslosigkeit")
* volle Auslastung der Produktionskapazitäten

Unterbeschäftigung
* Arbeitslosenquote über 4 %
* nur teilweise Auslastung der Produktionskapazitäten

Überbeschäftigung
* offene Stellen > Arbeitslose
* Überstunden, Sonderschichten, Überbeanspruchungen ...

Aufgaben ➤ **Siehe Kapitel 24.4**

24.2   Der Konjunkturzyklus

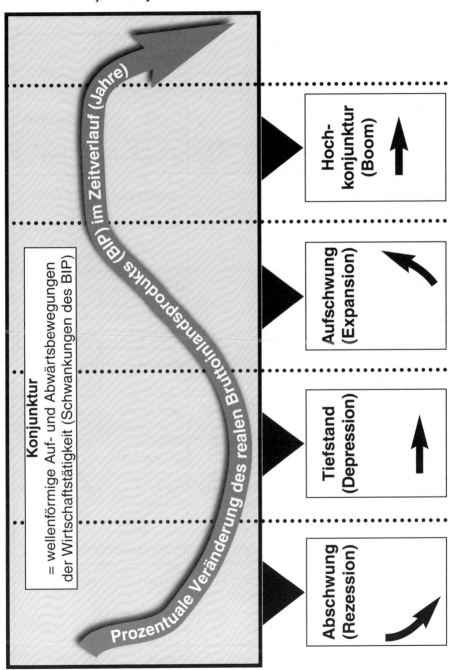

Der Konjunkturzyklus (Merkmale)

Konjunktur-zyklus / Merkmale	Abschwung (Rezession)	Tiefstand (Depression)	Aufschwung (Expansion)	Hoch-konjunktur (Boom)
Beschäfti-gungsstand	zunehmende Unter-beschäftigung (Kurzarbeit + Entlassungen)	Unter-beschäftigung	Tendenz zur Voll-beschäftigung	Voll- bzw. Über-beschäftigung (Konjunktur-überhitzung)
Arbeits-losenzahl	steigend	hoch	sinkend	minimal
Nachfrage	sinkend	niedrig	steigend	hoch
Investitions-bereitschaft	sinkend	niedrig	steigend	hoch
„Stimmung"	pessimistisch	pessimistisch	optimistisch	optimistisch
Preisstei-gerungsrate	mäßig, evtl. negativ	evtl. negativ	konstant (Kostenvorteil)	hoch
Löhne	mäßig stei-gend bzw. konstant	konstant, evtl. sinkend	mäßig steigend	stark steigend
Zinsen	sinkend	niedrig	mäßig steigend	stark steigend
Gewinne	sinkend	niedrig, evtl. Verluste	steigend	hoch
Wachstum	minimal	negativ	steigend	stark steigend
Aktienkurse	sinkend	sinkend	steigend	steigend

Aufgaben Siehe Kapitel 24.4

24.3   Konjunkturindikatoren

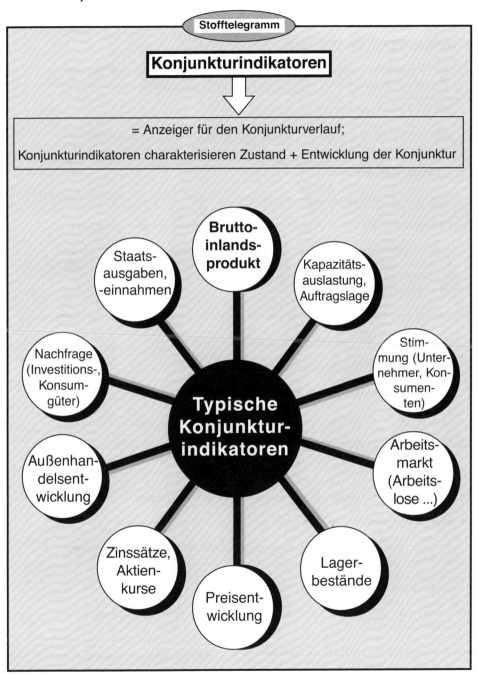

Stofftelegramm

Konjunkturindikatoren

= Anzeiger für den Konjunkturverlauf;

Konjunkturindikatoren charakterisieren Zustand + Entwicklung der Konjunktur

Typische Konjunktur-indikatoren

- **Brutto-inlands-produkt**
- Staats-ausgaben, -einnahmen
- Kapazitäts-auslastung, Auftragslage
- Nachfrage (Investitions-, Konsum-güter)
- Stimmung (Unternehmer, Konsumenten)
- Außenhandelsentwicklung
- Arbeitsmarkt (Arbeitslose ...)
- Zinssätze, Aktienkurse
- Preisentwicklung
- Lagerbestände

24.4   Aufgaben zu den Kapiteln 24.1 bis 24.3

Aufgaben

1. Erklären Sie den Begriff „Konjunktur".

2. Was versteht man unter Beschäftigung im volkswirtschaftlichen Sinn? Wie wird sie üblicherweise gemessen?

3. Wie wird die Arbeitslosenquote ermittelt?

4. Erklären Sie die drei möglichen Beschäftigungslagen einer Volkswirtschaft.

5. Warum signalisiert eine Arbeitslosenquote von 1,5 % bis 2 % immer noch eine vollbeschäftigte Wirtschaft?

6. Was versteht man unter Konjunkturzyklen?

7. Kennzeichnen Sie stichpunktartig die einzelnen Konjunkturphasen hinsichtlich:

   a) Beschäftigungsstand   e) „Stimmung" der Marktteilnehmer   i) Gewinne
   b) Arbeitslosenzahl   f) Preissteigerungsrate   j) Wachstum
   c) Nachfrage   g) Löhne
   d) Investitionsbereitschaft   h) Zinsen

8. Welche Ursachen führen zu einem a) Konjunkturabschwung, b) Konjunkturaufschwung?

9. Zeigen Sie den Konjunkturzyklus anhand einer Skizze.

10. Nennen Sie mögliche negative Auswirkungen der Hochkonjunktur.

11. a) Definieren Sie den Begriff „Konjunkturindikatoren".

    b) Nennen Sie fünf Konjunkturindikatoren.

12. Warum ist das reale Bruttosozialprodukt (Bruttoinlandsprodukt) zur Messung des Wirtschaftswachstums besser geeignet als das nominale Bruttosozialprodukt (Bruttoinlandsprodukt)?

13. Unterscheiden Sie saisonale und konjunkturelle Schwankungen.

14. Welche Konjunkturphase ist in folgenden Situationen anzunehmen?

    a) hohe Preissteigerungsraten   e) pessimistische Zukunftserwartungen
    b) hohe Arbeitslosenquote   f) stark steigende Löhne
    c) stark steigendes Sozialprodukt   g) stark steigende Zinsen
    d) sinkende Arbeitslosigkeit

15. Erklären Sie die Begriffe „saisonale, strukturelle, konjunkturelle, friktionelle Arbeitslosigkeit".

16. Wie beeinflusst eine Rezessionsphase die Staatskasse?

24.5 Konjunkturpolitik (allgemein)

Stofftelegramm

Möglichkeiten staatlicher Konjunkturpolitik (= Fiskalpolitik)	
Bekämpfung der Unterbeschäftigung (Arbeitslosigkeit)	**Bekämpfung der Überbeschäftigung (Inflation)**
Ausgabenpolitik: Ausgaben erhöhen! • Staatsnachfrage erhöhen • Subventionen erhöhen • Konjunkturausgleichsrücklage auflösen	**Ausgabenpolitik:** Ausgaben senken! • Staatsnachfrage senken • Subventionen senken • Konjunkturausgleichsrücklage bilden
Einnahmenpolitik: Einnahmen senken! • Steuern senken • Abschreibungsvergünstigungen • Kreditaufnahmen zur Finanzierung der Ausgaben („Deficitspending")	**Einnahmenpolitik:** Einnahmen erhöhen! • Steuern erhöhen • Abschreibungsvergünstigungen streichen • Kreditaufnahmen senken

Antizyklische Finanzpolitik: Dem Konjunkturverlauf entgegengesetzte Fiskalpolitik:

• Hochkonjunktur: Ausgaben senken! • Rezession: Ausgaben erhöhen!

Ordnungspolitik: V. a. Wettbewerbspolitik (Erhaltung oder Schaffung von Institutionen, die Wettbewerb ermöglichen und fördern)
Beispiel: Bekämpfung von Wettbewerbsbeschränkungen (Monopolen) durch das Gesetz gegen Wettbewerbsbeschränkungen

Prozesspolitik: Wirtschaftspolitische Maßnahmen zur Konjunktursteuerung

Aufgaben

1. Was versteht man unter Fiskalpolitik?

2. Nennen Sie je drei einnahmen- und ausgabenpolitische Maßnahmen des Staates zur

   a) Bekämpfung einer Rezession,

   b) Dämpfung einer Hochkonjunktur mit hoher Inflationsrate.

3. a) Erklären Sie den Begriff „Deficitspending".

   b) In welchen Konjunkturphasen ist „Deficitspending" sinnvoll?

4. a) Was versteht man unter antizyklischer Finanzpolitik?

   b) Veranschaulichen Sie den Sachverhalt in einer Skizze.

5. In welcher Konjunkturphase sollte der Staat die Einnahmen

    a) erhöhen,   b) senken? Begründung.

6. In welcher Konjunkturphase ist es sinnvoll, eine Konjunkturausgleichsrücklage zu bilden? Wann sollte sie aufgelöst werden?

7. Wie wirken folgende Maßnahmen der Fiskalpolitik?

    a) Investitionszulagen   e) Abschreibungserleichterungen streichen

    b) Subventionssenkung   f) Konjunkturausgleichsrücklage bilden

    c) Deficitspending   g) Staatsnachfrage senken

    d) Steuern senken   h) Abschreibungsvergünstigungen gewähren

8. Inwiefern kann das Bestreben der Gewerkschaften nach einer Umverteilung der Einkommen zugunsten der Lohnquote sowohl im Boom als auch in der Rezession mit der antizyklischen Konjunkturpolitik kollidieren?

9. Vollbeschäftigung ist eines der wichtigsten Ziele der Wirtschaftspolitik. Als Indikatoren der Beschäftigungssituation verwendet man im Allgemeinen die Arbeitslosenquote und die Zahl der offenen Stellen. Warum ist bei der Interpretation dieser Zahlen Vorsicht geboten?

10. Um Vollbeschäftigung mit wirtschaftspolitischen Maßnahmen erreichen zu können, muss man die Art der Arbeitslosigkeit kennen. Zeigen Sie an einem Beispiel auf, warum eine konjunkturelle Arbeitslosigkeit den Wirtschaftspolitiker vor größere Probleme stellt als eine strukturelle.

11. Der Staat kann durch gesetzliche Maßnahmen die Investitionsbereitschaft der Unternehmungen fördern.

    a) Nennen Sie mindestens zwei solcher Maßnahmen.

    b) Wie beurteilen Sie die Wirksamkeit dieser Art von Konjunkturförderung?

24.6 Wirtschaftspolitische Konzeptionen

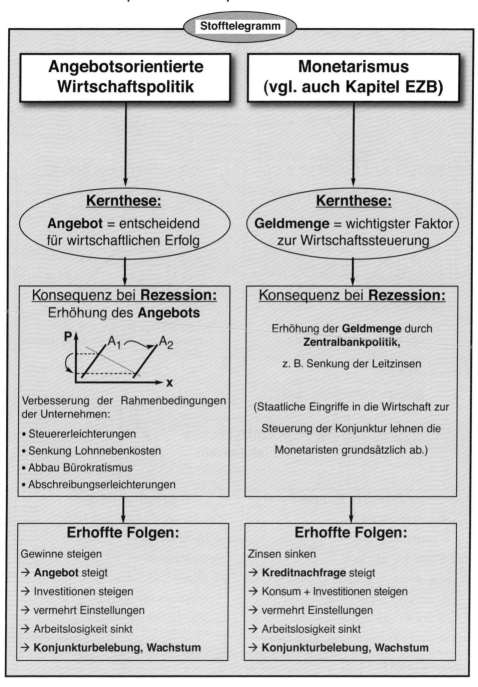

Stofftelegramm

Angebotsorientierte Wirtschaftspolitik

Monetarismus (vgl. auch Kapitel EZB)

Kernthese:
Angebot = entscheidend für wirtschaftlichen Erfolg

Kernthese:
Geldmenge = wichtigster Faktor zur Wirtschaftssteuerung

Konsequenz bei **Rezession:**
Erhöhung des **Angebots**

Verbesserung der Rahmenbedingungen der Unternehmen:
- Steuererleichterungen
- Senkung Lohnnebenkosten
- Abbau Bürokratismus
- Abschreibungserleichterungen

Konsequenz bei **Rezession:**

Erhöhung der **Geldmenge** durch **Zentralbankpolitik,**

z. B. Senkung der Leitzinsen

(Staatliche Eingriffe in die Wirtschaft zur Steuerung der Konjunktur lehnen die Monetaristen grundsätzlich ab.)

Erhoffte Folgen:
Gewinne steigen
→ **Angebot** steigt
→ Investitionen steigen
→ vermehrt Einstellungen
→ Arbeitslosigkeit sinkt
→ **Konjunkturbelebung, Wachstum**

Erhoffte Folgen:
Zinsen sinken
→ **Kreditnachfrage** steigt
→ Konsum + Investitionen steigen
→ vermehrt Einstellungen
→ Arbeitslosigkeit sinkt
→ **Konjunkturbelebung, Wachstum**

Nachfrageorientierte Wirtschaftspolitik = Fiskalismus

Kernthese:
Nachfrage = entscheidend für
wirtschaftlichen Erfolg

Konsequenz bei Rezession:

Erhöhung der **Nachfrage** mittels
Ein- und Ausgabenpolitik der
Regierung (Fiskalpolitik)

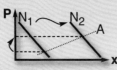

- Steuersenkungen

- Staatsnachfrage erhöhen
  (z. B. Baumaßnahmen des Staates)

evtl. finanziert über höhere
Schulden („**Deficitspending**")

Konsequenz bei Boom:

Senkung der **Nachfrage** mittels
Ein- und Ausgabenpolitik der
Regierung (Fiskalpolitik)

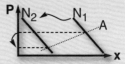

- Steuererhöhungen

- Staatsnachfrage senken
  (z. B. weniger staatliche Baumaßnahmen)

**= antizyklische
Fiskalpolitik**

Erhoffte Folgen:

Einkommen steigen

→ **Nachfrage steigt**

→ Gewinne steigen

→ Investitionen steigen

→ vermehrt Einstellungen

→ Arbeitslosigkeit sinkt

→ **Konjunkturbelebung, Wachstum**

Erhoffte Folgen:

Einkommen sinken

→ **Nachfrage sinkt**

→ Gewinne sinken

→ Investitionen sinken

→ **Konjunkturdämpfung**

   (Konjunkturstabilisierung)

Aufgaben

1. Die Maßnahmen zur Erreichung der wirtschaftspolitischen Ziele orientieren sich an zwei unterschiedlichen wirtschaftspolitischen Konzepten.

   1.1 Kennzeichnen und erläutern Sie anhand von zwei Beispielen Unterschiede zwischen diesen beiden Konzepten.

   1.2 Ein wesentliches wirtschaftspolitisches Ziel ist der Abbau der Arbeitslosigkeit. Zeigen Sie Gemeinsamkeiten und Unterschiede der beiden wirtschaftspolitischen Konzepte zur Erreichung dieses Ziels am Beispiel der Steuerpolitik.

   1.3 Beide wirtschaftspolitischen Konzepte stoßen in Deutschland bei ihrer Umsetzung an Grenzen. Erläutern Sie dies für die beiden Konzepte anhand von je zwei Umsetzungsproblemen.

2. Neben der Steuerung der gesamtwirtschaftlichen Entwicklung besteht für den Staat weiterer Handlungsbedarf zur Erhaltung und Weiterentwicklung der sozialen Marktwirtschaft.

   Erläutern Sie anhand von zwei Wirtschaftsbereichen, dass der Markt als Steuerungsinstrument versagen kann und daher staatliche Maßnahmen notwendig sein können.

24.7 Abituraufgaben

Abituraufgabe 2006 (Aufgabe 2, teilweise)

1. Im Dezember 2003 hat die Bundesregierung beschlossen, die für 2005 geplante Steuerreform auf den 01.01.2004 vorzuziehen. Die wichtigste Änderung betraf die Einkommensteuer. So wurden der Eingangssteuersatz für die Einkommensteuer von 19,9 % auf 16 % und der Spitzensteuersatz von 48,5 % auf 45 % gesenkt. Die Bundesregierung ging davon aus, dass die Steuerreform Entlastungen in Höhe von 15 Mrd. EUR mit sich bringt.

   1.1 Begründen Sie, in welcher Konjunkturphase der Staat die oben beschriebene Maßnahme ergreifen wird.

   Stellen Sie den idealtypischen Konjunkturverlauf in einer Skizze dar.

   1.2 Beschreiben Sie anhand jeweils eines Früh- und Gegenwartsindikators die konjunkturelle Phase aus Aufgabe 1.1.

   1.3 Erläutern Sie in diesem Zusammenhang die beabsichtigten Auswirkungen und Folgen einer Einkommensteuersenkung für private Haushalte auf dem Markt für Konsumgüter. Stellen Sie diese auch in einer Skizze dar.

   Unterstellen Sie einen annähernd realistischen Verlauf der Angebotskurve.

   1.4 Erörtern Sie zwei Gründe, die dazu führen können, dass die Einkommensteuersenkung nicht das gewünschte Ergebnis erzielt.

   1.5 Benennen und beschreiben Sie die wirtschaftspolitische Konzeption, der die genannte staatliche Maßnahme zuzuordnen ist.

   Erläutern Sie zwei Kritikpunkte an dieser wirtschaftspolitischen Konzeption.

Abituraufgabe 2012 (Aufgabe 5, teilweise)

1. Das Statistische Bundesamt stellt das **Material 1** zur Verfügung.

1.1 Erklären Sie, weshalb das Bruttoinlandsprodukt einen wichtigen Konjunkturindikator darstellt.

1.2 Beschreiben Sie ausführlich mithilfe der vorliegenden Informationen, wie sich die Konjunkturlage in Deutschland während der Jahre 2007 bis 2010 entwickelt hat.

1.3 Die Bundesregierung hat Ende 2008 bzw. zu Beginn 2009 zwei Konjunkturprogramme verabschiedet. Diese enthielten u. a. eine „Senkung der Einkommensteuer" sowie „staatliche Investitionen in die Infrastruktur".

*   Begründen Sie, welche grundsätzliche wirtschaftspolitische Konzeption beim Einsatz dieser Konjunkturprogramme erkennbar wird.
*   Erläutern Sie am Beispiel der Maßnahme „Senkung der Einkommensteuer" die erhoffte Wirkungsweise in mindestens vier Schritten.

1.4 Erklären Sie anhand von zwei Argumenten, weshalb umfangreiche staatliche Konjunkturprogramme von Gegnern solcher Maßnahmen kritisiert werden.

2. Die „Abwrackprämie" war ein im Rahmen des Konjunkturpakets beschlossener staatlicher Zuschuss von 2.500,00 EUR. Dieser wurde gewährt, wenn man sein mindestens neun Jahre altes Auto verschrottet und dafür einen Neuwagen oder Jahreswagen gekauft hat.

2.1 Beschreiben Sie, um welche Art des Staatseingriffs es sich bei der Abwrackprämie handelt.

2.2 *   Erklären Sie, weshalb es als Folge der Abwrackprämie nicht zwangsläufig zu Preissteigerungen auf dem Markt für Neuwagen gekommen ist.
    *   Veranschaulichen Sie Ihre Aussagen anhand der Skizze eines gesamtwirtschaftlichen Preis-Mengen-Diagramms.

2.3 Erläutern Sie zwei Wirkungshemmnisse, die den erwünschten konjunkturpolitischen Effekt der Abwrackprämie möglicherweise beeinträchtigt haben.

2.4 Die Abwrackprämie wurde auch als Umweltprämie bezeichnet.
    Diskutieren Sie die Folgen der Abwrackprämie für das wirtschaftspolitische Ziel „Erhalt einer lebenswerten Umwelt".

2.5 Angenommen, die Nachfrage nach Neuwagen hat sich wegen der Abwrackprämie um 30 % erhöht. Die direkte Preiselastizität der Nachfrage beträgt 1,6. Ermitteln Sie, um wie viel Prozent die Neuwagen durch die Abwrackprämie preisgünstiger wurden.

Material 1

Bruttoinlandsprodukt
preisbereinigt, verkettet

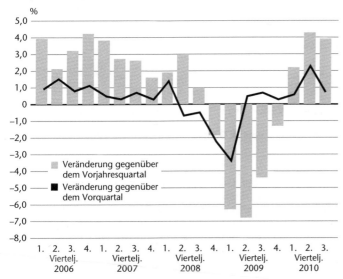

© Statistisches Bundesamt, Wiesbaden 2010

25   Geldtheorie und Geldpolitik

25.1   Deutsche Bundesbank

Stofftelegramm

Gesetzliche Grundlage: Gesetz über die Deutsche Bundesbank

Stellung der Deutschen Bundesbank

Allgemeines: • Deutsche Bundesbank = juristische Person des öffentlichen Rechts

   = Zentralbank der Bundesrepublik Deutschland = nationale Zentralbank („NZB")

   • Sitz: Frankfurt/Main

   • Die Bundesbank unterhält bundesweit neun **Hauptverwaltungen** (mit Sitz in Berlin, Düsseldorf, Frankfurt am Main, Hamburg, Hannover, Leipzig, Mainz, München und Stuttgart) und **Filialen**, die den Hauptverwaltungen unterstehen. Die Filialen stehen Banken und öffentlichen Verwaltungen zur Bargeldversorgung und für die Abwicklung des unbaren Zahlungsverkehrs zur Verfügung. Den örtlichen Kreditinstituten bieten sie zudem direkten Zugang zu Notenbankkrediten.

Verhältnis Bundesbank – Bundesregierung:

   • **unabhängig** von Weisungen der Bundesregierung (§ 12 BBankG)

   • Unterstützung der Wirtschaftspolitik der Bundesregierung (§ 12 BBankG)

   • Beratung der Bundesregierung in Währungsfragen (§ 13 BBankG)

Der Vorstand (Organ) der Deutschen Bundesbank in Frankfurt/Main   (§ 7 BBankG)

• Präsident, Vizepräsident sowie vier weitere Mitglieder

   – Vorschlag **Bundesregierung** zur Bestellung von Präsident + Vize + einem weiteren Mitglied

   – Vorschlag **Bundesrat** zur Bestellung von drei weiteren Mitgliedern

   – Bestellung aller Vorstandsmitglieder durch **Bundespräsident**

• beschließendes Organ

• einheitliche Leitung der Bundesbank

– vgl. nächste Seite –

DER VORSTAND (= ORGAN) DER DEUTSCHEN BUNDESBANK

Vorschlag zur Bestellung von
Präsident, Vizepräsid. + einem weiteren Mitglied

Vorschlag zur Bestellung von
drei weiteren Mitgliedern
(im Einvernehmen mit B'regier.)

Bundespräsident

Bundesregierung

Bundesrat

(evtl. auch Vorschlag für die Bestellung des Vizepräsidenten)

Bestellung

Präsident der DBBK

Vizepräsident der DBBK

Weiteres Mitglied

Weiteres Mitglied

Weiteres Mitglied

Weiteres Mitglied

Aufgaben der Deutschen Bundesbank

• **Durchführung der von der EZB beschlossenen Offenmarktgeschäfte** in Deutschland

• **Durchführung des operativen Geschäfts bei den „Ständigen Fazilitäten" und den Mindestreserven** in Deutschland

• **Bank des Staates:**   – Banknoten- und Münzausgabe (Euro)

                            – Beratung in Währungsfragen

                            – „Schuldenmanager" der Regierung

                            – Durchführung der Ausgabe von Bundeswertpapieremissionen

• **Bank der Banken:**   – Refinanzierungen im Rahmen der EZB-Beschlüsse

                            – Inanspruchnahme des Gironetzes der Bundesbank durch die Banken (Aufrechterhaltung des Zahlungsverkehrs)

                            – Mitwirkung bei Bankenaufsicht (zusammen mit Bundesaufsichtsamt für das Kreditwesen)

• **Verwalterin der Währungsreserven**

• **Geldversorgung inkl. Qualitätskontrolle der Banknoten (Echtheitskontrollen)**

• **Forschung und Analyse im Bereich der Geldpolitik**

Aufgaben

1. Nennen Sie das Organ der Bundesbank und dessen Hauptaufgaben.

2. Welches Verhältnis besteht zwischen Bundesbank und Bundesregierung?

3. Welche Aufgaben hat die Deutsche Bundesbank?

25.2 Das Europäische System der Zentralbanken (ESZB)

Stofftelegramm

Stellung der EZB (Errichtung: 1998)

• ESZB = EZB + nationale Zentralbanken (NZBs) der Mitglieder der Europäischen Wirtschafts- und Währungsunion (EWWU = „Euroland")

→ Föderalismus! Vergleichbar mit Deutscher Bundesbank und deren neun Hauptverwaltungen in Bundesländern

• Sitz der EZB in **Frankfurt/Main**

• EZB am **Modell der Deutschen Bundesbank** orientiert

• **unabhängig** (autonome Stellung) von Regierungen und EU-Organen

• keine Finanzierung staatlicher Ausgaben

Organe der EZB

• **Europäischer Zentralbankrat (Rat der EZB)** = oberstes Entscheidungsgremium, das i. d. R. alle sechs Wochen zusammentritt

Aufgaben: Leitlinien und Entscheidungen zur Festlegung der Geldpolitik erlassen (u. a.: geldpolitische Ziele und Höhe der Leitzinsen festlegen)

• **Direktorium:**   – Leitung + Verwaltung der EZB

  – Vorbereitung der Sitzungen des EZB-Rats

  – Durchführung der Geldpolitik des Euroraums gemäß den Leitlinien und Entscheidungen des EZB-Rats, wobei es hierzu den nationalen Zentralbanken des Euroraums die notwendigen Weisungen erteilt

  – Führung der laufenden Geschäfte der EZB

• **ZB-Präsidenten aller Euroländer – vgl. Übersicht nächste Seite –**

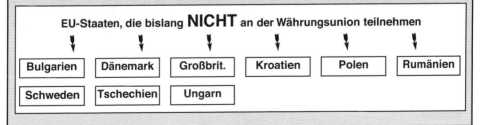

EU-Staaten, die bislang NICHT an der Währungsunion teilnehmen

| Bulgarien | Dänemark | Großbrit. | Kroatien | Polen | Rumänien |

| Schweden | Tschechien | Ungarn |

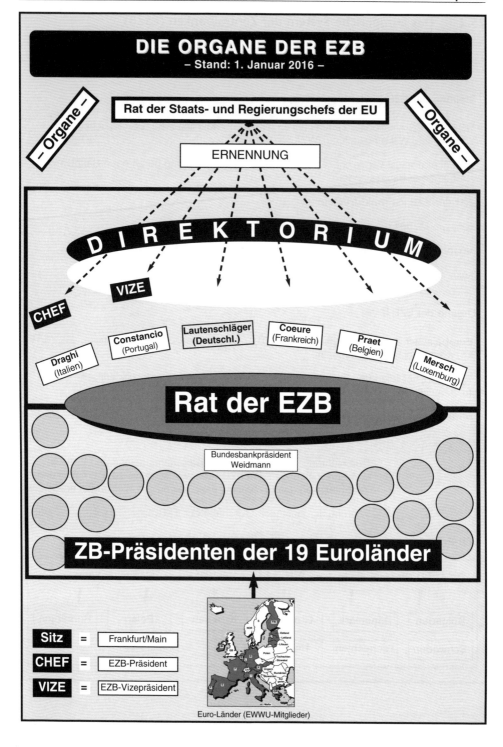

DIE ORGANE DER EZB
– Stand: 1. Januar 2016 –

– Organe –

Rat der Staats- und Regierungschefs der EU

ERNENNUNG

D I R E K T O R I U M

CHEF

VIZE

Draghi (Italien)

Constancio (Portugal)

Lautenschläger (Deutschl.)

Coeure (Frankreich)

Praet (Belgien)

Mersch (Luxemburg)

Rat der EZB

Bundesbankpräsident Weidmann

ZB-Präsidenten der 19 Euroländer

Sitz	=	Frankfurt/Main
CHEF	=	EZB-Präsident
VIZE	=	EZB-Vizepräsident

Euro-Länder (EWWU-Mitglieder)

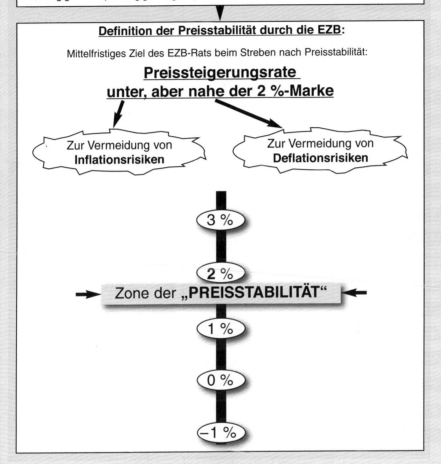

QUANTITATIVE EZB-DEFINITION VON PREISSTABILITÄT

Vorrangiges Ziel (vorrangige Aufgabe) der EZB: Gewährleistung der **Preisstabilität**

Definition der Preisstabilität durch die EZB:

Mittelfristiges Ziel des EZB-Rats beim Streben nach Preisstabilität:

Preissteigerungsrate
unter, aber nahe der 2 %-Marke

Zur Vermeidung von **Inflationsrisiken**

Zur Vermeidung von **Deflationsrisiken**

3 %

2 %

→ Zone der „PREISSTABILITÄT" ←

1 %

0 %

−1 %

Weitere Aufgaben der EZB

- einheitliche **Währungs-(Geld-)Politik:** Leitzinsen festlegen, Geldmenge steuern ...
- **Devisengeschäfte** durchführen
- Verwaltung der **Währungsreserven** der Mitgliedstaaten
- reibungslosen **Zahlungsverkehr** im Euroland organisieren
- **Banknotenausgabe** (Eurogeld)
- Höhe der **Münzausgabe** steuern
- **Überwachung** des Kreditwesens
- **Unterstützung der Wirtschaftspolitik** der Regierungen, sofern keine Gefährdung der Preisstabilität

EU-Länder, Euroland und EWS II

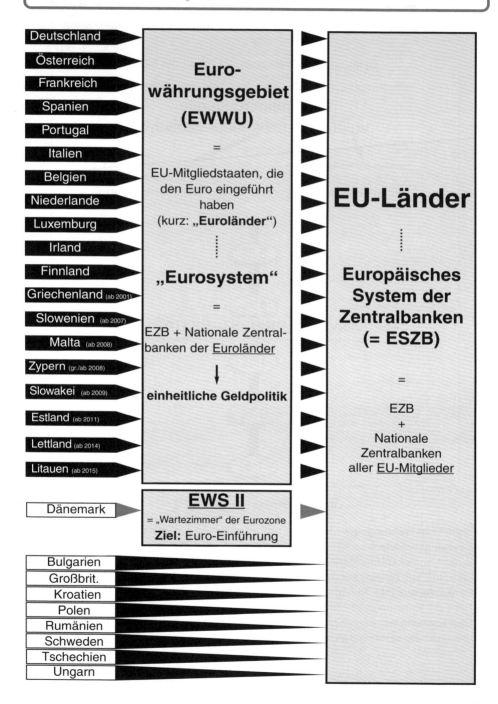

Deutschland
Österreich
Frankreich
Spanien
Portugal
Italien
Belgien
Niederlande
Luxemburg
Irland
Finnland
Griechenland (ab 2001)
Slowenien (ab 2007)
Malta (ab 2008)
Zypern (gr./ab 2008)
Slowakei (ab 2009)
Estland (ab 2011)
Lettland (ab 2014)
Litauen (ab 2015)

Euro-währungsgebiet (EWWU)

=

EU-Mitgliedstaaten, die den Euro eingeführt haben
(kurz: „**Euroländer**")

⋮

„Eurosystem"

=

EZB + Nationale Zentralbanken der Euroländer

↓

einheitliche Geldpolitik

EU-Länder

⋮

Europäisches System der Zentralbanken (= ESZB)

=

EZB
+
Nationale Zentralbanken aller EU-Mitglieder

Dänemark

EWS II
= „Wartezimmer" der Eurozone
Ziel: Euro-Einführung

Bulgarien
Großbrit.
Kroatien
Polen
Rumänien
Schweden
Tschechien
Ungarn

Aufgaben

1. Was versteht man unter dem Europäischen Zentralbanksystem (ESZB)?

2. Nennen Sie die wesentlichen Aufgaben der Europäischen Zentralbank (EZB).

3. Was versteht man unter „Föderalismus" der Europäischen Zentralbank?

4. Die Europäische Zentralbank ist **unabhängig**. Wie ist dies zu verstehen?

5. Nennen Sie die Organe der Europäischen Zentralbank.

25.3 Arten des Geldes/Geldmengenbegriff

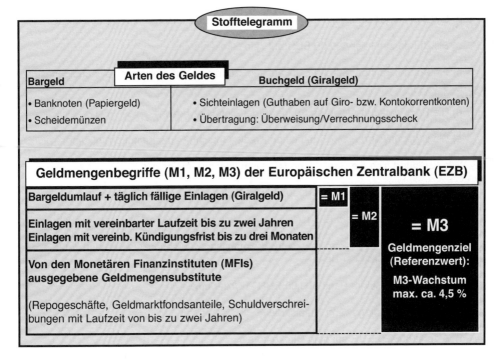

Stofftelegramm

Bargeld	**Arten des Geldes**	Buchgeld (Giralgeld)
• Banknoten (Papiergeld) • Scheidemünzen		• Sichteinlagen (Guthaben auf Giro- bzw. Kontokorrentkonten) • Übertragung: Überweisung/Verrechnungsscheck

Geldmengenbegriffe (M1, M2, M3) der Europäischen Zentralbank (EZB)

Bargeldumlauf + täglich fällige Einlagen (Giralgeld)	= M1	
Einlagen mit vereinbarter Laufzeit bis zu zwei Jahren Einlagen mit vereinb. Kündigungsfrist bis zu drei Monaten	= M2	**= M3**
Von den Monetären Finanzinstituten (MFIs) ausgegebene Geldmengensubstitute (Repogeschäfte, Geldmarktfondsanteile, Schuldverschreibungen mit Laufzeit von bis zu zwei Jahren)		Geldmengenziel (Referenzwert): M3-Wachstum max. ca. 4,5 %

Aufgaben (Grundwissen)

1. Nennen Sie die heute als gesetzliche Zahlungsmittel geltenden Arten des Geldes.

2. a) Definieren Sie die drei Geldmengenbegriffe des Europäischen Systems der Zentralbanken (ESZB).

   b) Wie lautet das augenblickliche Geldmengenziel der Europäischen Zentralbank (EZB)?

3. Zusammengefasste Bilanz aller Geschäftsbanken
    (Situation 1)

Guthaben bei		Sichteinlagen	290
Zentralbank	52		
Kreditforder.	130		
Devisen	30		
Kasse	78		
	290		290

Zusammengefasste Bilanz aller Geschäftsbanken
(Situation 2)

Guthaben bei		Sichteinlagen	300
Zentralbank	56	Spareinl.(3-mon.-	
Kreditforder.	160	Kündigungsfrist)	10
Devisen	38	Termingelder	
Kasse	76	unter 2 Jahren	20
	330		330

a) Berechnen Sie **M3** in beiden Situationen.
Banknoten- und Münzumlauf: Situation 1: 250;   Situation 2: 244

b) Welche Vorgänge wirkten expansiv, welche kontraktiv auf M3?

4. Wie verändert sich die Geldmenge M3 durch folgende Aktionen?

a) Ein Bankkunde überweist für einen Sparbrief (Laufzeit sechs Jahre) 5.000,00 EUR.

b) Ein Kunde zahlt bar 500,00 EUR auf sein Girokonto ein.

c) Ein Kunde zahlt bar 500,00 EUR auf sein Sparkonto mit dreimonatiger Kündigungsfrist ein.

d) Die Bank verkauft Aktien an Kunde A, der diese bar bezahlt.

e) Die Bank gewährt einer Firma einen Kredit (Gutschrift aufs Kontokorrentkonto).

5. Wie verändert sich die Geldmenge **M2** durch folgende Aktionen?

a) Die Bundesbank erwirbt Wertpapiere von Nichtbanken gegen Überweisung.

b) Die Bank gewährt dem Kunden A einen Kredit, der aufs Girokonto gutgeschrieben wird.

c) A hebt 500,00 EUR vom Sparkonto (dreimonatige Kündigungsfrist) ab und kauft Geldmarktpapiere der Bank.

d) A tauscht bei seiner Bank 500,00 EUR in Dollar um.

e) Die Bundesbank gewährt Staatskredite.

f) A zahlt 500,00 EUR auf sein Girokonto ein.

25.4 Binnenwert des Geldes und seine Messung

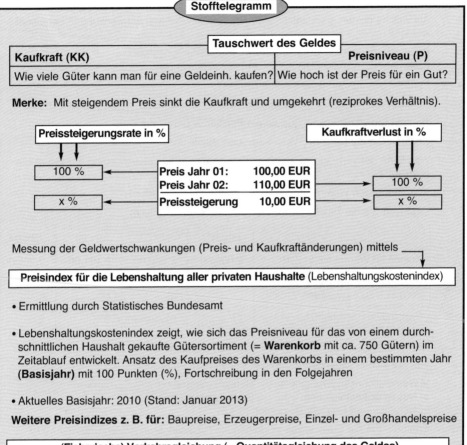

Stofftelegramm

Tauschwert des Geldes

Kaufkraft (KK)	**Preisniveau (P)**
Wie viele Güter kann man für eine Geldeinh. kaufen?	Wie hoch ist der Preis für ein Gut?

Merke: Mit steigendem Preis sinkt die Kaufkraft und umgekehrt (reziprokes Verhältnis).

Preissteigerungsrate in %		**Kaufkraftverlust in %**
100 %	Preis Jahr 01: 100,00 EUR / Preis Jahr 02: 110,00 EUR	100 %
x %	Preissteigerung 10,00 EUR	x %

Messung der Geldwertschwankungen (Preis- und Kaufkraftänderungen) mittels

Preisindex für die Lebenshaltung aller privaten Haushalte (Lebenshaltungskostenindex)

• Ermittlung durch Statistisches Bundesamt

• Lebenshaltungskostenindex zeigt, wie sich das Preisniveau für das von einem durchschnittlichen Haushalt gekaufte Gütersortiment (= **Warenkorb** mit ca. 750 Gütern) im Zeitablauf entwickelt. Ansatz des Kaufpreises des Warenkorbs in einem bestimmten Jahr **(Basisjahr)** mit 100 Punkten (%), Fortschreibung in den Folgejahren

• Aktuelles Basisjahr: 2010 (Stand: Januar 2013)

Weitere Preisindizes z. B. für: Baupreise, Erzeugerpreise, Einzel- und Großhandelspreise

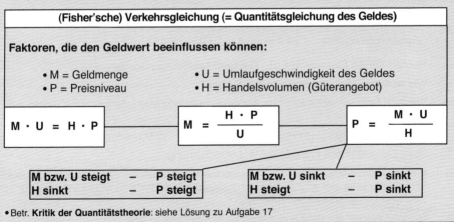

(Fisher'sche) Verkehrsgleichung (= Quantitätsgleichung des Geldes)

Faktoren, die den Geldwert beeinflussen können:

- M = Geldmenge
- P = Preisniveau
- U = Umlaufgeschwindigkeit des Geldes
- H = Handelsvolumen (Güterangebot)

$$M \cdot U = H \cdot P \qquad M = \frac{H \cdot P}{U} \qquad P = \frac{M \cdot U}{H}$$

M bzw. U steigt	–	P steigt		M bzw. U sinkt	–	P sinkt
H sinkt	–	P steigt		H steigt	–	P sinkt

• Betr. **Kritik der Quantitätstheorie:** siehe Lösung zu Aufgabe 17

Aufgaben (Grundwissen)

1. a) Unterscheiden Sie die Begriffe „Kaufkraft" und „Preisniveau".
    b) Wie verhalten sich Kaufkraft und Preisniveau zueinander?

2. Auf welche beiden grundsätzlichen Arten können Geldwertschwankungen berechnet werden?

3. Preis Jahr 01: 100,00 EUR   a) Preissteigerungsrate?
    Preis Jahr 02: 110,00 EUR   b) Kaufkraftverlust?

4. Preissteigerungsrate 8 %. Kaufkraftverlust?

5. Kaufkraftverlust: 6 %. Preissteigerungsrate?

6. Nennen Sie vier Bereiche, für die ein Preisindex berechnet wird.

7. Erklären Sie die Begriffe „Warenkorb" und „Basisjahr".

8. Was kann der Verbraucher aus dem Preisindex für die Lebenshaltung der Haushalte ablesen?

9. Warum müssen Warenkörbe regelmäßig „reformiert" werden?

10. Ergänzen Sie die Tabelle (Aufrundung auf eine Kommastelle).

	Jahr 01	Jahr 02	Jahr 03	Jahr 04
Kosten für Warenkorb in EUR	2.000,00	2.040,00	2.101,00	2.206,00
Prozentuale Preissteigerung im Vergleich zum jeweiligen Vorjahr	-	a)	b)	c) ....
Preisindex: Basisjahr 01	d)	e)	f)	g) ....

11. Unterscheiden Sie die Begriffe „Nominallohn" und „Reallohn".

12. Wie hat sich in folgenden Fällen das Preisniveau entwickelt?

    a) Nominallohnsteigerung: 8 %;   Reallohnsteigerung: 5 %
    b) Nominallohnsteigerung: 3 %;   Reallohnsteigerung: 4 %
    c) Nominal- und Reallohnsteigerung je 4 %

13. Ermitteln Sie die Preisindizes bei folgenden Preissteigerungsraten (Basisjahr 01):

Jahr:	01	02	03	04	05	06
Preissteigerungsrate:	1,2 %	2,6 %	3,0 %	3,0 %	4,2 %	3,2 %

14. Nennen Sie die Faktoren, die den Geldwert beeinflussen können.

15. Wie lautet die Verkehrsgleichung des Geldes?

16. Welchen Einfluss haben folgende Änderungen bei Konstanz der anderen Größen auf den Geldwert?

    a) Geldmenge sinkt   b) Handelsvolumen sinkt   c) Umlaufgeschwindigkeit steigt

17. Üben Sie ausführlich Kritik an der Verkehrsgleichung.

18. Für ein bestimmtes Jahr wurde in Deutschland eine Inflationsrate von 4,5 % vorausgesagt. Daher schlugen zu Jahresbeginn namhafte Wirtschaftswissenschaftler vor, für ein Jahr eine Lohnerhöhung auszusetzen.

18.1 Nehmen Sie an, die Tarifpartner konnten sich auf eine solche Lohnpause einigen. Welche Auswirkungen hätte ein solcher Beschluss in der oben beschriebenen Situation auf den Reallohn? Begründung.

18.2   Das Statistische Bundesamt ermittelt den jährlichen Preisindex für die
Lebenshaltungskosten.

18.2.1 Warum werden bei dieser Preisindexermittlung nicht alle Preise einer Volkswirtschaft
addiert und durch ihre Anzahl dividiert?

18.2.2 Wie ist es zu erklären, dass bei real steigenden verfügbaren Einkommen die Ausgaben
eines Haushalts für Nahrungsmittel von 33,3 % des Einkommens im Jahre 10 auf
26,7 % des Einkommens im Jahre 16 gesunken sind?

18.2.3 Wie haben sich Preisniveau und Kaufkraft vom Jahr 12 bis 13 prozentual bei einem
Lebenshaltungskostenindex von 106,5 im Jahre 12 und 110,9 im Jahre 13 verändert?

18.3   Mit der vorgeschlagenen Lohnpause sollte nach Meinung der Wissenschaftler die
lohnkostenbedingte Inflation eingedämmt werden. Nennen Sie zwei weitere Ursachen
einer Geldentwertung und erklären Sie, wie sich daraus die jeweilige Inflation ergibt.

25.5   Inflation + Deflation (Geldwertschwankungen)

Stofftelegramm

Inflationsursachen – Erklärungsansätze

1. **Geldmenge** als Inflationsursache

a) Quantitätstheorie

Die klassische Quantitätstheorie basiert auf der Quantitätsgleichung. (Fisher'sche
Verkehrsgleichung)

Annahmen:
- Umlaufgeschwindigkeit (U_y) wird kurzfristig als konstant angesehen.
- Das Handelsvolumen (H) wird durch das reale Inlandsprodukt (Y_r) ersetzt.
- In der Volkswirtschaft herrscht Vollbeschäftigung. Die Folge: Das reale Inlandsprodukt kann
kurzfristig nicht wachsen.

$$P_y = \frac{M \cdot U_y}{Y_r}$$

Geldmengenerhöhung (M) $\Rightarrow$ proportionalen Preisniveausteigerung (P_y)

b) Neoquantitätstheorie (Neue Quantitätstheorie) Erklärungsansatz von Milton Friedmann

Annahmen:
- Die Hypothesen von Friedmann stützen sich vor allem auf empirische Untersuchungen.

- Umlaufgeschwindigkeit ist nicht in jedem Fall konstant. Sie ist empirisch überprüfbar und
hängt ab von der erwarteten Inflationsrate und dem Zinssatz.

- Wirkungskette Geldmengenerhöhung $\Rightarrow$ Preisniveausteigerung

Wirtschaftssubjekte (WS) halten eine reale Kasse (Liquide Mittel mit einer entsprechenden
Kaufkraft $\Rightarrow$ WS fragen damit ein gewisses Güterangebot nach $\Rightarrow$ es entwickelt sich bei
gegebenem Güterangebot ein entsprechendes Preisniveau).

Geldmenge steigt $\Rightarrow$ WS bauen überschüssige Kassenhaltung ab $\Rightarrow$ WS fragen verstärkt
Güter nach $\Rightarrow$ Die Mehrnachfrage führt bei Vollbeschäftigung zu Preissteigerungen. Der
Anpassungsprozess ist beendet, wenn die gewünschte reale Kassenhaltung erreicht ist.

Wachstum Geldmenge > Wachstum der Güterproduktion $\Rightarrow$ Inflation

Wirtschaftspolitische Konzepte, die auf der Neoquantitätstheorie beruhen, werden als Monetarismus bezeichnet

2. **Nachfrage** als Inflationsursache

Annahmen:

• In der Volkswirtschaft herrscht Vollbeschäftigung. Gesamtwirtschaftliche Nachfrage > Gesamtwirtschaftliches Angebot

Auslöser der Nachfragesteigerung:

• Private Haushalte $\Rightarrow$ Konsumgüternachfrage steigt

• Unternehmen haben eine positive Gewinnerwartung, z. B. Geschäftsklimaindex steigt $\Rightarrow$ Investitionsgüternachfrage steigt

• Staat $\Rightarrow$ Staatsausgaben für Güter und Dienstleistungen steigen (z. B. Konjunkturpaket)

• Ausland $\Rightarrow$ Exportgüternachfrage steigt

Inflationswirkungen setzen sich nur unter folgenden Annahmen durch:

• Die Nachfragesteigerung ist nicht nur kurzfristig.

• Die Nachfragesteigerung einzelner Bereiche (Haushalt, Staat, Unternehmen, Ausland) wird nicht durch Nachfragerückgänge in diesen Bereichen ausgeglichen. Staatsausgaben steigen bei gleichzeitiger Steuererhöhung.

• Geldschöpfung ist Voraussetzung für die Nachfrageinflation.

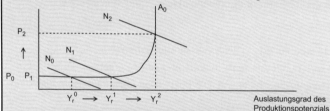

Die Nachfragesteigerung von N_0 nach N_1 hat noch wenig bis keine Auswirkungen auf den Preis, da in der Volkswirtschaft Unterbeschäftigung herrscht. Das Produktionspotenzial ist nicht ausgelastet.

Die Nachfragesteigerung von N_1 auf N_2 bewirkt eine deutliche Preiserhöhung P_2. Jede weitere Nachfragesteigerung bei Vollbeschäftigung führt zu weiteren Preiserhöhungen.

3. **Angebot** als Inflationsursache (Angebotsdruckinflation)

Gesamtwirtschaftliches Angebot sinkt bei gleichbleibender Nachfrage $\Rightarrow$ Preiserhöhungen und Senkung des realen Inlandsprodukts

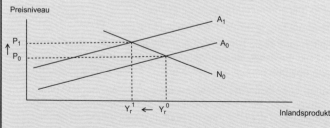

Verschiebung der Angebotskurve nach links, mögliche Gründe:

1. Kostendruckinflation

• Löhne steigen z. B. aufgrund von Tarifverträgen, Lohnnebenkosten

• Zinsen steigen z. B. aufgrund von Leitzinserhöhungen

• Steuern für Unternehmen steigen

• Rohstoffpreise steigen

2. Gewinndruckinflation

Unternehmen wollen unabhängig von ihrer Kostensituation höhere Gewinne machen.
⇒ Preis steigt ⇒ Menge bleibt gleich ⇒ Linksverschiebung der Angebotskurve

Voraussetzungen:

• Marktmacht der Anbieter also auf Monopol- oder Oligopolmärkten

• Unelastische Nachfrage aufgrund von Werbung oder fehlenden Substitutionsgütern

---

Stofftelegramm

Inflation

= anhaltendes Steigen des Preisniveaus = Geldentwertung

Ursachen	Wirkungen
• Nachfrageinflation	• sinkende Kaufkraft
• sinkendes Angebot	• Schuldner begünstigt
• Kosteninflation	• Gläubiger benachteiligt
• importierte Inflation	• Eigentümer von Sachvermögen erhalten ihren Vermögenswert i. Gs. zu Geldeigentü-
• Lohn-Preis-Spirale	mern: Flucht in Sachwerte
• zunehmende Konzentration	• evtl. **Stagflation** (= Inflation bei Stagna-
• Gewinninflation (Monopole, Oligopole erhöhen die Preise)	tion): evtl. Arbeitslosigkeit bei steigenden Preisen
• übermäßige Geldschöpfung der Kreditbanken und der Zentralbank	• sinkendes Vertrauen in die Währung

Deflation

= anhaltendes Sinken des Preisniveaus = steigende Kaufkraft

Ursachen	Wirkungen
• Kürzungen der Staatsausgaben (Nachfr. sinkt)	• Schuldner benachteiligt
• pessimistische Zukunftserwartungen:	• Gläubiger begünstigt
– geringe Nachfrage, hohes Sparen	• Flucht in die Geldwerte
– geringe Investitionsneigung	• Betriebsstilllegungen, Kurzarbeit, Arbeitslosigkeit wegen sinkender Nachfrage
	• sinkende Steuereinnahmen

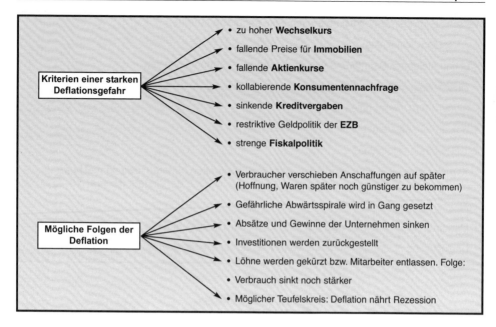

Kriterien einer starken Deflationsgefahr
- zu hoher **Wechselkurs**
- fallende Preise für **Immobilien**
- fallende **Aktienkurse**
- kollabierende **Konsumentennachfrage**
- sinkende **Kreditvergaben**
- restriktive Geldpolitik der **EZB**
- strenge **Fiskalpolitik**

Mögliche Folgen der Deflation
- Verbraucher verschieben Anschaffungen auf später (Hoffnung, Waren später noch günstiger zu bekommen)
- Gefährliche Abwärtsspirale wird in Gang gesetzt
- Absätze und Gewinne der Unternehmen sinken
- Investitionen werden zurückgestellt
- Löhne werden gekürzt bzw. Mitarbeiter entlassen. Folge:
- Verbrauch sinkt noch stärker
- Möglicher Teufelskreis: Deflation nährt Rezession

Aufgaben (Grundwissen)

1. Was versteht man unter Inflation?

2. Nennen Sie mögliche Ursachen einer Inflation.

3. Erklären Sie den Begriff „importierte Inflation".

4. Erklären Sie den Begriff „Lohn-Preis-Spirale".

5. Welche Auswirkungen hat die Inflation?

6. a) Was versteht man unter Stagflation?

   b) Warum ist die Stagflation wirtschaftspolitisch schwer zu bekämpfen?

7. Erklären Sie die Begriffe „offene und verdeckte Inflation".

8. Unterscheiden Sie schleichende und galoppierende Inflation.

9. Was versteht man unter Deflation?

10. Nennen Sie mögliche Ursachen einer Deflation.

11. Welche Auswirkungen hat die Deflation?

12. a) Wie würden Sie die Geldwertschwankungen in der Bundesrepublik bezeichnen?

    b) Woher rühren Ihrer Ansicht nach diese Schwankungen?

25.6 Geldschöpfung der EZB (primäre Geldschöpfung)

Stofftelegramm

Geldschöpfung der EZB: **EZB kauft Aktiva von Nichtbanken.** Bsp.: Kauf von Devisen, Wertpapieren, Gold von Nichtbanken oder Kreditvergabe an Nichtbanken. Geld fließt somit zu den Nichtbanken (Banknoten bzw. Einräumung von Sichtguthaben bei der EZB).

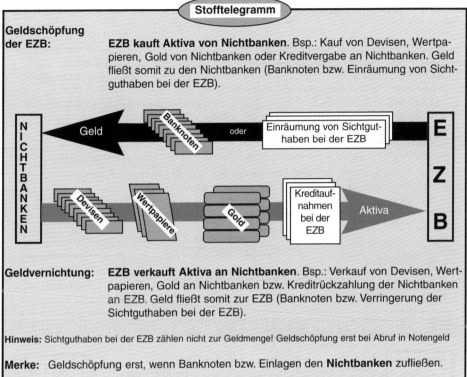

Geldvernichtung: **EZB verkauft Aktiva an Nichtbanken.** Bsp.: Verkauf von Devisen, Wertpapieren, Gold an Nichtbanken bzw. Kreditrückzahlung der Nichtbanken an EZB. Geld fließt somit zur EZB (Banknoten bzw. Verringerung der Sichtguthaben bei der EZB).

Hinweis: Sichtguthaben bei der EZB zählen nicht zur Geldmenge! Geldschöpfung erst bei Abruf in Notengeld

Merke: Geldschöpfung erst, wenn Banknoten bzw. Einlagen den **Nichtbanken** zufließen.

Aufgaben (Grundwissen)

1. Erklären Sie kurz die Begriffe „primäre und sekundäre Geldschöpfung".

2. Erklären Sie die Geldschöpfung und Geldvernichtung der EZB allgemein und an einem Beispiel.

3. Zeigen Sie die Auswirkungen auf die EZB-Bilanz:

   a) EZB kauft Devisen von Unternehmen.
   b) EZB gewährt Kredit an einen Eurostaat.
   c) EZB kauft Wertpapiere aus einem Pensionsgeschäft zurück.

4.

A	Zentralbankbilanz 1	P		A	Zentralbankbilanz 2	P	
Gold, Devisen	95	Banknotenumlauf	70	Gold, Devisen	90	Banknotenumlauf	82
Wechsel	12	Sichteinlagen Staat	10	Wechsel	18	Sichteinlagen Staat	14
Kredite an Staat	14	Sichteinl. Unternehm.	57	Kredite an Staat	12	Sichteinl. Unternehm.	52
Wertpapiere	6	Sonstige Passiva	30	Wertpapiere	18	Sonstige Passiva	30
Sonst. Aktiva	40			Sonst. Aktiva	40		
	167		167		178		178

Welche Vorgänge wirkten expansiv (+), welche kontraktiv (−) auf die Geldmenge?

25.7   Geldschöpfung der Geschäftsbanken (sekundäre Geldschöpfung)

Stofftelegramm

Giralgeldschöpfung der Geschäftsbanken:
1. Bankkunden machen **Einzahlungen** auf Sicht-, Termin- oder Spareinlagen.
2. Die Banken müssen einen bestimmten Prozentsatz der erhaltenen Einlagen bei der Bundesbank als **Mindestreserve** hinterlegen.
3. Darüber hinaus halten die Banken nochmals einen bestimmten Betrag als **Barreserve** (Erfahrungswert), um Barabhebungen der Kunden erfüllen zu können.
4. Der verbleibende Betrag steht den Banken zur Kreditvergabe zur Verfügung (= **Überschussreserve**). Jede Kreditvergabe führt zu einer Erhöhung der Geldmenge. Kreditschöpfung daher = Geldschöpfung; Kreditrückzahlung = Geldvernichtung.

Generell: Geldschöpfung der Bank durch Kauf von Aktiva (z. B. Devisen, Wertpapiere von Nichtbanken, Kredite an Nichtbanken) gegen Einräumung von Sicht-, Termin- bzw. Spareinlagen.
Merke: Kassenbestände der Banken zählen nicht zur Geldmenge!

erhaltene **Einlagen** (Einzahlungen, Überweisungen)	→	**Barreserve** **Mindestreserve**	→	**Liquiditätsreserve**
	→	**Überschussreserve**	→	**frei verfügbar zur Kreditvergabe**

GELDSCHÖPFUNG: Bank „kauft" Aktiva von Nichtbanken

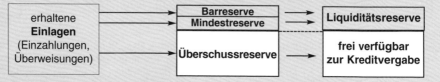

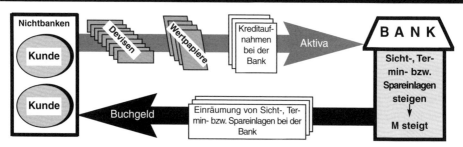

GIRALGELDVERNICHTUNG: Bank verkauft Aktiva an Nichtbanken (analog umgekehrt)

MULTIPLE GIRALGELDSCHÖPFUNG:

	Neueinlage	Mindest/Barreserve, 20 %	Geldschöpfung
Bank 1	5.000	1.000	4.000
Bank 2	4.000	800	3.200
Bank 3	3.200	640	2.560
Bank 4	2.560	512	2.048
Bank 5	2.048	410	1.638
Summe	25.000	5.000	20.000

Maximale Geldschöpfung bei vollständigem Bargeldrückfluss

$$\text{Geldschöpfung} = \frac{\text{Überschussreserve}}{\text{Reservesatz}} \cdot 1$$

$$GS = \frac{Ü}{R} \cdot 1 = \frac{4.000,00}{0,2} = 20.000,00 \text{ EUR}$$

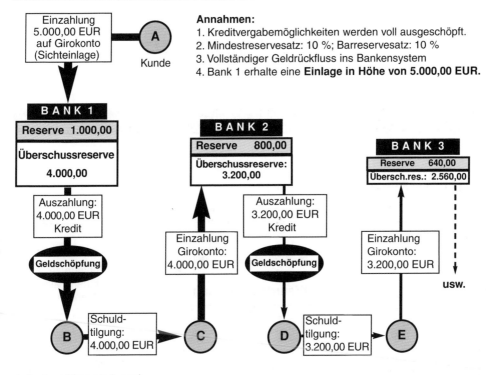

Annahmen:
1. Kreditvergabemöglichkeiten werden voll ausgeschöpft.
2. Mindestreservesatz: 10 %; Barreservesatz: 10 %
3. Vollständiger Geldrückfluss ins Bankensystem
4. Bank 1 erhalte eine **Einlage in Höhe von 5.000,00 EUR.**

Aufgaben (Grundwissen)

1. Welche Faktoren beeinflussen die Geldschöpfungsmöglichkeit **einer** Geschäftsbank?

2. Erklären Sie den Geldschöpfungsvorgang der Geschäftsbanken.

3. Was versteht man unter Bargeldquote?

4. Welcher Zusammenhang besteht zwischen Bargeldquote und Kreditschöpfungsmöglichkeit des Bankenapparates?

5. Überschussreserve Bank A: 400.000,00 EUR; Mindestreservesatz: 12 %; Barreservesatz: 6 %.

   a) Wie hoch ist die Kreditschöpfungsmöglichkeit der Bank A allein?

   b) Wie hoch ist die Kreditschöpfungsmöglichkeit des Bankenapparates bei vollständigem Bargeldrückfluss?

   c) Wie hoch ist der Geldschöpfungsmultiplikator und was besagt er?

   d) Warum existieren in der Praxis Unterschiede zu den ermittelten Zahlen?

6. Eine Bank erhält eine Sichteinlage in Höhe von 1 Mio. EUR.
   Mindestreservesatz = 10 %; Barreservesatz = 6 %.

   Ermitteln Sie die maximale Geldschöpfungsmöglichkeit des Bankensystems bei vollständigem Bargeldrückfluss ins Bankensystem.

7. Warum können Kreditbanken nur Giralgeld schöpfen?

25.8   Geldpolitik der EZB

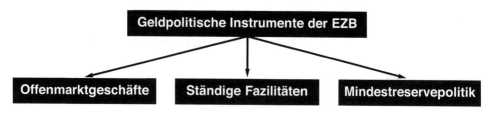

Geldpolitische Instrumente der EZB

Offenmarktgeschäfte   Ständige Fazilitäten   Mindestreservepolitik

25.8.1   Offenmarktgeschäfte der EZB

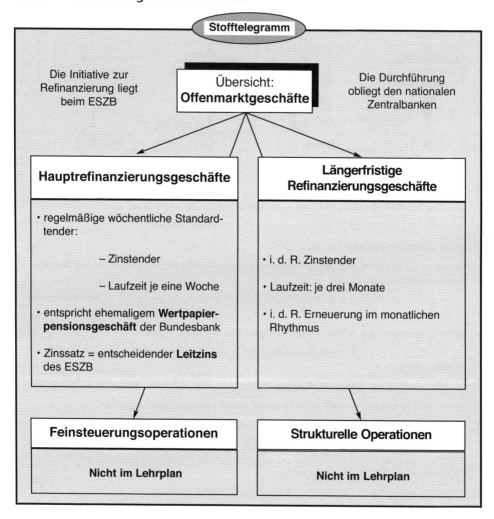

Stofftelegramm

Die Initiative zur Refinanzierung liegt beim ESZB

Übersicht: Offenmarktgeschäfte

Die Durchführung obliegt den nationalen Zentralbanken

Hauptrefinanzierungsgeschäfte

Längerfristige Refinanzierungsgeschäfte

- regelmäßige wöchentliche Standardtender:

  – Zinstender

  – Laufzeit je eine Woche

- entspricht ehemaligem **Wertpapierpensionsgeschäft** der Bundesbank

- Zinssatz = entscheidender **Leitzins** des ESZB

- i. d. R. Zinstender

- Laufzeit: je drei Monate

- i. d. R. Erneuerung im monatlichen Rhythmus

Feinsteuerungsoperationen

Nicht im Lehrplan

Strukturelle Operationen

Nicht im Lehrplan

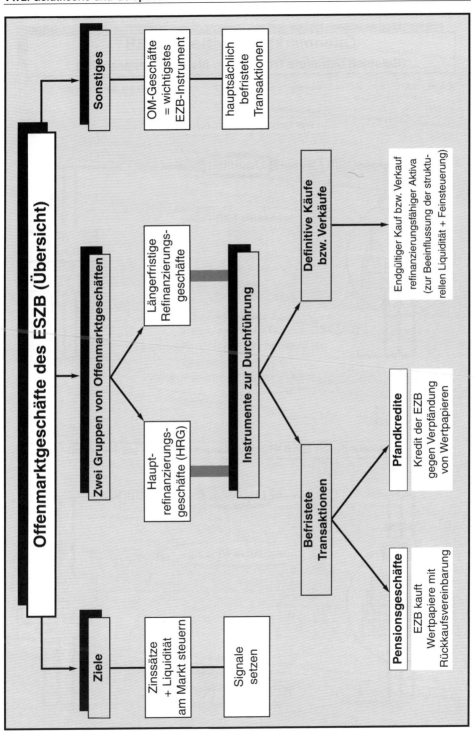

Offenmarktgeschäfte des ESZB (Übersicht)

Sonstiges
- OM-Geschäfte = wichtigstes EZB-Instrument
- hauptsächlich befristete Transaktionen

Zwei Gruppen von Offenmarktgeschäften
- Längerfristige Refinanzierungsgeschäfte
- Hauptrefinanzierungsgeschäfte (HRG)

Instrumente zur Durchführung
- **Definitive Käufe bzw. Verkäufe**
  - Endgültiger Kauf bzw. Verkauf refinanzierungsfähiger Aktiva (zur Beeinflussung der strukturellen Liquidität + Feinsteuerung)
- **Befristete Transaktionen**
  - **Pfandkredite**
    - Kredit der EZB gegen Verpfändung von Wertpapieren
  - **Pensionsgeschäfte**
    - EZB kauft Wertpapiere mit Rückkaufvereinbarung

Ziele
- Zinssätze + Liquidität am Markt steuern
- Signale setzen

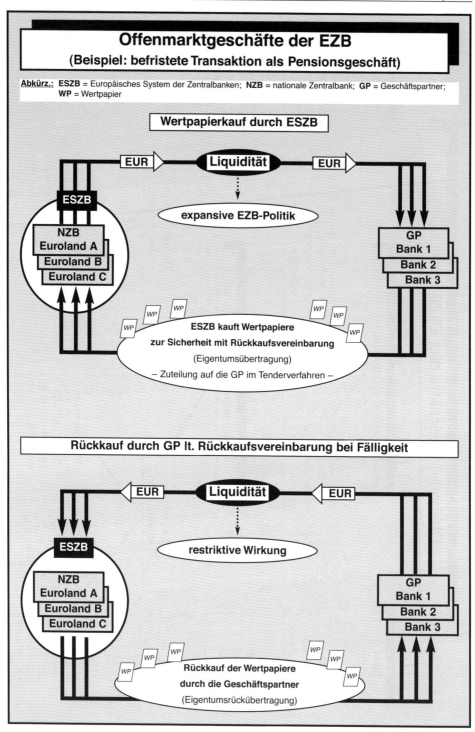

Offenmarktgeschäfte der EZB
(Beispiel: befristete Transaktion als Pensionsgeschäft)

Abkürz.: **ESZB** = Europäisches System der Zentralbanken; **NZB** = nationale Zentralbank; **GP** = Geschäftspartner; **WP** = Wertpapier

Wertpapierkauf durch ESZB

EUR   **Liquidität**   EUR

expansive EZB-Politik

ESZB

NZB
Euroland A
Euroland B
Euroland C

GP
Bank 1
Bank 2
Bank 3

WP   WP   WP   WP   WP   WP

ESZB kauft Wertpapiere
zur Sicherheit mit Rückkaufsvereinbarung
(Eigentumsübertragung)
– Zuteilung auf die GP im Tenderverfahren –

Rückkauf durch GP lt. Rückkaufsvereinbarung bei Fälligkeit

EUR   **Liquidität**   EUR

restriktive Wirkung

ESZB

NZB
Euroland A
Euroland B
Euroland C

GP
Bank 1
Bank 2
Bank 3

WP   WP   WP   WP   WP   WP

Rückkauf der Wertpapiere
durch die Geschäftspartner
(Eigentumsrückübertragung)

Das Tenderverfahren bei Offenmarktgeschäften

Tender: Ausschreibungs- und Zuteilungsverfahren des ESZB zum Kauf bzw. Verkauf von Wertpapieren

Standardtender:
- innerhalb von 24 Stunden von der Terminankündigung bis zur Bestätigung des Zuteilungsergebnisses durchgeführt

- stets bei **Hauptrefinanzierungsoperationen, langfristigen Refinanzierungsgeschäften und strukturellen Operationen** (außer: definitive Käufe/Verkäufe)

Zinstender

- Tender mit variablem Zinssatz (EZB legt Zinssatz nicht von vornherein fest)

- Teilnehmer geben Gebote über Beträge + Zinssätze (max. 10) ab, zu denen sie Geschäfte mit den nationalen Zentralbanken abschließen würden.

Mengentender

- Tender mit festem Zinssatz (EZB legt Zinssatz von vornherein fest)

- Teilnehmer geben Gebote über den Betrag ab, den sie bereit sind, zu diesem Festzins zu kaufen bzw. verkaufen.

Beispiele zum Tenderverfahren bei Offenmarktgeschäften

Beispiel 1 → Liquiditätszuführung mit Mengentender

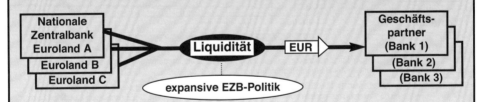

Nationale Zentralbank Euroland A / Euroland B / Euroland C — Liquidität — EUR → Geschäftspartner (Bank 1) / (Bank 2) / (Bank 3)

expansive EZB-Politik

Aufgabe — **Beschluss der EZB:**

Dem Markt soll Liquidität in Höhe von **105 Mio. EUR** über eine befristete Transaktion in Form des **Mengentenders** zugeführt werden.

Den Zinssatz gibt die EZB vor (z. B. 2,5 %).

Drei Geschäftspartner geben bei ihren nationalen Zentralbanken folgende **Gebote** ab (siehe rechts):

Ermitteln Sie die Zuteilungsbeträge der einzelnen Banken.

Geschäfts-partner	Gebote (Mio. EUR)
Bank 1	30
Bank 2	40
Bank 3	70
Insgesamt	140

Lösung   **Problem:**

EZB teilt nur 105 Mio. EUR zu → Banken können nur teilweise bedient werden.

→ Ermittlung **Zuteilungssatz:**

140 Mio. EUR = 100 %
105 Mio. EUR =   x %   → x = **75 %**

Geschäfts-partner	Gebote (Mio. EUR)	Zuteilung (75 %)
Bank 1	30	**22,5**
Bank 2	40	**30,0**
Bank 3	70	**52,5**
Insgesamt	140	**105,0**

Beispiel 2 → Liquiditätszuführung mit Zinstender (holländisches Verfahren)

Aufgabe

Beschluss der EZB:
Dem Markt soll Liquidität in Höhe von **94 Mio. EUR** über eine befristete Transaktion
in Form des **Zinstenders** (holländisches Verfahren) zugeführt werden.

Drei Geschäftspartner geben bei ihren nationalen Zentralbanken folgende **Gebote** ab.
Ermitteln Sie die Zuteilungen für die einzelnen Geschäftspartner und die Zuteilung insgesamt.

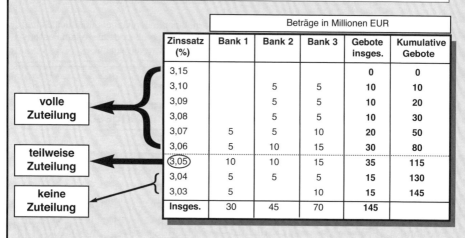

	Beträge in Millionen EUR				
Zinssatz (%)	Bank 1	Bank 2	Bank 3	Gebote insges.	Kumulative Gebote
3,15				0	0
3,10		5	5	10	10
3,09		5	5	10	20
3,08		5	5	10	30
3,07	5	5	10	20	50
3,06	5	10	15	30	80
3,05	10	10	15	35	115
3,04	5	5	5	15	130
3,03	5		10	15	145
Insges.	30	45	70	145	

volle Zuteilung (3,10–3,08)

teilweise Zuteilung (3,05)

keine Zuteilung

Die EZB ermittelt einen marginalen Zinssatz von 3,05 % [niedrigster Zinssatz, zu dem noch (teilweise) Zuteilungen erfol-
gen]. Dieser Zinssatz gilt für alle Zuteilungen. Begründung:

Die EZB will 94 Mio. EUR zuteilen. 80 Mio. EUR (vgl. kumulierte Gebote zu für die EZB günstigsten Zinsen) werden voll zugeteilt. Die Gebote zu 3,05 % werden nur noch in Höhe von (94 − 80 =) 14 Mio. EUR zugeteilt. Der Zinssatz von **3,05 %** gilt beim
holländischen Verfahren **einheitlich** für alle. (Beim amerikanischen Verfahren kämen unterschiedliche Zinssätze zur Verrechnung: Bank 1 erhielte z. B. 5 Mio. EUR zu 3,07 %, 5 Mio. EUR zu 3,06 % und 4 Mio. EUR zu 3,05 %.)

Zuteilungssatz bei 3,05 %: Gebote insges.:   35 Gebote   = 100 %
                        Zuteilungen: 14 Gebote   =   x %   →   x = **40 %**

Beispiel Bank 1 (Zuteilung):

Zuteilung zu 3,05 %:
40 % von 10 =   4

weitere Zuteilung (für die
Gebote 3,06 % und 3,07 %):   10

Zuteilung insgesamt: 14

	Beträge in Millionen EUR			
Geschäftspartner	**Bank 1**	**Bank 2**	**Bank 3**	**Insges.**
Gebote insgesamt	30,0	45,0	70,0	145
Zuteilung insges.	**14,0**	**34,0**	**46,0**	**94**

Aufgaben (Grundwissen)

1. Nennen Sie die drei geldpolitischen Instrumente der EZB.

2. Nennen und beschreiben Sie kurz die vier Gruppen von Offenmarktgeschäften der EZB.

3. Welche allgemeinen Ziele verfolgt die EZB speziell mit ihren Offenmarktgeschäften?

4. Nennen und beschreiben Sie kurz die Instrumente zur Durchführung von Offenmarktgeschäften.

5. Erklären Sie kurz die Begriffe: Pensionsgeschäft, Tender, Standardtender, Schnelltender, Mengentender, Zinstender

6. Beschluss der EZB: Dem Markt soll Liquidität in Höhe von 200 Mio. EUR über eine befristete Transaktion in Form des **Mengentenders** zum Zinssatz von 2,5 % zugeführt werden. Drei Geschäftspartner geben bei ihren nationalen Zentralbanken folgende Gebote ab (siehe rechts):

Geschäfts-partner	Gebote (Mio. EUR)
Bank 1	70
Bank 2	80
Bank 3	100

Ermitteln Sie die Zuteilungsbeträge für die einzelnen Banken.

7. Beschluss der EZB: Dem Markt soll Liquidität in Höhe von 150 Mio. EUR über eine befristete Transaktion in Form des **Zinstenders** (holländisches Verfahren) zugeführt werden. Drei Geschäftspartner geben bei ihren nationalen Zentralbanken folgende Gebote ab:

Zinssatz %	Beträge in Millionen EUR		
	Bank 1	Bank 2	Bank 3
3,10			
3,05	5		
3,04	5	5	
3,03	5	5	
3,02	10	10	10
3,01	10	15	15
3,00	15	10	20
2,99	10		10
2,98	10		10
Insges.	70	45	65

Ermitteln Sie die Zuteilungen für die einzelnen Geschäftspartner und die Zuteilung insgesamt.

Weitere Aufgaben vgl. Kapitel 25.8.6

25.8.2 Ständige Fazilitäten (Aufgaben: vgl. Kapitel 25.8.6)

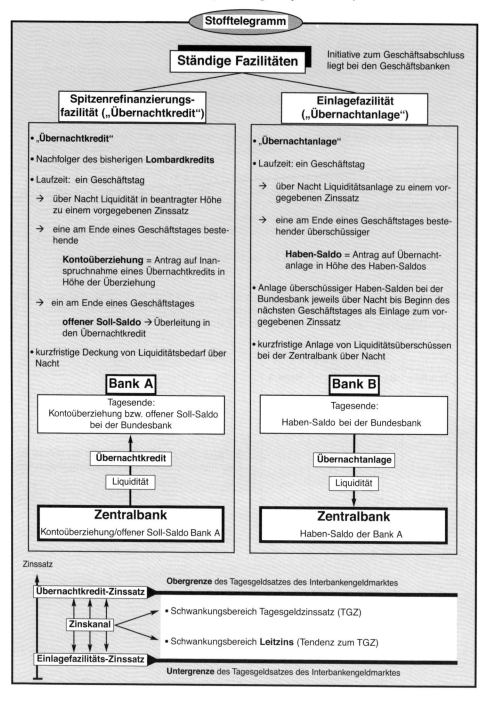

Stofftelegramm

Ständige Fazilitäten

Initiative zum Geschäftsabschluss liegt bei den Geschäftsbanken

Spitzenrefinanzierungs-fazilität („Übernachtkredit")

- „Übernachtkredit"
- Nachfolger des bisherigen **Lombardkredits**
- Laufzeit: ein Geschäftstag
  → über Nacht Liquidität in beantragter Höhe zu einem vorgegebenen Zinssatz
  → eine am Ende eines Geschäftstages bestehende

  Kontoüberziehung = Antrag auf Inanspruchnahme eines Übernachtkredits in Höhe der Überziehung

  → ein am Ende eines Geschäftstages

  offener Soll-Saldo → Überleitung in den Übernachtkredit
- kurzfristige Deckung von Liquiditätsbedarf über Nacht

Bank A

Tagesende:
Kontoüberziehung bzw. offener Soll-Saldo bei der Bundesbank

Übernachtkredit

Liquidität

Zentralbank

Kontoüberziehung/offener Soll-Saldo Bank A

Einlagefazilität („Übernachtanlage")

- „Übernachtanlage"
- Laufzeit: ein Geschäftstag
  → über Nacht Liquiditätsanlage zu einem vorgegebenen Zinssatz
  → eine am Ende eines Geschäftstages bestehender überschüssiger

  Haben-Saldo = Antrag auf Übernachtanlage in Höhe des Haben-Saldos
- Anlage überschüssiger Haben-Salden bei der Bundesbank jeweils über Nacht bis Beginn des nächsten Geschäftstages als Einlage zum vorgegebenen Zinssatz
- kurzfristige Anlage von Liquiditätsüberschüssen bei der Zentralbank über Nacht

Bank B

Tagesende:
Haben-Saldo bei der Bundesbank

Übernachtanlage

Liquidität

Zentralbank

Haben-Saldo der Bank A

Zinssatz

Übernachtkredit-Zinssatz

Obergrenze des Tagesgeldsatzes des Interbankengeldmarktes

Zinskanal

- Schwankungsbereich Tagesgeldzinssatz (TGZ)
- Schwankungsbereich **Leitzins** (Tendenz zum TGZ)

Einlagefazilitäts-Zinssatz

Untergrenze des Tagesgeldsatzes des Interbankengeldmarktes

25.8.3 Mindestreservepolitik der EZB (Aufgaben: vgl. Kap. 25.8.6)

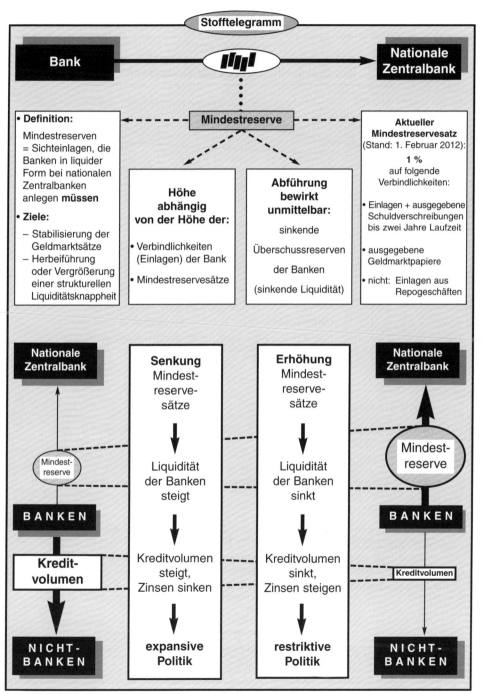

25.8.4 Kreditsicherheiten bei der EZB (Aufgaben: vgl. Kap. 25.8.6)
– Hinweis: Details nicht abiturrelevant –

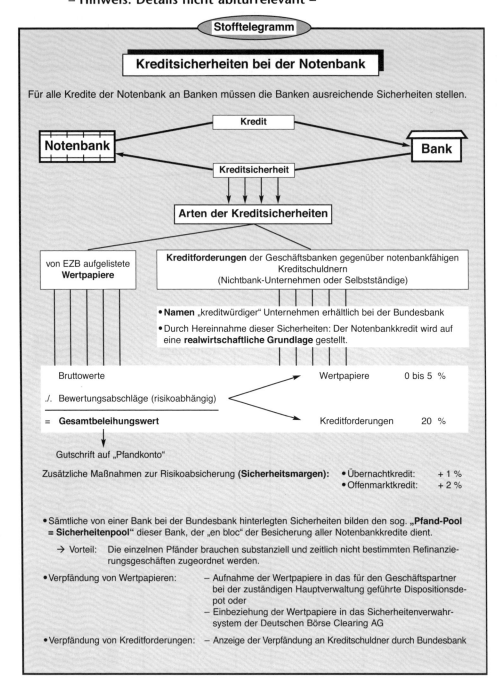

25.8.5 Übersichten: Instrumente ... der EZB

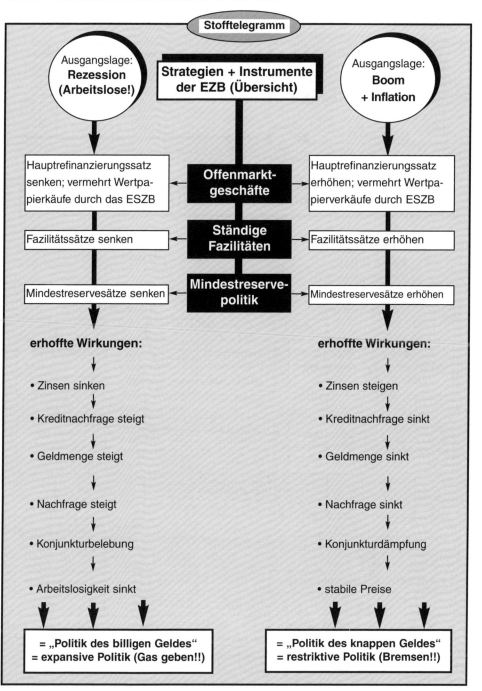

Die Leitzinsen der EZB (vgl. auch die vorigen Kapitel)   (Stand: ....)

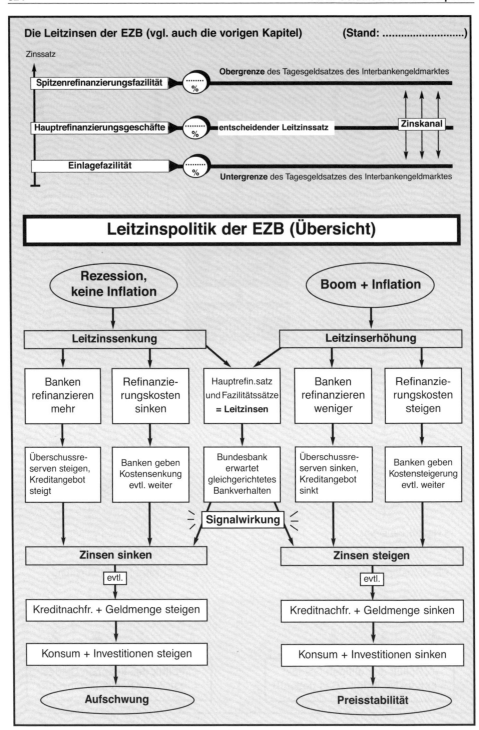

Zinssatz

Spitzenrefinanzierungsfazilität .... %   **Obergrenze** des Tagesgeldsatzes des Interbankengeldmarktes

Hauptrefinanzierungsgeschäfte .... %   **entscheidender Leitzinssatz**   **Zinskanal**

Einlagefazilität .... %
Untergrenze des Tagesgeldsatzes des Interbankengeldmarktes

Leitzinspolitik der EZB (Übersicht)

**Rezession,
keine Inflation**

Boom + Inflation

Leitzinssenkung			Leitzinserhöhung	
Banken refinanzieren mehr	Refinanzierungskosten sinken	Hauptrefin.satz und Fazilitätssätze **= Leitzinsen**	Banken refinanzieren weniger	Refinanzierungskosten steigen
Überschussreserven steigen, Kreditangebot steigt	Banken geben Kostensenkung evtl. weiter	Bundesbank erwartet gleichgerichtetes Bankverhalten	Überschussreserven sinken, Kreditangebot sinkt	Banken geben Kostensteigerung evtl. weiter

Signalwirkung

Zinsen sinken	Zinsen steigen
evtl.	evtl.
Kreditnachfr. + Geldmenge steigen	Kreditnachfr. + Geldmenge sinken
Konsum + Investitionen steigen	Konsum + Investitionen sinken

Aufschwung   **Preisstabilität**

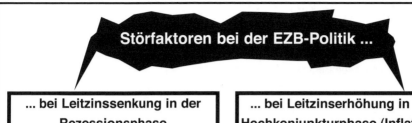

Störfaktoren bei der EZB-Politik ...

... bei Leitzinssenkung in der Rezessionsphase	... bei Leitzinserhöhung in der Hochkonjunkturphase (Inflation!)
(Ziel: Erhöhung der Geldmenge ...)	(Ziel: Senkung der Geldmenge ...)

PESSIMISMUS!

Negative Zukunftserwartungen der Unternehmen:
trotz „billigen Geldes" keine Kreditaufnahmen – keine Investitionen.

Folge: **Geldmenge steigt nicht!!**

OPTIMISMUS!

Positive Zukunftserwartungen der Unternehmen:
trotz „teuren Geldes" intensive Kreditaufnahmen

Folge: **Geldmenge steigt weiter!!**

Euroland

AUSLAND!

Evtl. Kapitalabfluss ins Ausland, falls Zinssatz$_{Ausland}$ > Zinssatz$_{Inland}$

Folge: **Geldmenge sinkt!!**

AUSLAND!

Evtl. Kapitalzufluss vom Ausland, falls Zinssatz$_{Inland}$ > Zinssatz$_{Ausland}$

Folge: **Geldmenge steigt!!**

KOSTENDRUCK!

Zinsen steigen – Kosten steigen – Berücksichtigung bei Kalkulation: **Preise steigen!!**

ALTERNATIVEN!

Banken versorgen sich anderweitig mit Liquidität (z. B. im Ausland): **Geldmenge steigt!!**

25.8.6   Aufgaben zum Kapitel 25.8

Aufgaben (Grundwissen)

1. Erklären Sie folgende Begriffe:

   • Mindestreserve

   • Leitzinsen

   • Signalwirkung

   • Spitzenrefinanzierungsfazilität

   • Einlagefazilität

   • Pfand-Pool

2. Welche geldpolitischen Maßnahmen der EZB würden evtl. mithelfen, Boom und Inflation zu **bremsen?**

   Beschreiben Sie stichpunktartig die Wirkungen der Maßnahmen.

3. Welche geldpolitischen Maßnahmen der EZB würden evtl. mithelfen, die **Arbeitslosigkeit zu beseitigen?**

   Beschreiben Sie stichpunktartig die Wirkungen der Maßnahmen.

4. Welche Störfaktoren stellen die Erreichung der Ziele einer Leitzinserhöhung infrage?

5. a) Wie hoch ist der aktuelle **Mindestreservesatz** der EZB?

   b) Wie wird die Höhe der Mindestreserve einer Bank ermittelt?

   c) Welche Ziele verfolgt die EZB mit der Mindestreservepolitik?

6. Welche Arten von **Kreditsicherheiten** können die Banken für die Kredite von der Notenbank stellen?

7. Welchen Vorteil hat der sog. „**Pfand-Pool**"?

25.9 Abituraufgaben

Abituraufgabe 2004 (Aufgabe 2)

1.

> „Die Preiswirkungen der Bargeldumstellung im Zuge der Euroeinführung haben im Jahresverlauf 2002 viel Aufmerksamkeit erfahren, von der ausführlichen Berichterstattung in den Medien bis hin zu Aufrufen an die Verbraucher zum Boykott des Einzelhandels. Es wurde behauptet, dass die amtlichen Inflationszahlen, wie z. B. der Harmonisierte Verbraucherpreisindex (HVPI), irreführend seien und daher die jüngsten Preiserhöhungen, mit denen sich die Verbraucher konfrontiert sahen, nicht präzise widerspiegelten. Der Verbraucherumfrage der Europäischen Kommission zufolge ist die subjektive Inflationswahrnehmung der Verbraucher in den letzten Monaten weiter gestiegen und hat neue Höchstwerte erreicht. Dies steht im krassen Gegensatz zur tatsächlichen HVPI-Inflation, die im selben Zeitraum rückläufig war."

(EZB, Monatsbericht Oktober 2002)

Im August 2002 betrug die subjektive Inflationswahrnehmung rund 5 % und die tatsächliche Inflation nur 1,2 %.

1.1 Erklären Sie diesen Widerspruch. Gehen Sie bei Ihrer Begründung auch auf das Verfahren bei der Messung des Verbraucherpreisindex in Deutschland ein.

1.2 Beschreiben Sie, welche negativen Folgen diese subjektive Einschätzung der Verbraucher auf die Konjunkturentwicklung haben kann.

2. Der Verbraucherpreisindex zeigt folgende Entwicklung:

Jahr	August 2002	August 2003
Preisindex (2000 = 100)	103,5	104,6

(Deutsche Bundesbank, Monatsbericht September 2003)

2.1 • Berechnen Sie die prozentuale Preisveränderung von August 2002 auf August 2003.

• Beurteilen Sie das Ergebnis hinsichtlich der Zielvorgabe der EZB für die Höhe der Inflationsrate.

2.2 Berechnen und beurteilen Sie die prozentuale Veränderung der Kaufkraft vom Basisjahr bis zum August 2003.

3. Im Modell einer Volkswirtschaft mit einer Zentralbank und Geschäftsbanken fließen der Geschäftsbank A aus dem Verkauf von Devisen an die Zentralbank 1 Mio. Geldeinheiten (GE) zu. Die Geschäftsbank A gewährt einem ihrer Kunden elnen Kredit in dieser Höhe. Für alle Geschäftsbanken gilt ein einheitlicher Reservesatz von 10 %.

Der Kunde der Bank A überweist den Betrag auf ein Konto bei der Geschäftsbank B.

3.1 Begründen Sie auch rechnerisch, wie sich dieser Vorgang auf die Kreditvergabemöglichkeit der Geschäftsbank B auswirkt.

3.2 Ermitteln Sie die Höhe des maximal möglichen Kreditschöpfungsspielraums für das gesamte Geschäftsbankensystem aus diesem Liquiditätszufluss.

3.3 Der Mindestreservesatz ist seit 1. Januar 1999 unverändert. Er beträgt für kurzfristige Einlagen 2 % und für längerfristige Einlagen 0 %. Beurteilen Sie die Zielsetzung und Bedeutung der Mindestreservepolitik der EZB unter Berücksichtigung dieser Festlegung.

4.   Die Deutsche Bundesbank schreibt im Monatsbericht November 2002 zum Thema Geld-
      politik und Finanzmärkte in der Europäischen Wirtschafts- und Währungsunion:

> „Der EZB-Rat beließ die Leitzinsen des Eurosystems in den letzten Mona-
> ten unverändert. Die wöchentlichen Hauptrefinanzierungsgeschäfte wur-
> den durchweg als Zinstender mit einem Mindestbietungssatz von 3,25 %
> ausgeschrieben, die Zinssätze für die Spitzenrefinanzierungs- und die Ein-
> lagefazilität betrugen nach wie vor 4,25 % beziehungsweise 2,25 %.“

4.1   • Beschreiben Sie die im Sachverhalt genannten Instrumente.

      • Erläutern Sie, warum diese gleichzeitig angeboten werden.

4.2   Am 13.11.2002 wurden den Geschäftsbanken im Rahmen eines Hauptrefinanzierungs-
      geschäfts 51 Mrd. EUR zugeteilt. Nehmen Sie an, dass nachfolgend genannte Bieter-
      gruppen folgende Gebote abgegeben hätten:

Bietergruppen	Bietungsbeträge in Mio. EUR	Bietungssätze in %
A	11.100	3,28
B	21.300	3,29
C	18.213	3,29
D	9.400	3,26
E	10.180	3,27
F	11.874	3,28

4.2.1 Bestimmen und begründen Sie den marginalen Bietungssatz.

4.2.2 Geben Sie an, welcher Betrag zu welchem Zinssatz an die einzelnen Bietergruppen bei
      Anwendung des derzeit üblichen Zuteilungsverfahrens zugeteilt wird.

4.2.3 Erläutern Sie die Abwicklung des Zinstenders nach dem amerikanischen Verfahren mit-
      hilfe des Modells der Preisbildung. Skizzieren Sie dazu die Zusammenhänge auch in
      einem Koordinatensystem.

4.2.4 Im März 2003 senkte der EZB-Rat die Leitzinsen von 2,5 % auf 2,0 %. Der EZB-Rat
      erhoffte sich mit dieser Maßnahme Auswirkungen auf die Konjunktur. Zeigen Sie diese
      erhofften Auswirkungen schrittweise auf und erläutern Sie, welche Wirkungshemmnisse
      aufgetreten sein könnten.

Abituraufgabe 2005 (Aufgabe 2, teilweise)

1.5   **Zitat aus einer Tageszeitung: *Zinsschritt in Europa erwartet***
      „Die Europäische Zentralbank (EZB) wird die Leitzinsen demnächst [...] erhöhen. Diese
      Einschätzung vertreten die Volkswirte der Investmentbank Morgan Stanley. ‚Wir sind
      dichter vor einem solchen Zinsschritt, als viele glauben‘, sagte Elga Bartsch, Ökonomin
      der Investmentbank in London, am Donnerstag in Frankfurt. Eine relativ rasche Zinsan-
      hebung sei aus mehreren Gründen sinnvoll.“

      • Beschreiben Sie den Konflikt mit dem Ziel „hoher Beschäftigungsstand", der im Falle
        eines solchen Zinsschritts eintreten könnte.

      • Warum könnte ein solcher Zinsschritt aus Sicht der EZB dennoch sinnvoll sein?

2.   In einer Volkswirtschaft haben sich die Preise für Verbrauchsgüter wie folgt entwickelt:

Jahr	Preisindex
00 (Basisjahr)	100
01	108
02	106

2.1   Berechnen Sie auf drei Nachkommastellen, wie sich die Kaufkraft ausgehend

- vom Jahr 02 gegenüber dem Jahr 01 und
- vom Jahr 01 gegenüber dem Basisjahr verändert hat.

Erläutern Sie die Bedeutung der jeweiligen Kaufkraftänderung.

2.2   Erklären Sie, welche Auswirkung die von Ihnen ermittelte Kaufkraftveränderung vom Jahr 1 zum Jahr 2 auf den Lebensstandard hat, wenn in diesem Zeitraum das verfügbare Nominaleinkommen der Haushalte im Durchschnitt um 1 % abgenommen hat.

3.   Die Preisentwicklung für Europa wird mit dem Harmonisierten Verbraucherpreisindex (HVPI) gemessen. Die Position „Wohnung und Nebenkosten" ist in den einzelnen Warenkörben der Länder unterschiedlich gewichtet.

Struktur der Warenkörbe im Harmonisierten Verbraucherpreisindex (Auszug)						
	EU	EWWU	Deutschland	Frankreich	Italien	Spanien
Wohnung und Nebenkosten	15,4 %	15,8 %	20,3 %	14,7 %	10,2 %	11,2 %

(Eurostat)

Vergleichen Sie die angegebenen Werte für die Wohnungskosten in Deutschland und Italien und geben Sie an, worauf man diesen Unterschied zurückführen könnte.

Abituraufgabe 2006 (Aufgabe 2, teilweise)

1.6   Die nachfragewirksame Geldmenge ist im Jahr 2004 um 3,5 % gestiegen. Die Preise sind im gleichen Zeitraum um 2 % gestiegen.

- Zeigen Sie anhand der Verkehrsgleichung des Geldes, wie sich das Handelsvolumen verändert hat.
- Beurteilen Sie die Aussagekraft der Verkehrsgleichung des Geldes.

Abituraufgabe 2007 (Aufgabe 2)

1.   Die folgenden Daten sind verschiedenen Monatsberichten der Europäischen Zentralbank (EZB) entnommen:

Komponenten der Geldmengenaggregate und längerfristige Verbindlichkeiten der Monetären Finanzinstitute (MGFIs) im Eurowährungsgebiet in Mrd. EUR		
	2. Quartal 2004	2. Quartal 2005
Bargeldumlauf	420,5	493,7
Täglich fällige Einlagen	2.369,7	2.763,7
Einlagen mit vereinbarter Laufzeit von bis zu zwei Jahren	995,2	1.039,9
Einlagen mit vereinbarter Kündigungsfrist von bis zu drei Monaten	1.586,7	1.518,7
Repogeschäfte	220,2	239,7

Geldmarktfondsanteile	611,5	622,9
Schuldverschreibungen bis zu zwei Jahren	95,0	118,5
Schuldverschreibungen von mehr als zwei Jahren	1.900,6	2.122,6
Einlagen mit vereinbarter Kündigungsfrist von mehr als drei Monaten	89,1	91,6
Einlagen mit vereinbarter Laufzeit von mehr als zwei Jahren	1.298,5	1.449,2
Kapital und Rücklagen	1.020,7	1.134,0

Nachrichtlich:		
Bruttoinlandsprodukt in jeweiligen Preisen in Mrd. EUR	1.879,6	1.972,6
Preisindex für das Bruttoinlandsprodukt (BIP-Deflator)	109,1	110,6
Harmonisierter Verbraucherpreisindex (HVPI) (Basisjahr 2005 = 100)	98,6	101,0

1.1 Bestimmen Sie die Geldmengen M1 und M3 im 2. Quartal der Jahre 2004 und 2005 sowie die Veränderung der Geldmenge M3 in Prozent.

1.2 Die Preisniveauentwicklung im Eurowährungsraum wird mithilfe des Harmonischen Verbraucherpreisindex (HVPI) gemessen.

Berechnen Sie die Höhe der Preisniveauänderung im Zeitraum 2. Quartal 2004 bis 2. Quartal 2005 (zwei Nachkommastellen).

1.3 Beurteilen Sie Ihre Ergebnisse aus 1.1 im Hinblick auf die entsprechenden Zielvorgaben des ESZB.

1.4 Erläutern Sie, warum im vorliegenden Fall die prozentuale Geldmengenerhöhung nicht zu einer Preisniveauerhöhung im gleichen Umfang geführt hat.

2. Das System der Europäischen Zentralbanken (ESZB) hat zum 06.12.2005 die Leitzinsen um 0,25 Prozentpunkte auf 2,25 % erhöht.

2.1 Beschreiben Sie, wie sich die Erhöhung der Leitzinsen im Bereich der Offenmarktpolitik und im Bereich der ständigen Fazilitäten jeweils auswirkt. Gehen Sie dabei auch auf die Veränderung des Zinskanals ein.

2.2 Erläutern Sie vor dem Hintergrund der in Aufgabe 1 ermittelten Geldmenge- und Preisniveauveränderungen den beabsichtigten Wirkungsmechanismus der Zinsanhebung.

3. Im Rahmen der Hauptrefinanzierungsgeschäfte bietet die EZB den Geschäftsbanken 100 Mio. EUR als Zinstender an. Innerhalb von 24 Stunden sind folgende Gebote eingegangen:

Zinssatz	Gebote der Banken in Mio. EUR				
(in %)	A	B	C	D	E
2,31	5	15	10	15	5
2,29	16	14	18	15	17
2,27	15	10	5	5	10
2,25	0	0	0	0	0

3.1 Ermitteln Sie mithilfe der Lösungstabelle in der **Anlage** den marginalen Zinssatz dieses Refinanzierungsgeschäfts und berechnen Sie, in welchem Umfang die einzelnen Banken Zentralbankgeld erhalten.

Berechnen Sie für Bank A, wie viel Zinsen bei einer Kreditlaufzeit von sieben Tagen zu zahlen sind, wenn die Zuteilung nach dem amerikanischen Verfahren abgerechnet wird.

3.2   Berechnen Sie die Veränderung der Zentralbankgeldmenge durch das aktuelle Haupt-
      refinanzierungsgeschäft, wenn in der Vorwoche ein Hauptrefinanzierungsgeschäft mit
      einer Laufzeit von sieben Tagen und einem Zuteilungsbetrag von 180 Mio. EUR durch-
      geführt wurde.

3.3   Ermitteln Sie, wie sich die Geldschöpfungsmöglichkeit des Bankensystems durch diese
      Veränderung der Zentralbankgeldmenge entwickelt. Unterstellen Sie, dass die Banken
      insgesamt 10 % ihres Zentralbankgeldbestandes als Reservesatz für Bar- und Mindest-
      reserve zurückbehalten.

4.   Vertreter keynesianischer Wirtschaftspolitik fordern anlässlich einer bevorstehenden
      Erhöhung der Leitzinsen vom ESZB eine stärkere Berücksichtigung der aktuellen kon-
      junkturellen Situation bei seinen geldpolitischen Entscheidungen. Darauf reagiert der
      EZB-Präsident mit folgender Pressemitteilung:

> **„Zentralbank erhöht die Leitzinsen**
>
> FRANKFURT (hom). Die Europäische Zentralbank (EZB) sieht keine Gefahr, dass ihre
> erste Zinserhöhung seit gut fünf Jahren die Konjunktur im Euroraum bremsen könnte. EZB-
> Präsident Jean-Claude Trichet hat nach der gestrigen Ratssitzung allerdings mehrfach
> betont, die Anhebung der Leitzinsen […] sei kein Signal dafür, dass weitere Schritte dieser
> Art folgen werden. […]"

4.1   Beschreiben Sie den wirtschaftspolitischen Zielkonflikt bei einer Anhebung der Leitzin-
      sen, auf den im obigen Artikel Bezug genommen wird.

4.2   Erläutern Sie, welche Rolle die Geldpolitik aus Sicht des Keynesianismus in Zeiten hoher
      Arbeitslosigkeit einnehmen soll.

4.3   Erläutern Sie, inwieweit der Staat auf die Geldpolitik des ESZB Einfluss nehmen kann.

Anlage zur Aufgabe 5, Nr. 3.1

	Zugeteilte Beträge (in Mio. EUR) zu einem Zinssatz von ... %						
Zinssatz	**A**	**B**	**C**	**D**	**E**		
Zuteilung gesamt							

Abituraufgabe 2008 (Aufgabe 2)

Geldschöpfung und Geldpolitik, auch anhand wirtschaftspolitischer Tagesfragen

1.   Das Statistische Bundesamt gibt regelmäßig die Veränderung des Verbraucherpreisin-
      dexes bekannt. Er ist ein wichtiger Indikator für die Messung von
      Geldwertschwankungen.
      Der Verbraucherpreisindex für die Bundesrepublik Deutschland entwickelte sich wie
      folgt (Basisjahr 2000):

Jahr	2006	2005	2004	2003	2002	2001	2000	1999
Gesamtindex	110,1	108,3	106,2	104,5	103,4	102,0	100,0	98,6

(Statistisches Bundesamt, Februar 2007)

1.1   Ermitteln Sie die prozentuale Veränderung

        • des Preisniveaus vom Jahr 2005 auf 2006,

        • der Kaufkraft für den Gesamtzeitraum vom Basisjahr bis zum Jahr 2006.

1.2   Erläutern Sie anhand von drei Beispielen, warum die Aussagekraft des Verbraucherpreis-
        indexes eingeschränkt ist.

1.3   Im Jahr 2000 betrug die jährliche Nettolohnsumme je beschäftigten Arbeitnehmer
        16.217,00 EUR. Bis zum Jahr 2006 hat sich diese Summe auf 17.661,00 EUR erhöht.
        Von Gewerkschaftsseite wird diese Entwicklung als eine Ursache für die schwache Bin-
        nennachfrage angesehen.

        Überprüfen Sie diese Einschätzung, indem Sie die prozentuale Veränderung der realen
        Nettolöhne für den Gesamtzeitraum 2000 bis 2006 berechnen.

2.   Die Europäische Zentralbank (EZB) hat in den vergangenen Jahren die Leitzinsen mehr-
        fach erhöht.

2.1   Nennen Sie das wirtschaftspolitische Ziel, das die EZB mit der Erhöhung der Leitzinsen
        verfolgt. Geben Sie an, wann dieses Ziel als erreicht gilt.

2.2   Erläutern Sie den beabsichtigten Wirkungsmechanismus der Leitzinserhöhungen.

2.3   Die Verfechter einer weichen geldpolitischen Linie kritisieren die Leitzinserhöhungen.
        Erläutern Sie, wie sich eine restriktive Geldpolitik der EZB auf die binnenwirtschaftlichen
        Ziele des „magischen Vierecks" auswirken kann.

3.   In einer modernen Volkswirtschaft treten Zentralbank und Geschäftsbanken als „Geldpro-
        duzenten" auf.

3.1   Beschreiben Sie die Geldschöpfungsmöglichkeiten der Geschäftsbanken und unterschei-
        den Sie diese von der Geldschöpfung der Zentralbank.

3.2   Die Geldschöpfungsmöglichkeiten der Geschäftsbanken werden unter anderem dadurch
        begrenzt, dass die Geschäftsbanken Mindestreserven bei der Zentralbank halten
        müssen.

        Erklären Sie, was unter Mindestreserve zu verstehen ist und inwieweit die Zentralbank
        durch Mindestreservepolitik geldpolitischen Einfluss ausüben kann.

4.   Angenommen, für das Geschäftsbankensystem einer Volkswirtschaft gilt ein Mindestre-
        servesatz von 2,5 %. Die Geschäftsbanken halten einheitlich eine zusätzliche Barreserve
        in Höhe von 22,5 %. Es wird davon ausgegangen, dass alle Kredite vollständig in
        Anspruch genommen werden und ein vollständiger Bargeldrückfluss in das Bankensys-
        tem stattfindet. Die Kreditvergabemöglichkeit des Geschäftsbankensystems beträgt unter
        diesen Voraussetzungen am Ende des Geldschöpfungsprozesses 30 Mrd. EUR.

4.1   Berechnen Sie für diesen Fall die Überschussreserve und die Barreserve, die sich durch
        Einzahlung bei der ersten an der Geldschöpfung beteiligten Geschäftsbank ergaben.

4.2   Ermitteln Sie die Höhe der durch den Geldschöpfungsprozess insgesamt angefallenen
        Mindestreserve.

Abituraufgabe 2010 (Aufgabe 4)

Material 1

Index
2005 = 100

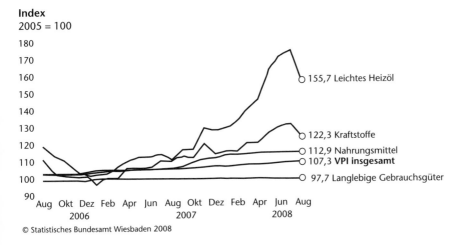

© Statistisches Bundesamt Wiesbaden 2008

Wägungsschema Verbraucherpreisindex

2005 = 100

Angaben in Promille

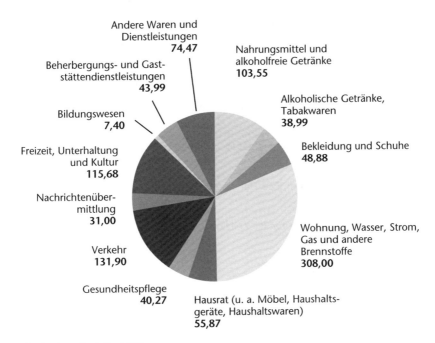

© Statistisches Bundesamt Deutschland 2008

Material 3

Jahr	2004	2005	2006	2007	2008
VPI	98,5	100,0	101,6	103,9	106,6

1. In verschiedenen Pressemitteilungen veröffentlichte das Statistische Bundesamt die in den Materialien 1 bis 3 wiedergegebenen Daten.

1.1 Erklären Sie, welche Information der für August 2008 ermittelte Verbraucherpreisindex (VPI) liefert (Material 1).

1.2 Erläutern Sie die aus Material 1 und 2 erkennbaren Ursachen für die Veränderung des VPI im vorliegenden Fall, indem Sie auf die Vorgehensweise zur Berechnung des VPI eingehen.

1.3 • Erläutern Sie Aussage und Zweck des in Material 2 abgebildeten Wägungsschemas.

   • Begründen Sie, warum das Wägungsschema in regelmäßigen Abständen aktualisiert wird.

1.4 • Berechnen Sie die Preisniveauänderung in Prozent von 2007 bis 2008 (siehe Material 3).

   • Berechnen Sie, um wie viel Prozent sich die Kaufkraft von 2004 bis 2008 verändert hat (siehe Material 3).

1.5 • Beurteilen Sie Bedeutung und Notwendigkeit des wirtschaftspolitischen Ziels „Stabilität des Preisniveaus".

   • Überprüfen Sie, ob für das Jahr 2008 die Zielvorgabe der EZB bezüglich der Preisniveaustabilität erreicht wurde.

2. Im Juli 2008 hat der EZB-Rat eine Veränderung der Leitzinsen beschlossen.

2.1 Erklären Sie den Begriff „Leitzins" und erläutern Sie die dazugehörigen geldpolitischen Instrumente.

2.2 Begründen Sie Zweck und Richtung der im Juli 2008 erfolgten Leitzinsveränderung unter Bezugnahme auf Material 1.

3. Am 4. Dezember 2008 hat der EZB-Rat eine weitere Veränderung der Leitzinsen beschlossen.

   „Die Europäische Zentralbank hat die Leitzinsen so stark wie noch nie in ihrer Geschichte gesenkt."

   (Spiegel-online, 04.12.2008)

3.1 • Begründen Sie, welche Absicht die EZB mit dieser Maßnahme verfolgt hat.

   • Vervollständigen Sie die in der **Anlage** dargestellten beabsichtigten Ursache-Wirkungs-Zusammenhänge, indem Sie

  - die Wirkungsrichtung „je mehr – desto mehr" bzw. „je weniger – desto weniger" an der jeweiligen Pfeilspitze mit einem (+) und

  - die Wirkungsrichtung „je mehr – desto weniger" bzw. „je weniger – desto mehr" an der jeweiligen Pfeilspitze mit einem (–)

kennzeichnen.

• Ergänzen Sie die Abbildung durch weitere Ursache-Wirkungs-Zusammenhänge (einschließlich der Wirkungsrichtung) unter Einbeziehung der Größen

  - Produktion,
  - Preisniveau,
  - Beschäftigung

und begründen Sie jeden von Ihnen ergänzten Zusammenhang.

3.2 Am 15. Januar 2009 wurden die Leitzinsen ein weiteres Mal gesenkt. Im Zusammenhang mit Leitzinssenkungen wird häufig die Auffassung vertreten, dass „die Waffen der Zentralbank stumpf" seien.

Begründen Sie diese Auffassung, indem Sie für den vorliegenden Fall drei Wirkungs-hemmnisse erläutern.

3.3 Die Leitzinsen in den USA und Japan betrugen Anfang 2009 nahezu 0 %.

Erläutern Sie, wie sich die mehrfache Leitzinssenkung der EZB Ende 2008/Anfang 2009 auf

• den Wechselkurs USD/EUR und

• den in USD abgewickelten deutschen Außenhandel ausgewirkt haben könnte.

Anlage zu Teilaufgabe 3.1

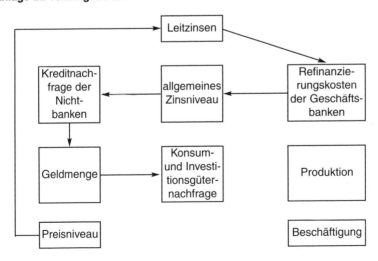

26 Aktuelle Problemfelder der Wirtschaftspolitik

26.1 Spannungsverhältnis Ökonomie ↔ Ökologie – Umweltpolitik

Stofftelegramm

Grenzen des Wachstums

Quantitatives Wachstum: rein zahlenmäßiges Wachstum

Grenzen des Wachstums:
- Abbau von Rohstoff- und Energiequellen (Gegenmaßnahme: Einsatz alternativer Energien)
- Abfallproblematik (Gegenmaßnahmen: z. B. Recycling)
- Erwerbstätigenzahl
- volkswirtschaftliche Kapazität
- Zerstörung der Umwelt

Qualitatives Wachstum: Wachstum bei gleichzeitiger Förderung qualitativer Ziele (Beachtung des Umweltschutzes)
- Alternativenergien
- Recycling (siehe nächste Seite)
- verkehrspolitische Maßnahmen

Umweltschutz: Recycling und Entsorgung

Kreislaufwirtschafts- und Abfallgesetz

• **Zweck** des Gesetzes (§ 1): Förderung der Kreislaufwirtschaft zur Schonung der natürlichen Ressourcen und Sicherung der umweltverträglichen Beseitigung von Abfällen

• **Geltungsbereich** (§ 2):
 – Vermeidung von Abfällen
 – Verwertung von Abfällen
 – Beseitigung von Abfällen

• **Grundsätze der Kreislaufwirtschaft** (§ 4 f.):
 – Vermeidung von Abfällen geht vor Verwertung
 – Verwertung von Abfällen geht vor Beseitigung

• **Ziel „Kreislaufwirtschaft":** „Wiederverwertungsgesellschaft" statt „Durchlaufwirtschaft" („Wegwerfgesellschaft")

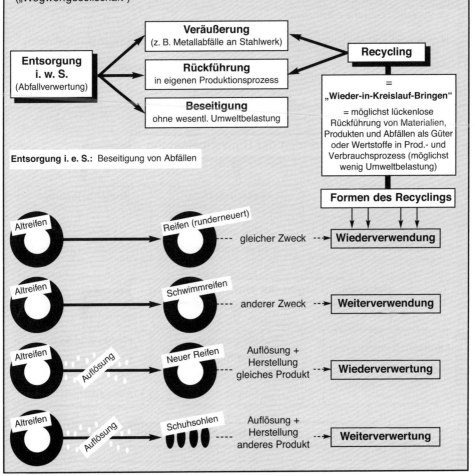

Entsorgung i. w. S. (Abfallverwertung)

Veräußerung (z. B. Metallabfälle an Stahlwerk)

Rückführung in eigenen Produktionsprozess

Beseitigung ohne wesentl. Umweltbelastung

Entsorgung i. e. S.: Beseitigung von Abfällen

Recycling = „Wieder-in-Kreislauf-Bringen" = möglichst lückenlose Rückführung von Materialien, Produkten und Abfällen als Güter oder Wertstoffe in Prod.- und Verbrauchsprozess (möglichst wenig Umweltbelastung)

Formen des Recyclings

Altreifen → Reifen (runderneuert) ---- gleicher Zweck --→ **Wiederverwendung**

Altreifen → Schwimmreifen ---- anderer Zweck --→ **Weiterverwendung**

Altreifen –Auflösung→ Neuer Reifen ---- Auflösung + Herstellung gleiches Produkt --→ **Wiederverwertung**

Altreifen –Auflösung→ Schuhsohlen ---- Auflösung + Herstellung anderes Produkt --→ **Weiterverwertung**

Aufgaben (Teil 1)

1. Nennen Sie vier Grundprobleme der modernen Industriegesellschaft.

2. Was versteht man unter quantitativem und qualitativem Wachstum?

3. Nennen Sie Grenzen des quantitativen Wachstums. Zwei Beispiele.

4. Welche Gefahren sind mit quantitativem Wachstum verbunden? Zwei Gesichtspunkte.

5. Welchen wirtschaftspolitischen Zielkonflikt versucht das qualitative Wachstumsziel zu beseitigen bzw. zu mildern?

6. Erklären Sie im Zusammenhang mit dem Umweltschutz die Begriffe

   a) Alternativenergien,

   b) Recycling,

   c) verkehrspolitische Alternativen.

7. Nennen Sie fünf Maßnahmen, die die Gefahren des quantitativen Wachstums mindern.

8. Wie wirken Umweltschutzmaßnahmen auf das quantitative Wachstum?

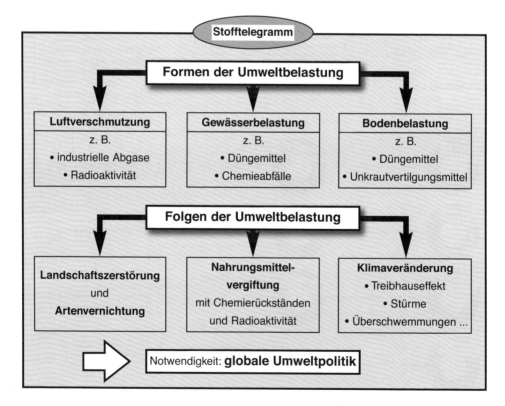

Ökonomie = Wirtschaftswissenschaft	◄ Ökonomie und Ökologie ►	**Ökologie** = Wissenschaft von den Bezie- hungen der Lebenden zu ihrer Umwelt (Umweltschutz)

Steigender Energiebedarf
→ ökologische Folgen:

• Luftverschmutzung

→ Zerstörung Ozonschicht

→ Treibhauseffekt

→ Orkane, Hochwasser ...

• Kernenergie (radioaktive Abfälle)

• begrenzte Rohstoffvorräte

• ökologische Schäden durch

Ausbeutung der Vorräte

(z. B. Regenwaldvernichtung)

Verkehr:
hoher Energieverbrauch
→ Luftverschmutzung
→ Naturzerstörung (Straßenbau)

◄ **Problembereiche**
der Umweltpolitik
(Stichworte) ►

Dritte Welt:
Unterernährung durch
Armut, Überbevölkerung, Klima,
Überschuldung

Landwirtschaft:

• Rodungen zwecks
landwirtschaftlicher Nutzung

• Düngung, Pflanzenschutzmittel

→ Bodenbelastung

→ Gewässerbelastung

• Bodenverdichtung durch

Einsatz schwerer Maschinen

→ Sickerprobleme

→ Überschwemmungen

→ Waldsterben ...

Hinweis: Zu folgenden Ausführungen siehe auch Baßeler u. a. (Grundlagen und Probleme der Volkswirtschaft, 2006, Schäffer-Poeschel Verlag, Stuttgart)

Ursachen der Umweltbelastung

Bevölkerungswachstum

• **Intensive Bodennutzung, Ausdehnung der Anbauflächen:**

→ Erosion, Versalzung, Düngereinsatz, Schädlingsbekämpfungsmittel
→ Erhöhung der industriellen Produktion → steigender Verbrauch von Energie, Rohstoffen
→ mehr Abfälle + Schadstoffe → Entsorgungsprobleme

• **Zunahme städtischer Ballungszentren (insbesondere auch in Entwicklungsländern):**

→ steigende Umweltverschmutzung

Intensives Wachstum der Weltwirtschaft

• s. o.   • starke Zunahme des Verkehrs

Fehlender Zwang und fehlende Anreize zu umweltbewusstem Verhalten

Versagen des Preismechanismus bei „Umweltgütern"

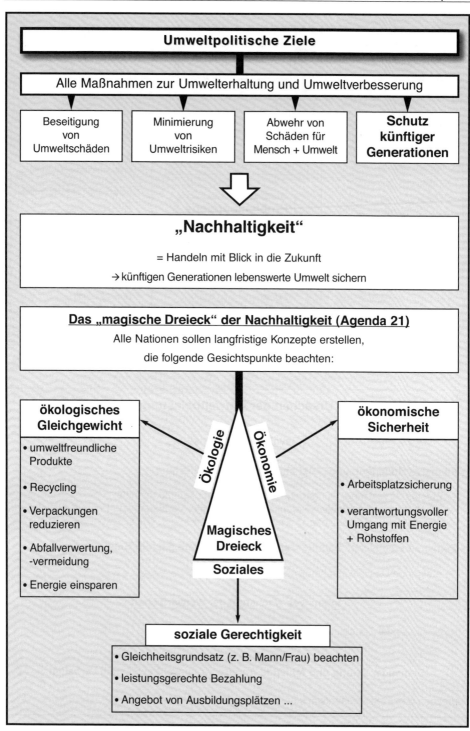

Umweltpolitische Ziele

Alle Maßnahmen zur Umwelterhaltung und Umweltverbesserung

Beseitigung von Umweltschäden	Minimierung von Umweltrisiken	Abwehr von Schäden für Mensch + Umwelt	**Schutz künftiger Generationen**

„Nachhaltigkeit"

= Handeln mit Blick in die Zukunft

→ künftigen Generationen lebenswerte Umwelt sichern

Das „magische Dreieck" der Nachhaltigkeit (Agenda 21)

Alle Nationen sollen langfristige Konzepte erstellen,

die folgende Gesichtspunkte beachten:

ökologisches Gleichgewicht

• umweltfreundliche Produkte

• Recycling

• Verpackungen reduzieren

• Abfallverwertung, -vermeidung

• Energie einsparen

ökonomische Sicherheit

• Arbeitsplatzsicherung

• verantwortungsvoller Umgang mit Energie + Rohstoffen

Ökologie Ökonomie

Magisches Dreieck

Soziales

soziale Gerechtigkeit

• Gleichheitsgrundsatz (z. B. Mann/Frau) beachten

• leistungsgerechte Bezahlung

• Angebot von Ausbildungsplätzen ...

Verursacherprinzip (= umweltpolitische Leitlinie)

- Umweltschädiger soll externe Kosten (= Kosten der Allgemeinheit) tragen.
  → Aus **externen Kosten** werden **interne Kosten** (= **Internalisierung** der Kosten).

- Probleme: – Identifizierung Verursacher

  – Feststellung des Umfangs der Umweltbelastung

  – Kontrollprobleme

Kooperationsprinzip

- Mitwirkung aller Betroffenen (Kooperation)

- **Selbstbindungsabkommen:**

  Verpflichtung zum Unterlassen von umweltschädigenden Aktivitäten (z. B. Verzicht auf Verwendung von FCKW)

- **Selbstverpflichtungsabkommen:**

  Bereitschaft zur Durchführung umweltfreundlicher Aktivitäten

Prinzipien der Umweltpolitik

Vorsorgeprinzip

- „Vorbeugen ist besser als Heilen."

- Umweltgefahren vorneweg vermeiden

- **Nachhaltigkeit** (zukünftigen Generationen intakte Umwelt hinterlassen)

Gemeinlastprinzip

- nur im Ausnahmefall (wenn andere Prinzipien nicht greifen)

- anstelle des Verursachers verringert die öffentliche Hand Umweltbelastungen durch Einsatz öffentlicher Mittel

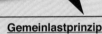

Instrumente nach Eingriffsart

marktkonforme (marktbezogene) Instrumente

Beispiel: hohe Lkw-Abgabe → Bahn günstiger

marktkonträre (ordnungsrechtliche) Instrumente

Beispiel: quantitative Lkw-Verkehrsbeschränkung

Instrumente der Umweltpolitik

- Instrumente sollen optimalen Zustand der Umwelt erreichen.

- Zielerreichung durch **Internalisierung**:

  Externe Kosten (= Kosten der Allgemeinheit) sollen zu **internen Kosten** (= Kosten des Verursachers) werden (= „internalisieren").

Internalisierung durch Verhandlungen

- Verhandlungen zwischen Schädigern und Geschädigten
- Schadenersatzzahlung des Schädigers an den Geschädigten bzw. Geschädigter kompensiert Schädiger für die Unterlassung der Schädigung

Internalisierung durch Umwelthaftungsrecht

Umweltschädiger haften für die von ihnen verursachten Schäden.

Internalisierung durch Ökosteuern und Subventionen

- Belastung der Verursacher negativer externer Effekte mit **Ökosteuer** (= Umweltsteuer):
  - → Besteuerung der umweltkritischen **Endprodukte** (z. B. phosphathaltige Waschmittel) und/oder
  - → Besteuerung von **Produktionsmitteln** (z. B. Energie) und/oder
  - → Besteuerung von **Schadstoffemissionen**
- Förderung der Verursacher positiver externer Effekte mit **Subventionen** (= **negative Ökosteuer**)
- In **Deutschland** seit 1999 ökologische Steuerreform: Verteuerung des Energieverbrauchs (= Produktionsmittelsteuer auf Strom + Mineralöl)

  → Langfristiges Ziel der ökologischen Steuerreform: Energieeinsparungen im Produktionsprozess (Preise für energieintensiv erstellte Produkte steigen → Nachfrage sinkt → Produktionsprozesse werden energiesparender)

  → Weiteres Ziel: Der umweltfreundliche Produktionsfaktor Arbeit soll billiger werden und umweltschädliche Produktionsfaktoren ersetzen.

Umweltauflagen

- Verursacher soll gezwungen werden, die Umweltbelastungen zu verringern.
- **Verbote:** Umweltschädigendes Verhalten wird völlig unterbunden, z. B. DDT-Verbot
- **Gebote:** Umweltbelastungen in Grenzen (Grenzwerte) erlaubt, z. B. höchstzulässige Schadstoffmengen
- **Vorteile:** schnell wirksam, relativ erfolgreich, praktikabel   • **Nachteil:** evtl. Wettbewerbsverzerrungen

Umweltzertifikate (= Emissionslizenzen)

Staat legt Höchstmenge an Emissionen in einem bestimmten Gebiet (z. B. EU) fest.
→ Stückelung dieser Höchstmenge → Verbriefung in börsenmäßig handelbaren Emissionszertifikaten
→ Verteilung oder Verkauf der Zertifikate an die potenziellen Emittenten („Schmutzfinken")

Beispiel: Unternehmung A kauft zehn Zertifikate (jedes Zertifikat verbrieft eine bestimmte Schadstoffemission). Will A mehr Schadstoffe emittieren (ohne den Klimaschutz entsprechend zu verbessern), als sie an Zertifikaten besitzt, muss sie weitere Zertifikate zukaufen.

Produziert A umweltschonend (z. B. im Gegenwert acht Zertifikate), kann A Zertifikate verkaufen.

Seit 2005 in **EU** praktiziert (Zertifikate zur Emission von Kohlendioxid)

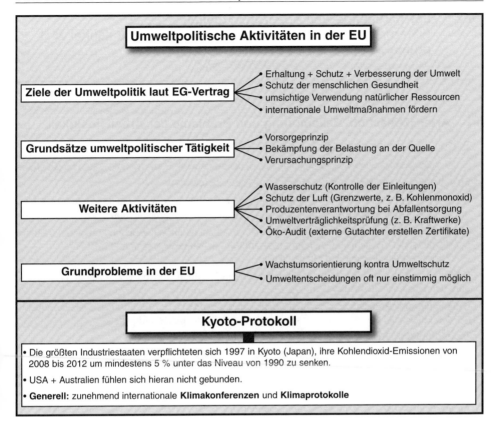

Umweltpolitische Aktivitäten in der EU

Ziele der Umweltpolitik laut EG-Vertrag
- Erhaltung + Schutz + Verbesserung der Umwelt
- Schutz der menschlichen Gesundheit
- umsichtige Verwendung natürlicher Ressourcen
- internationale Umweltmaßnahmen fördern

Grundsätze umweltpolitischer Tätigkeit
- Vorsorgeprinzip
- Bekämpfung der Belastung an der Quelle
- Verursachungsprinzip

Weitere Aktivitäten
- Wasserschutz (Kontrolle der Einleitungen)
- Schutz der Luft (Grenzwerte, z. B. Kohlenmonoxid)
- Produzentenverantwortung bei Abfallentsorgung
- Umweltverträglichkeitsprüfung (z. B. Kraftwerke)
- Öko-Audit (externe Gutachter erstellen Zertifikate)

Grundprobleme in der EU
- Wachstumsorientierung kontra Umweltschutz
- Umweltentscheidungen oft nur einstimmig möglich

Kyoto-Protokoll

- Die größten Industriestaaten verpflichteten sich 1997 in Kyoto (Japan), ihre Kohlendioxid-Emissionen von 2008 bis 2012 um mindestens 5 % unter das Niveau von 1990 zu senken.
- USA + Australien fühlen sich hieran nicht gebunden.
- **Generell:** zunehmend internationale **Klimakonferenzen** und **Klimaprotokolle**

Aufgaben (Teil 2)

9. Nennen Sie drei **Formen** der Umweltbelastung.

10. Nennen Sie drei **Folgen** der Umweltbelastung.

11. Unterscheiden Sie die Begriffe „Ökonomie" und „Ökologie".

12. Nennen Sie stichwortartig vier **Problembereiche** der Umweltpolitik.

13. Nennen Sie drei **Ursachen** der Umweltbelastung.

14. Nennen Sie vier **Ziele** der Umweltpolitik.

15. Erklären Sie den Begriff „Nachhaltigkeit".

16. Nennen Sie die vier **Prinzipien** der Umweltpolitik.

17. Nennen Sie fünf **Instrumente** der Umweltpolitik.

18. Erklären Sie kurz die Begriffe:
    - externe Kosten
    - interne Kosten
    - Internalisierung

19. Welche Verpflichtung beinhaltet das **Kyoto-Protokoll**?

26.2 Beschäftigungs- und Arbeitsmarktpolitik ("Sternchenthema" → Abiturrelevanz alternativ zu Kapitel 26.3 prüfen!)

Stofftelegramm

Arten, Ursachen, Bekämpfung und Probleme der Arbeitslosigkeit

- **Saisonale Arbeitslosigkeit:**

Folge saisonaler Produktionsschwankungen (z. B. Landwirtschaft, Bauwirtschaft); kaum bekämpfbar

- **Strukturelle Arbeitslosigkeit (= "Mismatch-Arbeitslosigkeit"):**

Arbeitslosigkeit in bestimmten Regionen, Branchen oder Berufen durch strukturellen Wandel auf diesen Teilarbeitsmärkten (z. B. Landwirtschaft, Stahlbranche, Uhrenindustrie)

"**Mismatch-Arbeitslosigkeit**": Arbeitsangebot und Arbeitsnachfrage weichen in regionaler oder qualifikatorischer Hinsicht voneinander ab → auf dem gesamten Arbeitsmarkt existieren gleichzeitig Arbeitslosigkeit und offene Stellen.

<u>Gründe für regionales Mismatch:</u> familiäre Bindungen, fehlende Transparenz, fehlende Wohnungen, unterschiedliche Schulsysteme

<u>Gründe für qualifikatorisches Mismatch:</u> Qualifikative Ansprüche der Arbeitsstellen stimmen nicht mit den Qualifikationen der Arbeitslosen überein (z. B. Facharbeitermangel).

- **Technologische Arbeitslosigkeit:**

Arbeitslosigkeit durch Rationalisierung (Maschinen ersetzen Menschen)

- **Konjunkturelle Arbeitslosigkeit:**

Durch gesamtwirtschaftlichen Beschäftigungsrückgang (sinkende Nachfrage) hervorgerufene Arbeitslosigkeit (Rezessions- bzw. Depressionsphase)

- **Friktionelle Arbeitslosigkeit:**
Sie tritt auf, wenn Arbeitskräfte kündigen bzw. entlassen werden und kurzfristig bis zum Antritt der neuen Stelle nicht beschäftigt sind ("Sucharbeitslosigkeit" bzw. "Fluktuationsarbeitslosigkeit"). Ebenso wie die saisonale Arbeitslosigkeit zählt sie zur sog. "**Sockelarbeitslosigkeit**", die auch in Zeiten guter Konjunktur nicht unterschritten werden kann.

<u>Bekämpfung der Arbeitslosigkeit (Arbeitsmarktpolitik):</u>

- Möglichkeiten für Arbeitslose schaffen, sich selbstständig zu machen (Existenzgründungszuschüsse)
- Personal-Service-Agenturen errichten, die Arbeitslose in Zeitarbeit beschäftigen
- Arbeitszeitverkürzungen   • Senkung der Arbeitskosten
- Maßnahmen zur Steigerung der Nachfrage (Lohn-, Gehaltserhöhungen, Steuersenkungen ...)
- staatliche Beschäftigungsprogramme (Straßenbau ...)
- Investitionszulagen an Unternehmen   • Senkung der Unternehmenssteuern
- Verhinderung der Abwanderung deutscher Unternehmen ins Ausland
- Förderung der Berufsbildung

<u>Probleme der Arbeitslosigkeit:</u> • materielle, psychische, soziale Probleme
                                   • Probleme der Finanzierung (Arbeitslosengelder)

<u>Lohnpolitik der Tarifparteien:</u> • **expansive Lohnpolitik:** Gewerkschaften fordern Lohnerhöhungen, die über der Erhöhung der Arbeitsproduktivität + Inflationsrate liegen.
                                    • **produktivitätsorientierte Lohnpolitik:** Gewerkschaften fordern Lohnerhöhungen entsprechend dem Anstieg der Arbeitsproduktivität.

26.3　Sozial- und Verteilungspolitik
(„Sternchenthema" → Abiturrelevanz alternativ zu Kapitel 26.2 prüfen!)

Stofftelegramm

Funktionelle Einkommensverteilung

Fragestellung: Welchen **Produktionsfaktoren** sind die Einkommen zugeflossen? →

- Arbeitseinkommen
- Bodeneinkommen (Miete, Pacht)
- Kapitaleinkommen (Zins)
- Unternehmereinkommen (Gewinn oder Verlust = Restgröße = Residualeinkommen)

Personelle Einkommensverteilung

Fragestellung: Welchen **Personengruppen** sind die Einkommen zugeflossen? →

- Arbeitnehmer (Löhne, Zinsen, Mieteinnahmen)
- Beamte (Löhne, Zinsen, Mieteinnahmen)
- Selbstständige (Gewinne, Löhne, Zinsen, Mieteinnahmen)
- Rentner (Renten, Gewinne, Zinsen, Mieteinnahmen)

Ursache unterschiedlicher Einkommens- und Vermögensverteilung

Ungleichheiten durch

Leistungsfähigkeit　　　Marktmacht　　　Vermögensbasis (Erbe ...)

- **„Gerechte" Einkommens- und Vermögensverteilung:** Subjektiv!

Stichworte: Leistungsfähigkeit, Unternehmerrisiko, Kinderzahl ...

- **Instrumente der Verteilungspolitik:**

  – Steuerpolitik (Einkommensteuerprogression, Erbschafts-, Vermögenssteuer ...)

  – Sozialpolitik (Sozialversicherungsbeiträge in Abhängigkeit vom Einkommen ...)

  – Bildungspolitik (BAföG ...)

System der sozialen Sicherung in Deutschland

Eigenvorsorge (Individualprinzip)	**kollektive Vorsorge (Sozialprinzip)**
= eigenverantwortliche Vorsorge für Notfälle	= staatliche Zwangsversicherung

G e s e t z l i c h e　S o z i a l v e r s i c h e r u n g

Kranken-versicherung	Renten-versicherung	Arbeitslosen-versicherung	Unfall-versicherung	Pflege-versicherung

Aktuelle Probleme der sozialen Sicherung

Rentenversicherung

- Altersquotient
  (Rentner/-innen : Erwerbsfähige)
  steigt (Gesellschaft altert)

- weniger Beitragszahler, mehr Renten-
  bezieher durch:

  - längere Ausbildung

  - späteren Eintritt ins Erwerbsleben

  - Zunahme von Teilzeitarbeit

  - Trend zur Selbstständigkeit (immer
    mehr freie Mitarbeiter/-innen, Telear-
    beitsplätze ...)

  - Verringerung der Erwerbsquote der
    über 50-Jährigen

  - steigende durchschnittl. Rentenbe-
    zugsdauer (höhere Lebenserwartung)

  - Verkürzung der Lebensarbeitszeit

  - sinkende Beitragseinnahmen in
    Wirtschaftsflauten

→ Immer weniger Beschäftigte müssen
  für immer mehr Rentner/-innen auf-
  kommen

→ Sozialausgaben übersteigen
  Beitragseinnahmen

Folgen:

- Leistungseinschränkungen bzw.

- Beitragserhöhungen bzw.

- Verlagerung auf private Altersvorsorge

Krankenversicherung

- Hohe Ausgabensteigerungen im
  Gesundheitswesen:

  steigende – Krankenhauskosten

             – Kosten für Medikamente

             – Kosten für Ärzte

- sinkende Beitragseinnahmen in
  Wirtschaftsflauten

Arbeitslosenversicherung

- steigende Arbeitslosigkeit → Ausgaben
  für Arbeitslosengelder steigen

Pflegeversicherung

- steigende Zahl der Pflegebedürftigen
  aufgrund höherer Lebenserwartung

- zunehmende Entstehung von Ein-
  Personen-Haushalten (→ weniger
  Pflege durch Familienangehörige)

Unfallversicherung

- Finanzierung durch Beiträge der
  Arbeitgeber

- Beiträge abhängig v. a. von der Unfall-
  gefahr im jeweiligen Betrieb

→ Einnahmen decken Ausgaben.

Wichtig: Evtl. zusätzlich private Vorsorgemaßnahmen treffen! (s. u.)

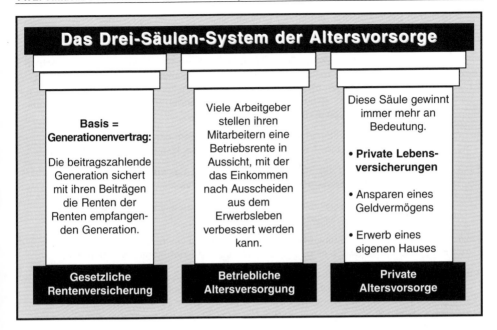

Das Drei-Säulen-System der Altersvorsorge

Basis = Generationenvertrag:

Die beitragszahlende Generation sichert mit ihren Beiträgen die Renten der Renten empfangenden Generation.

Gesetzliche Rentenversicherung

Viele Arbeitgeber stellen ihren Mitarbeitern eine Betriebsrente in Aussicht, mit der das Einkommen nach Ausscheiden aus dem Erwerbsleben verbessert werden kann.

Betriebliche Altersversorgung

Diese Säule gewinnt immer mehr an Bedeutung.

• **Private Lebensversicherungen**

• Ansparen eines Geldvermögens

• Erwerb eines eigenen Hauses

Private Altersvorsorge

26.4 Abituraufgaben

Abituraufgabe 2009 (Aufgabe 5)

1. Die Vergabe des Friedensnobelpreises im Jahr 2007 an den Politiker Al Gore und den UN-Klimarat macht deutlich, dass die weltweite Klimaveränderung durch den Treibhauseffekt das vorrangige Umweltproblem darstellt.

   Wie sehr sich die Erde tatsächlich erwärmt, hängt unter anderem von den künftigen CO_2-Emissionen ab.

1.1 Nennen Sie zwei ökonomische Folgen der Erderwärmung.

1.2 Stuttgarter Zeitung vom 15.11.2007

> „Der Bereich Transport trägt mit etwa 14 Prozent zu den weltweiten CO_2-Emissionen bei. Das Züricher Infras-Institut ermittelte für Verkehrsträger die externen (sozialen) Kosten pro gefahrenem bzw. geflogenem Kilometer: Bus 15,6 Cent, Bahn 21,2 Cent, Flugzeug 51,8 Cent, Pkw 61,6 Cent."

Erläutern Sie, was unter externen (sozialen) Kosten der Verkehrsträger und der Internalisierung externer (sozialer) Kosten zu verstehen ist.

1.3 Der Bereich Energiegewinnung trägt mit etwa 24 % zu den weltweiten CO_2-Emissionen bei. Um die Emissionen in diesem Bereich zu senken, haben manche Staaten den Handel mit Verschmutzungsrechten (Umweltlizenzen, Emissionslizenzen) eingeführt.

1.3.1   Erklären Sie dieses Instrument der Umweltpolitik.

1.3.2   Gehen Sie von folgenden Annahmen aus:

Ein Staat entscheidet sich für die Einführung des Handels mit Verschmutzungsrechten für Energieerzeuger. Er legt für die Periode 1 den maximal zulässigen Schadstoffausstoß auf 800.000 Tonnen (t) fest. Die Gesamtnachfragekurve verläuft linear. Bei 80,00 EUR je Tonne ist keine Nachfrage mehr vorhanden (Prohibitivpreis). Der Handel führt zu einem Preis von 40,00 EUR je Tonne.

Stellen Sie diese Situation in einem Koordinatensystem dar.
Maßstab: x-Achse 10 cm, 1 cm = 100.000 t; y-Achse 10 cm, 1 cm = 10,00 EUR/t

1.3.3   In der Periode 2 senkt der Staat die Grenze für den maximal zulässigen Schadstoffausstoß um 25 %. Der Verlauf der Gesamtnachfragekurve bleibt unverändert.

Stellen Sie diese neue Situation in dem unter 1.3.2 erstellten Koordinatensystem dar und beurteilen Sie die Veränderung.

1.3.4   Der Handel mit Verschmutzungsrechten hat Vor- und Nachteile.
Beschreiben Sie jeweils einen Pro-Standpunkt und einen Kontra-Standpunkt.

1.3.5   Ein Verkehrswissenschaftler fordert, den Handel mit CO_2-Lizenzen auch für Automobilhersteller einzuführen. Auf diesem Markt soll es dann nur so viele Lizenzen geben, dass im Schnitt jeder Wagen auf 130 Gramm CO_2 pro Kilometer käme. Ein Allrad-Geländewagen vom Typ CX stößt 320 Gramm CO_2 pro Kilometer aus, ein Kleinwagen mit Hybrid-Antrieb 104 Gramm CO_2.

Erläutern Sie, wie sich eine solche Maßnahme im vorliegenden Fall über den Handel mit Verschmutzungsrechten auf die Verkaufspreise dieser Fahrzeuge auswirken könnte.

2.   Das Statistische Bundesamt veröffentlicht in regelmäßigen Abständen Daten aus der Arbeitsmarktstatistik:

	Einheit	**2004**	**2005**	**2006**
Veränderung des Bruttoinlandsprodukts	%	1,2	0,9	2,7
Veränderung der Verbraucherpreise	%	1,6	2,0	1,7
Erwerbspersonen	Tsd.	42.723	42.619	42.290
Erwerbstätige davon Arbeitnehmer	Tsd. Tsd.	38.875 34.653	38.823 34.467	39.045 34.652
registrierte Arbeitslose	Tsd.	4.378	4.861	4.532
verdeckte Arbeitslose	Tsd.	1.625	1.290	1.275
Arbeitslosenquote	%	10,5	11,7	10,7
gemeldete offene Stellen	Tsd.	286	413	549
Arbeitsproduktivität je Erwerbstätigenstunde Index: Jahr 2000 = 100	–	105,27	106,67	107,75

2.1   Interpretation der Arbeitsmarktstatistik:

• Erläutern Sie anhand des vorliegenden Zahlenmaterials für die Zeitspanne von 2004 bis 2006 die Beziehung zwischen wirtschaftlichem Wachstum, Arbeitsproduktivität und Zahl der erwerbstätigen Arbeitnehmer bzw. Arbeitslosen.

• Welche gesamtwirtschaftliche Erkenntnis lässt sich daraus ableiten?

2.2 An der zuverlässigen Aussagekraft der monatlich veröffentlichten Arbeitslosenquote als Maßstab für Unterbeschäftigung wird gezweifelt.

Erläutern Sie mit zwei Argumenten, wodurch die Aussagekraft der Arbeitslosenquote eingeschränkt wird.

2.3 Die strukturelle Arbeitslosigkeit stellt eine besonders bedeutsame Art der Arbeitslosigkeit dar.

- Erläutern Sie, welche Daten in der obigen Statistik auf diese Art von Arbeitslosigkeit hindeuten.

- Nennen Sie zwei Ursachen der strukturellen Arbeitslosigkeit.

3. Auszug aus dem Jahresgutachten 2007/08 des Sachverständigenrats zur Begutachtung der gesamtwirtschaftlichen Entwicklung:

Aussagen zum Mindestlohn:

„Mit der Einführung weiterer branchenspezifischer Mindestlöhne vor allem im Dienstleistungsbereich (z. B. Postdienste) wird das Wachstum der betroffenen Wirtschaftszweige beschnitten, mithin von Branchen, die gerade auch für weniger qualifizierte Arbeitnehmer zusätzliche Beschäftigungsmöglichkeiten bereitstellen können."

Aussagen zur Tarifpolitik:

„Die Tarifvertragsparteien haben in den letzten Jahren mit moderaten Lohnvereinbarungen einen wichtigen Beitrag zur deutlichen Verbesserung der preislichen Wettbewerbsfähigkeit der deutschen Unternehmen geleistet. Sie haben den durch Produktivitätserhöhung entstandenen Verteilungsspielraum in den Tariflohnvereinbarungen nicht voll ausgeschöpft. Dadurch sind die Tarifvertragsparteien ihrer beschäftigungspolitischen Verantwortung nachgekommen."

3.1 Skizzieren Sie in einem Lohn-Arbeitsmengen-Diagramm das modellmäßige Zustandekommen des Gleichgewichtslohnes unter der Annahme, dass Arbeitsangebots- und Arbeitsnachfragekurve normal verlaufen.

Kennzeichnen Sie in dieser Skizze die Situation, die sich nach Einführung eines Mindestlohnes ergibt.

3.2 Begründen Sie die Ablehnung des Mindestlohns durch den Sachverständigenrat mit Argumenten des klassischen Arbeitsmarktmodells.

3.3 Die Gewerkschaften sprechen sich für die Einführung eines Mindestlohns aus. Erläutern Sie zwei Argumente der Gewerkschaften.

3.4 Beschreiben Sie die Art von Lohnpolitik, die in den obigen Aussagen zur Tarifpolitik als beschäftigungspolitisch verantwortungsvoll beurteilt wird.

Abituraufgabe 2011 (Aufgabe 5)

M1: Auszug aus dem Koalitionsvertrag zwischen CDU, CSU und FDP

„Wir wollen nachhaltiges Wachstum, um Wohlstand und soziale Gerechtigkeit zu sichern. [...] Denn nachhaltiges Wachstum schafft Arbeit [...].

In der jetzigen Situation gilt es, den Einbruch des wirtschaftlichen Wachstums so schnell wie möglich zu überwinden." [...]

„Wir streben an, die paritätisch [= zu gleichen Teilen von Arbeitgebern und -nehmern] finanzierten [...] Sozialversicherungsbeiträge, die sich auch als Lohnzusatzkosten niederschlagen, unter 40 % vom Lohn zu halten. Wir werden dafür sorgen, dass sich Arbeit lohnt, dass den Bürgern mehr Netto vom Bruttoeinkommen bleibt." [...]

„Das Prinzip der Nachhaltigkeit prägt unsere Politik. Wir wollen gute Lebensbedingungen für die kommenden Generationen. Der Klimaschutz ist weltweit die herausragende umweltpolitische Herausforderung unserer Zeit."

(Quelle: www.cdu.de/doc/pdfc/091026-koalitionsvertrag-cducsu-fdp.pdf)

M2: Auszug aus dem Gesetz zur Beschleunigung des Wirtschaftswachstums

A. Ziele

„In der momentanen [...] wirtschaftlichen Gesamtsituation gilt es, [...] neue Impulse für einen stabilen und dynamischen Aufschwung zu setzen. [...]

Deshalb wollen wir, dass Steuern einfach, niedrig und gerecht sind. Eine Steuerpolitik, die sich in diesem Sinne als Wachstumspolitik versteht, schafft Vertrauen und Zuversicht und stärkt durch wirksame und zielgerichtete steuerliche Entlastungen die produktiven Kräfte unserer Gesellschaft.

Zur Sicherung der Technologieführerschaft Deutschlands soll der weitere Ausbau der erneuerbaren Energien gefördert werden."

(Quelle: dip21.bundestag.de/dip21/btd/17/000/1700015.pdf)

---

1. Nennen Sie drei wirtschaftspolitische Ziele des „magischen Sechsecks", die Bestandteil des Koalitionsvertrages (M1) sind, und definieren Sie die jeweiligen Größen, mit denen die Erreichung dieser Ziele gemessen wird bzw. gemessen werden könnte.

2. Im Koalitionsvertrag (M1) wird bei zwei wirtschaftspolitischen Zielen, die zum „magischen Viereck" gehören, von einer Zielharmonie ausgegangen.

   Begründen Sie anhand dieser beiden Ziele,

   • auf welcher Überlegung der unterstellte Zusammenhang beruht,

   • warum dieser Zusammenhang häufig nicht im erhofften Ausmaß zutrifft (zwei Argumente).

3. Bei der Wachstumsförderung und Konjunkturstabilisierung werden das nachfrage- und das angebotsorientierte Konzept unterschieden.

Stellen Sie die Grundauffassungen der beiden Konzeptionen hinsichtlich folgender Kriterien gegenüber:

- Funktionsweise marktwirtschaftlicher Systeme
- Hauptursache für Wirtschaftskrisen
- Wirtschaftspolitische Rolle des Staates

4. Wählen Sie aus der Koalitionsvereinbarung (M1) und dem Wachstumsbeschleunigungsgesetz (M2) insgesamt vier Vorhaben aus und ordnen Sie diese der nachfrage- bzw. angebotsorientierten Wirtschaftspolitik zu.

Begründen Sie Ihre Entscheidungen, indem Sie die erhoffte Wirkungsweise der Maßnahmen erläutern.

Fertigen Sie dazu eine Lösungstabelle nach folgendem Muster an:

Vorhaben	Art der wirtschaftspolitischen Konzeption	Begründung/Wirkungsweise

5. Aufgrund mehrerer Konjunkturprogramme und deren Finanzierung über „Deficitspending" ist die Staatsverschuldung auf Rekordhöhe gestiegen.

5.1 Begründen Sie mit zwei Argumenten, warum die Rückführung der Staatsschulden in der Praxis nur selten gelingt.

5.2 Erläutern Sie zwei negative Folgen einer hohen Staatsverschuldung.

5.3 Trotz der enormen Staatsverschuldung möchte die Regierung die Einkommensteuer für die Bezieher mittlerer Einkommen senken. In diesem Zusammenhang wird behauptet, eine solche Steuersenkung finanziere sich letztlich selbst und führe daher nicht zu einer weiteren Erhöhung der Staatsverschuldung.

Erläutern Sie den bei dieser Annahme unterstellten Zusammenhang zwischen Steuersatz und Steueraufkommen und nehmen Sie kritisch dazu Stellung.

6. Im Rahmen des Wachstumsbeschleunigungsgesetzes wurden unter anderem Maßnahmen im Bereich des Umweltschutzes beschlossen. Davon ist auch die Ökosteuer betroffen.

6.1 Erläutern Sie Absicht und Wirkungsweise der Ökosteuer.

6.2 Zur Erhaltung der Wettbewerbsfähigkeit von reinen Biokraftstoffen wurde die Ökosteuer auf Biodiesel gesenkt.

- Erläutern Sie, welche Anpassungsprozesse und Folgen sich durch diese Maßnahme auf dem Biodieselmarkt ergeben.

- Skizzieren Sie diese in einem Preis-Mengen-Diagramm mit normal verlaufenden Angebots- und Nachfragekurven.

6.3 Als Folge der Veränderungen auf dem Biodieselmarkt kommt es zu Reaktionen der Verbraucher, die bisher herkömmlichen Dieselkraftstoff getankt haben.

Erläutern Sie die sich daraus ergebenden Anpassungsprozesse und Folgen auf dem Biodieselmarkt.

Abituraufgabe 2012 (Aufgabe 5, teilweise)

3. Im Herbst 2010 ist die Zahl der Arbeitslosen in Deutschland auf annähernd drei Millionen gesunken. Das war der niedrigste Stand seit 18 Jahren.

3.1 Untersuchen Sie für die Jahre 2000 bis 2010 den Zusammenhang, der zwischen der Zahl der sozialversicherungspflichtig Beschäftigten und der Zahl der Arbeitslosen besteht (**Anlagen**, Material 2).

3.2 Stagnierende Reallöhne, mehr befristete Arbeitsverträge, ein gewachsener Niedriglohnsektor und mehr als eine Million Leiharbeiter werden als Gründe für das deutsche „Jobwunder" genannt.

- Erläutern Sie, weshalb sich „mehr befristete Arbeitsverträge" positiv auf die Beschäftigung auswirken können.
- Begründen Sie, auf welche wirtschaftspolitische Konzeption die für das „Jobwunder" genannten Ursachen hindeuten.

3.3 Prüfen Sie auf der Grundlage des **Materials 2** mit rechnerischem Nachweis, ob das wirtschaftspolitische Ziel „Hoher Beschäftigungsstand" 2010 erreicht werden konnte.

Material 2

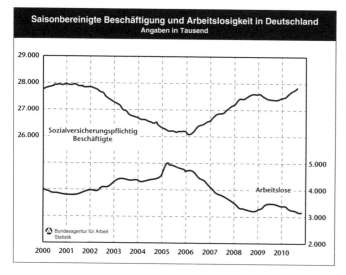

Im Jahr 2010 betrug die

- durchschnittliche Zahl der Arbeitslosen: 3.200.000,

- Zahl der zivilen Erwerbspersonen: 45.700.000.

27   Außenwirtschaft und Globalisierung

27.1   Bedeutung des Außenhandels – Zahlungsbilanz

Stofftelegramm

Bedeutung der Außenwirtschaft für Deutschland

• Deutschland ist stark exportorientiert und rohstoffabhängig

• hohe Exporte → positive Wirkung auf den Lebensstandard und Beschäftigungsstand

• Warenein- und -ausfuhr = wichtigster Teil der außenwirtschaftlichen Beziehungen

Zahlungsbilanz (vgl. Deutsche Bundesbank)

Zahlungsbilanz =   Aufzeichnung aller wirtschaftlichen Transaktionen zwischen In- und Ausländern in einer Periode.

Die Systematik der Zahlungsbilanz (vereinfacht)	
Leistungsbilanz (LB)	**Kapitalbilanz (KB)**
• **Handelsbilanz (Außenhandel):** Warenex- und -importe	• **Direktinvestitionen**
	• **Wertpapieranlagen**
• **Dienstleistungsbilanz:** Reisen, Transporte, Finanzdienstleist. ...	• **Kreditverkehr**
• **Erwerbs- und Vermögenseinkommen**	**Vermögensübertragungen**
• **laufende Übertragungen:** Zahlungen an internat. Organisationen (EG ...), Gastarbeiterüberweisungen ...	**Saldo der statistisch nicht aufgliederbaren Transaktionen**
	Veränderung der Währungsreserven

Unausgeglichene Zahlungsbilanz: Gemeint ist i. d. R. die Leistungsbilanz, wobei gilt:

Saldo Leistungsbilanz = zusammengefasster Saldo aus den restlichen vier Bereichen

Die Zahlungsbilanz ist insgesamt aufgrund von Buchung/Gegenbuchung **immer ausgeglichen.**

Aktive Handelsbilanz (= Handelsbilanzüberschuss): ──────► Warenexportüberschuss

Passive Handelsbilanz (= Handelsbilanzdefizit): ──────► Warenimportüberschuss

Das Zahlungsbilanzschema der Deutschen Bundesbank

Wichtige Posten der Zahlungsbilanz (Deutschland) in Mrd. EUR

Position

I. **Leistungsbilanz**
1. Außenhandel
   Ausfuhr
   Einfuhr
   Saldo

   Ergänzungen zum Warenhandel
2. Dienstleistungen (Saldo)
3. Erwerbs- und Vermögenseinkommen (Saldo)
4. Laufende Übertragungen (Saldo)
   Saldo der Leistungsbilanz
II. Saldo der **Vermögensübertragungen**

III. **Kapitalbilanz**

IV. Saldo der statistisch nicht aufgliederbaren
    Transaktionen **(Restposten)**

Saldo I = Saldo II + Saldo III + Saldo IV

27.2   Gründe, Vor- und Nachteile des Außenhandels

Stofftelegramm

Gründe für Ex- und Importe	• Produktionskostenunterschiede (absolute Kostenvorteile) • Klimaabhängigkeit (Südfrüchte, Kakao ...), Qualitätsunterschiede • geologische Bedingungen (Erdöl, Eisenerze ...) • Geschmackspräferenzen (Urlaub, französische Weine ...) • Marktaufnahmefähigkeit Inland evtl. begrenzt, also Exporte
Vorteile des Außenhandels	• Exporte bewirken bessere Beschäftigungslage • Verbesserung Lebensstandard durch internat. Arbeitsteilung • Verbesserung der internationalen Beziehungen • Stärkung des Wettbewerbs (Auslandskonkurrenz beflügelt – breitere Auswahl an preiswerten Qualitätswaren) • bei z. B. Missernten Rückgriff auf Auslandswaren möglich
Nachteile des Außenhandels	• wirtschaftliche und politische Abhängigkeit vom Ausland • evtl. Risiko der importierten Inflation

Außenhandel und absoluter Kostenvorteil

Jedes Land soll die Güter herstellen, die absolut kostengünstiger als die Güter aus dem Ausland sind, und dann mit dem Ausland Handel treiben (Spezialisierung durch Arbeitsteilung).

Beispiel   zwei Länder

Deutschland	**Italien**

Produktion: 20 h für 1 Hose
           10 h für 1 Fernseher
Absoluter Kostenvorteil:
Deutschland – Fernseher
	Produktion: 15 h für 1 Hose
	           20 h für 1 Fernseher
	Absoluter Kostenvorteil:
	Italien – Hose

Produktionsmenge ohne Handel bei 1.200 Stunden: • 30 Hosen (600 h) • 60 Fernseher (600 h)	Produktionsmenge ohne Handel bei 1.200 Stunden: • 40 Hosen (600 h) • 30 Fernseher (600 h)
Produktionsmenge mit Handel bei 1.200 Stunden (Spezialisierung): • 0 Hosen (0 h) • 120 Fernseher (1.200 h)	Produktionsmenge mit Handel bei 1.200 Stunden (Spezialisierung): • 80 Hosen (1.200 h) • 0 Fernseher (0 h)

Ergebnis

Durch die Spezialisierung der Länder auf das Gut mit den geringeren Kosten können zehn Hosen und 30 Fernseher mehr produziert werden.

Außenhandel und komparativer (relativer) Kostenvorteil:

Erklärung des Zustandekommens des Außenhandels zwischen zwei Ländern und der daraus entstehenden Außenhandelsgewinne. Von zentraler Bedeutung ist hierbei die Existenz unterschiedlicher Arbeitsproduktivitäten und daraus resultierender unterschiedlicher Opportunitätskosten (*Kosten entgangener Gewinne*).

Beispiel   zwei Länder

Deutschland	**Italien**
Produktionsmenge ohne Handel 10 Bäcker · 20 Brote/Tag = 200 Brote 10 Fischer · 20 Fische/Tag = 200 Fische	Produktionsmenge ohne Handel 30 Bäcker · 4 Brote/Tag = 120 Brote 10 Fischer · 12 Fische/Tag = 120 Fische
Absoluter Kostenvorteil: Brote und Fische Relativer Kostenvorteil: Brote	Absoluter Kostenvorteil: s. Deutschland Relativer Kostenvorteil: Fische
Produktionsmenge mit Handel 20 Bäcker · 20 Brote/Tag = 400 Brote	Produktionsmenge mit Handel 40 Fischer · 12 Fische/Tag = 480 Fische

Ergebnis

• ohne Handel beide Länder zusammen: 320 Brote und 320 Fische
• mit Handel beide Länder zusammen: 400 Brote und 480 Fische

Das heißt, mit Handel 80 Brote und 160 Fische mehr

Problem

Die komparativen Vorteile eines Landes werden durch tarifäre und nicht tarifäre Handelshemmnisse (vgl. Kapitel 27.4.4) behindert bzw. begrenzt.

27.3   System freier Wechselkurse

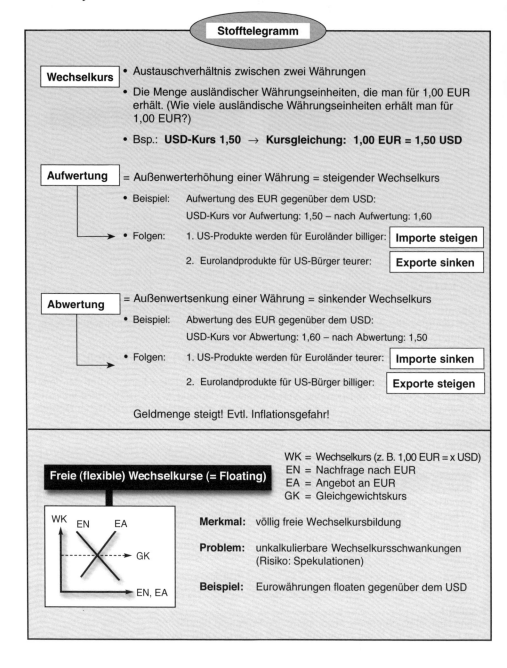

Stofftelegramm

Wechselkurs
- Austauschverhältnis zwischen zwei Währungen
- Die Menge ausländischer Währungseinheiten, die man für 1,00 EUR erhält. (Wie viele ausländische Währungseinheiten erhält man für 1,00 EUR?)
- Bsp.: **USD-Kurs 1,50** → **Kursgleichung: 1,00 EUR = 1,50 USD**

Aufwertung   = Außenwerterhöhung einer Währung = steigender Wechselkurs

- Beispiel: Aufwertung des EUR gegenüber dem USD:

  USD-Kurs vor Aufwertung: 1,50 – nach Aufwertung: 1,60

- Folgen: 1. US-Produkte werden für Euroländer billiger: **Importe steigen**

  2. Eurolandprodukte für US-Bürger teurer: **Exporte sinken**

Abwertung   = Außenwertsenkung einer Währung = sinkender Wechselkurs

- Beispiel: Abwertung des EUR gegenüber dem USD:

  USD-Kurs vor Abwertung: 1,60 – nach Abwertung: 1,50

- Folgen: 1. US-Produkte werden für Euroländer teurer: **Importe sinken**

  2. Eurolandprodukte für US-Bürger billiger: **Exporte steigen**

Geldmenge steigt! Evtl. Inflationsgefahr!

Freie (flexible) Wechselkurse (= Floating)

WK = Wechselkurs (z. B. 1,00 EUR = x USD)
EN = Nachfrage nach EUR
EA = Angebot an EUR
GK = Gleichgewichtskurs

Merkmal: völlig freie Wechselkursbildung

Problem: unkalkulierbare Wechselkursschwankungen (Risiko: Spekulationen)

Beispiel: Eurowährungen floaten gegenüber dem USD

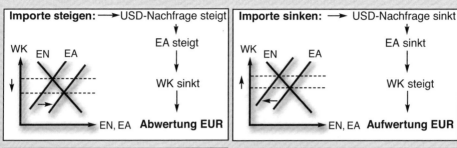

Importe steigen: —►USD-Nachfrage steigt	Importe sinken: —► USD-Nachfrage sinkt
EA steigt / WK sinkt / EN, EA **Abwertung EUR**	EA sinkt / WK steigt / EN, EA **Aufwertung EUR**

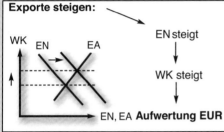

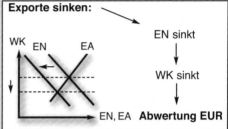

Exporte steigen:	Exporte sinken:
EN steigt / WK steigt / EN, EA **Aufwertung EUR**	EN sinkt / WK sinkt / EN, EA **Abwertung EUR**

Vorteile flexibler Wechselkurse:

• Importpreise bleiben im Wesentlichen konstant. Begründung: Preise Ausland steigen – Importe Inland sinken – Euroangebot sinkt – Wechselkurs steigt (Aufwertung EUR) – Preise Auslandswaren für Inländer sinken praktisch wieder

• Tendenz zum Ausgleich von Handelsüberschüssen und -defiziten (= wirtschaftspolitisches Ziel) = **Wechselkursmechanismus**

• keine inflatorische Wirkung von Außenhandelsüberschüssen (keine importierte Inflation)

• keine großen Gold- und Devisenreserven notwendig, da keine Eingriffe in Devisenmarkt

Nachteile flexibler Wechselkurse: unkalkulierbare Wechselkursschwankungen (Risiken!)

Aufgaben

1. Nennen Sie fünf Gründe, die für den Außenhandel sprechen.

2. Nennen Sie Vor- und Nachteile des Außenhandels.

3. Erklären Sie die Begriffe „Wechselkurs", „Aufwertung" und „Abwertung".

4. Wie wirkt eine   a) Aufwertung,
                        b) Abwertung einer Währung auf Im- und Exporte? Begründung.

5. Erklären Sie den Begriff „Floating".

6. Was versteht man unter Gleichgewichtskurs?

7. Welche Im- bzw. Exportänderungen bewirken bei flexiblen Wechselkursen eine

    a) Abwertung,
    b) Aufwertung der Inlandswährung?

8. Nennen Sie die Vor- und Nachteile flexibler Wechselkurse.

9. Begründen Sie, welchen Einfluss folgende Änderungen jeweils auf den Wechselkurs haben:

    a) Importerhöhungen   c) Exporterhöhungen
    b) Importsenkungen   d) Exportsenkungen

10. Welche Wirkungen hat ein   a) hoher,
                                  b) niedriger Dollarkurs

    auf den Außenhandel Deutschlands?

11. Nennen Sie – abgesehen von Wechselkursänderungen – Gründe für

    a) Importsteigerungen,
    b) Exportsteigerungen eines Landes.

12. Nennen Sie Gründe für   a) steigendes Euroangebot,
                               b) steigende Euronachfrage.

13. Der Dollarkurs steigt. Welche Bedeutung hat dies für einen

    a) deutschen Exporteur,
    b) Reisenden in die USA?

14. Mit welchen Maßnahmen kann die Notenbank einem

    a) Steigen,
    b) Sinken des Dollarkurses entgegenwirken?

15. a) Welche Nachteile hat eine Aufwertung der Inlandswährung?

    b) Können sich aus einer Aufwertung für die Inlandswirtschaft auch Vorteile ergeben? Begründung.

16. Beurteilen Sie folgende Aussage: „Die Aufwertung des Euro dämpfte die Inflationsrate."

17. Erklären Sie kurz die Begriffe „weiche und harte Währungen".

18. Welchen Einfluss können   a) sinkende,
                                 b) steigende Wechselkurse

    auf eine momentan aktive Leistungsbilanz haben?

19. Welchen Einfluss können   a) sinkende,
                                 b) steigende Wechselkurse

    auf eine momentane Hochkonjunktur mit hoher Inflation haben?

20. Zitat: „Die Europäische Zentralbank verkaufte massiv Dollar." Warum?

27.4   Instrumente der Außenwirtschaftspolitik

27.4.1   Zollpolitik (= preispolitische Maßnahmen)

Stofftelegramm

Zölle: Abgaben des Staates beim grenzüberschreitenden Warenverkehr (**marktkonform**)

Zollarten: • Importzölle, Exportzölle

• Finanzzölle (zur Erhöhung der Staatseinnahmen),
  Schutzzölle (Schutz vor ausländischer Konkurrenz)

Ziel Konjunkturbelebung:

• Importzölle erhöhen → Importpreise steigen → Importe sinken → Inlandsnachfrage steigt

• Exportzölle senken → Exportpreise sinken → Exporte steigen

Ziel Konjunkturdrosselung: • Importzölle senken, Exportzölle erhöhen (Wirkungen analog)

Kritik an Zollpolitik: Wettbewerbsverzerrung durch Abschirmung ausländischer Konkurrenz bei Importzöllen; Widerspruch zur Liberalisierung des Außenhandels.

MERKE: Innerhalb der EU sind diese Maßnahmen nicht mehr aktuell!

27.4.2   Kontingentpolitik (= mengenpolitische Maßnahmen)

Stofftelegramm

Kontingentierung: Mengenmäßige staatl. Import- bzw. Exportbeschränkung (**marktkonträr**)

Ziel Konjunkturbelebung: • Importkontingente einführen
                                • Importverbote
                                • Exportkontingente aufheben

                                → Schutz der inländischen Wirtschaft

Ziel Konjunkturdrosselung: • Importkontingente aufheben
                                • Exportkontingente einführen
                                • Exportverbote

                                → Versorgungssicherung der inländ. Wirtschaft mit
                                  Rohstoffen ...

Kritik: Völlige Wettbewerbsverzerrung; Widerspruch zur Liberalisierung des Außenhandels

---

27.4.3   Subventionspolitik

> **Stofftelegramm**
>
> z. B.: Exportsubventionen einführen bzw. verringern

27.4.4   Tarifäre und nicht tarifäre Handelshemmnisse

> **Stofftelegramm**
>
> Tarifäre Handelshemmnisse: direkte Maßnahmen der Außenhandelsbeschränkungen, z. B.
> Importzölle, Exportsubventionen, Mindestpreise
> (vgl. Kapitel 27.4.1. Zollpolitik und 27.4.3. Subventionspolitik)
>
> Nicht tarifäre Handelshemmnisse: durch z. B. hohe Standards (DIN-Norm)
> * Ziele:
>   – Schutz der eigenen Industrie (ausländische
>   Unternehmen können die Norm nicht bieten)
>   – Schutz der Verbraucher vor minderwertiger Ware
> * Weitere Formen:
>   – Importquoten
>   – freiwillige Exportbeschränkungen
>   – Kennzeichnungsvorschriften (Made in ...)
>   (vgl. Kapitel 27.4.2. Kontingentpolitik)

28　Die Europäische Integration

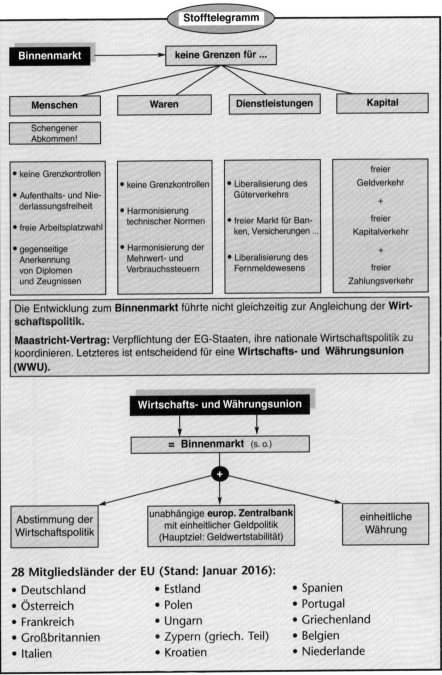

Stofftelegramm

Binnenmarkt → **keine Grenzen für ...**

Menschen	Waren	Dienstleistungen	Kapital

Schengener Abkommen!

Menschen	Waren	Dienstleistungen	Kapital
• keine Grenzkontrollen • Aufenthalts- und Niederlassungsfreiheit • freie Arbeitsplatzwahl • gegenseitige Anerkennung von Diplomen und Zeugnissen	• keine Grenzkontrollen • Harmonisierung technischer Normen • Harmonisierung der Mehrwert- und Verbrauchssteuern	• Liberalisierung des Güterverkehrs • freier Markt für Banken, Versicherungen ... • Liberalisierung des Fernmeldewesens	freier Geldverkehr + freier Kapitalverkehr + freier Zahlungsverkehr

Die Entwicklung zum **Binnenmarkt** führte nicht gleichzeitig zur Angleichung der **Wirtschaftspolitik.**

Maastricht-Vertrag: Verpflichtung der EG-Staaten, ihre nationale Wirtschaftspolitik zu koordinieren. Letzteres ist entscheidend für eine **Wirtschafts- und Währungsunion (WWU).**

Wirtschafts- und Währungsunion

= Binnenmarkt (s. o.)

+

Abstimmung der Wirtschaftspolitik	unabhängige **europ. Zentralbank** mit einheitlicher Geldpolitik (Hauptziel: Geldwertstabilität)	einheitliche Währung

28 Mitgliedsländer der EU (Stand: Januar 2016):

- Deutschland
- Österreich
- Frankreich
- Großbritannien
- Italien
- Estland
- Polen
- Ungarn
- Zypern (griech. Teil)
- Kroatien
- Spanien
- Portugal
- Griechenland
- Belgien
- Niederlande

- Lettland
- Tschechien
- Slowenien
- Rumänien
- Luxemburg

- Schweden
- Finnland
- Dänemark
- Irland

- Litauen
- Slowakei
- Malta
- Bulgarien

19 Eurostaaten (Stand: Januar 2016):
- Deutschland
- Frankreich
- Italien
- Slowenien (2007)
- Estland (2011)

- Spanien
- Niederlande
- Belgien
- Malta (2008)
- Lettland (2014)

- Litauen (2015)
- Österreich
- Finnland
- Portugal
- Zypern (2008)

- Irland
- Luxemburg
- Griechenland (2001)
- Slowakei (2009)

Übersicht zur Europäischen Integration:

Der Weg zur Europäischen Wirtschafts- und Währungsunion (EWWU = WWU)

1951

Montanunion = Europ. Gemeinschaft für Kohle und Stahl **(EGKS)**

EGKS

Mitglieder: Deutschland, Frankreich, Italien, Belgien, Luxemburg, Niederlande

Ziele:
- Bildung eines gemeinsamen Marktes für Kohle und Stahl
- Grundstein legen zur Errichtung einer wirtschaftl. Gemeinschaft

1957

- Europäische Wirtschaftsgemeinschaft **(EWG)** (Mitglieder: s. o.)
- Europäische Atomgemeinschaft **(EURATOM)** (Mitglieder: s. o.)

EWG

EWG:
- Beschluss, auf Europ. **Binnenmarkt** hinzuarbeiten
- **Ausdehnung** der **gemeinsamen Politik** im Bereich Kohle/ Stahl auf weitere Bereiche der **Wirtschaft**, z. B. Landwirtschaft, Fischerei, Verkehr, Wettbewerbsrecht, Außenhandel

1967

Zusammenlegung von EWG + EURATOM + EGKS
= **Europäische Gemeinschaft (EG)**

EG

1968

Zollunion vollendet

Zollunion

Ab jetzt: zollfreier Im- und Export von einem EWG-Staat in einen anderen

(Freihandel)

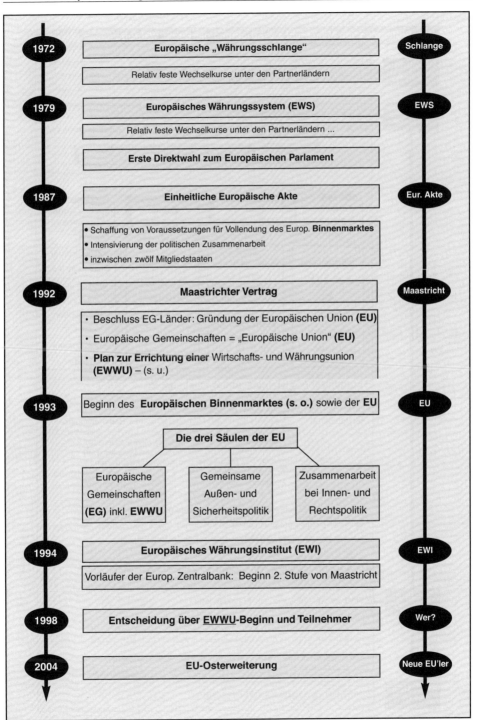

1972

Europäische „Währungsschlange"

Schlange

Relativ feste Wechselkurse unter den Partnerländern

1979

Europäisches Währungssystem (EWS)

EWS

Relativ feste Wechselkurse unter den Partnerländern ...

Erste Direktwahl zum Europäischen Parlament

1987

Einheitliche Europäische Akte

Eur. Akte

• Schaffung von Voraussetzungen für Vollendung des Europ. **Binnenmarktes**
• Intensivierung der politischen Zusammenarbeit
• inzwischen zwölf Mitgliedstaaten

1992

Maastrichter Vertrag

Maastricht

• Beschluss EG-Länder: Gründung der Europäischen Union **(EU)**
• Europäische Gemeinschaften = „Europäische Union" **(EU)**
• **Plan zur Errichtung einer** Wirtschafts- und Währungsunion **(EWWU)** – (s. u.)

1993

Beginn des **Europäischen Binnenmarktes (s. o.)** sowie der **EU**

EU

Die drei Säulen der EU

| Europäische Gemeinschaften **(EG)** inkl. **EWWU** | Gemeinsame Außen- und Sicherheitspolitik | Zusammenarbeit bei Innen- und Rechtspolitik |

1994

Europäisches Währungsinstitut (EWI)

EWI

Vorläufer der Europ. Zentralbank: Beginn 2. Stufe von Maastricht

1998

Entscheidung über <u>EWWU</u>-Beginn und Teilnehmer

Wer?

2004

EU-Osterweiterung

Neue EU'ler

Der Stufenplan von Maastricht zur Errichtung der Europ. Währungsunion (WWU)

1. Stufe:
1990–93
• Liberalisierung des Kapitalverkehrs   • Realisierung des Europ. Binnenmarktes

2. Stufe:
1994–98
• Annäherung **(Konvergenz)** in der Wirtschafts-, Finanz- und Geldpolitik
• Jedes Land muss bestimmte Konvergenzkriterien erfüllen zwecks Aufnahme in die WWU:

Konvergenzkriterien

stabiles Preisniveau	**gesunde Staatsfinanzen**	**stabile Wechselkurse**	**nicht zu hohes Zinsniveau**
Inflationsrate max. **1,5 %** über Durchschnitt der drei stabilsten Länder	jährliche **Neuverschuldung** max. **3 %** des Bruttoinlands-produkts (BIP) **Staatsschulden** insgesamt max. **60 %** des BIP	**EWS-Teilnahme** seit mindestens zwei Jahren ohne große Kurs-schwankungen	durchschnittl. lfr. **Zinssatz** im Jahr vor der Prüfung max. **2 %** über dem Satz der drei preisstabilsten Länder

• **Europäischer Stabilitäts- und Wachstumspakt:**

1996 verständigte sich der ECOFIN-Rat (Rat der Wirtschafts- und Finanzminister), einen „Stabilitäts- und Wachstumspakt" zu beschließen.
Bestimmungen: – Verpflichtung der EU-Mitglieder zu **solider Haushaltspolitik**
   – Mittelfristig: **ausgeglichener Haushalt** bzw. Haushaltsüberschuss
   – **Annäherung** an das Haushaltsziel: jährliche Defizitsenkung
     um mindestens 0,5 % des Bruttoinlandsprodukts (BIP)
   – Vorlage von **Stabilitäts- und Konvergenzprogrammen**
   – **Frühwarnsystem** soll Defizit > 3 % des BIP verhindern; höhere
     Defizite nur ausnahmsweise erlaubt (z. B. starker Abschwung)
   – **Sanktionen** bei Verfehlung der Bestimmungen

• Errichtung des **Europäischen Währungsinstituts (EWI)**

• Ausschluss der Finanzierung öffentlicher Haushalte durch Notenbanken

• Überführung der nationalen **Notenbanken** in die **Unabhängigkeit**

• **Entscheidung** über **Beginn** der WWU und die **Teilnehmer**

• Errichtung des **Europäischen Systems der Zentralbanken (ESZB)**

3. Stufe:
1999–02
• **Start** der Währungsunion am **1. Januar 1999**

• Festlegung der **Wechselkurse** der Teilnehmerwährungen

• Einheitliche Geldpolitik durch das Europäische Zentralbanksystem **(ESZB)**

• Noten-, Münzausgabe in **EUR**, seit 2002 Ersatz nationaler Geldzeichen

seit Februar
2014
Einheitlicher Zahlungsverkehr in Europa: SEPA

Vorteile einer Europäischen Währungsunion

- keine **Wechselkursschwankungen** innerhalb der Währungsunion:

  - Wegfall des Wechselkursrisikos fördert den Außenhandel (mehr Planungssicherheit für die Wirtschaft)
  - keine Wechselkursspekulationen mehr mit negativen Auswirkungen auf den innergemeinschaftlichen Handel

- **Transaktionskosten** (Währungsumtauschkosten, Versicherungskosten ...) entfallen

- verbesserte Preisvergleiche **(Preistransparenz)** möglich

- **größeres Angebot** von Waren und Dienstleistungen, größere Finanzierungsmöglichkeiten ...

- Belebung des innergemeinschaftlichen Handels ... Folge: evtl. **Wachstumsschub**

- Entstehung eines **starken Währungsblocks** als Gegenstück zu Yen und USD

- **Stabilität** der Gemeinschaftswährung evtl. höher als durchschnittliche Stabilität der EU-Mitgliedsstaaten

- Verstärkung des **Zusammengehörigkeitsgefühls** durch gemeinsame Währung (europäische Identität = positiv für die Völkerverständigung)

- Einhaltung von **Stabilitätskriterien** (Konvergenzkriterien) führte zu positiven Wirkungen bereits im Vorfeld der Währungsunion, aber auch danach (Sanktionen gegen Länder, die die Stabilitätskriterien nicht erfüllen). Folge: Schaffung einer europäischen **Stabilitätsgemeinschaft**

- Konkurrenzvergrößerung bei Unternehmen und Gewerkschaften führt zu **Preis- und Lohndisziplin**

- Fortsetzung des europäischen **Einigungsprozesses;** Vorarbeiten für politische + soziale Integration

- Verhinderung nationaler Alleingänge und **Rivalitäten** in Europa

- Stärkung der **Wettbewerbsfähigkeit** gegenüber anderen Regionen der Welt

- Strenge + glaubwürdige **Antiinflationspolitik** der **EZB** führt zu Preisstabilität und langfristig niedrigen Zinsen. Die Zinsen sinken zudem aufgrund der wegfallenden Wechselkursgebühren sowie größerer Liquidität eines europäischen Finanzeinheitsmarktes. Folge: Investitionen + Wachstum werden gefördert.

Nachteile (Probleme) einer Europäischen Währungsunion

- nicht alle EU-Staaten wurden aufgrund mangelnder Konvergenz von Anfang an in die Währungsunion aufgenommen → Start mit nur kleinerer Gruppierung → Gefahr: Spaltung Europas in „**Ins**" und „**Outs**" (Europa mit mehreren Geschwindigkeiten)

- Währungsunion evtl. **verfrüht** (Währungsunion ohne vorherige Schaffung einer politischen Union)

- Währungsunion evtl. zum **falschen Zeitpunkt:** In Zeiten einer **Konjunkturflaute** (hohe Arbeitslosenzahlen) bewirkt das Anstreben der Konvergenzkriterien eine Verschärfung der Situation. (Der Staat sollte in dieser Phase die Wirtschaft ankurbeln durch erhöhte Staatsinvestitionen, Steuersenkungen ... Das Gegenteil wird zwecks Erfüllung der Konvergenzkriterien momentan getan → man ist also weit entfernt von einer „antizyklischen Fiskalpolitik".) Einige Wirtschaftswissenschaftler sind der Ansicht, die ehemals **schwache Konjunktur** resultiere zu einem Gutteil aus den europaweiten Ausgabenkürzungen zwecks Erfüllung des 3 %-Kriteriums von Maastricht.
  Stichwort: „**Wir sparen ... und machen damit den Aufschwung kaputt.**"

- billiges **Arbeitskräfteangebot** aus anderen EU-Ländern drückt evtl. Löhne und Gehälter in Deutschland

- finanzpolitisches **Fehlverhalten** eines Mitgliedslandes wirkt evtl. negativ auf andere Länder

Aufgaben

1. Was versteht man unter einem **Binnenmarkt?**

2. Wodurch unterscheidet sich der **Binnenmarkt** von einer **Wirtschafts- und Währungsunion?**

3. Nennen Sie kurz die einzelnen **Stationen** auf dem Weg zur Europäischen Union **(EU).**

4. Welche wesentlichen wirtschaftspolitischen Punkte beinhaltet der **Maastrichter Vertrag?**

5. Welche wesentlichen Inhalte hat der **Drei-Stufenplan** von Maastricht?

6. Was versteht man unter „**Konvergenz"?**

7. Nennen Sie die im Maastricht-Vertrag fixierten **Konvergenzkriterien.**

8. „Bedeutender als die einmalige Konvergenz ist die nachhaltige Konvergenz."

   a) Erklären Sie diese Aussage.

   b) Wie wird erreicht, dass sich die EWWU-Staaten um nachhaltige Konvergenz bemühen?

9. Welche wirtschaftspolitischen **Chancen** und **Risiken** könnten aus der Errichtung einer Europäischen Wirtschafts- und Währungsunion **(EWWS)** resultieren?

10. Nennen Sie Vor- und Nachteile einer an **Konvergenzkriterien** orientierten Wirtschafts- und Finanzpolitik des Staates.

11. Erklären Sie die Aussage:

    „Wir sparen für die Konvergenz und machen den Aufschwung kaputt."

12. Nennen Sie kurz die Bestimmungen des **Europäischen Stabilitäts- und Wachstumspakts.**

13. Verfolgen Sie die aktuelle Entwicklung in der **Tagespresse.**

29 Übungen (vermischte Aufgaben)

Aufgabe 1

Die Bilanz einer **KG** (Maschinenfabrik) weist zum 31. Dezember 01 folgende Zahlen aus:

Aktiva	zusammengefasste Bilanz zum 31. Dez. 01 (in EUR)		Passiva
Ausstehende Kommanditeinlage	50.000,00	Kapital Komplementär A	2.000.000,00
		Kapital Kommanditist B	400.000,00
Anlagevermögen	8.700.000 ,00	Langfristiges Fremdkapital	7.900.000,00
Umlaufvermögen	2.500.000,00	Kurzfristiges Fremdkapital	950.000,00
	11.250.000,00		11.250.000,00

JÜ: 540.000,00 EUR Umsatzerlöse laut GuV:
12,5 Mio. EUR;
Zinsaufwendungen laut GuV: 620.000,00 EUR
Bilanzielle Abschreibungen auf Anlagen: 1,3 Mio. EUR
Zuführung zu Pensionsrückstellungen: 0,3 Mio. EUR

Im Umlaufvermögen enthalten:
- Forderungen: 880.000,00 EUR
- flüssige Mittel: 370.000,00 EUR

1. Erklären Sie die **Haftungsregelung** für den Komplementär und Kommanditisten.

2. Welche Bedeutung hat der **Handelsregistereintrag** für die Haftung des Kommanditisten?

3. Inwiefern unterscheidet sich die bilanzielle Behandlung des **Gewinnanteils** beim Komplementär und Kommanditisten?

4. Gewinnanteile im Jahr 01: 480.000,00 EUR (Komplementär A), 60.000,00 EUR (Kommanditist B). Privatentnahmen Komplementär A im Jahr 01: 180.000,00 EUR.

4.1 Wie viel Euro beträgt die **Selbstfinanzierung** der KG im Jahr 01?

4.2 Wie viel Euro betrugen die Kapitalanteile zum 1. Januar 01?

5. Der Leiter des Rechnungswesens wurde beauftragt, das **tatsächliche Eigenkapital** der KG zum 31. Dez. 01 zu ermitteln. Es lag um 2.300.000,00 EUR über dem bilanziellen Eigenkapital. Nennen Sie mindestens fünf mögliche Ursachen für diese Abweichung.

6. Der **Betriebsgewinn** der KG war um 350.000,00 EUR niedriger als der Gewinn laut GuV. Nennen Sie mindestens vier mögliche Ursachen für diese Abweichung.

7.1 Ermitteln und beurteilen Sie die **Umsatz- und Eigenkapitalrentabilität ohne Berücksichtigung der ausstehenden Einlage.**

7.2 Berechnen Sie die Gesamtkapitalrentabilität unter der Annahme, dass das Gesamtkapital zu Jahresanfang 10.750.000,00 EUR betrug.

8. Erklären Sie den „**Leverage-Effekt**" unter Bezugnahme auf die KG.

9. Ermitteln und beurteilen Sie folgende **Kennzahlen**:

- Eigenkapitalquote
- Verschuldungsgrad
- Liquidität 2. Grades
- Cashflow
- Deckungsgrad II

10. Welche Aussagekraft hat der Cashflow?

11. Die KG steht vor der Frage, einen Lkw zu **leasen** oder auf Kreditbasis zu kaufen. Nennen Sie je drei Vor- und Nachteile des Leasings.

12. Ein Großteil der Neuanschaffungen wurde durch **Abschreibungen finanziert.**

12.1 Erklären Sie die Funktionsweise dieser Finanzierungsart in Stichworten.

12.2 Warum ist die Finanzierung aus Abschreibungen eine **Umfinanzierung?**

12.3 Wann liegt im Zusammenhang mit der Finanzierung aus Abschreibungen eine **stille Selbstfinanzierung** vor?

13. Im Laufe des Geschäftsjahres wurden **Anlagegüter** im Gesamtwert von 80.000,00 EUR angeschafft, die in der Bilanz überhaupt nicht auftauchen. Ursache?

14. Die Position „Wertpapiere des Anlagevermögens" enthält **Anleihen und Aktien.**

14.1 Nennen Sie die wesentlichen Unterschiede beider Wertpapierarten.

14.2 Bei den Aktien handelt es sich z. T. um **vinkulierte Namensaktien**, z. T. um **Inhaberaktien**. Erklären Sie die Unterschiede.

14.3 Der Kurswert der Aktien betrug am Kauftag (20. Oktober 01) 62.500,00 EUR, am 31. Dez. 01

a) 54.700,00 EUR,   b) 65.800,00 EUR. Wie lautet der **Bilanzansatz?**

14.4 Wie wäre 14.3 zu beantworten, wenn es sich um **Wertpapiere des Umlaufvermögens** gehandelt hätte?

15. Die Position **Verbindlichkeiten** enthält die Rechnung vom 15. Dezember 01 eines Lieferanten aus den USA in Höhe von 114.000,00 USD. Zahlungsziel: 4 Wochen.

USD-Kurs 15. Dezember 01 (Devisenkassamittelkurs):   1,20

USD-Kurs 31. Dezember 01 (Devisenkassamittelkurs):   1,25

15.1 Mit welchem Euro-Betrag wurde die Verbindlichkeit am 15. Dezember 01 gebucht?

15.2 Wie lautet der Bilanzansatz am 31. Dezember 01?

15.3 Welche Auswirkung hat eine eventuell notwendige Abschlussbuchung per 31. Dezember auf den Bilanzgewinn?

16. In die **Rückstellungen** wurden insgesamt 400.000,00 EUR eingestellt.

16.1 Welche Wirkung hat die Buchung einer Rückstellung auf den Bilanzgewinn?

16.2 Inwiefern unterscheiden sich **Rückstellungen** von **Rücklagen?**

16.3 Warum enthält die KG-Bilanz im Gegensatz zur AG-Bilanz keine Rücklagen?

17. Aus der Kostenrechnung liegen für **Fertigungserzeugnisse** folgende Zahlen vor:

Materialeinzelkosten:	30.000,00 EUR	Ermitteln Sie die handels-
MGK-Zuschlag:	40 %	rechtliche Ober- und Unter-
Fertigungseinzelkosten:	50.000,00 EUR	grenze für den Wertansatz
FGK-Zuschlag:	180 %	zum 31. Dezember.
Sondereinzelkosten der Fertigung:	1.000,00 EUR	
Verwaltungsgemeinkosten (herstellungsbezogen):	2.000,00 EUR	
Zinsen Fremdkapital:	3.000,00 EUR	

18. Für die Produktion eines neuen Erzeugnisses N wird erwogen, eine neue, völlig selbstständig arbeitende Filiale zu gründen. Folgende Planzahlen wurden für die neu zu gründende Filiale ermittelt:

Preis (ohne USt.)	8.400,00 EUR	Absatzmengen/Jahr:
Variable Stückkosten	7.000,00 EUR	Optimalschätzung: 1.500 Stück
Fixkosten/Jahr	1.000.000,00 EUR	Minimalschätzung: 500 Stück

18.1 Würden Sie der KG zur Gründung der Filiale raten? Führen Sie die zur Entscheidung notwendigen **Berechnungen** durch.

18.2 Denkbar wäre auch die Gründung der Filiale an einem anderen Standort, wobei hier geringere Fixkosten entstehen würden. Die **Nutzenschwelle** wurde hier bei 600 Stück errechnet. Ermitteln Sie die Höhe der in dieser Filiale anfallenden Fixkosten.

18.3 Die KG entscheidet sich gegen die Gründung der Filiale. Das Produkt wird zunächst im eigenen Hause hergestellt, wobei freie Kapazitäten durch Herausnahme eines anderen Produkts genutzt werden. In zwei Jahren wurde das Produkt N zum „Renner" und mit jährlich 1.500 Stück verkauft.

18.3.1 Welche Voraussetzungen lagen offenbar vor, um ein Produkt aus dem Produktionsprogramm zu **streichen**?

18.3.2 Ein bisheriger regelmäßiger Käufer des Produkts N droht, zur Konkurrenz zu wechseln, wenn ihm nicht mindestens ein Rabatt von 10 % auf alle Lieferungen gewährt werde. Der Kunde kaufte bisher pro Jahr 50 Stück des Produkts N.

a) Sollen wir den Kunden halten, wenn obige Kostensituationen gelten?

b) Um wie viel Euro würde sich unser Gesamtgewinn im Vergleich zur vorherigen Situation ändern, wenn wir auf den vom Kunden verlangten Preis eingehen?

c) Um wie viel Euro würde sich unser Gesamtgewinn ändern, wenn wir den Kunden verlieren? (Vergleichen Sie mit Situation b!)

d) Welche Gründe könnten uns dazu veranlassen, auf den Kunden trotz obiger Berechnungen zu verzichten?

Aufgabe 2

Die Ottweiler AG weist (nur auszugsweise) für das Jahr 01 folgende Zahlen aus: (TEUR)

Gezeichnetes Kapital	30.000
Gesetzliche Rücklage	2.850
Andere Gewinnrücklagen	4.240
Verlustvortrag aus dem Vorjahr	24
Jahresüberschuss	5.500

1. Welcher Betrag ist nach dem Aktiengesetz der **gesetzlichen Rücklage** zuzuführen?

2. Vorstand und Aufsichtsrat stellen den Jahresabschluss fest und führen den **anderen Gewinnrücklagen** den gesetzlich zulässigen Höchstbetrag zu.

   Ermitteln Sie diesen Betrag und den **Bilanzgewinn** für das Jahr 01.

3. Welche **Stückdividende** (ganze Euro) je Aktie (nomineller Anteil je Aktie am gezeichneten Kapital: 50,00 EUR) kann bei voller Ausschüttung des Bilanzgewinns der Hauptversammlung zur Beschlussfassung vorgeschlagen werden, und welcher **Gewinnvortrag** ergibt sich?

4. Welche Argumente lassen sich für, welche gegen eine volle Ausschüttung des **Bilanzgewinns** anführen?

5.   Für die beiden Erzeugnisgruppen Heizungspumpen und Schiffspumpen liefert der
      Betriebsabrechnungsbogen folgende Ist-Kosten-Zahlenwerte:

Ist-Kostenrechnung	Heizungspumpen (TEUR)	Schiffspumpen (TEUR)	insgesamt (TEUR)
Selbstkosten	2.600	16.060	18.660
Umsatzerlöse	2.400	16.600	19.000

5.1   Berechnen Sie den Erfolgsanteil der Schiffs- und Heizungspumpen am
      Betriebsergebnis.

5.2   Welche Produktionsentscheidung wird der Vorstand wohl treffen, wenn er die **Vollkos-
      tenrechnung** seiner Entscheidung zugrunde legt?

6.   Die AG will zukünftig eine flexiblere Preispolitik betreiben. Sie beabsichtigt daher,
      neben der Vollkostenrechnung eine **Teilkostenrechnung (Deckungsbeitragsrech-
      nung)** durchzuführen. Eine Kostenanalyse ergibt fixe Kosten von 8.800,5 TEUR. Die
      variablen Kosten betragen für Heizungspumpen 1.155 TEUR und für Schiffspumpen
      8.704,5 TEUR.

6.1   Ermitteln Sie die **Deckungsbeiträge** und das **Betriebsergebnis.**

6.2   Inwiefern wird der Vorstand auf der Basis der **Deckungsbeitragsrechnung** seine
      frühere Entscheidung (siehe 5.2) revidieren? Begründen Sie Ihre Aussage anhand der
      Zahlenwerte der Deckungsbeitragsrechnung.

6.3   Im Jahr 01 wurden folgende Verkaufsergebnisse erzielt:
      Heizungspumpen   9.500 Stück
      Schiffspumpen   3.000 Stück
      Im neuen Jahr sollen diese Verkaufszahlen auf jeden Fall gehalten werden. Bis zu
      welchen **absoluten Untergrenzen** je Stück kann der Verkaufsleiter kurzfristig seine
      Preise senken, sofern keine Kostenveränderungen eintreten?

Aufgabe 3

1.   Die Jahresbilanz der Alpha-Motoren-AG hat zum 31. Dezember 01 folgendes Aussehen
      (vereinfachte Darstellung):

Aktiva	Jahresbilanz zum 31. Dezember 01 in EUR		Passiva
Grundstücke	908.600,00	Gezeichnetes Kapital	1.400.000,00
Maschinen	480.600,00	Gesetzliche Rücklage	253.000,00
Betriebs- und Geschäftsausst.	214.976,00	Andere Gewinnrücklagen	1.070.000,00
Anlagen im Bau	217.400,00	Rückstellungen:	
Beteiligungen	328.317,00	Pensionsrückstellungen	2.010.000,00
Vorräte	2.246.679,00	andere Rückstellungen	1.103.930,00
Forderungen	3.615.010,00	Verbindlichkeiten	2.943.186,00
Wechsel, Kasse, Bank	1.018.964,00	Bilanzgewinn	252.000,00
Rechnungsabgr.posten	1.570,00		
	9.032.116,00		9.032.116,00

Erläuterungen: Der ausgewiesene Bilanzgewinn wird voll ausgeschüttet. Der Kurs der
               Aktien betrug am 31. Dez. 01 160,00 EUR je Aktie (nomineller Anteil am
               gezeichneten Kapital: 50,00 EUR).

1.1 Berechnen Sie den **Bilanzkurs**.

1.2 Gehen Sie davon aus, dass die Differenz zum **Börsenkurs** nur auf das Vorhandensein **stiller Reserven** zurückzuführen ist. Ermitteln Sie unter dieser Voraussetzung die Höhe der stillen Reserven.

1.3 Welche Erklärungsmöglichkeiten für die Differenz zwischen Börsen- und Bilanzkurs gibt es neben der Existenz stiller Reserven?

1.4 Bei einer von der Geschäftsleitung in Auftrag gegebenen Untersuchung wurde festgestellt, dass folgende Wertansätze **wirtschaftlich** vertretbar wären:

Grundstücke	1.958.600,00 EUR
Betriebs- und Geschäftsausstattung	204.976,00 EUR
andere Rückstellungen	1.053.930,00 EUR

1.4.1 Überprüfen Sie diese Bilanzpositionen und geben Sie an, bei welchen Positionen und in welcher Höhe **stille Reserven** vorliegen.

1.4.2 Legen Sie dar, auf welche Weise die Bewertungsunterschiede in den Positionen Grundstücke bzw. Betriebs- und Geschäftsausstattung zustande gekommen sein können.

2. Durch eine am 15. Februar 01 durchgeführte **Kapitalerhöhung** flossen der Alpha-Motoren-AG (siehe oben 1) insgesamt 560.000,00 EUR zu. Emissionskosten bleiben unberücksichtigt. Die neuen Aktien wurden zu 70,00 EUR ausgegeben. Der Kurs der alten Aktien (nomineller Anteil am gezeichneten Kapital je Aktie: 50,00 EUR) betrug zu diesem Zeitpunkt 170,00 EUR.

   Berechnen Sie das Bezugsverhältnis, den rechnerischen Wert des Bezugsrechts und den voraussichtlichen „Kurs ex Bezugsrecht".

3. Nennen Sie vier allgemeine **Finanzierungsgrundsätze**, die von der AG bei der Beurteilung alternativer Finanzierungsmöglichkeiten für verschiedene Investitionen zu beachten sind.

4. Die AG hat für ihre Produkte auf dem europäischen Markt nur zwei Konkurrenten, die ebenfalls in der Bundesrepublik ansässig sind. Mit den Geschäftsführern dieser beiden Firmen ist eine Besprechung vereinbart, in der folgende Punkte angesprochen werden sollen:

   • Vereinbarung über gemeinsame Rabattsätze

   • Erarbeitung gemeinsamer technischer Normen

   • Preisabsprache über einen Großauftrag einer staatlichen Institution

4.1 • Wie heißen die in den vier genannten Punkten aufgeführten einzelnen Formen der **Zusammenarbeit?**

   • Welche Auswirkungen haben sie auf den Wettbewerb?

   • Wie werden sie rechtlich behandelt?

4.2 Die Alpha-Motoren-AG gehört zu einem **Konzern**. Erklären Sie kurz diesen Begriff.

4.3 Zum Konzern gehört auch die Müller-Bau **GmbH & Co. KG.**

4.3.1 Erklären Sie die rechtliche Konstruktion dieser Unternehmungsform.

4.3.2 Welche Vorschriften gelten hinsichtlich der Firma einer GmbH & Co. KG?

4.3.3 Nennen Sie die Vor- und Nachteile dieser Rechtsform im Vergleich zur GmbH und KG.

30 „Formelsammlung" (Wichtiges in Kürze)

Kosten- und Leistungsrechnung

Kosten: Begriff der KLR. <u>Betrieblich bedingter</u> Werteverzehr in einer Periode.
Kurz: Betriebliche Aufwendungen

Leistungen: Begriff der KLR. <u>Betrieblich bedingter</u> Wertezufluss in einer Periode.
Kurz: Betriebliche Erträge

Neutrale (unternehmensbezogene) Aufwendungen: betriebsfremde, periodenfremde,
außerordentl. Aufwendungen, Verluste aus Anlageabgängen

Neutrale Aufwendungen	Zweckaufwand (= kostengleicher Aufwand)	
	Grundkosten (= aufwandsgleiche Kosten)	Zusatzkosten

Kalkulatorische Kosten: • kalkulatorische Abschreibungen • kalkulatorische Zinsen
• kalkulatorischer Unternehmerlohn (• kalkulatorische Wagnisse)

Gemeinkostenzuschlagsätze:

Materialeinzelkosten	= 100 %	Herstellkosten	= 100 %	
Materialgemeinkosten	= x % (MGKZ)	Verwaltungsgemeinkosten	= x % (VwGKZ)	
Fertigungseinzelkosten	= 100 %	Herstellkosten	= 100 %	
Fertigungsgemeinkosten	= x % (FGKZ)	Vertriebsgemeinkosten	= x % (VwGKZ)	

Gesamtkalkulation		Stückkalkulation (Kostenträgerstückrechn.)	
	MEK		MEK
+	MGK	+	MGK
+	FEK	+	FEK
+	FGK	+	FGK
+	SEKF	+	SEKF
=	HK	=	Herstellkosten
+	VwGK	+	VwGK
+	VtGK	+	VtGK
+	SEKV	+	SEKV
=	Selbstkosten	=	Selbstkosten
		+	Gewinn
		=	Barverkaufspreis
		+	Kundenskonti
		=	Zielverkaufspreis
		+	Kundenrabatt
		=	Nettoverkaufspreis

Abkürzungen:

HK = Herstellkosten
MEK = Materialeinzelkosten
MGK = Materialgemeinkosten
FEK = Fertigungseinzelkosten
FGK = Fertigungsgemeinkosten
VwGK = Verwaltungsgemeinkosten
VtGK = Vertriebsgemeinkosten

Überdeckung: Verrechnete Normalgemeinkosten > Ist-Gemeinkosten
Unterdeckung: Verrechnete Normalgemeinkosten < Ist-Gemeinkosten

Abstimmung im Kostenträgerzeitblatt:
Umsatzergebnis + Überdeckung = Betriebsergebnis
Umsatzergebnis − Unterdeckung = Betriebsergebnis

$$\text{Beschäft.grad (x \%)} = \frac{\text{tatsächl. Produktion} \cdot 100}{\text{Kapazität}}$$

Umsatzformel (Erlösformel)

Umsatz = Preis · Produktionsmenge

$U \quad = p \cdot x$

Gesamtkostenformel

Kosten = variable Kosten + Fixkosten

$K \quad = K_v \quad\quad\quad + K_f$

$K \quad = k_v \cdot x \quad\quad + K_f$

Gewinnformel

Gewinn = Umsatz − Kosten

Gewinn = $p \cdot x \quad - (k_v \cdot x + K_f)$

Nutzenschwelle (Gewinnschwelle)

Umsatz = Kosten

$p \cdot x \quad = k_v \cdot x + K_f$

Gewinnmaximum ⟶ an der **Kapazitätsgrenze**

Stückbetrachtung ──── **Deckungsbeitragsrechnung** ──── **Gesamtbetrachtung**

Preis	· Stück =	**Umsatzerlöse**
− **variable Stückkosten**	· Stück =	− **variable Kosten**
= **Deckungsbeitrag je Stück**	· Stück =	= **Deckungsbeitrag insgesamt**

Schema einer Deckungs-beitrags-rechnung ⟶

Umsatzerlöse
− variable Kosten
= Deckungsbeitrag
− Fixkosten
= Betriebsergebnis

Prozesskostenrechnung

leistungsmengeninduzierte Teilprozesse (Imi-Teilprozesse)

Kosten proportional zur Anzahl der Kostentreiber

Analog: **variable Kosten**

leistungsmengenneutrale Teilprozesse (Imn-Teilprozesse)

Kosten unabhängig von der Leistungsmenge

Analog: **fixe Kosten**

$$\text{Teilprozesskostensatz} = \frac{\text{Teilprozesskosten}}{\text{Teilprozessmenge}}$$

$$\text{Umlagesatz} = \frac{\text{Imn-Prozesskosten}}{\text{Summe Imi-Prozesskosten}} \cdot \text{Teilprozesskostensatz}$$

Gesamtprozesskostensatz
=
Teilprozesskostensatz
+
Umlagesatz

Rechtsformen und Finanzierung

Gewinnverteilung bei OHG und KG

Gesetzliche Regelung ⟶ § 121 HGB

Jeder Gesellschafter erhält zunächst: **4 % seines Kapitalanteils**

Ist Gewinn hierdurch noch nicht verbraucht: **Restgewinnverteilung nach Köpfen**

Gesamtgewinn < 4 % der Kapitalanteile:
Verteilung zu niedrigerem Satz

Verlustverteilung:
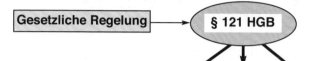
Nach Köpfen

Das Bezugsrecht bei der AG

$$\text{Bezugsverhältnis} = \frac{\text{altes Grundkapital}}{\text{Kapitalerhöhung}}$$

$$\text{Bezugsrecht} = \frac{Ka - Kn}{\frac{a}{n} + 1}$$

$$\text{Mittelkurs} = Ka - \text{Bezugsrecht}$$

$$\text{Bezugsrecht} = Ka - \text{Mittelkurs}$$

$$\text{Kurs ex Bezugsrecht} = Ka - \text{Börsenkurs des Bezugsrechts}$$

Schema: Verwendung des Jahresüberschusses

Jahresüberschuss (JÜ)
- Verlustvortrag (VV)

= Basis für gesetzliche Rücklage
+ Gewinnvortrag (vom Vorjahr)
- Einstellung in **gesetzliche Rücklage**

= Rest
- Einstellung in **andere Gewinnrücklagen**
  (Vorstand + Aufsichtsrat)

= **Bilanzgewinn**
- Einstellung weiterer Beträge in **andere Gewinnrücklagen** durch Hauptvers.

= verfügbar für Dividende
- **Dividende**

= Gewinnvortrag

Der Bilanzkurs

| Grundkapital | = | 100 % |
| Eigenkapital | = | x % |

$$\text{Bilanzkurs (x \%)} = \frac{\text{Eigenkapital} \cdot 100}{\text{Grundkapital}}$$

Die Zinseszinsformel

$$K_n = K_0 \cdot \left(1 + \frac{p}{100}\right)^n$$

$$K_n = K_0 \cdot q^n$$

Die Barwertformel

$$K_0 = K_n : \left(1 + \frac{p}{100}\right)^n$$

$$K_0 = K_n \cdot \frac{1}{q}^n$$

Bewertung und Kennzahlen

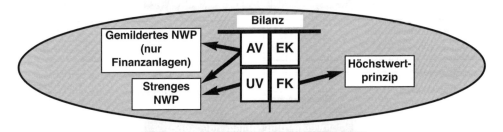

Die Herstellungskosten nach BilMoG

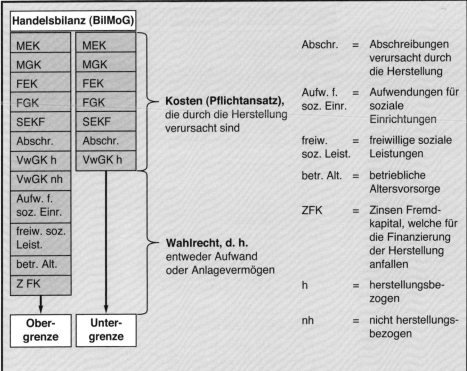

Handelsbilanz (BilMoG)

MEK	MEK
MGK	MGK
FEK	FEK
FGK	FGK
SEKF	SEKF
Abschr.	Abschr.
VwGK h	VwGK h
VwGK nh	
Aufw. f. soz. Einr.	
freiw. soz. Leist.	
betr. Alt.	
Z FK	

Kosten (Pflichtansatz), die durch die Herstellung verursacht sind

Wahlrecht, d. h. entweder Aufwand oder Anlagevermögen

Ober- grenze	**Unter- grenze**

Abschr. = Abschreibungen verursacht durch die Herstellung

Aufw. f. soz. Einr. = Aufwendungen für soziale Einrichtungen

freiw. soz. Leist. = freiwillige soziale Leistungen

betr. Alt. = betriebliche Altersvorsorge

ZFK = Zinsen Fremd-kapital, welche für die Finanzierung der Herstellung anfallen

h = herstellungsbe-zogen

nh = nicht herstellungs-bezogen

Hinweis: Bei der Ermittlung der Herstellungskosten ergeben sich eine Ober- und Untergrenze. Beim Wertansatz in der Bilanz ist die Ober- bzw. Untergrenze mit dem Marktpreis zu vergleichen **(str. NWP).**

Bilanzkennzahlen

Finanzierung (Kapitalstruktur)

Grad der finanziellen Unabhängigkeit (Eigenkap.quote) $= \dfrac{EK \cdot 100}{\text{Gesamtkapital}}$

Verschuldungsgrad $= \dfrac{FK}{\text{Eigenkapital}}$

Fremdkapitalquote $= \dfrac{FK \cdot 100}{\text{Gesamtkapital}}$

Selbstfinanzierungsgrad $= \dfrac{\text{Gew.rückl.}}{\text{Gez. Kapital}}$

Investierung (Anlagendeckung)

Deckungsgrad I $= \dfrac{EK \cdot 100}{AV}$

Deckungsgrad II $= \dfrac{(EK + \text{lfr. FK}) \cdot 100}{AV}$

Liquidität (Zahlungsbereitschaft)

Liquidität 1. Grades $= \dfrac{\text{flüssige Mittel} \cdot 100}{\text{kfr. Verbindlichkeiten}}$

Liquidität 2. Grades (einzugsbedingte Liquidität) $= \dfrac{(\text{flüssige Mittel} + \text{Forderungen}) \cdot 100}{\text{kfr. Verbindlichkeiten}}$

Erfolgskennzahlen

Anteil der „Ergebnisse" am Jahresergebnis

Ergebnis aus gewöhnlicher Geschäftstätigkeit

+ Ergebnis aus außergewöhnlicher Geschäftstätigkeit

= Jahresüberschuss

Bereinigung des Jahresergebnisses (i. d. R. nicht verlangt)

Jahresüberschuss (JÜ)

+ außerordentliche Aufwendungen

– außerordentliche Erträge

= korrigierter Jahresüberschuss

Bei Einzelunternehmen und Personengesellschaften:

./. kalkulatorischer Unternehmerlohn

Ertragsstrukturanalyse (Rentabilität)

$$\text{Eigenkapital-Rentabilität} = \frac{\text{JÜ} \cdot 100}{\text{durchschn. Eigenkapital}}$$

$$\text{Gesamtkapital-Rentabilität} = \frac{(\text{JÜ} + \text{Zinsaufw.}) \cdot 100}{\text{durchschn. Gesamtkapital}}$$

$$\text{Umsatzrentabilität} = \frac{\text{JÜ} \cdot 100}{\text{Umsatzerlöse}}$$

Cashflow	**Cashflow**	**Cashflow**
=	=	=
Jahresüberschuss	momentan **verfügbarer Betrag** für Dividendenzahlungen, Investitionen, Schuldtilgung ...	**Maßstab** für Ertragskraft, Selbstfinanzierungskraft, Kreditwürdigkeit, Expansionsfähigkeit
+ Abschreibungen auf Anlagen		
+ Zuführung zu lfr. Rückstellungen		

EBIT = Jahresüberschuss + Steueraufwand – Steuererträge + außerordentlicher Aufwand – außerordentliche Erträge + Zinsaufwand – Zinserträge

Außerordentliche Aufwendungen und Erträge, Zinsaufwendungen, -erträge, Steueraufwendungen und -erträge werden ignoriert. Begründung: Diese Positionen sind nicht durch die eigentliche betriebliche Tätigkeit entstanden. → Bereinigung des Gewinns notwendig

Anhand des EBIT können **Bilanzanalysten** zum Beispiel den betrieblichen Gewinn verschiedener Geschäftsjahre oder Unternehmensbereiche direkt **vergleichen**, ohne dass die Resultate durch schwankende Steuersätze, Zinsaufwendungen oder sonstige außerordentliche Faktoren verzerrt werden.

Volkswirtschaftslehre

Preiselastizität der Nachfrage

$$\text{Direkte Preiselastizität der Nachfrage} = \frac{\text{prozentuale Mengenänderung}}{\text{prozentuale Preisänderung}} = \frac{dx \cdot p}{dp \cdot x}$$

Elastische Nachfrage	Preis steigt ⟶ Umsatz sinkt Preis sinkt ⟶ Umsatz steigt

Unelastische Nachfrage	Preis steigt ⟶ Umsatz steigt Preis sinkt ⟶ Umsatz sinkt

$$\text{Indirekte Preiselastizität der Nachfrage (Kreuzpreiselastizität)} = \frac{\text{prozentuale Mengenänderung bei Gut A}}{\text{prozentuale Preisänderung bei Gut B}} = \frac{dx_A \cdot p_B}{dp_B \cdot x_A}$$

Konjunktur ⟶ $$\text{Arbeitslosenquote} = \frac{\text{Arbeitslose} \cdot 100}{\text{(abhängige) Erwerbspersonen}}$$

Geldmengenbegriffe (M1, M2, M3) der Europäischen Zentralbank (EZB)

Bargeldumlauf + täglich fällige Einlagen (Giralgeld)	= M1
Einlagen mit vereinbarter Laufzeit bis zu zwei Jahren Einlagen mit vereinb. Kündigungsfrist bis zu drei Monaten	= M2
Von den Monetären Finanzinstituten (MFIs) ausgegebene **Geldmengensubstitute** (Repogeschäfte, Geldmarktfondsanteile, Schuldverschreibungen mit Laufzeit bis zwei Jahre)	

= M3

Geldmengenziel (Referenzwert) 2003:

M3-Wachstum max. ca. 4,5 %

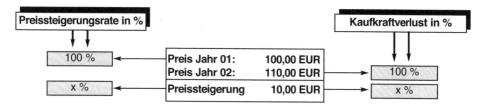

Preissteigerungsrate in %

Kaufkraftverlust in %

100 %	←	Preis Jahr 01:	100,00 EUR	→	100 %
x %	←	Preis Jahr 02:	110,00 EUR		
		Preissteigerung	10,00 EUR	→	x %

(Fishersche) Verkehrsgleichung (= Quantitätsgleichung des Geldes)

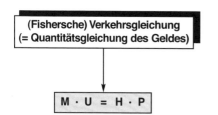

$$M \cdot U = H \cdot P$$

Maximale Geldschöpfung bei vollständigem Bargeldrückfluss

$$\text{Geldschöpfung} = \frac{\text{Überschussreserve}_1 \text{ (Ü)}}{\text{Reservesatz (R)}}$$

31   Abituraufgaben 2013

Betriebswirtschaftslehre

Aufgabe 1: Kapitalgesellschaften (rechtliche Grundlagen), Kosten- und Erlösfunktionen, Deckungsbeitragsrechnung

Peter Paulus, Markus Metzler und Bernhard Braun gründen die High Energy GmbH mit Sitz in Isny im Allgäu. Geschäftszweck ist die Herstellung elektronischer Bauteile. Hauptabnehmer sind die Automobilindustrie und Hersteller von Küchengeräten.

Der am 09.01.2012 abgeschlossene Gesellschaftsvertrag enthält u. a. folgende Bestimmungen:

§ 3   Das Stammkapital beträgt 300.000,00 EUR. Die Nennbeträge der Geschäftsanteile betragen für:

Peter Paulus	120.000,00 EUR
Markus Metzler	30.000,00 EUR
Bernhard Braun	150.000,00 EUR

§ 4   Zu Geschäftsführern der GmbH werden Peter Paulus und Markus Metzler bestellt.

§ 5   Für Anschaffungen über 300.000,00 EUR bedarf es der Zustimmung der Gesellschafterversammlung.

Ansonsten gelten die gesetzlichen Bestimmungen.

1.   Erläutern Sie zwei Motive, die für die Gründung einer Kapitalgesellschaft sprechen.

2.   Bis zur Anmeldung der Eintragung ins Handelsregister sind folgende Einzahlungen auf die Geschäftsanteile geleistet worden:

Peter Paulus	20.000,00 EUR
Markus Metzler	30.000,00 EUR
Bernhard Braun	50.000,00 EUR

Prüfen Sie, ob die Voraussetzungen zur Eintragung der GmbH ins Handelsregister erfüllt sind.

3.   Paulus und Metzler kaufen nach erfolgter Eintragung einen Fertigungsautomaten für 500.000,00 EUR. Braun ist gegen die Anschaffung.

Erläutern Sie die Rechtslage.

4.   Paulus und Metzler möchten den § 5 des Gesellschaftsvertrags ändern. Erst bei Anschaffungen über 700.000,00 EUR soll die Zustimmung der Gesellschafterversammlung erforderlich sein.

Begründen Sie, ob Paulus und Metzler diese Änderung des Gesellschaftsvertrags durchsetzen können.

5. Die High Energy GmbH hat ein Bauteil für Elektrofahrzeuge entwickelt. Die Nachfrage nach diesem Bauteil steigt.
    Für dieses Bauteil liegen aus dem Werk Isny folgende Daten vor:

	Januar	Februar
Kapazitätsauslastung	60 %	80 %
Gesamtkosten	124.000,00 EUR	132.000,00 EUR

Die Kapazitätsgrenze für das Bauteil liegt bei 2.000 Stück pro Monat.
Der Verkaufspreis beträgt 120,00 EUR je Stück.
Es liegt ein linearer Kosten- und Erlösverlauf vor.

5.1 Ermitteln Sie den Beschäftigungsgrad, bei welchem die Kosten gerade gedeckt sind.

5.2 Bestimmen Sie den maximal möglichen Stückgewinn.

5.3 Stellen Sie das Ergebnis aus 5.2 grafisch dar.
    (Skalierung: x-Achse → 250 Stück = 1 cm; y-Achse → 20,00 EUR = 1 cm)

6. Die High Energy GmbH stellt am Standort Ulm drei Typen von elektronischen Steckverbindungen für Küchengeräte her.

    Folgende Daten liegen hierfür vor:

Typ	A	B	C
Verkaufspreis in EUR	15,00	21,00	12,50
Fertigungszeit in Minuten	5	10	8
sonstige variable Stückkosten in EUR	7,00	12,00	5,00

Die Lohnkosten pro Fertigungsstunde betragen 36,00 EUR.

6.1 Ein Großhändler bestellt insgesamt 1.000 Stück dieser Steckverbindungen. Von jedem Typ verlangt er eine Mindestliefermenge von 200 Stück. Die Produktionskapazitäten der High Energy GmbH sind zur Ausführung dieses Auftrags ausreichend.

    Bestimmen Sie aus Sicht der GmbH die optimale Zusammensetzung dieses Auftrags.

6.2 Die Nachfrage nach den Steckverbindungen steigt, so dass von jedem Typ pro Monat 10.000 Stück absetzbar wären.
    Es stehen in der Produktion insgesamt 3.000 Fertigungsstunden zur Verfügung.

    Bestimmen Sie das optimale Produktionsprogramm.

7. Bei der Steckverbindung vom Typ A gibt es einen neuen Anbieter, welcher den bisherigen Verkaufspreis der High Energy GmbH unterbietet.
    Zur Vorbereitung einer Besprechung der Verkaufsmitarbeiter soll die Preisuntergrenze der High Energy GmbH für dieses Produkt ermittelt werden.

    • Ermitteln Sie die kurzfristige Preisuntergrenze für den Typ A.

    • Erläutern Sie, warum die langfristige Preisuntergrenze im vorliegenden Fall nicht berechnet werden kann.

Aufgabe 2: Personen- und Kapitalgesellschaften im Vergleich (rechtliche Grundlagen), Gewinnverwendung bei KG und AG

Der Einzelunternehmer Thomas Steck, Meisterbetrieb für Öl- und Gasheizungen, Wärmepumpen und Solaranlagen, möchte aufgrund der wachsenden Nachfrage nach energiesparenden Heizungssystemen expandieren. Durch Umwandlung seines bisherigen Unternehmens, der Heizungstechnik Thomas Steck e. K., in eine Kommanditgesellschaft soll zusätzliches Kapital beschafft werden.

Sein Sohn Christoph Steck ist bereit, als persönlich haftender Gesellschafter die kaufmännische Leitung zu übernehmen. Thomas Steck bleibt als Vollhafter weiterhin für den technischen Bereich zuständig. Seine Tochter Julia und ein langjähriger Freund von Thomas Steck, der Ingenieur Oliver Götz, beteiligen sich jeweils mit einer Kapitaleinlage. Die künftigen Geschäftspartner entwerfen folgenden, auszugsweise dargestellten Gesellschaftsvertrag:

---

§ 1   Firma, Ort, Gegenstand des Unternehmens
1. Das Unternehmen wird unter der bisherigen Firma Heizungstechnik Thomas Steck e. K. weitergeführt.
2. Unternehmenssitz ist Ulm, Magirusstraße 24.
3. Gegenstand des Unternehmens ist die Installation von Heizungssystemen, deren Reparatur und Wartung sowie Energieberatung.

§ 2   Beginn und Geschäftsjahr
1. Der Geschäftsbetrieb beginnt am 01.01.2009.
2. Das Geschäftsjahr entspricht dem Kalenderjahr.

§ 3   Gesellschafter und Einlagen
1. Persönlich haftende Gesellschafter sind Thomas Steck und Christoph Steck. Als Kommanditisten beteiligen sich Julia Steck und Oliver Götz.
2. Thomas Steck bringt sein bisheriges Einzelunternehmen einschließlich eines bebauten Grundstücks im Gesamtwert von 300.000,00 EUR ein; Christoph Steck und Julia Steck leisten jeweils eine zu Beginn des Geschäftsbetriebs fällige Kapitaleinlage von 50.000,00 EUR. Oliver Götz beteiligt sich mit 300.000,00 EUR; davon sind 150.000,00 EUR bis zum Beginn des Geschäftsbetriebs, der Rest bis zum 31.12.2010 einzubringen.

§ 4   Geschäftsführung und Vertretung
Es gelten die gesetzlichen Bestimmungen.

§ 5   Haftung
Es gelten die gesetzlichen Bestimmungen.

§ 6   Gewinn- und Verlustverteilung
1. Die Vollhafter erhalten pro Monat eine Tätigkeitsvergütung von jeweils 5.000,00 EUR.
2. Eingezahlte Kapitalien werden mit 6 %, noch ausstehende Einlagen mit 7 % verzinst; Privatentnahmen werden nicht verzinst.
3. Ein Restgewinn wird auf die Gesellschafter Thomas Steck, Christoph Steck, Julia Steck und Oliver Götz im Verhältnis 3 : 2 : 1 : 1 verteilt, ebenso ein Verlust.

1. Der Gesellschaftsvertrag wird am 30.12.2008 abgeschlossen, die Handelsregistereintragung und Veröffentlichung erfolgen am 08.01.2009.

   Begründen Sie, welcher Form der Gesellschaftsvertrag bedarf, und beurteilen Sie die vorgesehene Firmierung.

2. Thomas Steck möchte einen zusätzlichen Kleintransporter im Wert von 60.000,00 EUR kaufen. Sein Sohn Christoph und seine Tochter Julia sind gegen den Kauf. Thomas Steck schließt den Kaufvertrag trotzdem ab.

   Beurteilen Sie die Rechtslage.

3. Der Lieferant von im November 2008 gekauften vier Heizkesseln im Wert von jeweils 4.200,00 EUR verlangt am 10.01.2009 die Zahlung des gesamten Kaufpreises von Oliver Götz.

   Begründen Sie, ob Götz diese verweigern kann.

4. Christoph Steck möchte im Jahr 2009 trotz einer geringen Gewinnerwartung eine Privatentnahme in Höhe von 10.000,00 EUR tätigen.

   Beurteilen Sie die Situation unter rechtlichem und wirtschaftlichem Aspekt.

5. Am Ende des ersten Geschäftsjahres 2009 beträgt der Gewinn der KG 137.000,00 EUR. Die Tätigkeitsvergütung wird monatlich ausbezahlt. Die Gewinnverteilung ist aus folgender Tabelle (Werte in EUR) ersichtlich:

Gesellschafter	Anfangs-kapital	Tätigkeits-vergütung	Zinsen	Rest-gewinn	Gesamt-gewinn	Privatent-nahmen
Thomas Steck	300.000,00	60.000,00	15.000,00	–	75.000,00	5.000,00
Christoph Steck	50.000,00	60.000,00	2.500,00	–	62.500,00	–
Julia Steck	50.000,00	–	2.500,00	–	2.500,00	–
Oliver Götz	300.000,00 (davon eingezahlt 150.000,00)	–	–3.000,00	–	–3.000,00	–
	550.000,00	120.000,00	17.000,00	–	137.000,00	5.000,00

5.1 • Prüfen Sie, in welcher Hinsicht die vorliegende Gewinnverteilungstabelle von § 6 des Gesellschaftsvertrages abweicht. Begründen Sie das abweichende Ergebnis.

   • Weisen Sie rechnerisch nach, wie sich die Zinsen für Oliver Götz ergeben.

5.2 Berechnen Sie die Endkapitalien der einzelnen Gesellschafter und deren Beitrag zur offenen Selbstfinanzierung der KG unter der Annahme, dass die Vollhafter neben ihrer Tätigkeitsvergütung und der angegebenen Privatentnahme keine weiteren Entnahmen tätigen und der Gewinnanteil von Julia Steck vollständig ausbezahlt wird.

5.3 Beurteilen Sie vor dem Hintergrund der gesetzlichen Vorgabe die in § 6 des Gesellschaftsvertrages vereinbarte Restgewinnverteilung.

6. Der Ingenieur Oliver Götz hat ein Kombigerät entwickelt, das verschiedene Heiztechniken
miteinander verbindet. Mit diesem System können Kollektoren plus Speicher, Wärme-
pumpe und Gas-Brennwertgerät kombiniert und je nach Energiebedarf flexibel eingesetzt
werden. Wegen steigender Energiekosten und der Förderung energetischer Maßnahmen
durch die Politik sind hohe Absatzmengen zu erwarten. Die Gesellschafter beschließen,
das Gerät selbst herzustellen. Geplant ist der Bau einer neuen Produktionshalle im Wert
von 1,2 Mio. EUR. Zudem werden verschiedene Maschinen im Wert von 600.000,00 EUR
benötigt. Das erforderliche Kapital soll durch Umwandlung der KG in eine AG aufgebracht
werden, wobei das zusätzlich notwendige Kapital von Kleinaktionären übernommen wird.

6.1 Stellen Sie in einer Tabelle dar, wie sich KG und AG hinsichtlich der gesetzlichen
Regelungen für
• ein Mindestkapital,
• die Mitbestimmung der Arbeitnehmer,
• die Vertretung
unterscheiden.

6.2 Erläutern Sie drei betriebswirtschaftliche Argumente, die für die Umwandlung in eine AG
sprechen.

7. Die KG wird zu Beginn des Jahres 2011 in die Heizungstechnik AG umgewandelt. Die
vereinfachte Bilanz der AG weist zum 31.12.2012 folgende Zahlen aus:

A	vereinfachte Bilanz zum 31.12.2012 (in TEUR)		P
Anlagevermögen	4.800	Gezeichnetes Kapital	2.400
Umlaufvermögen	1.662	Kapitalrücklage	150
		Gesetzliche Rücklage	12
		Jahresüberschuss	400
		Rückstellungen	300
		Verbindlichkeiten	3.200
	6.462		6.462

7.1 Vorstand und Aufsichtsrat stellen den Jahresabschluss fest. Sie streben eine höchstmögliche offene Selbstfinanzierung an. Die Hauptversammlung beschließt, den Bilanzgewinn
an die Aktionäre auszuschütten. Es soll eine auf volle 10 Cent gerundete Dividende je
Aktie ausgezahlt werden. Die Aktien haben einen Nennwert von 5,00 EUR.

Führen Sie die vollständige Gewinnverwendung durch.

7.2 • Stellen Sie die veränderten Bilanzpositionen nach vollständiger Gewinnverwendung und
Dividendenausschüttung dar.

• Berechnen Sie die Höhe der offenen Selbstfinanzierung aus dem
Jahresüberschuss 2012.

Aufgabe 3: Außenfinanzierung in Form von Darlehensaufnahme, statische und dynamische Investitionsrechnung

Die Karlsruher Maschinenbau GmbH ist ein international tätiger Hersteller von Baumaschinen. Zur Erweiterung des Fuhrparks plant das Unternehmen die Anschaffung eines neuen 60-Tonnen-Lkw mit Spezialaufbauten. Es stehen die beiden Lkw Typ A und Typ B zur Auswahl.

Folgende Tabelle enthält die Daten der beiden Fahrzeugtypen:

	Lkw A	Lkw B
Anschaffungskosten netto in EUR	270.000,00	210.000,00
Restverkaufserlös netto in EUR	120.000,00	110.000,00
geplante Nutzungsdauer in Jahren	5	5
Zinssatz für die kalkulatorischen Zinsen in %	6	6
Steuer und Versicherung in EUR/Jahr	10.300,00	9.400,00
Pflege und Wartung in EUR/Jahr	20.000,00	15.000,00
Kraftstoffkosten in EUR/Liter	1,70	1,70
Kraftstoffverbrauch in Liter/100 km	40	50
Reparaturkosten in EUR/km	0,10	0,15
Fahrleistung in km/Jahr	60.000	60.000

1. Die Geschäftsführung möchte zunächst überprüfen, welcher der beiden Lkw vorteilhafter ist. Hierzu sollen die Alternativen mithilfe der Kostenvergleichsrechnung analysiert werden.

1.1 Führen Sie eine Kostenvergleichsrechnung durch, indem Sie für beide Lkw die Gesamtkosten pro Kilometer bei einer jährlichen Fahrleistung von jeweils 60.000 km ermitteln.

1.2 • Berechnen Sie, bei welcher jährlichen Kilometerleistung die Kosten für beide Lkw identisch sind.
   • Begründen Sie mithilfe einer Skizze, für welchen Lkw sich die GmbH angesichts der geplanten Fahrleistung pro Jahr entscheiden sollte.

1.3 • Beschreiben Sie zwei Kritikpunkte an der Kostenvergleichsrechnung als Verfahren der Investitionsrechnung.
   • Erläutern Sie, ob die Amortisationsrechnung als Entscheidungshilfe für die Beurteilung von Investitionsalternativen besser geeignet ist.

2. Das Unternehmen entscheidet sich für die Anschaffung des Lkw B. Dieses Fahrzeug soll über einen Kredit finanziert werden, weshalb sich die Geschäftsführung Angebote bei ihren beiden Hausbanken einholt.

	Angebot der Sparkasse Karlsruhe	Angebot der Volksbank Karlsruhe
Darlehensart	Annuitätendarlehen	Fälligkeitsdarlehen
Zeitpunkt der Zahlungen	jeweils zum Jahresende	jeweils zum Jahresende

	Angebot der Sparkasse Karlsruhe	Angebot der Volksbank Karlsruhe
Auszahlung	100 % der Kreditsumme	96 % der Kreditsumme
Nominalzinssatz	9 % p. a.	8 % p. a.
Laufzeit	5 Jahre	5 Jahre

2.1 Berechnen Sie den effektiven Jahreszinssatz des Fälligkeitsdarlehens (Rundung auf zwei Nachkommastellen).

2.2 Das Unternehmen entscheidet sich für das Angebot der Sparkasse Karlsruhe. Berechnen Sie die Restschuld am Ende des dritten Jahres nach erfolgter Tilgungsverrechnung. Erstellen Sie hierfür eine Tabelle nach dem folgenden Muster:

Jahr	Darlehensbetrag Jahresanfang	Zinsen	Tilgung	Annuität

Berechnungen sind auf volle Euro zu runden (**Anlage**).

2.3 Erläutern Sie zwei Gründe, die – unabhängig vom effektiven Jahreszins – für ein Fälligkeitsdarlehen sprechen könnten.

3. Die Karlsruher Maschinenbau GmbH plant die Anschaffung einer neuen Produktionsanlage für die Fertigung im Zweigwerk Rastatt. Der Kaufpreis dieser Anlage beträgt 1.650.000,00 EUR. Nach Ablauf der Nutzungsdauer von fünf Jahren wird die Anlage voraussichtlich zum Schrottwert in Höhe von 45.000,00 EUR verkauft. Während der Nutzungsdauer ist mit folgenden Einzahlungen und Auszahlungen (jeweils am Jahresende) zu rechnen:

Jahr	Einzahlungen in EUR	Auszahlungen in EUR
1	510.000,00	210.000,00
2	870.000,00	220.000,00
3	460.000,00	280.000,00
4	520.000,00	230.000,00
5	790.000,00	250.000,00

Die Geschäftsführung beurteilt diese Investition mithilfe der Kapitalwertmethode.

3.1 Erläutern Sie, unter welcher Voraussetzung eine Investition nach der Kapitalwertmethode grundsätzlich als vorteilhaft gilt.

3.2 Ermitteln Sie den Kapitalwert der Investition für die neue Produktionsanlage. Gehen Sie bei Ihren Berechnungen von einem Kalkulationszinssatz von 6 % aus und runden Sie auf volle Euro (**Anlage**).

3.3 Ein anderer Hersteller bietet eine vergleichbare Produktionsanlage an, deren Anschaffungskosten 50.000,00 EUR geringer wären. Der Kapitalwert dieser Investition würde 20.000,00 EUR betragen. Begründen Sie, für welche Investition sich die GmbH entscheiden sollte.

3.4 Zeigen Sie zwei Probleme auf, die bei der Anwendung der Kapitalwertmethode auftreten können.

Anlage

Aufzinsungs-, Abzinsungs- und Annuitätenfaktoren

für Zinssätze (p) von 5 % bis 10 %
und Laufzeiten (n) von 1–10 Jahren

$q = 1 + p : 100$

Aufzinsungsfaktor: q^n

Abzinsungsfaktor: $\dfrac{1}{q^n}$

Annuitätenfaktor: $\dfrac{q^n(q-1)}{(q^n-1)}$

5 % / n	q^n	$\dfrac{1}{q^n}$	$\dfrac{q^n(q-1)}{(q^n-1)}$	6 % / n	q^n	$\dfrac{1}{q^n}$	$\dfrac{q^n(q-1)}{(q^n-1)}$
1	1,050000	0,952381	1,050000	1	1,060000	0,943396	1,060000
2	1,102500	0,907029	0,537805	2	1,123600	0,889996	0,545437
3	1,157625	0,863838	0,367209	3	1,191016	0,839619	0,374110
4	1,215506	0,822702	0,282012	4	1,262477	0,792094	0,288591
5	1,276282	0,783526	0,230975	5	1,338226	0,747258	0,237396
6	1,340096	0,746215	0,197017	6	1,418519	0,704961	0,203363
7	1,407100	0,710681	0,172820	7	1,503630	0,665057	0,179135
8	1,477455	0,676839	0,154722	8	1,593848	0,627412	0,161036
9	1,551328	0,644609	0,140690	9	1,689479	0,591898	0,147022
10	1,628895	0,613913	0,129505	10	1,790848	0,558395	0,135868

7 % / n	q^n	$\dfrac{1}{q^n}$	$\dfrac{q^n(q-1)}{(q^n-1)}$	8 % / n	q^n	$\dfrac{1}{q^n}$	$\dfrac{q^n(q-1)}{(q^n-1)}$
1	1,070000	0,934579	1,070000	1	1,080000	0,925926	1,080000
2	1,144900	0,873439	0,553092	2	1,166400	0,857339	0,560769
3	1,225043	0,816298	0,381052	3	1,259712	0,793832	0,388034
4	1,310796	0,762895	0,295228	4	1,360489	0,735030	0,301921
5	1,402552	0,712986	0,243891	5	1,469328	0,680583	0,250456
6	1,500730	0,666342	0,209796	6	1,586874	0,630170	0,216315
7	1,605781	0,622750	0,185553	7	1,713824	0,583490	0,192072
8	1,718186	0,582009	0,167468	8	1,850930	0,540269	0,174015
9	1,838459	0,543934	0,153486	9	1,999005	0,500249	0,160080
10	1,967151	0,508349	0,142378	10	2,158925	0,463193	0,149029

9 % / n	q^n	$\dfrac{1}{q^n}$	$\dfrac{q^n(q-1)}{(q^n-1)}$	10 % / n	q^n	$\dfrac{1}{q^n}$	$\dfrac{q^n(q-1)}{(q^n-1)}$
1	1,090000	0,917431	1,090000	1	1,100000	0,909091	1,100000
2	1,188100	0,841680	0,568469	2	1,210000	0,826446	0,576190
3	1,295029	0,772183	0,395055	3	1,331000	0,751315	0,402115
4	1,411582	0,708425	0,308669	4	1,464100	0,683013	0,315471
5	1,538624	0,649931	0,257092	5	1,610510	0,620921	0,263797
6	1,677100	0,596267	0,222920	6	1,771561	0,564474	0,229607
7	1,828039	0,547034	0,198691	7	1,948717	0,513158	0,205405
8	1,992563	0,501866	0,180674	8	2,143589	0,466507	0,187444
9	2,171893	0,460428	0,166799	9	2,357948	0,424098	0,173641
10	2,367364	0,422411	0,155820	10	2,593742	0,385543	0,162745

Volkswirtschaftslehre

Aufgabe 4: Verhalten der Marktteilnehmer unter Wettbewerbsbedingungen (Nachfrage und Angebot am Gütermarkt), Preisbildung unter Wettbewerbsbedingungen in Verbindung mit Markteingriffen des Staates

1. Berlin wird täglich von vielen innerdeutschen Fluglinien angeflogen. Die Passagiere lassen sich in Geschäftsreisende und Privatreisende unterscheiden. Für diese beiden Gruppen gelten bezüglich der täglichen Nachfrage nach Flugtickets (x^N) folgende Funktionen:

Geschäftsreisende	Privatreisende
$x^N_1 = -10p + 4.000$	$x^N_2 = -20p + 5.000$

1.1 Stellen Sie das Nachfrageverhalten der beiden Gruppen in zwei getrennten Koordinatensystemen dar (**Anlage**).

1.2 Stellen Sie auf der Basis der beiden Nachfragekurven in einem weiteren Koordinatensystem die Gesamtnachfrage für innerdeutsche Berlin-Flüge dar (**Anlage**).

1.3 Begründen Sie, warum die Gesamtnachfragekurve im vorliegenden Fall einen Knick aufweist.

1.4 • Berechnen Sie die Preiselastizität der Nachfrage für jede der beiden Gruppen bei einer Preiserhöhung von 150,00 EUR auf 200,00 EUR.

   • Erläutern Sie das Ergebnis und begründen Sie anhand des Ergebnisses das unterschiedliche Nachfrageverhalten.

1.5 Der Verband Deutscher Verkehrsflughäfen möchte herausfinden, ob die Erhöhung der Bahnpreise Auswirkungen auf die Anzahl der Flugreisenden nach Berlin hat. Bei seinen Nachforschungen stellt er fest, dass bei einem Anstieg der Bahnpreise um 15 % die Anzahl der Flugreisenden nach Berlin von täglich 4.000 auf 5.000 Passagiere zunehmen würde.

   • Erläutern Sie diesen Zusammenhang durch Berechnung und Interpretation einer geeigneten Elastizitätskennzahl.

   • Begründen Sie ohne rechnerischen Nachweis, welche Auswirkung eine Erhöhung der Bahnpreise auf den Verlauf der Gesamtnachfragekurve für Flugtickets hätte.

2. Der Verband Deutscher Verkehrsflughäfen geht künftig von folgender Gesamtnachfragefunktion für innerdeutsche Berlin-Flüge pro Tag aus:

(x = Zahl der Tickets)

$x^N = -20p + 10.000$

Die aggregierte Angebotsfunktion aller Anbieter innerdeutscher Berlin-Flüge pro Tag lautet:

$x^A = 20p - 2.000$

2.1   Bestimmen Sie grafisch das Marktgleichgewicht und ermitteln Sie den entsprechenden Gesamterlös.

        (x-Achse: 1 cm = 1.000 Tickets; y-Achse: 1 cm = 100,00 EUR).

2.2   Die Regierung erhebt für jedes verkaufte Inlandsflugticket von der jeweiligen Fluggesellschaft eine Luftverkehrsabgabe (Umweltsteuer) in Höhe von 100,00 EUR.

2.2.1   Begründen Sie, um welche Form des Markteingriffs es sich handelt und welche Absichten die Regierung mit dieser Maßnahme verfolgt.

2.2.2   • Stellen Sie in der zu Aufgabe 2.1 angefertigten Grafik die Veränderung dar, die sich durch die Luftverkehrsabgabe ergibt.

        • Begründen Sie Ihre Lösung und erläutern Sie den durch die Luftverkehrsabgabe ausgelösten Anpassungsprozess.

        • Interpretieren Sie das Ergebnis unter Berücksichtigung der Lösung in Teilaufgabe 2.2.1.

2.2.3   Begründen Sie, wovon es abhängt, ob und gegebenenfalls in welchem Umfang die Luftverkehrsgesellschaften die Abgabe in Form höherer Preise auf die Passagiere überwälzen können.

2.2.4   Ermitteln Sie die Netto-Wohlfahrtsveränderung, die durch die Luftverkehrsabgabe im Vergleich zur Ausgangssituation eintritt, und beurteilen Sie das Ergebnis kritisch.

Anlage

zur Teilaufgabe 1.1

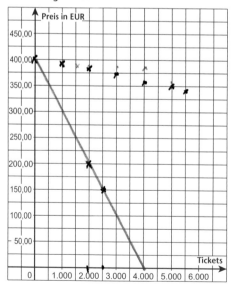 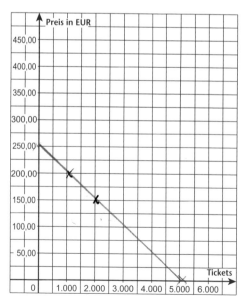

zur Teilaufgabe 1.2

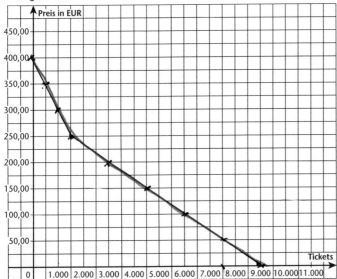

Aufgabe 5: Ziele und Problemfelder der Wirtschaftspolitik, auch anhand von Tagesfragen; Umweltpolitik; Sozial- und Verteilungspolitik

1. Im Zusammenhang mit der Staatsschuldenkrise einiger Euroländer beschloss das Europaparlament im September 2011 eine Reform des EU-Stabilitätspakts. Dadurch sollen die Regierungen zum Schuldenabbau und zu stärkerer Haushaltsdisziplin gezwungen werden.

1.1 Beschreiben Sie je ein Problem, das sich für diese Länder aus der hohen Staatsverschuldung und der geforderten Haushaltskonsolidierung ergeben kann.

1.2 Die Begrenzung der Staatsverschuldung ist auch in der deutschen Politik ein Kernziel.

M1: Begrenzung der Staatsverschuldung (Textauszug)

„2009 wurden die Bestimmungen *[zur Begrenzung der Staatsverschuldung]* über eine Grundgesetzänderung präzisiert und verschärft: Es wurde eine neue Schuldenbegrenzungsregel die ‚Schuldenbremse' für Bund und Länder festgeschrieben [...]

Die ‚Schuldenbremse' ist im Grundgesetz (Artikel 109 Abs. 3 GG und Artikel 115 Abs. 2 GG) geregelt und legt den Grundsatz des [...] ausgeglichenen Haushalts fest. Die neue Schuldenregel besagt, dass für den Bund ab 2016 eine [...] Verschuldung nur noch in Höhe von 0,35 Prozent des Bruttoinlandsprodukts zulässig ist. [...] *[Vom Jahr 2011]* an muss daher das [...] Defizit im Bundeshaushalt schrittweise zurückgeführt werden [...] Den Ländern ist ab 2020 gar keine [...] Neuverschuldung mehr erlaubt.

In konjunkturellen Schwächephasen erhöhen sich die Ausgaben des Staates automatisch [...], während die Einnahmen sich verringern [...] Die Schuldenbremse erlaubt eine solche konjunkturbedingt höhere Kreditaufnahme in wirtschaftlich schwächeren Zeiten [...] "

Quelle: Stiftung Jugend und Bildung, Berlin, in Zusammenarbeit mit dem Bundesministerium der Finanzen (Hrsg.): Finanzen & Steuern, Begleitheft für Lehrerinnen und Lehrer, Verlag: Universum Kommunikation und Medien AG, Wiesbaden, 2011

1.2.1 Zeigen Sie auf, welche der oben angeführten Regelungen zur „Schuldenbremse" einer angebotsorientierten bzw. einer nachfrageorientierten Wirtschaftspolitik zugeordnet werden können.

1.2.2 Trotz der auch in Deutschland hohen Staatsverschuldung wird von Politikern eine Entlastung der Bezieher „kleiner und mittlerer Einkommen" bei der Einkommensteuer gefordert. Dabei wird argumentiert, eine solche Maßnahme widerspräche mittelfristig nicht der Haushaltskonsolidierung.

Prüfen Sie diese Argumentation kritisch.

2. Die Einkommensteuer ist ein wichtiges Instrument der Einkommensumverteilung. Der zurzeit gültige Einkommensteuertarif ist in M2 abgebildet.

M2: Einkommensteuertarif 2012

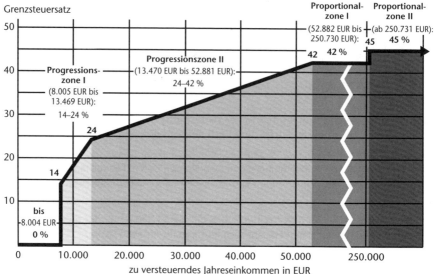

Quelle: Jens Berger, www.nachdenkseiten.de [Stand: 16.11.2012]

2.1 Erläutern Sie die Umverteilungswirkung des Einkommensteuertarifs. Prüfen Sie dabei auch, inwieweit der Einkommensteuertarif die Ziele
• der Bedarfsgerechtigkeit und
• der Leistungsgerechtigkeit
berücksichtigt.

3. Für die Bewältigung der verteilungs- und sozialpolitischen Herausforderungen gilt ein angemessenes Wirtschaftswachstum als eine wichtige Voraussetzung. Wachstumskritiker weisen aber in diesem Zusammenhang auf den Konflikt mit dem Ziel „Erhalt einer lebenswerten Umwelt" hin.

3.1 Beschreiben Sie diesen Zielkonflikt.

3.2 Ein wichtiges Ziel der Umweltpolitik ist die Einschränkung des Ausstoßes von Klimagasen wie CO_2. Als marktbezogene Instrumente kommen die Ökosteuer und der Handel mit Emissionsrechten infrage.

3.2.1 Die deutsche Industrie rechnet für die kommenden Jahre mit einer weiteren Belastung durch eine Ökosteuer.

- Veranschaulichen Sie die Auswirkung einer Ökosteuererhebung auf Preis und Menge für den Fall eines
  - elastischen und
  - unelastischen

  Nachfrageverhaltens (vgl. **Anlage**).

- Erläutern Sie Ihr Ergebnis und beurteilen Sie die Wirkung einer Ökosteuer im Hinblick auf die umweltpolitische Zielsetzung.

3.2.2 Die dritte Phase des europäischen Emissionshandels beginnt im Jahr 2013. Es ist geplant, das Gesamtvolumen der Emissionsrechte bis zum Jahr 2020 um jährlich 1,74 % zu reduzieren.

- Erläutern Sie, was unter einem Emissionsrecht zu verstehen ist, und zeigen Sie einen grundsätzlichen umweltpolitischen Vorteil des Emissionsrechtehandels gegenüber der Erhebung einer Ökosteuer auf.

- Angenommen, die Nachfrage nach Emissionsrechten bleibt bei einer Neuzuteilung unverändert.
  Skizzieren Sie für diesen Fall in einem Koordinatensystem die sich durch die geplante Reduzierung ergebende Veränderung des Ausgabepreises. Erläutern Sie den Anpassungsprozess.

Anlage

Skizze für die Darstellung eines elastischen Nachfrageverhaltens im relevanten Bereich

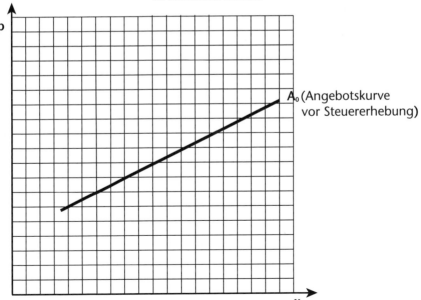

Skizze für die Darstellung eines unelastischen Nachfrageverhaltens
im relevanten Bereich

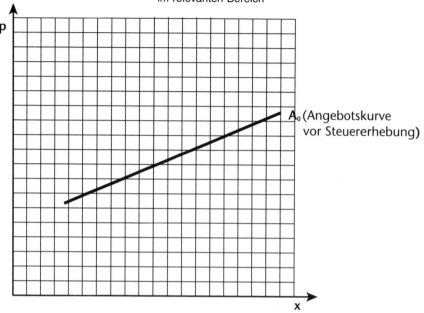

32   Abituraufgaben 2014

Betriebswirtschaftslehre

Aufgabe 1: Vollkostenrechnung in Form der Zuschlagskalkulation (Kostenstellenrechnung, BAB, Kostenträgerstückrechnung), Prozesskostenrechnung

Die mittelständische Schnoor KG stellt in ihrem Hauptwerk in Elsbach exklusive Wohnzimmermöbel her. Folgende Zahlen ergeben sich aus der Kosten- und Leistungsrechnung der Schnoor KG für den Monat März:

Fertigungsmaterial: 310.000,00 EUR
Fertigungslöhne: 280.000,00 EUR

Die folgenden Gemeinkosten sollen im Betriebsabrechnungsbogen (vgl. **Anlage 1**) verteilt werden:
- Gehälter im Verhältnis: 1 : 3 : 3 : 1
- Raumkosten nach m²: 500 : 650 : 250 : 100

Als Mitarbeiter im Rechnungswesen sollen Sie die Kostenstellenrechnung für den Monat März durchführen.

1. Vervollständigen Sie den Betriebsabrechnungsbogen (vgl. **Anlage 1**) und ermitteln Sie die Summe der Ist-Gemeinkosten der einzelnen Kostenstellen.

2. Bei der Schnoor KG wird mit folgenden Normal-Gemeinkostenzuschlagssätzen kalkuliert: MGKZ 25 %, FGKZ 140 %, VwGKZ 10 %, VtGKZ 7 %

   Berechnen Sie im Rahmen einer Gesamtkalkulation
   - die Ist-Gemeinkostenzuschlagssätze,
   - die Selbstkosten,
   - die Kostenabweichungen in den Kostenstellen.

   Hinweis: Erstellen Sie Ihre Lösung nach folgendem Muster:

Kalkulations- schema	%	Ist-Kosten in EUR	%	Normalkosten in EUR	Kostenüber-/ -unterdeckung in EUR

3. Da in der Vergangenheit öfter Kostenabweichungen aufgetreten sind, finden zwischen der Geschäftsleitung und den Kostenstellenleitern Informationsgespräche statt.

3.1 Der Leiter der Kostenstelle Verwaltung argumentiert, dass der Normal-Gemeinkostenzuschlagssatz gleich groß sei wie der Ist-Gemeinkostenzuschlagssatz. Deswegen habe er die vorliegende Kostenabweichung in der Kostenstelle Verwaltung nicht zu vertreten.

   Nehmen Sie zu dieser Aussage Stellung.

3.2 Der Leiter der Kostenstelle Material wird von der Geschäftsleitung aufgefordert, die Kostenabweichung in seiner Abteilung zu begründen.

   Erläutern Sie zwei Ursachen von Kostenabweichungen, welche der Kostenstellenleiter anführen könnte, ohne die Verantwortung für die Abweichung übernehmen zu müssen.

4. Im Zweigwerk Ahrheim der Schnoor KG werden Büromöbel hergestellt. Im März trifft eine Anfrage über 100 Schreibtische der Modellreihe „Nova" ein. Folgende Zahlen sind aus der Kosten- und Leistungsrechnung bekannt:

Fertigungsmaterial pro Schreibtisch: 135,00 EUR
Fertigungslöhne pro Schreibtisch: 2,5 Stunden zu je 36,00 EUR/Std.

Im Zweigwerk der Schnoor KG wird mit folgenden Normal-Gemeinkostenzuschlagssätzen kalkuliert:

MGKZ 20 %, FGKZ 105 %, VwGKZ 8 %, VtGKZ 5 %

Die Schnoor KG gewährt ihren Kunden 20 % Rabatt und 3 % Skonto.
Der Gewinnzuschlagssatz beträgt 20 %.

4.1 Berechnen Sie den Listenverkaufspreis für einen Schreibtisch (Rundung auf zwei Nachkommastellen).

4.2 Aus Konkurrenzgründen muss die Schnoor KG den Listenverkaufspreis für einen Schreibtisch „Nova" auf 580,00 EUR senken.

Berechnen Sie den Gewinn in Euro und in Prozent, den die Schnoor KG je Schreibtisch erzielt (Rundung auf zwei Nachkommastellen).

5. Im Zweigwerk Bilstadt stellt die Schnoor KG hochwertige Gartentische nach Maß mit Tischplatten aus Granit oder Holz her. Die Granit-Tischplatten werden in geringer Stückzahl bei verschiedenen Herstellern gekauft. Die Tischplatten aus Holz werden von einem Großhändler bezogen.
Bisher wurden die Materialgemeinkosten mit einem einheitlichen Zuschlagssatz verrechnet. Sie sollen künftig teilweise prozessorientiert verrechnet werden.

5.1 Erläutern Sie, welche Verbesserung man sich im vorliegenden Fall von dieser Art der Kostenzurechnung verspricht.

5.2 Insgesamt sind im letzten Jahr im Materialbereich 500.000,00 EUR Fertigungsmaterial und 200.000,00 EUR Materialgemeinkosten angefallen.

Berechnen Sie die Materialkosten für einen Schreibtisch mit Granitplatte, der Fertigungsmaterial in Höhe von 1.000,00 EUR benötigt,

- bei traditioneller Verrechnung der Materialgemeinkosten mit einem einheitlichen Zuschlagssatz.

- bei prozessorientierter Verrechnung (vgl. **Anlage 2**).
  Für diesen Tisch mussten wegen besonderer Kundenwünsche zwei Angebote eingeholt und einmal Material bestellt werden. Der Teil-Prozesskostensatz für die Einholung eines Angebots beträgt 150,00 EUR, der Teil-Prozesskostensatz für eine Materialbestellung 225,00 EUR. Die restlichen Materialgemeinkosten werden traditionell verrechnet.

5.3 Ermitteln Sie den Umlagesatz für den Imn-Prozess (vgl. **Anlage 2**).

5.4 Bestimmen Sie für den Granit-Tisch die Höhe des absoluten und des relativen Allokationseffektes bei den Materialgemeinkosten und erläutern Sie das Ergebnis.

Anlage 1 zu Teilaufgabe 1: Betriebsabrechnungsbogen

Gemeinkos-tenarten	Betrag	Kostenstellen			
		Material	Fertigung	Verwaltung	Vertrieb
Gehälter	120.000,00 EUR	*15 000*	*45000*	*45000*	*15000*
Raumkosten *1500*	45.000,00 EUR	*15000*	*19500*	*7500*	*3000*
Sonstige Gemeinkosten	416.850,00 EUR	63.000,00 EUR	271.500,00 EUR	49.400,00 EUR	32.950,00 EUR
Summe	581.850,00 EUR	*93000*	*336 000*	*101 900*	*50 950*

Anlage 2 zu Teilaufgaben 5.2 und 5.3: Prozesskostenrechnung

Teilprozess	Typ	Kosten-treiber	Holzplatten		Granitplatten		Prozesskosten insgesamt
			Prozess-menge	Kosten pro Prozess	Prozess-menge	Kosten pro Prozess	
Angebote einholen	lmi	Anzahl der Angebote	60	80,00 EUR	400	120,00 EUR	*52800*
Material bestellen	lmi	Anzahl der Bestellungen	100	100,00 EUR	300	180,00 EUR	*64000*
Materialbeschaffung organisieren	lmn	–					29.200,00 EUR

146000

Aufgabe 2: AG: Jahresabschluss, Bewertung nach HGB, Analyse des Jahresabschlusses

Die Staufer AG ist ein familiengeführtes Textilunternehmen mit Sitz in Göppingen. Sie ist auf die Herstellung von hochwertiger Sport- und Outdoor-Bekleidung spezialisiert. Aufgrund erfolgreicher Geschäfte konnte die Zahl der Beschäftigten im Jahr 2012 auf 260 Mitarbeiter erhöht werden (Vorjahr: 240 Mitarbeiter).
Die Aktien befinden sich derzeit im Familienbesitz. Eine Zulassung zum Börsenhandel wird nicht angestrebt. Der Umsatz betrug im Jahr 2011 39,8 Mio. EUR und konnte im Folgejahr um 4 % gesteigert werden. Die Bilanzsumme im Jahr 2012 belief sich auf 21,7 Mio. EUR und lag somit um 1,6 Mio. EUR höher als im Vorjahr. Im Jahr 2013 sind Umsatzerlöse und Bilanzsumme weiter gestiegen.

Bei der Vorstandssitzung im Februar 2014 stehen folgende Punkte auf der Tagesordnung:

Auszug aus der Tagesordnung

TOP 1	Rückblick auf das Geschäftsjahr 2013
TOP 2	Vorbereitung des Jahresabschlusses 2013 nach HGB
TOP 3	Geplante Übernahme der Südtex AG

Zur Vorbereitung der Sitzung sind noch folgende Fragen zu klären.

1. Begründen Sie, ob die Staufer AG für das Jahr 2013 einen Lagebericht erstellen muss.

2. In der Staufer AG sind im Zuge der Erstellung des Jahresabschlusses zum 31.12.2013 verschiedene Bewertungsfragen zu lösen.
   Die Staufer AG verfolgt hierbei in Übereinstimmung mit den Grundsätzen der Ansatz- und Bewertungsstetigkeit das Ziel, einen möglichst hohen Jahresüberschuss auszuweisen.

2.1 Im Jahr 2013 wurde eine Software zur Produktionssteuerung durch ein Team von eigenen EDV-Mitarbeitern erstellt. Die Kosten für die Erstellung beliefen sich auf 250.000,00 EUR. Die Aufteilung in Forschungs- und Entwicklungskosten kann verlässlich im Verhältnis 2 : 3 vorgenommen werden.
   Die Software wurde ab dem 01.12.2013 im eigenen Unternehmen eingesetzt. Die betriebsgewöhnliche Nutzungsdauer wird voraussichtlich fünf Jahre betragen.

   • Begründen und bestimmen Sie den Wertansatz der selbst erstellten Software zum 31.12.2013.

   • Erklären Sie, wie sich Erstellung und Verwendung der Software auf die Gewinn- und Verlustrechnung des Jahres 2013 auswirken.

2.2 Für den Bereich „Fertige Erzeugnisse" liegen aus der Kostenrechnung folgende Zahlen vor:

Verbrauch von Fertigungsmaterial	180.000,00 EUR
Fertigungslöhne	60.000,00 EUR
Materialgemeinkostenzuschlagssatz	6 %
Fertigungsgemeinkostenzuschlagssatz	80 %
Verwaltungsgemeinkostenzuschlagssatz (enthält nur Kosten der allgemeinen Verwaltung)	20 %
Vertriebsgemeinkostenzuschlagssatz	10 %

Ermitteln Sie für den vorliegenden Fall die handelsrechtlichen Herstellungskosten.

2.3 Begründen Sie, mit welchem Wert die Fertigerzeugnisse in der Bilanz zum 31.12.2013 angesetzt werden müssen, wenn der Marktpreis des Bestandes zum Bilanzstichtag vorübergehend auf 280.000,00 EUR sinken würde.

2.4 Mehrere Großkunden verlangten, dass ihr Markenlogo als Hologramm auf den Erzeugnissen angebracht wird. Zu diesem Zweck wurde im Februar 2013 eine Spezialmaschine (Nutzungsdauer acht Jahre, lineare Abschreibung) zu folgenden Konditionen angeschafft und in Betrieb genommen:
Listenpreis für Spezialmaschine HOLO-Master 121.000,00 EUR, Rabatt 7.000,00 EUR, Kosten für Montage 3.800,00 EUR, Frachtkosten 800,00 EUR, Wartungsvertrag für ein Jahr 1.800,00 EUR, Umsatzsteuer 19 %.

Darüber hinaus erhielt die Staufer AG eine Rechnung des Elektrobetriebs Motter KG für den Anschluss der Spezialmaschine an das Starkstromnetz in Höhe von 1.400,00 EUR zzgl. 19 % USt.

Ermitteln Sie den Bilanzansatz der Spezialmaschine zum 31.12.2013.

2.5 Die Staufer AG nimmt am 01.04.2013 ein Festdarlehen (Fälligkeitsdarlehen) in Höhe von 1.000.000,00 EUR zu folgenden Konditionen auf:
• Auszahlung 95 %
• Zinssatz (nominal) 6 % (jährlich nachträgliche Zinszahlung)
• Laufzeit fünf Jahre

2.5.1 Begründen Sie, welche Bilanzpositionen sich zum Zeitpunkt der Darlehensaufnahme verändern, und geben Sie die Höhe der Veränderungen an.

2.5.2 Führen Sie die Folgebewertung zum 31.12.2013 durch.

3. Die Staufer AG plant eine Mehrheitsbeteiligung an der Südtex AG, einem mittelständischen Konkurrenzunternehmen, welches über moderne Produktionsstandorte in Osteuropa verfügt. Zur Entscheidungsfindung muss u. a. eine finanzwirtschaftliche Analyse erfolgen.
Dazu liegt der Staufer AG folgende aufbereitete Strukturbilanz der Südtex AG aus deren Jahresabschluss nach vollständiger Gewinnverwendung zum 31.12.2012 vor:

Aktiva		**Strukturbilanz Südtex AG in EUR**	Passiva
I. Anlagevermögen	14.000.000,00	I. Eigenkapital	5.700.000,00
II. Umlaufvermögen		II. Fremdkapital	
Vorräte	6.214.000,00	Langfristig	15.300.000,00
Forderungen	3.200.000,00	Kurzfristig	7.860.000,00
Liquide Mittel	5.446.000,00		
	28.860.000,00		**28.860.000,00**

Der Jahresüberschuss der Südtex AG betrug zum 31.12.2012 399.000,00 EUR.
Die GuV der Südtex AG weist für das Jahr 2012 Fremdkapitalzinsen in Höhe von 2.198.400,00 EUR aus.

3.1 Berechnen Sie folgende Bilanzkennzahlen:
• Liquiditätsgrad II
• Anlagendeckung II
• Eigenkapitalrentabilität
• Gesamtkapitalrentabilität

3.2 Beurteilen Sie die finanzwirtschaftliche Lage der Südtex AG zum 31.12.2012 mithilfe der Bilanzkennzahlen Liquiditätsgrad II und Anlagendeckung II.

3.3 Beurteilen Sie unter Verschuldungs- und Rentabilitätsgesichtspunkten (vgl. 3.1 und 3.2), ob eine weitere Aufnahme von Fremdkapital zu den bisherigen Bedingungen für die Südtex AG empfehlenswert wäre.

Aufgabe 3: Kapitalgesellschaften im Vergleich (rechtliche Grundlagen), Beteiligungsfinanzierung bei der AG

Die Süddeutschen Fahrradwerke, „SüFa GmbH", wurden im Jahr 2005 von den Geschwistern Agnes Staiger, Bertram Herzer und Christian Herzer als Gesellschafter gegründet. Geschäftsführer sind Agnes Staiger und Bertram Herzer.
Der boomende Freizeitmarkt brachte in den letzten Jahren für das Unternehmen einen enormen Aufschwung bei Mountainbikes und Rennrädern. Seit einigen Jahren ist die Nachfrage nach E-Bikes sprunghaft angestiegen. Als weiterer Geschäftsbereich eröffnet sich neuerdings der Markt für Elektroroller in den Städten als Ersatz für das eigene Auto. Die Produktion wurde bereits teilweise aus dem Stammwerk in Tübingen in umliegende Produktionsstätten ausgelagert. Nun soll sie aus Kostengründen an einem einzigen Standort konzentriert werden. Dazu sind zusätzliche finanzielle Mittel erforderlich. Die Gesellschafter erwägen, die GmbH in eine AG umzuwandeln, um den zukünftigen Kapitalbedarf zu decken. Durch die zu erwartende Produktionsausweitung würde gleichzeitig die Belegschaft von 480 auf 550 Mitarbeiter steigen.

Zusammengefasste Bilanz der SüFa GmbH zum 31.12.2012 in EUR:

Aktiva		Bilanz		Passiva
I. Anlagevermögen	1.800.000,00	I. Eigenkapital		
II. Umlaufvermögen	400.000,00	1. Gezeichnetes Kapital		800.000,00
		2. Gewinnrücklagen		200.000,00
		II. Verbindlichkeiten		
		1. Darlehen		900.000,00
		2. Kurzfr. Verbindlich.		300.000,00
	2.200.000,00			2.200.000,00

Die Höhe der Nennbeträge der Geschäftsanteile ist laut Gesellschaftsvertrag wie folgt festgelegt:

Agnes Staiger 300.000,00 EUR
Bertram Herzer 300.000,00 EUR
Christian Herzer 200.000,00 EUR

1. Vor der Umwandlung des Familienunternehmens von einer GmbH in eine AG müssen sich die Gesellschafter noch mit folgenden Aspekten auseinandersetzen.

1.1 Agnes Staiger bezweifelt die Vorteilhaftigkeit der Rechtsform der AG.

Erläutern Sie zwei Vorteile für das Unternehmen aus finanzieller Sicht, die sich durch die Umwandlung der GmbH in eine AG ergeben.

1.2 Christian Herzer befürchtet durch die Umwandlung in eine AG den Verlust seines Einflusses auf das Unternehmen.

1.2.1 Begründen Sie rechnerisch, ob er die Umwandlung in eine AG verhindern kann.

1.2.2 Vergleichen Sie tabellarisch die beiden Rechtsformen anhand der Kriterien Bestellung des leitenden Organs, Kontrolle der Geschäftsführung und Veräußerung des Gesellschaftsanteils.

1.2.3 Prüfen Sie unter Angabe der Paragrafen, ob das Kontrollgremium der künftigen AG der Arbeitnehmer-Mitbestimmung unterliegt, und erläutern Sie gegebenenfalls den Umfang der Mitbestimmung.

1.3 Agnes Staiger und Bertram Herzer möchten die Leitung des Unternehmens nicht aus der Hand geben.

Zeigen Sie auf, ob und gegebenenfalls wie sie dies in der zukünftigen AG erreichen können.

2. Bei der Umwandlung der GmbH in eine AG beteiligt sich zusätzlich die Hausbank an der neuen Gesellschaft. Die Aktien haben einen Nennwert von 5,00 EUR/Aktie. Die bisherigen Gesellschafter erhalten für ihren gesamten Eigenkapitalanteil an der bisherigen GmbH Aktien zum Nennwert. Die Hausbank übernimmt 240.000 Aktien mit einem Agio von 3,00 EUR.

2.1 Begründen Sie, warum die Hausbank bereit ist, einen höheren Ausgabekurs zu bezahlen.

2.2 Für die Aktienausgabe stehen vinkulierte Namensaktien für die ursprünglichen GmbH-Gesellschafter und stimmrechtslose Vorzugsaktien für die Hausbank zur Diskussion.

Erläutern Sie die genannten Aktienarten.

2.3 Ermitteln Sie die Höhe der Eigenkapital-Positionen und des Umlaufvermögens der AG.

3. Die inzwischen börsennotierte AG errechnet für den Ausbau eines zentralen Produktionsstandortes einen Kapitalbedarf von 3,08 Mio. EUR. Er soll durch eine bereits beschlossene Kapitalerhöhung im Verhältnis 2 : 1 aufgebracht werden.

3.1 Berechnen Sie den zur Deckung des Kapitalbedarfs erforderlichen Mindestausgabekurs der jungen Aktien.

3.2 Der Kurs der alten Aktien beträgt vor der Kapitalerhöhung 18,00 EUR. Die jungen Aktien werden zum Kurs von 16,20 EUR ausgegeben.

Berechnen Sie den Wert des Bezugsrechts und erläutern Sie seine Bedeutung.

3.3 Ermitteln Sie, welchen Betrag Agnes Staiger für den Kauf junger Aktien aufbringen muss, wenn sie ihren bisherigen Einfluss auf das Unternehmen erhalten möchte.

3.4 Ein privater Investor möchte an der Kapitalerhöhung teilnehmen und hierfür 50.000,00 EUR einsetzen. Gehen Sie davon aus, dass das Bezugsrecht an der Börse mit seinem rechnerischen Wert gehandelt wird.

Berechnen Sie, wie viele junge Aktien er für diesen Betrag erwerben kann.

4. Als Finanzierungsalternative zur Kapitalerhöhung wurde zunächst auch ein Bankkredit in Erwägung gezogen. Der Vorstand der AG hat sich jedoch dagegen entschieden.

    Beschreiben Sie zwei Gründe für diese Ablehnung.

Volkswirtschaftslehre

Aufgabe 4: Preisbildung und Verhaltensweisen bei Unternehmen mit Marktmacht (Monopol, Polypol auf dem unvollkommenen Markt, Oligopol)

1.

> **Kampf um Tablet-PC-Markt: Darum hält das iPad die Android-Geräte auf Abstand**
>
> Herstellern wie Samsung und Sony, Acer und HTC konnten bisher nicht erreichen, dass die Kunden bei Tablet-Computern – ungeachtet der Preisunterschiede – an eine iPad-Alternative denken. [...]
> Der Hersteller (Apple) verkaufte von Januar bis April 11,8 Millionen iPads, wie der Marktforscher IDC kürzlich berichtete. Alle anderen Hersteller setzten zusammen nur 5,6 Millionen Tablet-Computer ab. Diese Dominanz dürfte nach Ansicht von Beobachtern noch auf Jahre bestehen. 2016 werde das Apple-System iOS noch einen Marktanteil von 46 Prozent haben [...]

Quelle: www.rp-online.de [Stand: 16.11.2012]

1.1 Beschreiben Sie die auf dem Tablet-PC-Markt in Deutschland vorliegende Marktform anhand von zwei Merkmalen.

1.2 Angenommen, die Preisforderungen von Apple und der Konkurrenten pendeln sich auf einem hohen Niveau ein und weichen kaum mehr voneinander ab. Seit längerer Zeit werden keine Preisveränderungen festgestellt.

   Begründen Sie, wie es zu dieser Preisstarrheit kommen kann, indem Sie die jeweilige voraussichtliche Reaktion der Konkurrenten erläutern, wenn Apple entweder seine Preise erhöhen oder seine Preise senken würde.

1.3 Angenommen, Apple kann mit wesentlich geringeren Stückkosten als die Konkurrenten produzieren.

   Begründen Sie für diesen Fall die voraussichtliche Preisstrategie von Apple, indem Sie die sich daraus ergebenden Konsequenzen sowohl für die Konkurrenten als auch für die Nachfrager von Tablet-Computern erläutern.

2. Auf dem Markt für Smartphone-Schutzhüllen gibt es viele Anbieter. Es zeigt sich, dass sich für dieses Produkt trotz vergleichbarer Qualität unterschiedliche Preise am Markt ergeben.
    Einer dieser Anbieter, die Addi GmbH, ermittelt mithilfe einer Marktanalyse im Preisbereich zwischen 4,00 EUR und 7,00 EUR folgende Preis-Absatz-Funktion:

$$x = 20.000 - 2.000p$$

Für die anderen Preisbereiche gelten polypolistische Bedingungen.
Die Gesamtkostenfunktion der Addi GmbH für den betrachteten Zeitraum lautet:

$$K = 12.000 + 2x$$

Die Kapazitätsgrenze für den betrachteten Zeitraum liegt bei 15.000 Stück.

2.1 Erläutern Sie zwei Gründe, warum sich für die Smartphone-Schutzhüllen unterschiedliche Preise am Markt bilden können.

2.2 Stellen Sie in einer Grafik die Preis-Absatz-Funktion der Addi GmbH dar.

Bearbeitungshinweis: 1 cm = 2.000 Mengeneinheiten und 1 cm = 1 Preiseinheit.

2.3 Berechnen Sie den Gewinn an der Kapazitätsgrenze.

2.4 • Ermitteln Sie rechnerisch und grafisch in der Grafik zu 2.2 die dem Cournotschen Punkt entsprechende Preis-Mengen-Kombination.

• Berechnen Sie den bei dieser Ausbringungsmenge vorliegenden Gewinn und Beschäftigungsgrad.

2.5 Die Addi GmbH entscheidet sich für die Preis-Mengen-Kombination an der Kapazitätsgrenze.

Erläutern Sie, welche jeweilige Konsequenz diese Entscheidung aus der Sicht des Unternehmens, der Arbeitnehmer und der Nachfrager hat.

2.6 Begründen Sie, wie sich – ausgehend vom Cournotschen Punkt – eine Preissenkung auf den Erlös und den Gewinn auswirkt.

2.7 Die Studie einer Unternehmensberatung prognostizierte für die Addi GmbH einen Kostenanstieg.

Begründen Sie, inwieweit sich durch den Anstieg der variablen Kosten und der fixen Kosten jeweils Auswirkungen auf den gewinnmaximalen Preis und die gewinnmaximale Menge ergeben.

3. Nach der Zahl der Anbieter lassen sich drei Marktformen unterscheiden.

Zeigen Sie für jede dieser Marktformen auf, welche Größen die Anbieter jeweils bei ihren Entscheidungen

• selbst beeinflussen können bzw.
• berücksichtigen müssen.

Aufgabe 5: Außenwirtschaft (Bedeutung, Ursachen und Vorteile des Außenhandels, Wechselkurse, Instrumente der Außenwirtschaftspolitik)

1. Aus den Veröffentlichungen des Statistischen Bundesamtes liegen für den Außenhandel der Bundesrepublik Deutschland folgende Daten vor.

Material 1: Auszug aus der Bruttoinlandsproduktberechnung

Gesamtwirtschaftliche Größe (Angaben in Mrd. EUR)	Jahre		
	2010	2011	2012
Bruttoinlandsprodukt (BIP)	2.495,00	2.609,90	2.666,40
Außenbeitrag (Exporte minus Importe)	140,20	135,65	157,91
Exporte (Waren und Dienstleistungen)	1.188,59	1.321,43	1.381,03
Importe (Waren und Dienstleistungen)	1.048,39	1.185,78	1.223,12

Quelle: www.destatis.de [Stand: 23.08.2013]

Material 2: Die größten Handelspartner der Bundesrepublik Deutschland 2012 (Angaben in Mrd. EUR)

Einfuhr			Ausfuhr
Niederlande	87	104	Frankreich
China	78	87	Vereinigte Staaten
Frankreich	65	73	Vereinigtes Königreich
Vereinigte Staaten	51	71	Niederlande
Italien	49	67	China
Vereinigtes Königreich	44	58	Österreich
Russische Föderation	42	56	Italien
Belgien	38	49	Schweiz
Schweiz	38	44	Belgien
Österreich	37	42	Polen

Quelle: www.destatis.de [Stand: 23.08.2013]

Material 3: Die wichtigsten deutschen Handelswaren 2012 (Angaben in Mrd. EUR)

Einfuhr		Ausfuhr	
Erdöl und Erdgas	97	Kraftwagen und Kraftwagenteile	191
DV-Geräte, elektr. und opt. Erzeugn.	88	Maschinen	165
Kraftwagen und Kraftwagenteile	82	Chemische Erzeugnisse	105
Sonstige Waren	76	DV-Geräte, elektr. und opt. Erzeugn.	86
Chemische Erzeugnisse	72	Elektrische Ausrüstungen	66
Maschinen	71	Metalle	58
Metalle	55	Pharmazeutische und ähnl. Erzeugn.	56
Elektrische Ausrüstungen	44	Sonstige Fahrzeuge	51
Nahrungs- und Futtermittel	39	Nahrungs- und Futtermittel	46
Pharmazeutische und ähnl. Erzeugn.	39	Gummi- und Kunststoffwaren	38
Sonstige Fahrzeuge	34	Metallerzeugnisse	37

Quelle: www.destatis.de [Stand: 23.08.2013]

1.1   Erläutern Sie anhand der **Materialien 1 bis 3** Bedeutung und Struktur des deutschen Außenhandels. Gehen Sie auf mindestens drei verschiedene Aspekte ein.

1.2   Als Ursache für Außenhandel werden unter anderem unterschiedliche Produktionskosten in den beteiligten Ländern genannt. Gehen Sie für eine modellhafte Betrachtung von folgenden Annahmen aus:

Inland	Ausland
Dem Inland stehen 135 Arbeitseinheiten (AE) zur Verfügung. Damit können höchstens entweder • 27 ME Weizen oder • 36 ME Leinen hergestellt werden.	Dem Ausland stehen 135 Arbeitseinheiten (AE) zur Verfügung. Damit können höchstens entweder • 24 ME Weizen oder • 15 ME Leinen hergestellt werden.

ME = Mengeneinheiten

1.2.1   Ermitteln Sie, wie viele Arbeitseinheiten im Inland und im Ausland jeweils aufgewendet werden müssen, um eine Einheit
   • Weizen,
   • Leinen
zu produzieren.

1.2.2   Begründen Sie anhand des Ergebnisses von 1.2.1, welches Land bei welchem Produkt einen
   • absoluten,
   • komparativen
Kostenvorteil bzw. Kostennachteil hat.

1.2.3   Die Länder nehmen entsprechend der Theorie der komparativen Kosten Handelsbeziehungen miteinander auf.

Ermitteln Sie für diesen Fall das Versorgungsniveau für Weizen und Leinen in beiden Ländern nach Aufnahme des Außenhandels und interpretieren Sie das Ergebnis.

Es gelten folgende Annahmen:

   • Vor Aufnahme des Außenhandels lag folgende Güterversorgung in ME vor:

	Inland	Ausland	gesamt
Weizen	9	8	17
Leinen	24	10	34

   • Das Inland tauscht die gesamte über das bisherige Versorgungsniveau hinausgehende Gütermenge seines Exportgutes im Verhältnis 1 : 1 gegen das Importgut.

1.2.4   Erläutern Sie zwei Kritikpunkte an der Theorie der komparativen Kosten.

2. Die nachfolgende Tabelle zeigt die Entwicklung des Wechselkurses des Euro (EUR) gegenüber dem Schweizer Franken (CHF) in den letzten Jahren:

2007	2008	2009	2010	2011	2012
1,64	1,59	1,51	1,38	1,23	1,20

Quelle: www.bundesbank.de

2.1 Zeigen Sie die Folgen, die sich aus der Entwicklung des Wechselkurses im Zeitraum 2007 bis 2012 ergeben haben für

- deutsche Unternehmen, die ihre Produkte in die Schweiz exportieren,
- deutsche Touristen, die traditionell ihren Skiurlaub in der Schweiz verbringen,
- Schweizer Unternehmen, die in Euro zu zahlende Anteile an deutschen Unternehmen erwerben.

2.2

Schweizerische Nationalbank legt Mindestkurs von 1,20 Franken pro Euro fest

Die gegenwärtige massive Überbewertung des Schweizer Franken stellt eine akute Bedrohung für die Schweizer Wirtschaft dar [...]
Die Schweizerische Nationalbank strebt daher eine deutliche und dauerhafte Abschwächung des Frankens an. Sie toleriert am Devisenmarkt ab sofort keinen Euro-Franken-Kurs unter dem Mindestkurs von 1,20. Die Nationalbank wird den Mindestkurs mit aller Konsequenz durchsetzen und ist bereit, unbeschränkt Devisen zu kaufen.

Quelle: www.snb.ch/de/

Nachstehende Tabelle zeigt die Entwicklung der Wechselkurse vor und nach dieser Entscheidung der Schweizerischen Nationalbank (SNB):

2011									2012		
April	Mai	Juni	Juli	Aug.	Sept.	Okt.	Nov.	Dez.	Jan.	Feb.	März
1,30	1,25	1,21	1,18	1,12	1,20	1,23	1,23	1,23	1,21	1,20	1,21

2.2.1 Erläutern Sie, was die SNB veranlasst haben könnte, auf diese Weise in den Devisenmarkt einzugreifen.

2.2.2 • Skizzieren Sie in <u>einem</u> Preis-Mengen-Diagramm für den Devisenmarkt aus deutscher Sicht, wie sich
   – eine Kapitalflucht vieler Euro-Besitzer in den Schweizer Franken und der darauf folgende
   – Devisenkauf der SNB
   auf den Wechselkurs auswirken.

   • Beschreiben Sie die skizzierten Auswirkungen.

Bearbeitungshinweis:
y-Achse: CHF/EUR; x-Achse: Menge EUR

3.

Handelsfehde um Ökostrom

Europa wehrt sich gegen üppige Staatshilfe für Chinas Solarindustrie – und prüft Strafzölle.

BRÜSSEL/FREIBURG. Europäische Solarfirmen liefern sich einen erbitterten Kampf um Marktanteile mit chinesischen Konkurrenten. Nun droht die EU der mächtigen Solarbranche in Fernost mit Strafzöllen. [...]
Die Befürworter [...] argumentieren, dass ein Ende unfairer Handelspraktiken die hiesigen Unternehmen stärke und Arbeitsplätze sichere.

Quelle: Badische Zeitung vom 07.09.2012

Die beschriebene Entwicklung auf dem Solarzellenmarkt soll anhand des folgenden Modells analysiert werden:

Im Inland wurden bisher Solarzellen nur für den heimischen Markt produziert. Importe fanden nicht statt. Der Marktpreis für eine Solarzelle lag bei 3.000,00 EUR und die Absatzmenge bei 2 Mio. Stück.
Diese Ausgangssituation ist in den **Anlagen 1 und 2** dargestellt.

3.1 Das Inland hat sich mittlerweile bei sonst gleichen Bedingungen für Importe geöffnet. Der Weltmarktpreis liegt bei 2.000,00 EUR. Der bei diesem Preis entstehende Nachfrageüberhang im Inland wird durch Importe gedeckt.

   • Stellen Sie die veränderte Marktsituation in **Anlage 1 zu 3.1** dar und kennzeichnen Sie die neue Konsumenten- und Produzentenrente.

   • Beschreiben Sie die Veränderungen. Berücksichtigen Sie dabei auch die Folgen für die inländischen Anbieter und für die Produzenten- und Konsumentenrente im Inland (Anmerkung: Ein rechnerischer Nachweis der Renten ist nicht erforderlich.).

3.2 Das Inland möchte sich zum Schutz der einheimischen Industrie gegen die hohen Importe wehren und erhebt einen Importzoll in Höhe von 500,00 EUR je Solarzelle.

   • Stellen Sie die veränderte Marktsituation in **Anlage 2 zu 3.2** dar und kennzeichnen Sie die neue Konsumenten- und Produzentenrente.

   • Beschreiben Sie die Veränderungen. Berücksichtigen Sie dabei auch die Folgen für die inländischen Anbieter und für die Produzenten- und Konsumentenrente im Inland (Anmerkung: Ein rechnerischer Nachweis der Renten ist nicht erforderlich.).

3.3 Erläutern Sie zwei weitere protektionistische Maßnahmen, die dem Schutz der inländischen Solarindustrie dienen können.

Anlage 1 zu 3.1

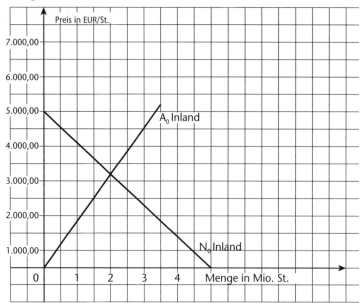

Anlage 2 zu 3.2

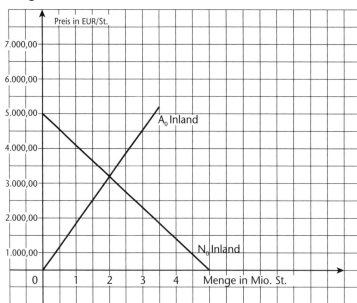

33   Abituraufgaben 2015

Betriebswirtschaftslehre

Aufgabe 1: Kapitalgesellschaften im Vergleich (rechtliche Grundlagen), Beteiligungs-finanzierung bei der AG

Die SMU Möbelbausysteme OHG in Bühl hat sich auf die Produktion von modularen Regalsystemen spezialisiert. Das anfänglich kleine Familienunternehmen der drei Gesellschafter Simon Eder, Andreas Eder und Siegfried Peter beschäftigt heute ca. 400 Mitarbeiter und ist durch Vertriebspartner in über 20 Ländern vertreten. Vor dem Hintergrund dieser Unternehmensentwicklung haben die Gesellschafter beschlossen, die OHG in eine Kapitalgesellschaft umzuwandeln.

1. Die Geschwister Simon und Andreas Eder favorisieren die Umwandlung der OHG in eine GmbH, während Siegfried Peter die Rechtsform der AG für vorteilhafter hält.

1.1 Nennen Sie jeweils zwei Argumente, die entweder für die Umwandlung in eine
    • GmbH oder
    • AG
    sprechen könnten.

1.2 Vor der endgültigen Entscheidung für eine neue Rechtsform möchten sich die drei Gesellschafter über die gesetzlichen Bestimmungen bezüglich der Unternehmensleitung informieren.

    Vergleichen Sie in einer Tabelle die Position des Geschäftsführers in einer GmbH mit der eines Vorstandes in einer AG hinsichtlich folgender Kriterien:
    • Dauer der Amtszeit
    • Kontrolle der Unternehmensleitung

2. Die drei bisherigen OHG-Gesellschafter haben sich darauf geeinigt, dass Andreas Eder und Siegfried Peter auch zukünftig in der Führung des Unternehmens tätig sein sollen, während der Gesellschafter Simon Eder Verantwortung abgeben und nur noch eine überwachende Funktion innehaben möchte.

    Zeigen Sie, wie Andreas Eder und Siegfried Peter ihren Leitungswunsch bei den beiden alternativen Gesellschaftsformen bei der Gründung jeweils realisieren können.

3. Die drei Gesellschafter der OHG haben das Unternehmen in eine Aktiengesellschaft umgewandelt. Seit 2013 ist die SMU Möbelbausysteme AG erfolgreich an der Börse notiert.

    Die SMU Möbelbausysteme AG plant im Jahr 2015 mit der Einführung eines Tischbausystems eine Ausweitung ihres Geschäftsfeldes. Dafür müssen in das bisherige Produktionsgebäude am Standort Bühl 15,5 Mio. EUR investiert werden. Zur Finanzierung des Bauvorhabens schlägt der Vorstand der SMU AG auf der Hauptversammlung eine Kapitalerhöhung gegen Einlagen in Höhe von 12,5 Mio. EUR vor.

Die vereinfachte Bilanz der SMU AG weist vor der Kapitalerhöhung zum 31.12.2014 folgende Werte aus:

Aktiva	Bilanz der SMU AG in Mio. Euro		Passiva
A. Anlagevermögen	180,0	A. Eigenkapital	
B. Umlaufvermögen		I. Gezeichnetes Kapital	75,0
I. Vorräte	52,0	II. Kapitalrücklage	26,5
II. Forderungen	25,0	III. Gewinnrücklagen	27,5
III. liquide Mittel	5,0	B. Fremdkapital	
		I. langfr. Verbindlichkeiten	93,0
		II. kurzfr. Verbindlichkeiten	40,0
	262,0		262,0

Der Börsenkurs der alten Aktie beträgt 9,00 EUR (Nennwert 5,00 EUR je Aktie).

3.1 Großaktionär Rieger steht der Kapitalerhöhung skeptisch gegenüber. Er ist von der Vorteilhaftigkeit der Beteiligungsfinanzierung nicht überzeugt und schlägt stattdessen eine Finanzierung des Bauvorhabens mittels einer Kreditaufnahme vor.

3.1.1 Der Vorstand der SMU Möbelbausysteme AG begründet die geplante Beteiligungs-finanzierung mit folgender Aussage:

„Die nachhaltige Überlebensfähigkeit einer Unternehmung hängt wesentlich von einer ausreichenden Eigenkapitalausstattung ab, so dass wir eine Beteiligungsfinanzierung einer Finanzierung durch Fremdkapital vorziehen."

Nehmen Sie zu dieser Aussage des Vorstandes kritisch Stellung, indem Sie jeweils zwei Argumente für und gegen die Beteiligungsfinanzierung erörtern.

3.1.2 Aktionär Rieger ist von den Argumenten des Vorstandes nicht überzeugt und möchte die Kapitalerhöhung verhindern. Sein Versuch, diese auf der Hauptversammlung abzuwenden, scheitert, da er hierfür 375.000 Aktien zu wenig besitzt. Bei der Hauptversammlung sind 90 % des Grundkapitals vertreten.

Berechnen Sie die Anzahl der Aktien, die Großaktionär Rieger in seinem Eigentum hält.

3.2 Im Zuge der bevorstehenden Kapitalerhöhung beschließt die Hauptversammlung ausschließlich Namensaktien auszugeben.

Begründen Sie die Vorteilhaftigkeit dieses Beschlusses anhand von zwei Aspekten.

3.3 Der Emissionskurs der jungen Aktien soll festgelegt werden.

- Zeigen Sie den grundsätzlichen Spielraum auf, den die SMU AG bei der Festle-gung ihres Emissionskurses hat.

- Beschreiben Sie je einen Nachteil, der mit der Entscheidung für einen zu hohen bzw. für einen zu niedrigen Ausgabekurs verbunden ist.

3.4   Die SMU AG legt den Emissionskurs der jungen Aktien so fest, dass der Mittelzufluss den Kapitalbedarf für den Ausbau des Produktionsgebäudes deckt.

- Ermitteln Sie den Emissionskurs der jungen Aktien.

- Stellen Sie die Veränderung der Bilanzpositionen der SMU AG durch die Kapitalerhöhung dar.

4.   Altaktionär Schärer überlegt, wie er auf die Kapitalerhöhung reagieren kann.

Schärer besitzt 1.800 Aktien der SMU Möbelbausysteme AG sowie liquide Mittel in Höhe von 5.000,00 EUR. Ihm bieten sich folgende Möglichkeiten:

Alternative 1: Ausübung der Bezugsrechte zum Erwerb von jungen Aktien
Alternative 2: Verkauf aller Bezugsrechte

4.1   Zeigen Sie für beide Alternativen auf, wie sich seine liquiden Mittel, sein Aktienvermögen sowie sein Gesamtvermögen in Euro gegenüber seiner Ausgangssituation ändern. Gehen Sie davon aus, dass das Bezugsrecht an der Börse zu seinem rechnerischen Wert gehandelt wird.

Hinweis: Sollten Sie Aufgabe 3.4 nicht gelöst haben, rechnen Sie mit einem Emissionskurs für die junge Aktie von 6,90 EUR.

4.2   Entscheiden Sie begründet, welche Alternative Aktionär Schärer hinsichtlich der Entwicklung seines aktuellen Gesamtvermögens und seiner zukünftigen Renditechancen wählen sollte.

Aufgabe 2: Personengesellschaften im Vergleich (rechtliche Grundlagen), offene Selbstfinanzierung bei der KG, statische und dynamische Investitionsrechnung

Die Auftragslage des Ulmer Ventilatorenherstellers Peter Huber e. Kfm. ist zu Jahresbeginn 2013 sehr gut. Daher benötigt Huber dringend Kapital für weitere Investitionen. Sein Mitarbeiter Paul Bauer ist bereit, sich mit der Einbringung eines Grundstücks im Wert von 100.000,00 EUR und einer Bareinlage von 50.000,00 EUR an einer gemeinsamen OHG zu beteiligen.

Für Geschäftsführung und Vertretung gelten die gesetzlichen Bestimmungen.

1.   Prüfen Sie unter Angabe der gesetzlichen Vorschriften, ob

- der Gesellschaftsvertrag einer gesetzlichen Formvorschrift unterliegt,

- die bisherige Firma beibehalten werden kann, und unterbreiten Sie, falls notwendig, einen entsprechenden Firmierungsvorschlag.

2.   Peter Huber und Paul Bauer schließen am 19.03.2013 den Gesellschaftsvertrag ab. Nach einer von der OHG veröffentlichten Stellenanzeige stellt Peter Huber am 27.03.2013 einen Mitarbeiter ein. Die Handelsregistereintragung erfolgt am 02.04.2013.

Erläutern Sie, zu welchem Zeitpunkt die OHG entstanden ist.

3.   Prüfen Sie in den folgenden beiden Fällen jeweils die Rechtslage.

3.1 Aufgrund günstiger Rohstoffpreise kauft Paul Bauer am 08.05.2013 ohne Wissen von Peter Huber den Monatsbedarf an Stahl.

3.2 Da sich die Rohstofflieferung verzögert, verfügt die OHG vorübergehend über liquide Mittel. Diese investiert Bauer in spekulative Aktiengeschäfte, obwohl sich Huber dagegen ausgesprochen hat.

4. Die beiden Gesellschafter harmonieren nicht gut miteinander, so dass Bauer zum 31.12.2013 aus der OHG ausscheidet. Huber sucht daher neue Gesellschafter. Ein Gläubiger des Unternehmens verlangt am 20.01.2014 von Bauer die Begleichung einer im November 2013 eingegangenen Verbindlichkeit in Höhe von 7.000,00 EUR.

Erläutern Sie, ob Bauer für diese Verbindlichkeit haften muss.

5. Als neue Gesellschafter treten Sabine Schmidt als Komplementärin und Markus Müller als Kommanditist in das Unternehmen ein. Gemeinsam mit Peter Huber gründen sie zum 01.01.2014 eine KG.

5.1 Am Ende des Geschäftsjahres 2014 beträgt der Gewinn 250.000,00 EUR. Die Komplementäre erhalten für ihre Tätigkeit eine monatlich im Voraus zu zahlende Vergütung von 6.000,00 EUR. Über die Tätigkeitsvergütung hinaus wurden keine weiteren Beträge während des Geschäftsjahres ausgezahlt.

Begründen Sie mithilfe der nachfolgenden Tabelle, welcher Gesellschafter in welcher Höhe zur offenen Selbstfinanzierung beigetragen hat.

Werte in Euro	Komplementär Huber	Komplementärin Schmidt	Kommanditist Müller	insgesamt
Kapital am Jahresanfang	300.000,00	200.000,00	100.000,00	600.000,00
Tätigkeitsvergütung	72.000,00	72.000,00	—	144.000,00
Verzinsung 5 % des Jahresanfangskapitals	15.000,00	10.000,00	5.000,00	30.000,00
Restgewinnverteilung 2 : 2 : 1	30.400,00	30.400,00	15.200,00	76.000,00
gesamter Gewinnanteil	117.400,00	112.400,00	20.200,00	250.000,00
Kapital am Jahresende	345.400,00	240.400,00	100.000,00	685.800,00

5.2 • Nennen Sie zwei Vorteile der offenen Selbstfinanzierung.

• Beschreiben Sie zwei Voraussetzungen, welche für eine offene Selbstfinanzierung erfüllt sein müssen.

6. Das Unternehmen benötigt eine neue Fertigungsanlage für die Produktion der Ventilatoren. Der Anschaffungswert der Anlage beträgt 300.000,00 EUR. Die Fertigungsanlage wird voraussichtlich sechs Jahre genutzt. Die sonstigen Fixkosten pro Jahr betragen 125.000,00 EUR. Die variablen Kosten pro Stunde belaufen sich auf 125,00 EUR. Die Maschine läuft 2.400 Stunden im Jahr. Die Geschäftsführung rechnet mit 510.000,00 EUR Umsatzerlösen jährlich.

6.1 Berechnen Sie die Amortisationszeit und erläutern Sie deren Bedeutung.

6.2 Als weitere Entscheidungshilfe für die Beurteilung der Vorteilhaftigkeit dieser Investition soll der Kapitalwert ermittelt werden.

Berücksichtigen Sie zusätzlich einen Liquidationserlös in Höhe von 8.000,00 EUR für den Verkauf der Anlage nach Ablauf der Nutzungsdauer. Die neu berechneten Einzahlungsüberschüsse (jeweils am Jahresende) entnehmen Sie der folgenden Tabelle.

Jahr	Einzahlungsüberschüsse in Euro
1	85.000,00
2	78.000,00
3	80.000,00
4	72.000,00
5	78.000,00
6	75.000,00

Ermitteln Sie den Kapitalwert der Investition und interpretieren Sie Ihr Ergebnis.
Gehen Sie von einem Kalkulationszinssatz von 7 % aus (Anlage).
Alle Berechnungen sind auf volle Euro zu runden.

6.3 Statt der Fertigungsanlage für 300.000,00 EUR kann auch eine ähnliche Anlage eines Konkurrenten für 250.000,00 EUR erworben werden. Diese würde einen erwarteten Kapitalwert von 65.357,00 EUR erzielen.

Die Differenz der Anschaffungsausgaben könnte in ein weiteres Investitionsobjekt fließen, welches in jedem der sechs Jahre Einzahlungsüberschüsse in Höhe von 12.000,00 EUR zum Jahresende erwarten ließe.

Weisen Sie rechnerisch nach, für welche Alternative sich das Unternehmen entscheiden sollte.
Gehen Sie von einem Kalkulationszinssatz von 7 % aus (Anlage).
Alle Berechnungen sind auf volle Euro zu runden.

6.4 Erläutern Sie zwei Probleme, die bei der Anwendung der Kapitalwertmethode als Grundlage für Investitionsentscheidungen auftreten können.

Anlage

Aufzinsungs-, Abzinsungs- und Annuitätenfaktoren

für Zinssätze (p) von 5 % bis 10 %
und Laufzeiten (n) von 1–10 Jahren

$q = 1 + p : 100$

Aufzinsungsfaktor: q^n

Abzinsungsfaktor: $\dfrac{1}{q^n}$

Annuitätenfaktor: $\dfrac{q^n\,(q-1)}{(q^n-1)}$

5 % \ n	q^n	$\dfrac{1}{q^n}$	$\dfrac{q^n\,(q-1)}{(q^n-1)}$
1	1,050000	0,952381	1,050000
2	1,102500	0,907029	0,537805
3	1,157625	0,863838	0,367209
4	1,215506	0,822702	0,282012
5	1,276282	0,783526	0,230975
6	1,340096	0,746215	0,197017
7	1,407100	0,710681	0,172820
8	1,477455	0,676839	0,154722
9	1,551328	0,644609	0,140690
10	1,628895	0,613913	0,129505

6 % \ n	q^n	$\dfrac{1}{q^n}$	$\dfrac{q^n\,(q-1)}{(q^n-1)}$
1	1,060000	0,943396	1,060000
2	1,123600	0,889996	0,545437
3	1,191016	0,839619	0,374110
4	1,262477	0,792094	0,288591
5	1,338226	0,747258	0,237396
6	1,418519	0,704961	0,203363
7	1,503630	0,665057	0,179135
8	1,593848	0,627412	0,161036
9	1,689479	0,591898	0,147022
10	1,790848	0,558395	0,135868

7 % \ n	q^n	$\dfrac{1}{q^n}$	$\dfrac{q^n\,(q-1)}{(q^n-1)}$
1	1,070000	0,934579	1,070000
2	1,144900	0,873439	0,553092
3	1,225043	0,816298	0,381052
4	1,310796	0,762895	0,295228
5	1,402552	0,712986	0,243891
6	1,500730	0,666342	0,209796
7	1,605781	0,622750	0,185553
8	1,718186	0,582009	0,167468
9	1,838459	0,543934	0,153486
10	1,967151	0,508349	0,142378

8 % \ n	q^n	$\dfrac{1}{q^n}$	$\dfrac{q^n\,(q-1)}{(q^n-1)}$
1	1,080000	0,925926	1,080000
2	1,166400	0,857339	0,560769
3	1,259712	0,793832	0,388034
4	1,360489	0,735030	0,301921
5	1,469328	0,680583	0,250456
6	1,586874	0,630170	0,216315
7	1,713824	0,583490	0,192072
8	1,850930	0,540269	0,174015
9	1,999005	0,500249	0,160080
10	2,158925	0,463193	0,149029

9 % \ n	q^n	$\dfrac{1}{q^n}$	$\dfrac{q^n\,(q-1)}{(q^n-1)}$
1	1,090000	0,917431	1,090000
2	1,188100	0,841680	0,568469
3	1,295029	0,772183	0,395055
4	1,411582	0,708425	0,308669
5	1,538624	0,649931	0,257092
6	1,677100	0,596267	0,222920
7	1,828039	0,547034	0,198691
8	1,992563	0,501866	0,180674
9	2,171893	0,460428	0,166799
10	2,367364	0,422411	0,155820

10 % \ n	q^n	$\dfrac{1}{q^n}$	$\dfrac{q^n\,(q-1)}{(q^n-1)}$
1	1,100000	0,909091	1,100000
2	1,210000	0,826446	0,576190
3	1,331000	0,751315	0,402115
4	1,464100	0,683013	0,315471
5	1,610510	0,620921	0,263797
6	1,771561	0,564474	0,229607
7	1,948717	0,513158	0,205405
8	2,143589	0,466507	0,187444
9	2,357948	0,424098	0,173641
10	2,593742	0,385543	0,162745

Aufgabe 3: Vollkostenrechnung in Form der Zuschlagskalkulation, Kosten- und Erlösfunktionen, Deckungsbeitragsrechnung

1. Die Milu AG mit Sitz in Heilbronn stellt hochwertige Tische und Stühle für den pharmazeutischen und medizinischen Bereich her. Neben der Serienfertigung werden auch Schreibtische nach individuellen Kundenwünschen produziert.

    Für das abgelaufene Geschäftsjahr 2014 sind bei der Milu AG folgende Kosten angefallen:

Materialgemeinkosten	216.000,00 EUR
Fertigungsgemeinkosten	1.750.000,00 EUR
Verwaltungsgemeinkosten	337.820,00 EUR
Vertriebsgemeinkosten	627.380,00 EUR
Fertigungsmaterial	2.160.000,00 EUR
Fertigungslöhne	700.000,00 EUR

1.1 Berechnen Sie im Rahmen einer Gesamtkalkulation die Selbstkosten und die Gemeinkostenzuschlagssätze für das abgelaufene Geschäftsjahr 2014.

1.2 Ein Kunde wünscht im Januar 2015 eine Sonderfertigung eines Schreibtisches passend zur sonstigen Ausstattung seines Arbeitszimmers.

    Für die Kalkulation dieses Schreibtisches sind zu berücksichtigen:

Fertigungsmaterial	90,00 EUR
Fertigungslöhne	86,00 EUR
Gewinnzuschlagssatz	20 %
Kundenrabatt	25 %
Kundenskonto	4 %

    Die Milu AG kalkuliert mit den Gemeinkostenzuschlagssätzen aus dem abgelaufenen Geschäftsjahr 2014.

    Ermitteln Sie den Angebotspreis für den Schreibtisch.

1.3 Anfang 2015 ist die Auftragslage im Bereich der Stuhlproduktion rückläufig. Erläutern Sie die Problematik der Zuschlagskalkulation bei sinkendem Beschäftigungsgrad.

2. Im Zweigwerk I der Milu AG in Michelbach werden ausschließlich Gartentische hergestellt. Die Kapazitätsgrenze liegt bei 1.250 Stück pro Monat. Der Verkaufspreis beträgt 120,00 EUR je Stück.

Für das erste Quartal 2015 liegt folgende Kostenstruktur vor:

Monat	Produzierte Menge	Gesamtkosten
Januar	600 Stück	77.000,00 EUR
Februar	900 Stück	98.000,00 EUR
März	1.050 Stück	?

Es liegt ein linearer Kosten- und Erlösverlauf vor.

2.1 Weisen Sie rechnerisch nach, bei welcher Stückzahl das Zweigwerk I die Gewinnschwelle erreicht.

2.2 Ermitteln Sie die langfristige Preisuntergrenze eines Gartentisches bei Vollauslastung der Produktion.

2.3 Berechnen Sie das Betriebsergebnis des Zweigwerks I im ersten Quartal 2015.

2.4 Für den Monat April besteht die Möglichkeit, einen Auftrag über 200 Gartentische aus Frankreich anzunehmen. Der Kunde verlangt jedoch einen Preisnachlass in Höhe von 30 % gegenüber dem üblichen Verkaufspreis.
Der Produktionsleiter gibt zu bedenken, dass die Kapazität im Monat April voll ausgelastet ist. Die Kapazitätsgrenze kann kurzfristig um 200 Gartentische überschritten werden, wenn auch am Samstag gearbeitet wird. Gemäß einer Betriebsvereinbarung erhalten dann die Arbeitnehmer für diese Mehrarbeit einen Lohnzuschlag in Höhe von 25 %. Ohne diesen Zuschlag beträgt der Lohnanteil an den variablen Stückkosten 28,00 EUR.

Weisen Sie rechnerisch nach, wie sich eine Annahme des Auftrags aus Frankreich auf das Betriebsergebnis auswirkt.

2.5 Erläutern Sie je ein weiteres Argument, welches für bzw. gegen die Annahme des Auftrags aus Frankreich spricht.

3. Im Zweigwerk II in Öhringen werden drei hochwertige ergonomische Drehstuhlmodelle hergestellt. Aufgrund einer technischen Störung steht im Monat Februar 2015 nur ein Gerät zur Qualitätskontrolle zur Verfügung.
Die im Februar 2015 zur Verfügung stehende Prüfzeit beträgt daher nur 236 Stunden.

Der Produktionsplan für den Monat Februar 2015 sieht vor:

Modell	Modell 1	Modell 2	Modell 3
Nettoverkaufserlös/Stuhl	2.780,00 EUR	2.145,00 EUR	1.660,00 EUR
Prüfzeit/Stuhl	80 Minuten	70 Minuten	30 Minuten
variable Kosten pro Stuhl	2.060,00 EUR	1.200,00 EUR	1.300,00 EUR
geplante Stückzahl	100	120	160

3.1 Erstellen Sie das optimale Produktionsprogramm für Februar 2015.

3.2 Ermitteln Sie das Betriebsergebnis für Februar 2015, wenn die Fixkosten im Zweigwerk II 120.000,00 EUR pro Monat betragen.

Volkswirtschaftslehre

Aufgabe 4: Verhalten der Marktteilnehmer unter Wettbewerbsbedingungen (Nachfrage und Angebot am Gütermarkt), Preisbildung unter Wettbewerbsbedingungen

Der Markt für Cloud-Computing boomt. Beim Cloud-Computing werden Daten und zum Teil Software nicht mehr auf dem eigenen Computer, Tablet oder Smartphone gespeichert, sondern auf einem externen Server, der in einem Rechenzentrum eines Anbieters steht. Viele Unternehmen bieten solche Netzspeicherlösungen an.

Gehen Sie von einem Polypol auf dem vollkommenen Markt aus.

1. Erläutern Sie drei Bestimmungsfaktoren der Nachfrage nach Netzspeicherlösungen.

2. Die Gesamtnachfrage nach Speichereinheiten beim Cloud-Computing ist wie folgt gegeben:

Preis je Speichereinheit (Geldeinheiten)	0	5	10	15	20	25	30	35	40	45	50
Menge in Tausend (Speichereinheiten)	100	90	80	70	60	50	40	30	20	10	0

2.1 • Stellen Sie die Gesamtnachfrage in einem Preis-Mengen-Diagramm grafisch dar. (x-Achse: 1 cm = 10.000 Speichereinheiten; y-Achse: 1 cm = 10 Geldeinheiten)

• Erläutern Sie die ökonomische Bedeutung der beiden Schnittpunkte der Gesamtnachfragekurve mit den Achsen des Koordinatensystems.

2.2 Nehmen Sie an, der Marktpreis für eine Speichereinheit beim Cloud-Computing sinkt bei unverändertem Nachfrageverhalten von 45 auf 35 Geldeinheiten.

2.2.1 Erläutern Sie mithilfe einer geeigneten Elastizitätskennzahl (rechnerischer Nachweis) die Auswirkung des Preisrückgangs auf den Gesamterlös der Branche.

2.2.2 • Begründen Sie, worauf der Preisrückgang in diesem Fall zurückzuführen sein könnte.

• Stellen Sie die Veränderung der beschriebenen Marktsituation skizzenhaft in einem neuen Preis-Mengen-Diagramm dar.

2.2.3 Der Preisrückgang für Speichereinheiten beim Cloud-Computing hat Auswirkungen auf den Absatz eines Herstellers von externen Festplatten. Er verkaufte bislang monatlich 15.000 Stück. Die indirekte Preiselastizität der Nachfrage beträgt +3.

• Beschreiben Sie mithilfe der angegebenen Kennzahl die Beziehung zwischen den beiden Speichermöglichkeiten.

• Berechnen Sie unter sonst gleichen Bedingungen, mit welcher absetzbaren Menge der Festplattenhersteller nun monatlich rechnen kann.

3. Ein Anbieter für Netzspeicherlösungen betrachtet die in Teilaufgabe 2.2 genannte Preisentwicklung mit Sorge. Er überlegt sich, ob er weiterhin auf diesem Markt bestehen kann, wenn ein weiterer Preisrückgang stattfindet.
Nehmen Sie an, seine derzeitige Kostensituation stellt sich wie in der **Anlage** abgebildet dar.

3.1 Erläutern Sie, welcher Gesamtkostenverlauf seiner Kostensituation zugrunde liegt.

3.2 • Kennzeichnen Sie in der Abbildung in der **Anlage** die Menge, die vor dem Preisrückgang den Gewinn des Anbieters maximierte.

• Erklären Sie betriebswirtschaftlich, weshalb es sich dabei um die gewinnmaximierende Menge handelt.

3.3 Begründen Sie, inwieweit die Sorge des Anbieters durch den Preisverfall berechtigt ist. Unterscheiden Sie zwischen einer kurzfristigen und einer langfristigen Betrachtungsweise.

4. Der zunehmende Preisverfall zwingt viele Anbieter dazu, aus dem Markt auszuscheiden. Die verbleibenden Anbieter schließen sich mit dem Ziel der Gewinnmaximierung zu einem Kartell zusammen.

4.1 Begründen Sie, welche Verhaltensweise von den verbleibenden Anbietern in der veränderten Marktsituation zu erwarten ist.

4.2 Beurteilen Sie die Folgen, die sich aus der Kartellbildung für die Nachfrager ergeben (zwei Aspekte).

Anlage zu Aufgabe 3

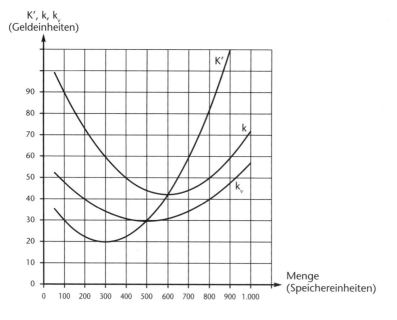

Aufgabe 5: Aktuelle Problemfelder der Wirtschaftspolitik, auch anhand von Tagesfragen: Umweltpolitik, Beschäftigungs- und Arbeitsmarktpolitik

1. Im Rahmen der Koalitionsverhandlungen im November 2013 einigten sich CDU, CSU und SPD auf die Einführung eines gesetzlichen Mindestlohnes. Dieses Vorhaben wurde vor dem Hintergrund der aktuellen Lage auf dem deutschen Arbeitsmarkt sehr kontrovers diskutiert.

1.1 Berechnen Sie auf der Grundlage der Pressemeldung der Bundesagentur für Arbeit (**Material 1**) und der Statistik der Arbeitsagentur (**Material 2**) die Arbeitslosenquote für November 2013.

Material 1: Arbeitsmarktzahlen November 2013 (Textauszug)

„Die Zahl der arbeitslosen Menschen ist im November geringfügig gestiegen. Insgesamt ist der Arbeitsmarkt auf der Entwicklungslinie der Vormonate geblieben", sagte der Vorstandsvorsitzende der Bundesagentur für Arbeit. (...)

Die Arbeitslosigkeit hat von Oktober auf November geringfügig um 5.000 auf 2.806.000 zugenommen. (...)

Die Unterbeschäftigung, die auch Personen in entlastenden arbeitsmarktpolitischen Maßnahmen und in kurzfristiger Arbeitsunfähigkeit mitzählt, hat sich saisonbereinigt nicht verändert. Insgesamt belief sich die Unterbeschäftigung im November 2013 auf 3.768.000 Personen. Das waren 15.000 weniger als vor einem Jahr. (...)

Die Nachfrage nach Arbeitskräften hat sich in den letzten Monaten auf einem guten Niveau stabilisiert. Im November waren 431.000 Arbeitsstellen bei der Bundesagentur für Arbeit gemeldet. Besonders gesucht sind zurzeit Fachleute in den Bereichen Verkauf, Logistik, Mechatronik, Energie und Elektro, Metall-, Maschinen- und Fahrzeugbau sowie in Gesundheitsberufen. (...)

Quelle: Pressemeldung der Bundesagentur für Arbeit vom 28.11.2013

Material 2: Statistik der Arbeitsagentur

Merkmal	Personen
Abhängig zivile Erwerbspersonen	38.520.201
Selbstständige und mithelfende Familienangehörige	4.640.430

Quelle: statistik.arbeitsagentur.de/Navigation/Statistik/Grundlagen/Berechnung-der-Arbeitslosenquote/
Bezugsgroessen/Daten-Bezugsgroesse-Nav.html [Stand: 15.12.2013]

1.2   Begründen Sie, welche Formen der Arbeitslosigkeit in Deutschland in **Material 3** erkennbar sind.

Material 3: Arbeitslosigkeit in Deutschland

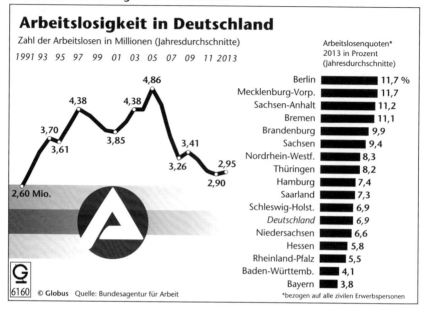

Arbeitslosigkeit in Deutschland

Zahl der Arbeitslosen in Millionen (Jahresdurchschnitte)

1991 93   95   97   99   01   03   05   07   09   11 2013

4,86
4,38   4,38
3,70   3,85   3,41
3,61   3,26   2,95
                                     2,90
2,60 Mio.

Arbeitslosenquoten*
2013 in Prozent
(Jahresdurchschnitte)

Berlin	11,7 %
Mecklenburg-Vorp.	11,7
Sachsen-Anhalt	11,2
Bremen	11,1
Brandenburg	9,9
Sachsen	9,4
Nordrhein-Westf.	8,3
Thüringen	8,2
Hamburg	7,4
Saarland	7,3
Schleswig-Holst.	6,9
Deutschland	6,9
Niedersachsen	6,6
Hessen	5,8
Rheinland-Pfalz	5,5
Baden-Württemb.	4,1
Bayern	3,8

6160 © Globus   Quelle: Bundesagentur für Arbeit

*bezogen auf alle zivilen Erwerbspersonen

Quelle: www.picture-alliance.com/globus.html; veröffentlicht am 16.01.2014

1.3   Im November 2013 meldete die Bundesagentur für Arbeit 431.000 offene Arbeitsstellen.

Erklären Sie, wie es dazu kommen konnte, obwohl zum selben Zeitpunkt Millionen Menschen arbeitslos gemeldet waren (zwei Aspekte).

1.4   Im Koalitionsvertrag findet sich folgende Vereinbarung:

Material 4: Mindestlohn

Gute Arbeit muss sich einerseits lohnen und existenzsichernd sein. Andererseits müssen Produktivität und Lohnhöhe korrespondieren, damit sozialversicherungspflichtige Beschäftigung erhalten bleibt. Diese Balance stellen traditionell die Sozialpartner über ausgehandelte Tarifverträge her. Sinkende Tarifbindung hat jedoch zunehmend zu weißen Flecken in der Tariflandschaft geführt. (...) Zum 1. Januar 2015 wird ein flächendeckender gesetzlicher Mindestlohn von 8,50 Euro brutto je Zeitstunde für das ganze Bundesgebiet gesetzlich vereinbart. (...) Tarifliche Abweichungen sind für maximal zwei Jahre bis 31. Dezember 2016 durch Tarifverträge (...) möglich.

Quelle: Koalitionsvertrag zwischen CDU, CSU und SPD; 18. Legislaturperiode www.spd.de/linkableblob/112790/ data/20131127_koalitionsvertrag.pdf [Stand: 15.12.2013]

1.4.1 Erläutern Sie mit zwei Argumenten, wie die Große Koalition im Koalitionsvertrag **(Material 4)** die Einführung des Mindestlohns rechtfertigt.

1.4.2 • Begründen Sie, ob es sich bei einem Mindestlohn um einen marktkonformen oder marktkonträren Staatseingriff handelt.

• Stellen Sie die Auswirkungen eines Mindestlohns auf den Arbeitsmarkt skizzenhaft in einem entsprechenden Koordinatensystem dar.

1.4.3 Die Einführung eines Mindestlohns hat Auswirkungen auf das Erreichen der Ziele des „magischen Sechsecks".

Erläutern Sie in diesem Zusammenhang zwei Zielkonflikte.

2. Neben den Herausforderungen zur Gestaltung des Arbeitsmarktes sieht die Große Koalition weiteren Handlungsbedarf auf dem Gebiet der Umweltpolitik. Der 2005 von der EU eingeführte Handel mit Luftverschmutzungsrechten soll nach den Ausführungen im Koalitionsvertrag fortgeführt, aber nur bedingt ausgebaut werden:

Material 5: Emissionshandel

> Die Koalition will einen wirksamen Emissionshandel auf europäischer Ebene. Dabei muss die Reduzierung der emittierten Treibhausgasmengen zentrales Ziel des Emissionshandels bleiben. Korrekturen sollten grundsätzlich nur erfolgen, wenn die Ziele zur Minderung der Treibhausgase nicht erreicht werden. Bei der von der EU-Kommission geplanten Herausnahme von 900 Mio. Zertifikaten aus dem Handel (backloading) muss sichergestellt werden, dass es sich um einen einmaligen Eingriff in das System handelt, die Zertifikate nicht dauerhaft dem Markt entzogen werden und nachteilige Auswirkungen auf die Wettbewerbsfähigkeit der betroffenen Branchen (...) ausgeschlossen werden.

Quelle: Koalitionsvertrag zwischen CDU, CSU und SPD; 18. Legislaturperiode www.spd.de/ linkableblob/112790/data/20131127_koalitionsvertrag.pdf [Stand: 15.12.2013]

2.1 Erklären Sie, inwiefern mit dem Handel von Luftverschmutzungsrechten das umweltpolitische Verursacherprinzip und das umweltpolitische Vorsorgeprinzip umgesetzt werden sollen.

2.2 Erläutern Sie, welches Ziel die EU-Kommission mit der Reduzierung der Zertifikate verfolgt und warum die Große Koalition dadurch „nachteilige Auswirkungen auf die Wettbewerbsfähigkeit" befürchtet.

3.   Ein Staat plant, den Ausstoß von CO_2 durch die Einführung eines Emissionshandels zu verringern.

Nehmen Sie an, der Staat habe hierfür den maximal zulässigen CO_2-Ausstoß auf 400.000 Tonnen pro Jahr festgelegt und gibt im Rahmen der Erstzuteilung eine entsprechende Anzahl an Emissionsrechten aus. Die Nachfrage der Unternehmen nach Emissionsrechten bei der Erstzuteilung entspricht einer normal verlaufenden Nachfragefunktion mit der Funktionsgleichung:

$x(p) = 600.000 - 10.000\ p$

p = Preis pro Tonne CO_2-Ausstoß in Geldeinheiten (GE)
x = Emissionsrechte in Tonnen CO_2-Ausstoß

3.1   Stellen Sie tabellarisch die beschriebene Situation nach folgendem Muster dar:

Preis	Angebot	Nachfrage	Absatz

Verwenden Sie hierbei Preise von 0 GE bis 60 GE (in 10er-Schritten).

Ermitteln Sie den sich ergebenden Preis für die Emissionsrechte bei der Erstzuteilung.

3.2   Erläutern Sie für diesen Fall den Verlauf der Angebotskurve für Emissionsrechte.

3.3   •   Schlagen Sie eine weitere marktkonforme umweltpolitische Maßnahme zur Reduktion des CO_2-Ausstoßes vor.

         •   Beschreiben Sie deren Auswirkung mithilfe einer Wirkungskette.

34   Abituraufgaben 2016

Betriebswirtschaftslehre

Aufgabe 1

OHG (rechtliche Grundlagen); kalkulatorische Kosten; Vollkostenrechnung in Form der Zuschlagskalkulation (Kostenstellenrechnung, BAB, Kostenträgerstückrechnung) und Vollkostenrechnung in Form der Prozesskostenrechnung; Angebotskalkulation

Der Betriebswirt Frank Bauser und der Maschinenbauingenieur Hans König haben viele Jahre bei der Schwarzer Maschinenfabrik GmbH mit Sitz in Stuttgart in der Produktentwicklung zusammengearbeitet. Ende des Jahres 2014 haben sie sich entschlossen, die GmbH zu verlassen, um sich selbstständig zu machen.

Frank Bauser und Hans König gründen Anfang 2015 die B&K Präzisionswerkzeuge OHG mit Sitz in Reutlingen.

Der Gesellschaftsvertrag (Auszug) sieht unter anderem folgende Bestimmungen vor:

---

§ 1   Die Gesellschaft entsteht am 7. Januar 2015.

§ 2   Die vertragsschließenden Personen errichten eine Offene Handelsgesellschaft unter der Firma B&K Präzisionswerkzeuge OHG.

§ 3   Gegenstand der Gesellschaft ist die Herstellung von Präzisionswerkzeugen.

§ 4   Frank Bauser leistet bei der Gründung eine Bareinlage in Höhe von 600.000,00 EUR. Hans König bringt in die Gesellschaft ein bebautes Grundstück ein, dessen Wert durch ein amtliches Gutachten auf 1.000.000,00 EUR festgelegt wird.

§ 5   Für die Gewinn- und Verlustverteilung und die Privatentnahmen gelten die gesetzlichen Bestimmungen.

Bezüglich der Geschäftsführung und der Vertretung der B&K Präzisionswerkzeuge OHG sieht der Gesellschaftsvertrag keine gesonderten Regelungen vor.

1.   Prüfen Sie unter Angabe der gesetzlichen Vorschriften, ob die gewählte Firmierung den rechtlichen Vorgaben entspricht.

2.   Begründen Sie unter Angabe der gesetzlichen Grundlage, welche Form der Gesellschaftsvertrag im vorliegenden Fall aufweisen muss.

3.   Um die unerwartet hohe Nachfrage bedienen zu können, stellen Hans König und Frank Bauser Überlegungen an, in eine weitere Fertigungsstraße für ihren Werkzeugbau zu investieren. Während der urlaubsbedingten Abwesenheit von Frank Bauser führt Hans König daher ein Kreditgespräch mit der Hausbank. Er schließt aufgrund der günstigen Konditionen sofort den Darlehensvertrag mit einem Volumen von 1.500.000,00 EUR ab, ohne nochmals Rücksprache mit Frank Bauser genommen zu haben. Als Frank Bauser aus dem Urlaub zurückkommt und von der Darlehensaufnahme erfährt, widerspricht er der Entscheidung von Hans König und möchte die

Darlehensaufnahme bei der Hausbank wegen zwischenzeitlich gesunkenem Kreditzinssatz rückgängig machen.

Beurteilen Sie die Rechtslage.

4. Frank Bauser möchte sich im Herbst 2015 an der Feinwerkzeug KG als Kommanditist mit einer Einlage von 50.000,00 EUR beteiligen. Diesen Betrag will er zulasten seines Kapitalanteils aus der B&K Präzisionswerkzeuge OHG entnehmen. Hans König widerspricht sowohl der Beteiligungsabsicht als auch der Kapitalentnahme.

Beurteilen Sie die Rechtslage.

5. Die Gesellschafter Frank Bauser und Hans König wollen sich mithilfe der Ergebnistabelle (**Anlage**) einen Überblick über den wirtschaftlichen Erfolg des Unternehmens im Geschäftsjahr 2015 verschaffen.
Hierbei sind zu verschiedenen Positionen noch einige Fragen aufgetreten.

5.1 Im August 2015 verursachte ein Unwetter schwere Hagelschäden an der Produktionshalle der B&K Präzisionswerkzeuge OHG. Der nicht durch eine Versicherung abgedeckte Sachschaden belief sich auf 350.000,00 EUR.

Ermitteln und begründen Sie, wie das Unternehmens- und das Betriebsergebnis ausgefallen wären, wenn es im Jahr 2015 keinen Hagelschaden gegeben hätte.

5.2 Erläutern Sie, worauf die unterschiedlichen Beträge in der Position „Abschreibungen auf Sachanlagen" im Rechnungskreis I und II der Ergebnistabelle zurückzuführen sind (zwei Aspekte).

5.3 Erläutern Sie, weshalb die Position „Kalkulatorischer Unternehmerlohn" im Rechnungskreis I keinen Betrag aufweist, während im Rechnungskreis II 150.000,00 EUR verrechnet werden.

6. Für die Kalkulation der Verkaufspreise ab dem Geschäftsjahr 2016 benötigt die Geschäftsführung Gemeinkostenzuschlagssätze, die auf der Basis der Zahlen aus dem Geschäftsjahr 2015 ermittelt werden sollen.

Die Einzelkosten sind aus der Ergebnistabelle (**Anlage**) zu entnehmen.

Die Aufteilung der Gemeinkosten auf die Kostenstellen wurde für den gleichen Zeitraum mithilfe eines Betriebsabrechnungsbogens vorgenommen und ergab folgende Gemeinkostensummen:

Kostenstellen	Material	Fertigung	Verwaltung	Vertrieb
Summe in EUR	390.000,00	1.140.000,00	143.600,00	251.300,00

Zusätzlich sind noch Sondereinzelkosten des Vertriebs in Höhe von 15.100,00 EUR zu berücksichtigen.

Ermitteln Sie im Rahmen einer Gesamtkalkulation die Ist-Gemeinkostenzuschlagssätze des Geschäftsjahres 2015.

7. Die Verkaufsabteilung der B&K Präzisionswerkzeuge OHG erhält im Januar 2016 eine Anfrage der Rheinischen Metallwerke AG über die Lieferung von 400 Stück des Fräskopfes CFK300 für den Einsatz in CNC-Maschinen.

Folgende Kalkulationsdaten liegen für ein Stück vor:

Fertigungsmaterial 120,00 EUR, Fertigungslöhne 50,00 EUR, Sondereinzelkosten der Spezialverpackung 4,26 EUR, Gewinnzuschlagssatz 10 %, Kundenrabatt 12 %, Kundenskonto 2 %.
Für die Berücksichtigung der Gemeinkosten werden die Ist-Gemeinkostenzuschlagssätze des Jahres 2015 (siehe Aufgabenteil 6) verwendet.

Ermitteln Sie den Angebotspreis für die Anfrage der Rheinischen Metallwerke AG Düsseldorf.

(Hinweis: Falls Sie im Aufgabenteil 6 keine Zuschlagssätze ermitteln konnten, gehen Sie von folgenden Sätzen aus: MGKZ 20 %, FGKZ 240 %, VwGKZ 5 %, VtGKZ 6 %.)

8. Frank Bauser ist mit der Kalkulation auf der Grundlage von Zuschlagssätzen bei dem hohen Volumen der Anfrage unzufrieden. Er schlägt deshalb vor, die Materialbeschaffung prozessorientiert zu verrechnen. Das Angebot an die Rheinischen Metallwerke AG würde dadurch um 4 % günstiger ausfallen. Hans König ist gegen die prozessorientierte Kalkulation. Er besteht wegen der unbefriedigenden Ertragssituation des Geschäftsjahres 2015 auf dem höheren Angebotspreis.

8.1 Erläutern Sie, warum die prozessorientierte Kalkulation im vorliegenden Fall zu einem niedrigeren Angebotspreis führt.

8.2 Ungeachtet der Einwendung von Hans König unterschreibt Frank Bauser das prozessorientiert kalkulierte Angebot. Er versendet es an die Rheinischen Metallwerke AG, welche dieses Angebot fristgerecht annehmen.

Beurteilen Sie die rechtliche Wirkung des Widerspruchs von Hans König.

Anlage

Ergebnistabelle 2015 (Zahlen in EUR)

Konten	Rechnungskreis I — Finanzbuchhaltung		Rechnungskreis II — Abgrenzungsbereich				Kosten- und Leistungsrechnung	
			Unternehmensbezogene Abgrenzung		Kostenrechnerische Korrekturen			
	Aufwendungen	Erträge	Neutrale Aufwendungen	Neutrale Erträge	verrechnete Aufwendungen	verrechnete Kosten	Kosten	Leistungen
Umsatzerlöse		4.100.000,00						4.100.000,00
außerordentliche Erträge		10.000,00		10.000,00				
Aufwendungen für Fertigungsmaterial	1.560.000,00						1.560.000,00	
Aufwendungen für Hilfs- u. Betr.stoffe	1.040.000,00						1.040.000,00	
Aufwendungen für Fertigungslöhne	500.000,00						500.000,00	
Aufwendungen für Gehälter	500.000,00						500.000,00	
außerordentliche Aufwendungen	350.000,00		350.000,00					
Abschreibungen auf Sachanlagen	200.000,00				200.000,00	250.000,00	250.000,00	
kalkulatorischer Unternehmerlohn						150.000,00	150.000,00	
Summe	4.150.000,00	4.110.000,00	350.000,00	10.000,00	200.000,00	400.000,00	4.000.000,00	4.100.000,00
Ergebnis		40.000,00		340.000,00	200.000,00		100.000,00	
Summe	4.150.000,00	4.150.000,00	350.000,00	350.000,00	400.000,00	400.000,00	4.100.000,00	4.100.000,00

Aufgabe 2

Außenfinanzierung in Form von Darlehensaufnahme mit Kreditsicherheiten, statische und dynamische Investitionsrechnung

Der Automobilzulieferer Graf Thermotechnik AG in Lahr/Schwarzwald fertigt Komponenten für Klimaanlagen und Motorkühlungen. Das Unternehmen erhält von einem deutschen Automobilhersteller den Auftrag, Thermostate für den Motor einer Pkw-Sonderserie zu produzieren. Aufgrund dieses Auftrags soll eine Erweiterungsinvestition in eine neue Montageanlage getätigt werden.

1. Zur Herstellung dieser Thermostate stehen der Graf Thermotechnik AG zwei alternative Montageanlagen der Maschinenfabrik Fürst GmbH mit folgenden Informationen zur Auswahl:

	Typ A	Typ B
Anschaffungskosten (netto)	250.000,00 EUR	300.000,00 EUR
Restwert (netto)	25.000,00 EUR	45.000,00 EUR
geplante Nutzungsdauer	5 Jahre	5 Jahre
Zinssatz für kalkulatorische Zinsen	6 %	6 %
sonstige fixe Betriebskosten pro Jahr	130.000,00 EUR	136.000,00 EUR
Fertigungslöhne pro Jahr (bei maximaler Kapazitätsauslastung)	84.000,00 EUR	52.000,00 EUR
sonstige variable Kosten pro Jahr (bei maximaler Kapazitätsauslastung)	16.800,00 EUR	19.500,00 EUR
Materialkosten pro Stück	2,00 EUR	2,00 EUR
Kapazität pro Jahr	120.000 Stück	130.000 Stück

Die Anlagen werden linear abgeschrieben.
Der Verkaufserlös pro Thermostat beträgt 5,00 EUR.

1.1 Bereiten Sie mithilfe der Kostenvergleichsrechnung anhand der gegebenen Daten die Investitionsentscheidung vor. Berechnen Sie hierzu die Gesamtkosten bei einer geplanten Produktions- und Absatzmenge von 110.000 Stück.

1.2 Berechnen Sie die kritische Produktionsmenge und interpretieren Sie Ihr Ergebnis.

1.3 Erläutern Sie zwei Kritikpunkte an der Kostenvergleichsrechnung als Verfahren der Investitionsrechnung.

1.4 Die Geschäftsleitung erwartet, dass sich die Investition nach der Hälfte der geplanten Nutzungsdauer amortisiert. Überprüfen Sie, ob die beiden Anlagen bei der geplanten Stückzahl die Erwartung der Geschäftsleitung im Hinblick auf die Amortisationszeit erfüllen.

1.5 Die Geschäftsleitung fordert, als weitere Entscheidungshilfe die Kapitalwertmethode heranzuziehen. Auf Basis dieses Berechnungsverfahrens wurde für die Investitionsalternative Typ A ein Kapitalwert von 187.179,00 EUR und für Typ B ein Kapitalwert von 252.379,00 EUR ermittelt. Das Unternehmen legt einen Kalkulationszinssatz von 6 % zugrunde.

1.5.1 Erklären Sie, was der Kapitalwert der Investitionsalternative Typ B aussagt.

1.5.2 Die Differenz der Anschaffungskosten der beiden Investitionsalternativen kann in ein weiteres Projekt mit einer Nutzungsdauer von fünf Jahren investiert werden. Die geschätzten Einzahlungsüberschüsse der Differenzinvestition betragen für das erste Jahr 18.000,00 EUR. Die Geschäftsleitung rechnet mit einer jährlichen Steigerung der Einzahlungsüberschüsse von 10 %. Gehen Sie davon aus, dass die Zahlungszeitpunkte der Einzahlungsüberschüsse jeweils am Jahresende liegen.

Treffen Sie eine begründete Investitionsentscheidung auf Grundlage der Kapitalwerte beider Alternativen unter Berücksichtigung der Differenzinvestition. Alle Berechnungen sind auf volle Euro zu runden (**Anlage 3**).

2. Die Graf Thermotechnik AG entscheidet sich für die Anschaffung der Montageanlage Typ B. Diese Anlage soll vollständig über einen Kredit finanziert werden, weshalb die Geschäftsleitung ein Angebot von der Badischen Kreditbank AG eingeholt hat:

Darlehensarten: Annuitäten- oder Festdarlehen
Auszahlung: 96 % der Kreditsumme
Nominalzinssatz: 5 % p. a.
Laufzeit: 5 Jahre
Zeitpunkt der Zahlungen: jeweils zum Jahresende

Zur Sicherung des Darlehens akzeptiert die Bank Sachsicherheiten in Form von Grundschulden (Beleihungsgrenze 80 %) und Sicherungsübereignungen (Beleihungsgrenze 50 %).

2.1 • Ermitteln Sie, in welcher Höhe das Darlehen bei der Bank beantragt werden muss.

• Prüfen Sie, ob der Badischen Kreditbank AG aus dem Bereich „Grundstücke und Bauten" sowie „Technische Anlagen und Maschinen" ausreichende Kreditsicherungsmöglichkeiten angeboten werden können. Berücksichtigen Sie hierzu die Informationen in **Anlage 1** und **Anlage 2**. Technische Anlagen und Maschinen im Wert von 3.900.000,00 EUR wurden bereits sicherungsübereignet. Die neue Anlage steht für die Kreditsicherung nicht zur Verfügung.

2.2 Erläutern Sie die Entstehung der Sicherungsübereignung und gehen Sie dabei auf die Besitz- und Eigentumsverhältnisse ein.

2.3 • Ermitteln Sie für beide Darlehensarten die Liquiditäts- und Aufwandsbelastung für die einzelnen Jahre und insgesamt.

Beachten Sie dazu folgende Hinweise:
Das Disagio ist gleichmäßig auf die Kreditlaufzeit zu verteilen. Verwenden Sie für Ihre Lösung die **Anlagen 3** und **4**. Berechnungen sind auf volle Euro zu runden.

• Der Finanzvorstand der Graf Thermotechnik AG entscheidet sich für das Festdarlehen.

Erläutern Sie ein Argument, mit dem der Finanzvorstand seine Entscheidung begründen könnte.

Anlage 1

Vereinfachte Bilanz der Graf Thermotechnik AG zum 31.12.2015 (in EUR)

A	Bilanz		P
Grundstücke und Bauten	3.750.000,00	Gezeichnetes Kapital	2.800.000,00
Technische Anlagen u. Maschinen	4.620.000,00	Kapitalrücklage	140.000,00
Betriebs- u. Geschäftsausstattung	1.780.000,00	Gesetzliche Rücklage	130.000,00
Fuhrpark	350.000,00	Jahresüberschuss	180.000,00
Vorräte	1.640.000,00	Rückstellungen	350.000,00
Forderungen a. LL.	850.000,00	Verbindl. ggü. Kreditinstituten	8.060.000,00
Liquide Mittel	140.000,00	Verbindlichkeiten aus a. LL.	1.470.000,00
	13.130.000,00		13.130.000,00

Anlage 2

Auszug aus dem Grundbuch von Lahr   Band 40   Blatt 3541   Dritte Abteilung

Lfd. Nr. der Eintragungen	Laufende Nummer der belasteten Grundstücke im Bestandsverzeichnis	Betrag	Hypotheken, Grundschulden, Rentenschulden
1	2	3	4
1	1	3.000.000,00 EUR	Drei Millionen Euro nach § 800 ZPO sofort vollstreckbare Grundschuld – ohne Brief – mit 15 v. H. Zinsen jährlich und einer einmaligen Nebenleistung von 5 v. H. des Grundschuldbetrags für die Sparkasse Südbaden. Gemäß Bewilligung vom 15. Juli 2014 eingetragen am 15. September 2014. *Reuter*

Anlage 3

Aufzinsungs-, Abzinsungs- und Annuitätenfaktoren

für Zinssätze (p) von 5 % bis 10 %
und Laufzeiten (n) von 1–10 Jahren

$q = 1 + p / 100$

Aufzinsungsfaktor: q^n

Abzinsungsfaktor: $\dfrac{1}{q^n}$

Annuitätenfaktor: $\dfrac{q^n (q - 1)}{(q^n - 1)}$

5 % n	q^n	$\dfrac{1}{q^n}$	$\dfrac{q^n(q-1)}{(q^n-1)}$	6 % n	q^n	$\dfrac{1}{q^n}$	$\dfrac{q^n(q-1)}{(q^n-1)}$
1	1,050000	0,952381	1,050000	1	1,060000	0,943396	1,060000
2	1,102500	0,907029	0,537805	2	1,123600	0,889996	0,545437
3	1,157625	0,863838	0,367209	3	1,191016	0,839619	0,374110
4	1,215506	0,822702	0,282012	4	1,262477	0,792094	0,288591
5	1,276282	0,783526	0,230975	5	1,338226	0,747258	0,237396
6	1,340096	0,746215	0,197017	6	1,418519	0,704961	0,203363
7	1,407100	0,710681	0,172820	7	1,503630	0,665057	0,179135
8	1,477455	0,676839	0,154722	8	1,593848	0,627412	0,161036
9	1,551328	0,644609	0,140690	9	1,689479	0,591898	0,147022
10	1,628895	0,613913	0,129505	10	1,790848	0,558395	0,135868

7 % n	q^n	$\dfrac{1}{q^n}$	$\dfrac{q^n(q-1)}{(q^n-1)}$	8 % n	q^n	$\dfrac{1}{q^n}$	$\dfrac{q^n(q-1)}{(q^n-1)}$
1	1,070000	0,934579	1,070000	1	1,080000	0,925926	1,080000
2	1,144900	0,873439	0,553092	2	1,166400	0,857339	0,560769
3	1,225043	0,816298	0,381052	3	1,259712	0,793832	0,388034
4	1,310796	0,762895	0,295228	4	1,360489	0,735030	0,301921
5	1,402552	0,712986	0,243891	5	1,469328	0,680583	0,250456
6	1,500730	0,666342	0,209796	6	1,586874	0,630170	0,216315
7	1,605781	0,622750	0,185553	7	1,713824	0,583490	0,192072
8	1,718186	0,582009	0,167468	8	1,850930	0,540269	0,174015
9	1,838459	0,543934	0,153486	9	1,999005	0,500249	0,160080
10	1,967151	0,508349	0,142378	10	2,158925	0,463193	0,149029

9 % n	q^n	$\dfrac{1}{q^n}$	$\dfrac{q^n(q-1)}{(q^n-1)}$	10 % n	q^n	$\dfrac{1}{q^n}$	$\dfrac{q^n(q-1)}{(q^n-1)}$
1	1,090000	0,917431	1,090000	1	1,100000	0,909091	1,100000
2	1,188100	0,841680	0,568469	2	1,210000	0,826446	0,576190
3	1,295029	0,772183	0,395055	3	1,331000	0,751315	0,402115
4	1,411582	0,708425	0,308669	4	1,464100	0,683013	0,315471
5	1,538624	0,649931	0,257092	5	1,610510	0,620921	0,263797
6	1,677100	0,596267	0,222920	6	1,771561	0,564474	0,229607
7	1,828039	0,547034	0,198691	7	1,948717	0,513158	0,205405
8	1,992563	0,501866	0,180674	8	2,143589	0,466507	0,187444
9	2,171893	0,460428	0,166799	9	2,357948	0,424098	0,173641
10	2,367364	0,422411	0,155820	10	2,593742	0,385543	0,162745

Anlage 4

Annuitätendarlehen (in EUR)

Jahr	Darlehen am Jahresanfang	Zinsen	Tilgung	Abschreibung Disagio	Liquiditäts-belastung	Gesamt-aufwand
1						
2						
3						
4						
5						
Summe						

Festdarlehen (in EUR)

Jahr	Darlehen am Jahresanfang	Zinsen	Tilgung	Abschreibung Disagio	Liquiditäts-belastung	Gesamt-aufwand
1						
2						
3						
4						
5						
Summe						

Aufgabe 3

AG: Jahresabschluss, Bewertung nach HGB, Analyse des Jahresabschlusses, unternehmerische Ziele

Die ESS Maschinenbau AG in Waldkirch ist ein börsennotiertes Unternehmen, das in den letzten Jahren stark gewachsen ist. Das Unternehmen ist hinsichtlich der Energieeffizienz seiner Produkte Weltmarktführer. Aufgrund neuer Entwicklungen, die zur Marktreife gebracht werden sollen, sind für das Jahr 2016 umfangreiche Investitionen geplant.
Der Vorstand der ESS Maschinenbau AG zieht für die Finanzierung der Investitionen sowohl eine Kapitalerhöhung gegen Einlagen als auch eine Darlehensaufnahme bei der Hausbank in Erwägung. Als Grundlage für diese Entscheidung soll der Jahresabschluss 2015 herangezogen werden.

1. Für die Erstellung des Jahresabschlusses 2015 nach Handelsrecht sind noch folgende Bewertungsfragen offen:

1.1 Um für eine weitere Unternehmensexpansion gerüstet zu sein, hat das Unternehmen am 01.04.2015 ein benachbartes Grundstück zum Kaufpreis von 5.000.000,00 EUR erworben. In Zusammenhang mit diesem Kauf wurden von der ESS Maschinenbau AG bis zum Bilanzstichtag folgende Ausgaben getätigt:

Grunderwerbsteuer 5 %, Notariatskosten 7.500,00 EUR zuzüglich Umsatzsteuer, Grundbucheintragung für die Eigentumsübertragung 2.100,00 EUR, Erschließungskosten 28.560,00 EUR einschließlich Umsatzsteuer, Grundsteuer 500,00 EUR je Quartal,

Kosten der Grundstückspflege monatlich 220,00 EUR zuzüglich Umsatzsteuer. Das Grundstück wurde zum Teil durch ein Grundschulddarlehen finanziert. Für die Eintragung der Grundschuld entstanden Kosten in Höhe von 1.200,00 EUR. Die anteiligen Darlehenszinsen im Jahr 2015 beliefen sich auf 25.000,00 EUR.

1.1.1 Berechnen Sie die Anschaffungskosten des Grundstücks.

1.1.2 Berechnen und begründen Sie, welchen Einfluss der Grundstückskauf auf die Höhe des Jahresüberschusses des Jahres 2015 hat, wenn sich der Wert des Grundstücks seit der Anschaffung nicht verändert hat.

1.2 Im Juli 2015 wurde eine Pulverbeschichtungsanlage aus den USA zum Preis von 440.000,00 USD gekauft. Der Wechselkurs zum Kaufzeitpunkt betrug 1,10 USD/EUR. Mit dem amerikanischen Lieferanten wurde das Zahlungsziel 31.05.2017 vereinbart. Bis zur Betriebsbereitschaft der Anlage im September 2015 fielen noch Kosten für Montage und Elektroanschlüsse in Höhe von 20.000,00 EUR netto an. Die voraussichtliche Nutzungsdauer der Anlage beträgt zehn Jahre, sie wird linear abgeschrieben.
Der Devisenkassamittelkurs am 31.12.2015 wird mit 1,25 USD/EUR angegeben.

1.2.1 Begründen Sie, auch durch rechnerischen Nachweis, mit welchem Wert die Anlage in der Bilanz vom 31.12.2015 anzusetzen ist, wenn durch Einführung eines Nachfolgemodells der Verkehrswert der Anlage zum Bilanzstichtag 360.000,00 EUR beträgt.

1.2.2 Bestimmen und begründen Sie den Bilanzansatz der Auslandsverbindlichkeit zum 31.12.2015.

2. Zur Vorbereitung der Finanzierungsentscheidung der geplanten Investitionen soll der vorliegende Jahresabschluss analysiert werden. Ihnen liegen folgende Informationen vor:

Strukturbilanz der ESS Maschinenbau AG zum 31.12.2015 in TEUR

Aktiva		Passiva	
I. Anlagevermögen	490.000	I. Eigenkapital	312.000
II. Umlaufvermögen		II. Fremdkapital	
1. Vorräte	65.000	1. Langfristiges Fremdkapital	202.500
2. Forderungen	58.000	2. Kurzfristiges Fremdkapital	135.500
3. Liquide Mittel	37.000		
Summe Aktiva	650.000	Summe Passiva	650.000

Der Jahresüberschuss 2015 der ESS Maschinenbau AG beträgt 32 Mio. EUR. Die Umsatzerlöse 2015 betragen 400 Mio. EUR.

2.1 Berechnen und beurteilen Sie anhand der Strukturbilanz die Eigenkapitalquote und den Anlagendeckungsgrad II der ESS Maschinenbau AG.

Hinweis: Der Branchenwert für die Eigenkapitalquote beträgt 40 %.

2.2   Der Vorstand bevorzugt eine Darlehensfinanzierung über die Hausbank. Dadurch soll jedoch der Branchenwert für die Eigenkapitalquote nicht unterschritten werden.

Weisen Sie rechnerisch nach, bis zu welchem Betrag die ESS Maschinenbau AG ein Darlehen bei der Hausbank aufnehmen kann. Gehen Sie dabei von den Zahlen der Strukturbilanz zum 31.12.2015 aus.

2.3   Hauptargument des Vorstands für die Darlehensfinanzierung ist die aktuelle Niedrigzinsphase, die man bei einer sofortigen Finanzierungsentscheidung nutzen könnte.

Beurteilen Sie, wie sich eine Erhöhung der Darlehenszinsen auf die Eigen- und Gesamtkapitalrentabilität auswirken würde.

2.4   Die durchschnittliche Umsatzrentabilität der Branche beträgt bei ähnlichen Verkaufspreisen und vergleichbaren Produkten 5 %.

- Ermitteln Sie die Umsatzrentabilität der ESS Maschinenbau AG für das Geschäftsjahr 2015.

- Erläutern Sie zwei Gründe für die Abweichung der Umsatzrentabilität der ESS Maschinenbau AG vom Branchenwert.

3.   Der Vorstand möchte den Vorsprung der ESS Maschinenbau AG bei der Energieeffizienz ihrer Produkte gegenüber den Wettbewerbern ausbauen.

3.1   Formulieren Sie in diesem Zusammenhang ein operationalisiertes Ziel, welches als Vorgabe dienen kann, und erklären Sie die Bedeutung der Operationalisierung.

3.2   Zeigen Sie, dass zwischen den Zielen „Gewinnmaximierung" und „Hohe Energieeffizienz der Produkte" für die ESS Maschinenbau AG sowohl eine Zielharmonie als auch ein Zielkonflikt bestehen kann.

Volkswirtschaftslehre

Aufgabe 4

Verhalten der Marktteilnehmer unter Wettbewerbsbedingungen (Nachfrage und Angebot am Gütermarkt), Preisbildung unter Wettbewerbsbedingungen in Verbindung mit Markteingriffen des Staates

1. In den vergangenen Jahren sind die Mietpriese in vielen deutschen Städten stark angestiegen. Es soll der Mietwohnungsmarkt einer süddeutschen Großstadt untersucht werden. Das Verhalten der Marktteilnehmer bei 4-Zimmer-Wohnungen mit vergleichbarer Größe wird durch die beiden nachfolgenden Funktionen dargestellt:

Wohnungsanbieter	Wohnungsnachfrager
$x^A = 75p - 300$	$x^N = 1.200 - 50p$

   p = Mietpreis in EUR pro m²; x = Wohnfläche in 1.000 m²

   Gehen Sie von einem Polypol auf dem vollkommenen Markt aus.

1.1 • Stellen Sie die Marktsituation auf diesem Wohnungsmarkt grafisch im Preis-Mengen-Diagramm dar und bestimmen Sie den Gleichgewichtspreis sowie die Gleichgewichtsmenge.

   (x-Achse: 12 cm; 1 cm = 100 Tsd. m²; y-Achse: 14 cm; 1 cm = 2,00 EUR pro m²)

   • Überprüfen Sie Ihr grafisch bestimmtes Marktergebnis rechnerisch.

1.2 Auf dem Wohnungsmarkt dieser Großstadt treten unter anderem die Marktteilnehmer Brugger, Schulz, Braun und Müller auf. Deren Preisvorstellungen können der nachfolgenden Tabelle entnommen werden:

Anbieter	mindestens (EUR/m²)
Brugger	8,00
Schulz	12,00

Nachfrager	höchstens (EUR/m²)
Braun	8,00
Müller	20,00

   Begründen Sie gesondert für jeden Marktteilnehmer, ob dieser unter den gegebenen Bedingungen einen Mietvertrag abschließen wird.

1.3 Die Gesamtwohlfahrt auf dem beschriebenen Wohnungsmarkt beträgt 6 Mio. EUR. Beschreiben Sie die ökonomische Bedeutung dieser Gesamtwohlfahrt.

1.4 Erläutern Sie anhand von drei Kriterien, ob es sich in der Realität bei einem Wohnungsmarkt um einen vollkommenen Markt handelt.

2. Ein neues Gesetz verpflichtet Vermieter zu energetischen Sanierungen, wenn ihre Immobilien älter als 20 Jahre sind. Dadurch entstehen diesen Eigentümern zusätzliche Kosten. Einige Vermieter sind nicht bereit, unter diesen Umständen weiterhin Wohnraum zur Verfügung zu stellen.

2.1   Begründen Sie, wie sich dieses Gesetz unter sonst gleichen Bedingungen auf das bisherige Marktergebnis sowie auf die bisherige Gesamtwohlfahrt auswirken wird.

2.2   Angenommen der Mietpreis für städtische Wohnungen steigt durch die Sanierungen um 10%. Dadurch nimmt die Nachfrage nach Mietwohnungen im ländlichen Raum um 5% zu.

Berechnen Sie die entsprechende Elastizitätskennzahl und beschreiben Sie, in welchem Zusammenhang diese beiden Güter zueinander stehen.

3.   Um einen weiteren ungebremsten Anstieg der Mieten vor allem in den Ballungszentren zu verhindern, beschließt die Bundesregierung die Einführung einer Mietpreisbremse. Gehen Sie davon aus, dass in der süddeutschen Großstadt eine Höchstmiete für Wohnungen von 8,00 EUR pro m² festgelegt wird.

3.1   • Stellen Sie die Marktveränderungen in der zur Aufgabe 1.1 erstellten Grafik dar und interpretieren Sie die neue Situation.

      • Beurteilen Sie die neue Marktsituation aus der Sicht der Bundesregierung (zwei Aspekte).

3.2   • Ermitteln Sie die prozentuale Veränderung der Produzentenrente im Vergleich zur Situation vor Einführung der Mietpreisbremse.

      • Beurteilen Sie Ihr Ergebnis aus Sicht der Vermieter.

3.3   Begründen Sie, um welche Art des Staatseingriffs es sich bei der Mietpreisbremse handelt.

3.4   Die Einführung der Mietpreisbremse wird in der Öffentlichkeit kontrovers diskutiert.

      • Beschreiben Sie eine Maßnahme, mit welcher die Bundesregierung ihr Ziel ebenfalls hätte erreichen können.

      • Erläutern Sie die Auswirkungen dieser Maßnahme auf den Wohnungsmarkt mithilfe einer Skizze in einem Preis-Mengen-Diagramm.

Aufgabe 5

Notwendigkeit, Ziele und Konzeptionen der Wirtschaftspolitik in Verbindung mit Wachstums- und Konjunkturpolitik

1. Die Entwicklung der gesamtwirtschaftlichen Lage in Deutschland lässt sich der nachfolgenden Grafik entnehmen:

Material 1

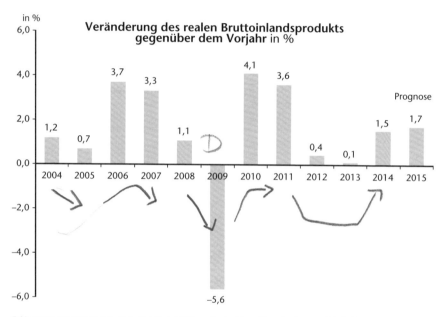

Zahlenwerte entnommen aus: www.destatis.de/DE/PresseService/Presse/Pressekonferenzen/20.03.2015

1.1 Beschreiben Sie mithilfe des vorliegenden Datenmaterials **(Material 1)**, wie sich die konjunkturelle Lage in Deutschland in den Jahren 2006 bis 2015 entwickelt hat.

Grenzen Sie in diesem Zusammenhang verschiedene Konjunkturphasen voneinander ab.

1.2 Nennen Sie das im Stabilitätsgesetz formulierte Ziel, auf das sich das **Material 1** bezieht. Beurteilen Sie dessen Erreichung im Jahr 2013.

1.3 Erläutern Sie, weshalb das Bruttoinlandsprodukt als Messgröße zur Darstellung des Konjunkturverlaufs herangezogen wird.

1.4 Beschreiben Sie anhand eines von Ihnen gewählten Frühindikators dessen Bedeutung für wirtschaftspolitische Entscheidungen.

2. Im Koalitionsvertrag zwischen CDU, CSU und SPD, den diese Parteien im Dezember 2013 unterzeichneten, wurden für den Bereich der Staatsfinanzen die in **Material 2** auszugsweise dargestellten Ausführungen formuliert.

Material 2

> Der [europäische] Stabilitäts- und Wachstumspakt verlangt eine konsequente Rückführung der gesamtstaatlichen Schuldenstandsquote [...]. Bis Ende 2017 streben wir eine Absenkung der Quote auf unter 70 Prozent des BIP an. [...]
> Wir werden Einnahmen und Ausgaben des Bundes so gestalten, dass der Bund ab dem Jahr 2014 einen strukturell ausgeglichenen Haushalt und beginnend mit dem Jahr 2015 einen Haushalt ohne Nettoneuverschuldung aufstellt.

Quelle: www.bundesregierung.de/Content/DE/_Anlagen/2013/2013-12-17-koalitionsvertrag.pdf;jsessionid=3DBEDCAD4939DF546D07B67301BCFE85.s2t1?__blob=publicationFile&v=2 [Stand: 30.12.2014]

2.1 Beurteilen Sie die in **Material 2** beschriebene Zielsetzung des Koalitionsvertrags vor dem Hintergrund der Vorgaben des Europäischen Stabilitäts- und Wachstumspakts.

2.2 Erläutern Sie zwei Probleme, die sich aus einer hohen Staatsverschuldung für das Land ergeben können.

3. **Material 3**

> **Schäuble kündigt Investitionspaket von 10 Milliarden Euro an**
>
> Die Wirtschaft und das Ausland drängen Berlin seit langem, mehr Geld für Investitionen in die Hand zu nehmen. [...] Die schwarz-rote Bundesregierung will sich mit einem Investitionspaket von 10 Milliarden Euro gegen die Wirtschaftskrise stemmen. [...]
> Das zusätzliche Milliarden-Paket soll ohne neue Schulden gestemmt werden. [...]
> Aus Sicht der Bauindustrie ist das 10-Milliarden-Programm ein „wichtiges Signal zur richtigen Zeit". Fünf Milliarden davon kämen der Verkehrsinfrastruktur zugute.
> [...]

Quelle: Zeit online vom 06.11.2014; www.zeit.de/news/2014-11/06/konjunktur-schaeuble-neues-investitionspaket-von-10-milliarden-euro-06152406 [Stand: 30.12.2014]

3.1 Begründen Sie, inwiefern sich die in **Material 3** beschriebene Maßnahme der Bundesregierung einer nachfrageorientierten Wirtschaftspolitik zuordnen lässt.

3.2 Staatliche Konjunkturprogramme sind nicht unumstritten. Beschreiben Sie zwei allgemeine Kritikpunkte.

4. Das vom Sachverständigenrat zur Begutachtung der gesamtwirtschaftlichen Entwicklung vorgelegte Jahresgutachten 2014/15 trägt den Titel „Mehr Vertrauen in Marktprozesse".

4.1 Erläutern Sie die wesentliche Grundannahme einer angebotsorientierten Wirtschaftspolitik hinsichtlich der Funktionsweise des marktwirtschaftlichen Systems und der wirtschaftspolitischen Rolle des Staates.

4.2 In der Pressemitteilung des Sachverständigenrates zur Veröffentlichung des Jahresgut-
achtens 2014/15 ist folgende Aussage formuliert:

„Der Arbeitsmarkt sollte nicht noch stärker reguliert werden, vielmehr sind
bestehende Regulierungen auf den Prüfstand zu stellen."

Beschreiben Sie anhand von zwei Beispielen, inwiefern die Deregulierung des
Arbeitsmarktes einen wichtigen Ansatzpunkt der angebotsorientierten Wirtschaftspolitik darstellt.

5. • Begründen Sie auf Basis der Daten aus **Material 4**, ob das von der EZB angestrebte
Ziel der Preisniveaustabilität für die Jahre 2012 bis 2014 erreicht wurde.

• Zeigen Sie, welche Auswirkung die Preisentwicklung im Jahr 2014 auf die Einhaltung des Europäischen Stabilitäts- und Wachstumspakts haben könnte (vgl. hierzu
auch **Material 2**).

Material 4

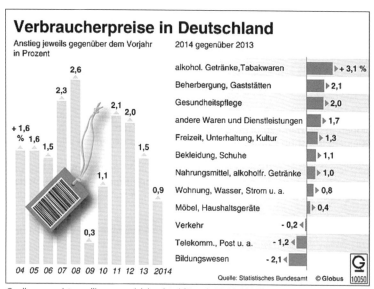

Quelle: www.picture-alliance.com/globus.html [Stand: 22.01.2015]